新版 象徴哲学大系 Ⅳ

錬金術

マンリー・P・ホール著
大沼忠弘・山田耕士・吉村正和訳

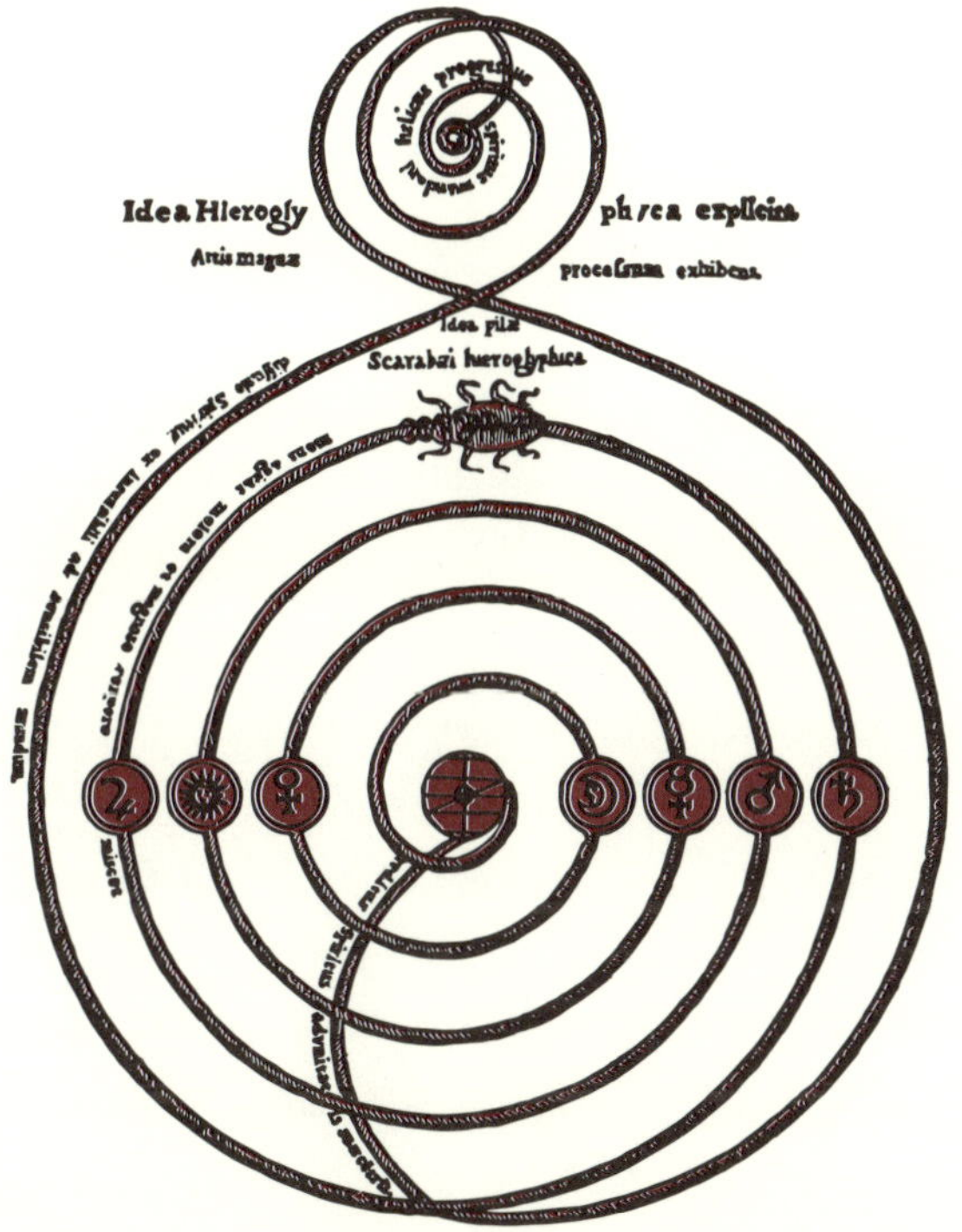

人文書院

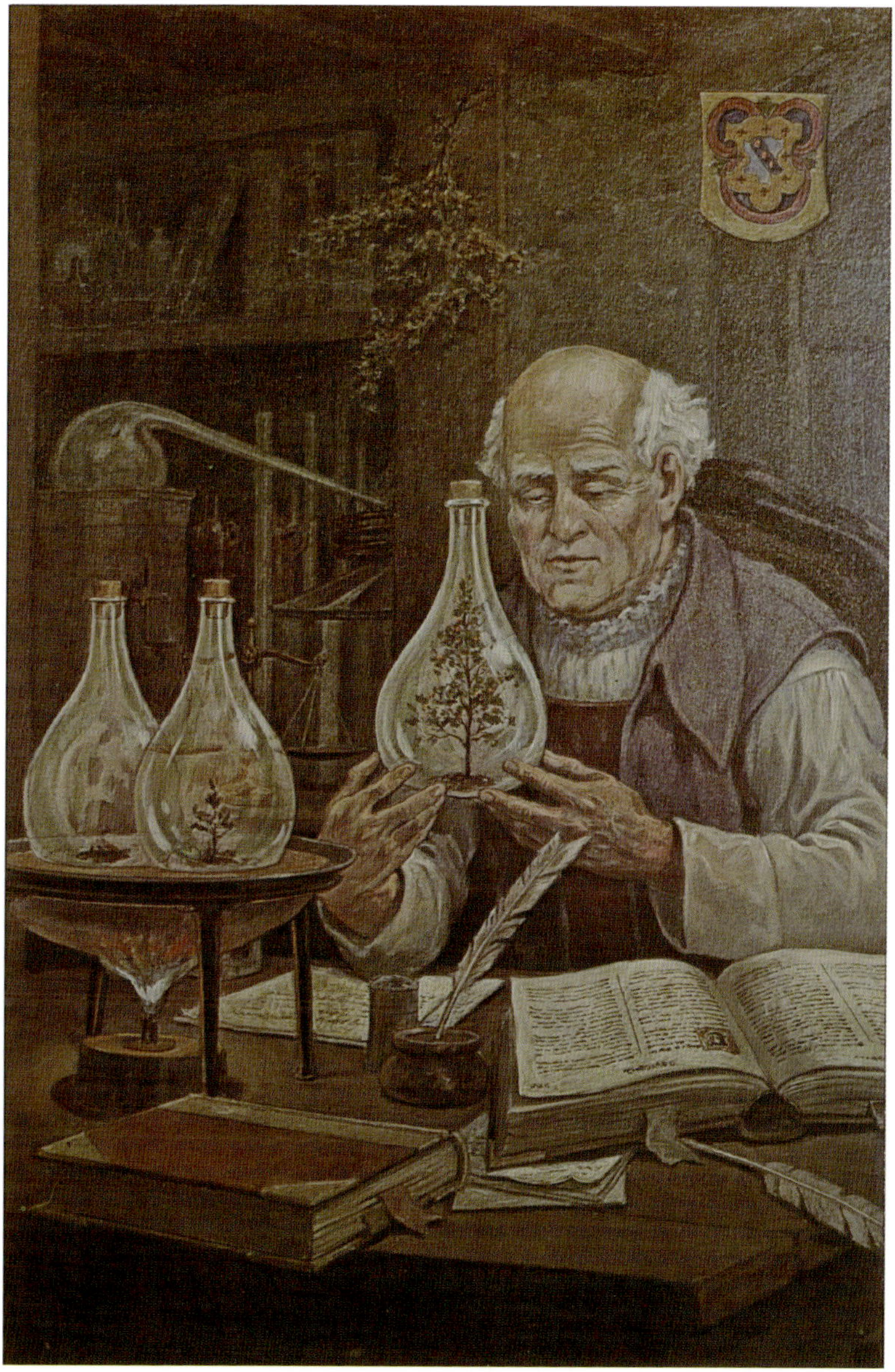

再生実験をするパラケルスス

（本文9頁参照）

鋳物の海

（本文 31 頁参照）

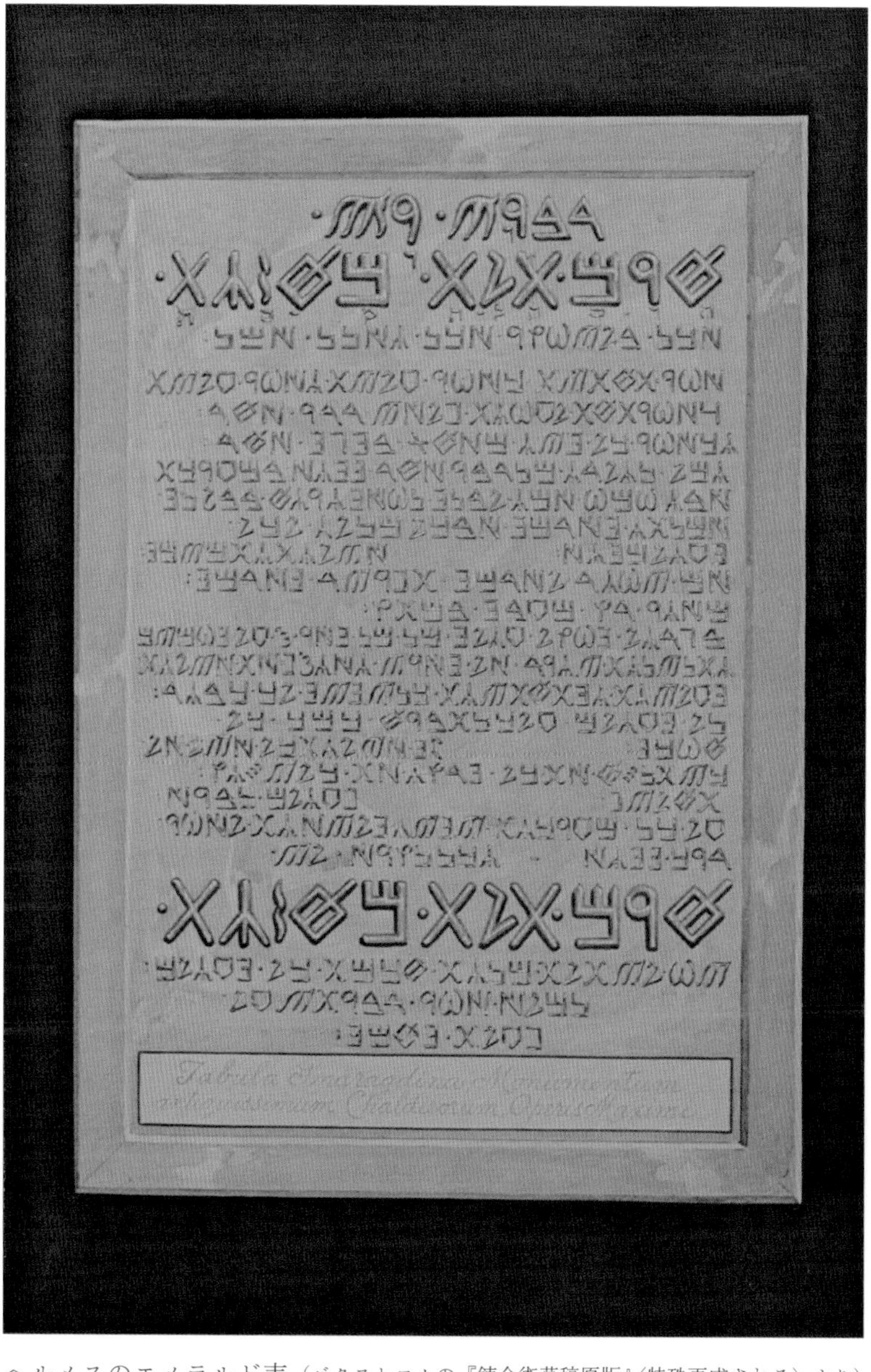

ヘルメスのエメラルド表（バクストロムの『錬金術草稿原版』〈特殊再成される〉より）
（本文55頁参照）

第一葉。一番上の行は，「われわれの初期の薬は，自然物より作られた」と読める。王と王妃の近くに，父親に似て，世界に並ぶもののない息子が，「二本の葡萄の木のなかで」生まれるという説明がある。花瓶の近くに，「緑と白」と書かれている。「花瓶は炎の色，花は緑。」「われわれの水，われわれの銀。」下の行は次のように読める。「哲学者の石の材料は，熱も寒さも凝固させることのない，濃厚で粘着性の水である。それは煮沸され，濃縮された水銀であり，中性の大地のなかで硫黄の熱によって焼かれ，金属の第一質料と呼ばれる。暗い洞窟や近づきがたい山で，自然が千年も前にその果実から作った石が発見されると，それを所有する人の苦悩を取り除く。……私の詩に注意深く耳を傾けよ。私はそれを，嘆いたり帳で隠したりしないで語る。」

第二葉。上には，哲学者の石の構成についての聖トマス・アクィナスの言葉が引用されている。それは，最も純粋な透明度を持ち，その内部には元素とその反対物のすべての形が見られる。聖トマス・アクィナスの像の下には，哲学者の石の素晴らしさを讃美する短い文章があり，ひとつの物質から三が得られ，三から二が得られると述べている。聖トマス・アクィナスの右には，ライムンドゥス・ルルスに似た人物がその隠者の住処の戸口のところに坐っている。彼の足の下に，「哲学者の石とは何か」という疑問に始まる，この有名な錬金術師の言葉が引用されている。それが赤く固化した水銀であると述べたあと，ルルスは全能者に対して，自分が真実を語ったこと，そしてこれ以上何かを言うことは許されないと誓っている。（もとの写本は，ここで切り取られている。）

第三葉。上に書いてある言葉は，「鉛の死，水銀の生」と読める。鉛の使用を説明したあと，その過程の鍵は下に描写されていると述べられている。詩は次のように読める。「これ〔石〕は四大元素より作られる。これは自然全体において真理である。光り輝くそれを，勤勉と配慮をもって管理し，相並んでしっかりとそれを結びつけ，いかなる火もそれを驚かせることのないようにせよ。」人物像の上には，「鉛はほとんど死んでいる」と書かれている。貪欲な蛇の右には，鉛と水銀が石の第一の要素であるとするアルベルトゥス・マグヌスの言葉がある。それはまた，地が乾気を火に，火は熱を空気に，空気は水気を水に，水は地に寒さを伝えることができるように，自然は賢明に元素の混合物を用意したと述べている。（花瓶の近くの原文は判読不能である。）

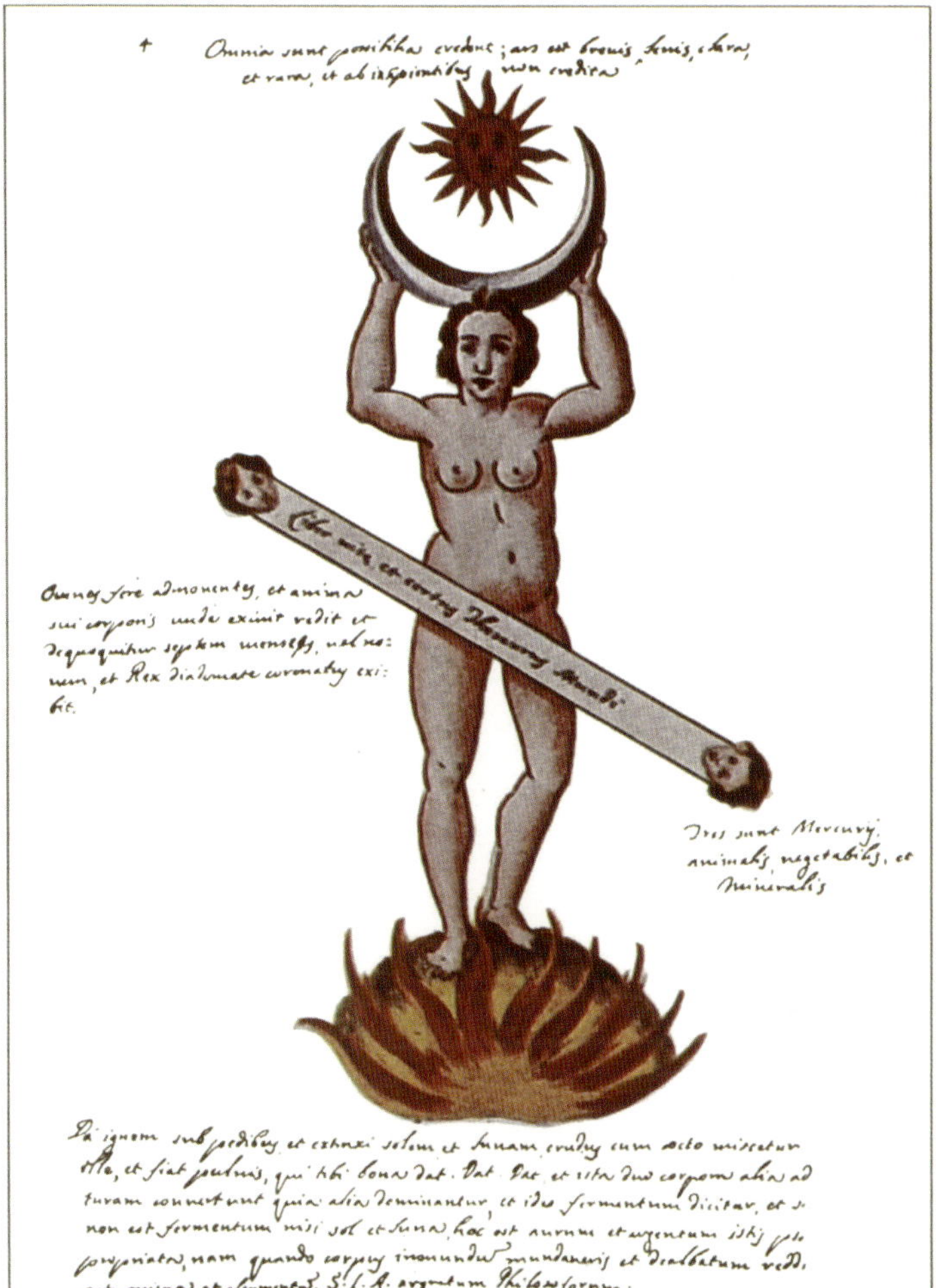

第四葉。上には，「彼らに，すべてのことが可能であることを信じさせよ。術は敏捷で，鮮明で，優れており，愚者はそれを信じない」とある。太陽と半月のあいだの言葉は，「それは隠されている」であり，人体を横切る板の上には，「生命の書と世界の真の宝」とある。像の左の面は，「ほとんどすべてのものを動かして，そのものの魂は前にいた場所に戻り，七ヵ月あるいは九ヵ月のあいだ成熟し，王冠をつけた王が現われる」と述べている。右の面は，「動物，植物，鉱物という三つの水銀がある」と述べている。下の原文は謎めいた性質を持ち，それを翻訳することはほとんど不可能である。それは，火を象徴的な人物の足の下に置くことにより，人間の肉体が頭の上という高貴な位置に引き上げている太陽と月を，そこから引き出すことができると述べている。

第五葉。上の面には，太陽の鳥が大地の蛇と戦い，蛇は自分の内臓を切り裂いて鳥に与えると述べられている。霊は活気を与えられ，ラザルスは喜びのうちに死から蘇る。鳥の上には，「これは鳥の姿をした太陽である」と書かれ，龍の上には，「これは鳥を貪り食う龍である。第一の作業」と書かれている。左下の面の本文の要点は次のとおりである。「われわれの精液（水銀）と元素の母（大地）が混ざり合うとき，その行為は〈性交〉と呼ばれる。少量の水銀が大地に留め置かれることは，〈受胎〉と呼ばれる。大地は成長し，倍加するが，その作業は〈妊娠〉と呼ばれる。大地が水で白くなり，一定の色と外観を持つとき，それは〈誕生〉と呼ばれ，王が火から生まれる。」右下の本文は，あまりに明白な秘密を隠すために切り取られている。

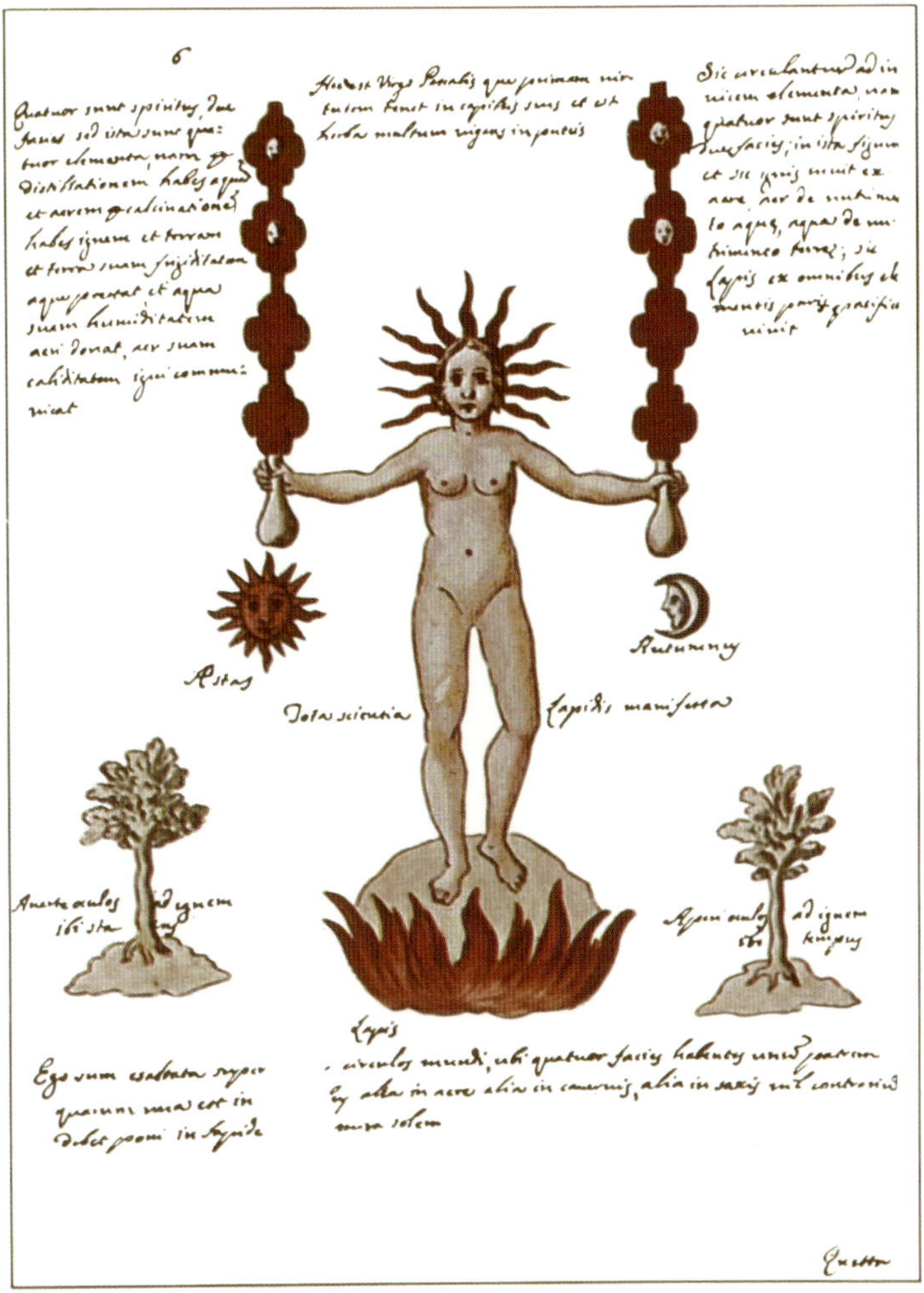

第六葉。この図は，偉大な石のすべての秘密を示している。中央には，復活祭の乙女が立ち，その髪には，井戸に成育する植物として描かれる第一の美徳がある。両手は，霊的，物質的な元素の象徴を持っている。左上の説明は，二つの顔を持つ四つの霊があり，元素と呼ばれるという内容である。右上には，火は空気を，空気は水を，水は大地を食べて生き，石はすべての純粋な元素を食べて平和に生きると書かれている。太陽の下には，〈夏〉という言葉，月の下には，〈秋〉という言葉が見える。目を従えている左の木の近くには，「目を火へ〔から？〕背けよ。そこに空間〔？〕がある」という言葉がある。右の木の近くには，「目を火に向かって開け。そこに時間がある」という言葉がある。下の面は，「私は，世界の圏の上に高められる」という文で始まる。

第七葉。上の詩は,「この石はあまりに高貴で価値あるもののため,自然はそれを奥深い所に隠した。それこそ真の太陽であるため,その魂は,まったく美しく純粋である。私はこのことをあなたに伝える。それを十分に隔離せよ。どのような恵みをあなたが求めようと,それは,罪なく,喜びと歓喜をもって豊かにあなたに与えられるだろう」と読める。左にあってハンマーを高くあげて坐っている人物は,固い石を割っていると説明されている。レトルトを持つ男の横の言葉は,「石を割って,われわれの補充とせよ」と読める。下の立っている人物のあいだには,「おお賢者よ,求めよ,そうすればあなたがたは私の石を見つけるだろう」という叫び声が書かれている。籠を持つ男は右手を伸ばしているが,その下には,「底に,〈ソレレム〉〔?〕を引き出せ」という言葉がある。左の男がかき回している水たまりの下には,「われわれの治療水」という簡単な説明がある。四人の男の顔は,極めてよく描かれている。

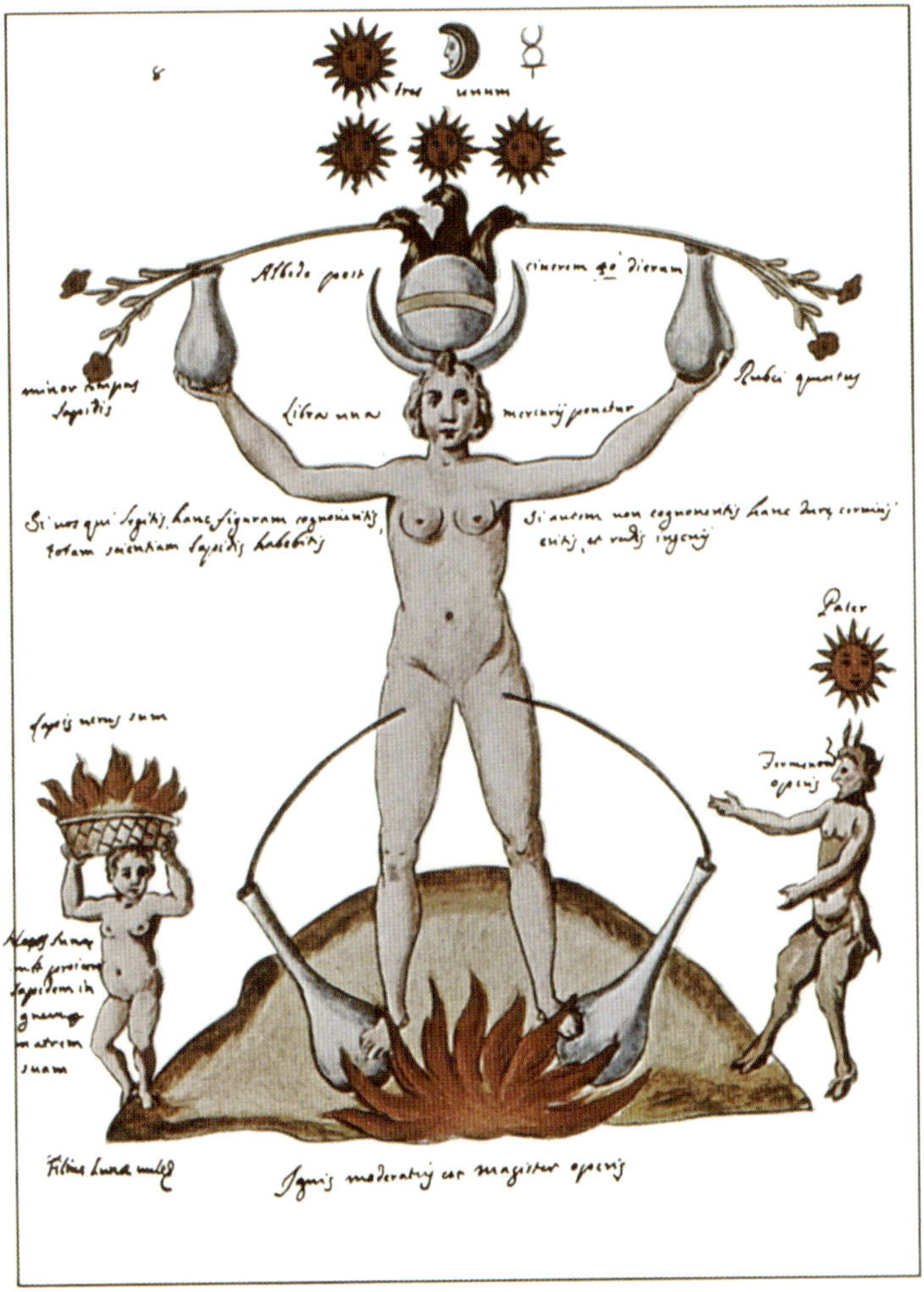

第八葉。太陽，月，水銀の下には，三は一であると推論される，「三と一」という言葉がある。花の茎の下の言葉は，「灰になって四十日後の白」と読める。花の下には，「石の小さな時間」（左），「選ばれた赤」（右）と書かれている。中央の人物の腕のあいだに，「一ポンドの水銀を置け」という言葉がある。その左には，「文字を読むあなたがこの象徴を知れば，石のすべての知識を持つことになる」，右には，「あなたがそれを認めなければ，あなたは頑固で愚鈍となる」と書かれている。太陽の上には，「父」という言葉，サテュロスの上には，「作業の酵素」という言葉がある。子どもの横には，「月の息子は，石を火（彼の母）に投げこむ」という文がある。燃える籠の上には，「私の真の石である」と書かれている。中央の人物の下には，「適切な火は，作業の師である」という言葉がある。

第九葉。左上には，月の光なくしては，太陽は地球を暖めることはなく，太陽はその果実を月に放射する，と書かれている。右上には，哲学者の真の植物が描写され，それを信じて所有する者は，〔霊的に〕豊かになると述べられている。その部分は，「もしあなたが啓発されたいと思うなら，その人物が両手に持っているものを徹底的に理解せよ」という文で終わっている。太陽の左上の原文は，「太陽と月をまったく欠いたまま，染料を作れ，そして溶解し，凝固させよ。そうすれば，同じようなものは，同じようなものを作る」と読める。哲学者の植物を持つ男の右にある言葉は，偉大な作業の初め，中間，終りへの高揚を述べている。最後の文は，「太陽と月から均質の部分を持つものを作り，その結合により，（神はそれを良しとする）哲学者の石を作れ」と読める。

第十葉。左上にある原文の短い二行は,「ある者は,新しい石を取りあげる」と読める。火星（鉄）の象徴の右側の行は,学徒に欲望を制御し,その精神を,知識を蓄積するために使えと警告している。木の上方を持っている男の右腕の下の言葉は,十分に翻訳することはできない。下の面は,「石が十分に精錬されたのち,それは完全に透き通って見える。それを,水とともに容器に入れる。小さな火で容器を密閉し,自然の驚異の起こるのを待て」と読める。この図の下半分を囲んでいる大きな赤い楕円は,明らかに賢者の卵あるいは容器である。木は,聖なる金属の成長の象徴である。錬金術師は,金属が植物と同じように,岩のなかで成長し,そのすき間を通って枝（血管）を伸ばすと主張したからである。

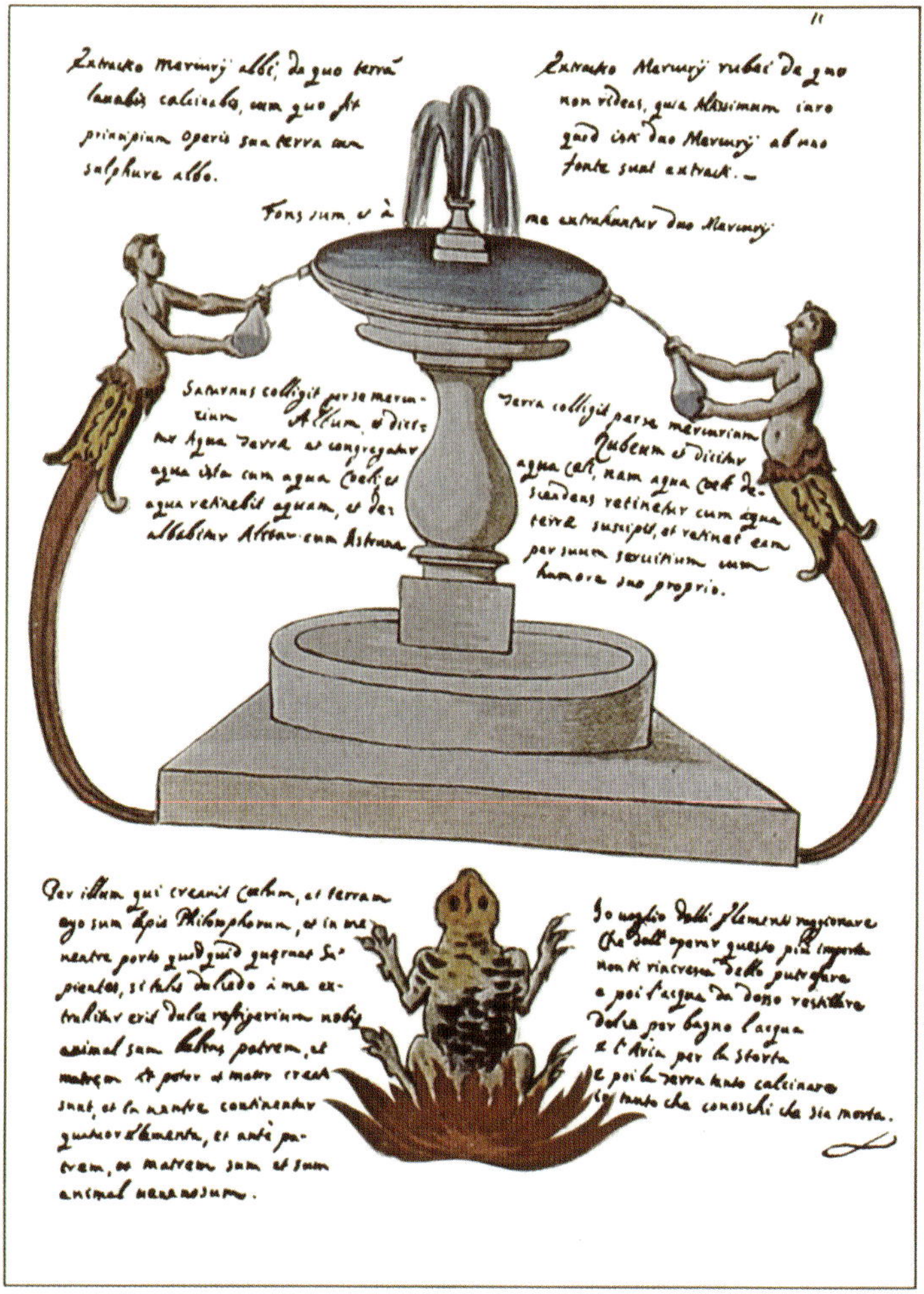

第十一葉。泉は，そこから哲学者の二つの水銀が抽出されるものと述べられている。左上には白い水銀が，右上には赤い水銀が描写されている。泉の近くの原文は，鉛は大地の水と呼ばれる白い水銀を集め，大地は天の水と呼ばれる赤い水銀を集めると明言している。蛙の左の本文は，次のとおりである。「天地を創造した人によって，私は哲学者の石であり，私は体内に，賢者の求めるものを持っている。そのような魔力が私から抽出されるとすると，それはあなたのために快い食物となる。私は父と母を持つ動物であり，父と母は創造された。私の体内には四つの元素が含まれる。私は父と母より前に存在する。私は毒を持つ動物である。」右の行は，蒸留と煆焼の過程を述べている。

第十二葉。上の三つの言葉は，「これは，自然である」と読める。驢馬の上の行は，「これは，哲学者の石の実践に才能を発揮しようと願う哲学者の驢馬である」と読める。その下の三行は「蛙は群をなして集まるが，学問は太陽と月から作られる澄んだ水から成る」と訳される。象徴的な鳥の下の原文は次のとおりである。「これは，二つの翼を持つ幸運である。それを持つ者は誰でも，果実がそのように作られることを知っている。偉大な哲学者は，石が白い太陽であり，それを見るためには望遠鏡が必要であることを示した。それを水に溶解するには，太陽と月が必要であり，ここで人は二百もの望遠鏡を開いて，肉体と魂をひとつの塊にする必要がある。ここで魂は消える。もしあなたがたが賢者の液を賞味したいと望むなら，賢者たちは蛙以外に何も加えないでそれを料理する。」ギリシア人にとって蛙は，輪廻と地上の湿気の両者を象徴した。

第十三葉。この頁は，ただ二つの図を掲載しているだけである。左では，哲学者モリエヌスが「火のなかに住み，成長する」火蜥蜴（サラマンデル）を指さしている。十二世紀に生まれたモリエヌスは，偉大なアラビアの錬金術師アドファルの弟子となり，彼からヘルメスの術を学んだ。モリエヌスは，エジプトの王のために哲学者のエリキサーを用意し，貴重な物質の入った瓶の表面に，「すべてを所有する者は，他の何物も必要としない」と刻んだ。彼は，エルサレムの近くで何年ものあいだ隠者として生活した。火蜥蜴の下の言葉は次のとおりである。「火を完全な赤に，地を白に，水を透明にせよ。次にそれを哲学的な方法で混ぜ，その体が持っている冷たい水で，優しさのため白くなるまで何度も煆焼せよ。そうすれば，あなたは世界で最大の宝物を持つことになる。」

第十四葉。この頁の上の三つの言葉は，「土を掘る人」と訳される。鳥の上の言葉は，二つの水銀であるヘルメスの牡鳥以外何ものも鋤を持つことはなく，灌漑が行なわれて初めて大地は果実を生むと述べられている。坐っている男は，ベルナルドゥス・トレヴィザヌス伯爵であり，彼は「水銀で大地に働きかけよ」と述べている（「錬金術とその代表的人物」の章を見よ)。伯爵の左の三つの文は次のとおりである。「火のところへ行き，あなたの兄弟である水銀とともに，一ヵ月間私を待て。私があなたに与えた石を砕け，そうすれば私は火へ行く。あなたの死は，私の生である。私は死ぬことはなく，生きて，この作業を語る。わが師よ。」ベルナルドゥス・トレヴィザヌスは，錬金術の思索において，化学的な実験より，偉大な達人たちの哲学的な著作を瞑想する必要性を強調した。彼は最終的に「石」を発見した。

第十五葉。最初の文は，「われわれの石である太陽による，植物の果実」と読める。皿を持つ少年は，次のように言っている。「渇いているあなたがたよ，ここへ来て飲め。私のところへ来い，水のある所へ来い。ここで，無料の水を腹いっぱい飲め。目を開いて，大地の驚異を見よ。私の渇いた二十四人は，学ぶ。」少年の下には，「初め神は天と地を作り，水から水を分けた。天の上にある水を祝福せよ」という言葉がある。円は，「形も空間もない地球，雨は星から来る」という説明を含む。左下の面は，錬金術の過程を述べ，世俗的な存在の悲惨さを拒否せよという警告で終わっている。その上は，処女マリアへの祈りであり，「万歳，恩寵深いマリアよ，主があなたとともにあるように。あなたは女のなかで祝福された人」という言葉で始まる。

第十六葉。第一の文は，「死んだ肉体は残る。霊は肉体の死によって解放される。あなたは，鎌をもつあの死と，太陽，月，恒星の光とともに行く」と読める。鎌の上には，「太陽，月，水銀に従って，作業を完成せよ」と書かれている。鎌の刃の湾曲部にある四つの言葉は，「人間の頭，烏の頭」である。その右の三行は，「この象徴はラトンと呼ばれる。それは容器のなかでは黒く見え，崩壊の始まりであるためである」と解釈される。梯子の下の原文は，次のとおりである。「これは原始の物質の梯子である。それは容器のなかに置かれると黒くなり，次に熱の度合に応じて，消化の階梯〔梯子〕によって徐々に白へ変化する。」ここで梯子は，物質が上昇してついに真の霊的な状態に到達する，その自然の段階を意味するために使用されている。

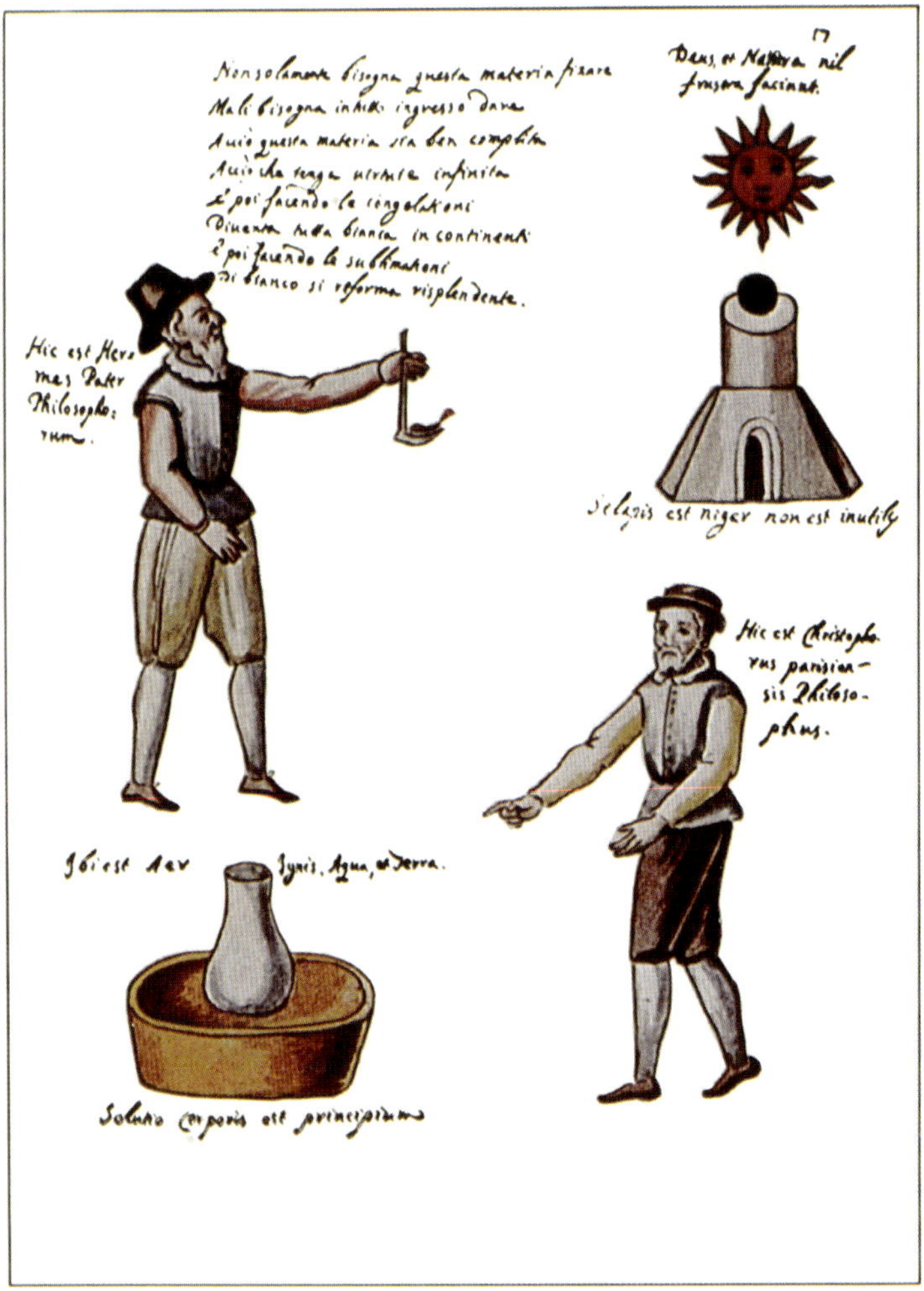

第十七葉。この頁の上の詩は，次のように読める。「この物質が十分に完成し，無限の美徳を持つために，それは固定されるだけではなく，万物のなかに入らなければならない。次にそれを濃密にすると，それは直ちに真白くなり，昇華によってそれは白から輝くものとなる。」太陽の上には，「神と自然は，無益なことは何ひとつしない」という言葉がある。左の人物は，中世的な発想による偉大なエジプトの哲学者ヘルメスであり，右の人物は，パリの哲学者クリストファーである。後者の上には，「石が黒ければ，それは役に立たない」と書かれている。レトルトの上の言葉は，「空気，火，水，地がある」である。下には，「物体の溶解が第一段階である」と付け加えられている。奇妙な化学器具は，この作業において純粋に象徴的に考えられる必要がある。この作者が述べているように，それはただ「術」を暗示しようとするものに他ならない。

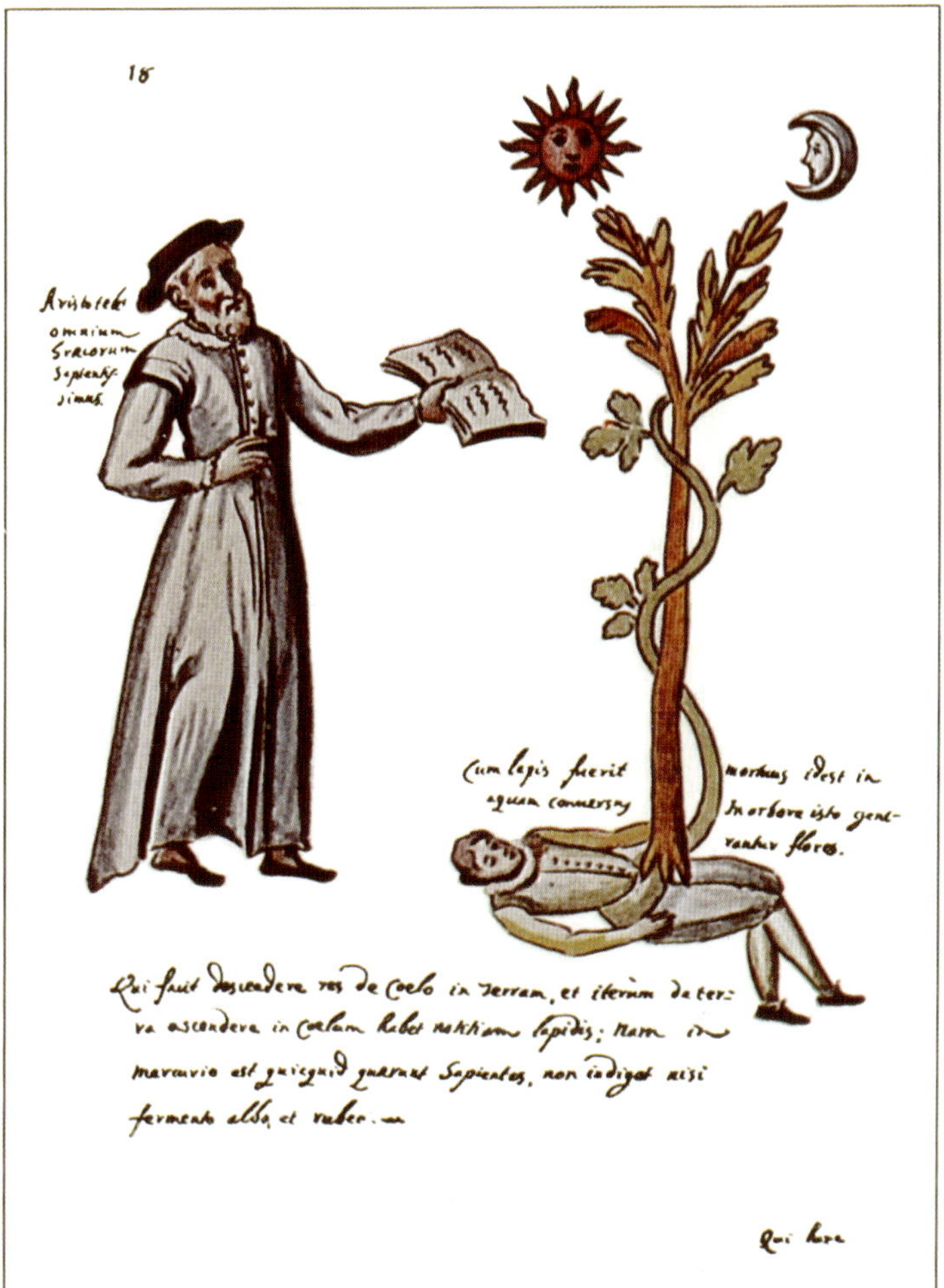

第十八葉。左側の本を持っているのはアリストテレスであり，彼はすべてのギリシア人のなかで最も博識な人と説明されている。太陽と月を頂上に持つ木には，「この木のなかで，石が死んで水に変化すると，花が咲く」という言葉が付け加えられている。アリストテレスと，花が咲く木を乗せて横になっている人物の下には，次のような説明がある。「万物を天から地へ下らせ，地から天へと上らせる人は，石についての知識を持っている。水銀のなかには，賢者が求めるものがあり，それは白と赤の醗酵による以外には呼び出されることはない。」この引用の最初の部分は，ヘルメスの「エメラルド表」に基づいている（その項を見よ）。普通の人間において，霊は比喩的に肉体に吸収されている。しかし真の哲学者において，霊は大きな力を持っているので，人間の物質的な肉体を自らの内に吸収し，その養分が与えられている。

第十九葉。上の文は，「この象徴を知る者は，石についての知識を持つ」と読める。坐っている人物は，たぶんパラケルススを示している。その右側の言葉は，「私は，木でも動物でも，また石でも植物でもない。私は，哲学者の石であり，人々に踏みつけられ，私の父によって火のなかに投げ入れられるが，火のなかで私は喜ぶ」である。左の四つの言葉は，「石は乾きのなかにある」である。人物の下には，哲学の卵があり，「それは，初めを内在する終りである」という言葉を含んでいる。大文字のTは，「チンキ」を表わす。右の原文は次のとおりである。「ゲルベルが博識をもって本に書いているように，それは石のなかで形成され，石の性質を多く所有しているので，それは澄んで生きている水に変化する。それは，人々を豊かにし，満足させ，すべての心配から解放する力を持っている。彼らがその知性によって秘密に到達すれば，彼らはつねに幸福となる。」

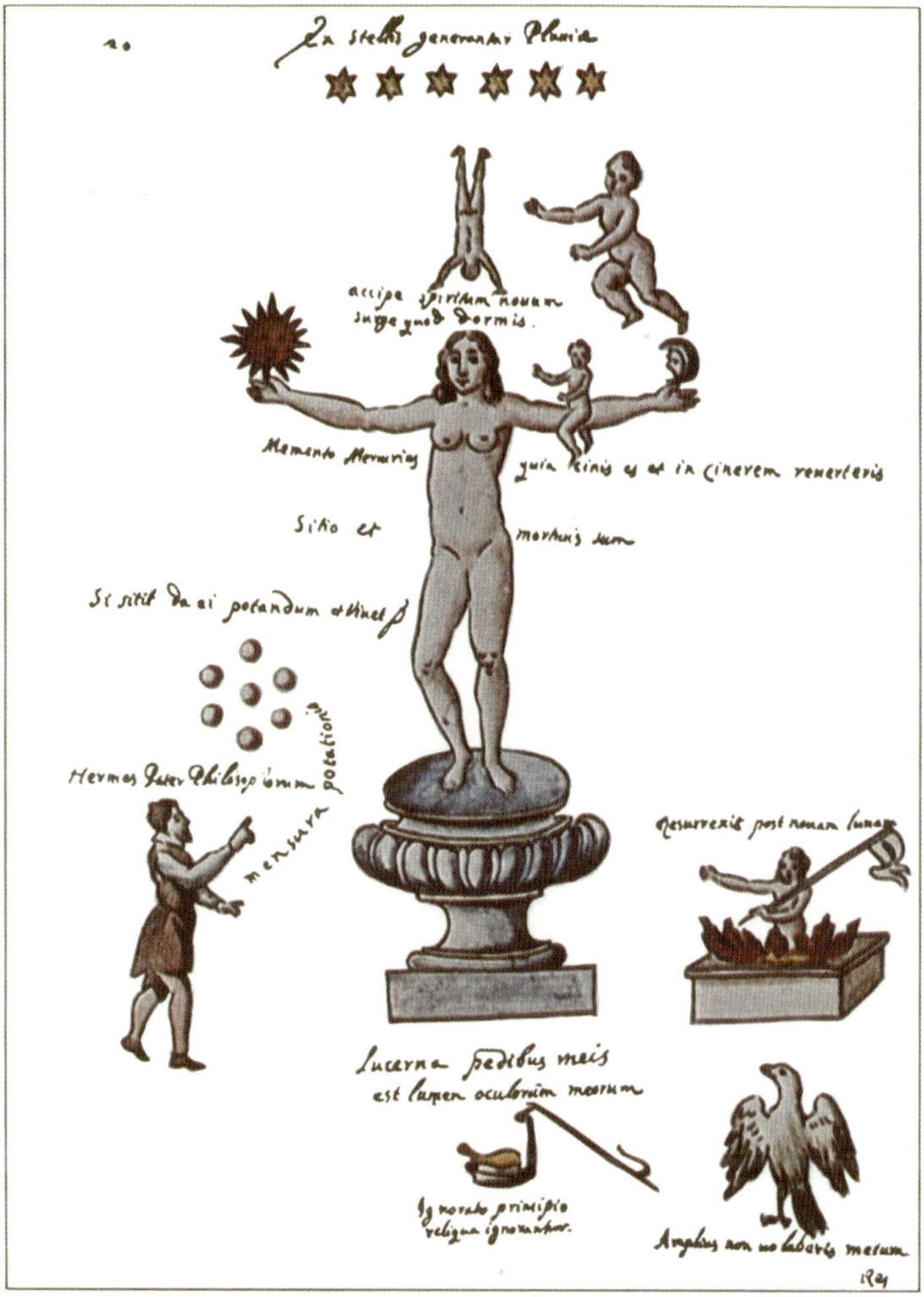

第二十葉。上には，「雨は六つの星によって作られる」と書かれている。倒立する人間の下には，「新しい霊を受けよ。立て，あなたは眠っている」という文がある。大きく描かれた人物の近くの二つの文は，「水銀を思い起こせ，あなたは灰であり，灰に帰る。私は渇き，死んでいる」である。左の七つの球の上には，「渇く者があれば，彼に飲みものを与えよ。そうすれば彼は生きる」という警句がある。小さく描かれた人物の上には，「哲学者の父，ヘルメス」と書かれている。ヘルメスが指さしている湾曲した行は，「飲みものの量」と読める。中央の台座の下には，「私の目の光は，私の足を照らす燈明である」，という文がある。その下に，「始まりが未知であれば，その残りも未知である」と付け加えられている。右側の炎から立ち上がっている人物の上には，「新月ののち彼は蘇った」とあり，鷲の下には，「あなたは私とともにこれ以上飛べない」とある。

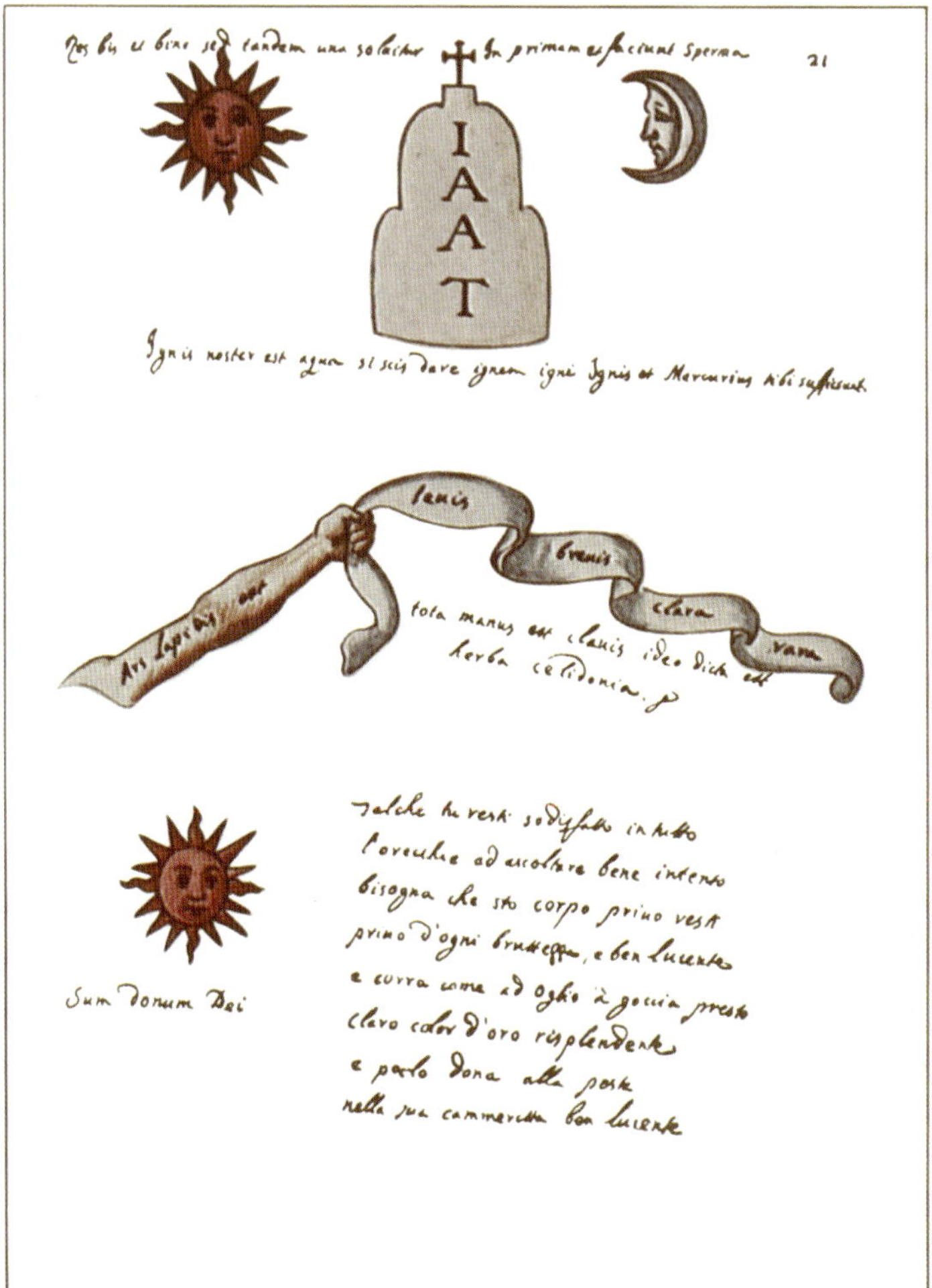

第二十一葉。上の行は，「二つのものと二重のもの，しかし最後にそれは溶解して最初のものとなり，それらは精液を作る」と読める。四つの大文字ＩＡＡＴは，〈火〉，〈空気〉，〈水〉，〈地〉の元素の頭文字である。その下の行は，「われわれの火は水である。もしあなたが火に火を与えれば，火と水銀はあなたを満足させる」と読める。腕には，「石の術は」とあり，リボンには，「敏速で，簡潔で，輝かしく，優れている」という言葉がある。リボンの下の二行は，「すべての手が鍵である。それは〈くさのおう〉と呼ばれているからである」と読める。太陽の下には，「私は神の贈物である」という文がある。詩は次のように読める。「あなたがすべてのことに満足していられるように，私は注意深く聞く。私の肉体は，裸で，浄く，輝いて〔おり〕，私は落下しようとする油のように走り，輝く金の光を放つ。そして，輝いて陽気な小さな部屋〔レトルト〕のなかで，疫病に屈する。」

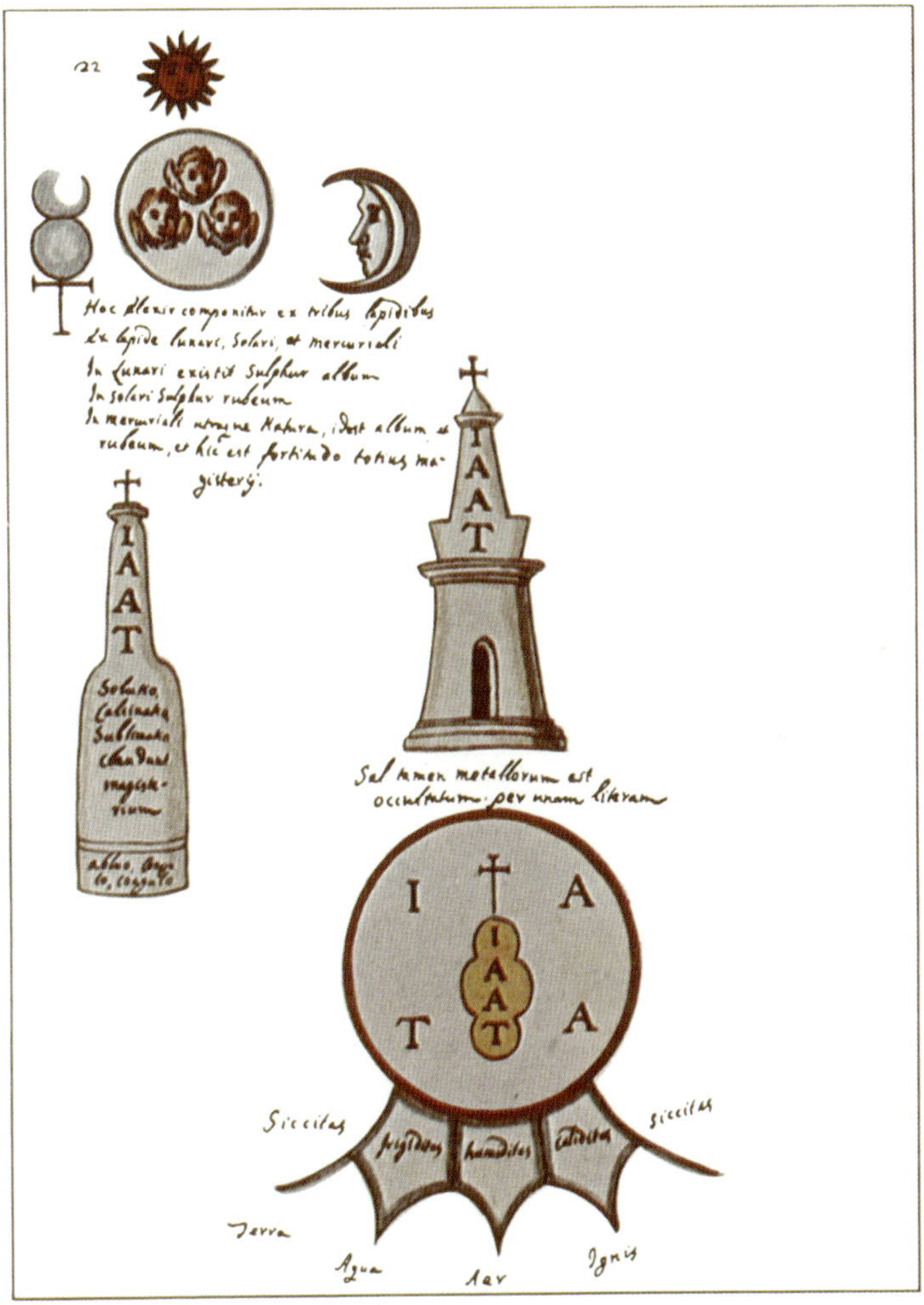

第二十二葉。左上の詩は次のとおりである。「この群は，月，太陽，水銀の三つの石から成る。白い硫黄は月の石のなかに，赤い硫黄は太陽の石のなかに，白と赤の二つの硫黄は水銀の石のなかにある。これは，すべての教えの力である。」左の瓶のなかには，「溶解，煅焼，昇華が教えを完成する」とあり，その底に「洗い，凝結させ，凝固せよ」とある。中央の塔の下に，「しかし，金属の塩はひとつの文字に隠される」と書かれている。赤い円の下には，「乾燥，寒さ，湿気，熱，乾燥」とある。下の先端には，四大元素の名前がある。ＩＡＡＴという頭文字が，すでに述べたのと同じ意味で四度現われる。哲学者の石の三つの力は，左上の隅にある円内の天使の頭で象徴されている。

第二十三葉。左上の字句は，実質的に「主の祈り」であり，末尾にイエスとマリアの言葉が付け加えられている。旗のなかの倒立した言葉は，「あなたがたは，私なくして何もできない。神が『そのようにあれ』と言って，そう約束したからである」と読める。天使の下の言葉は，次のとおりである。「この疫病によって，自らが死んでおり，黒い肉体にあって冷たくなっていることを知っている者は，地獄に落ちたものとなろう。これをあなたの第一の慰めとせよ。次に彼は煆焼されるであろう。私がこの扉の内部で彼を降伏させるとき，もし私が庭を耕す方法を知っていれば，私は祝福されることになると確信せよ。」この頁の大部分は，錬金術の装置を入念に象徴的に描いた絵で占められている。その下には，「蒸溜，凝固，精溜，成熟，固化の炉，すなわち哲学者の第五元素」という言葉がある。「第五元素」は，賢者の「第五の精」と理解されるべきである。

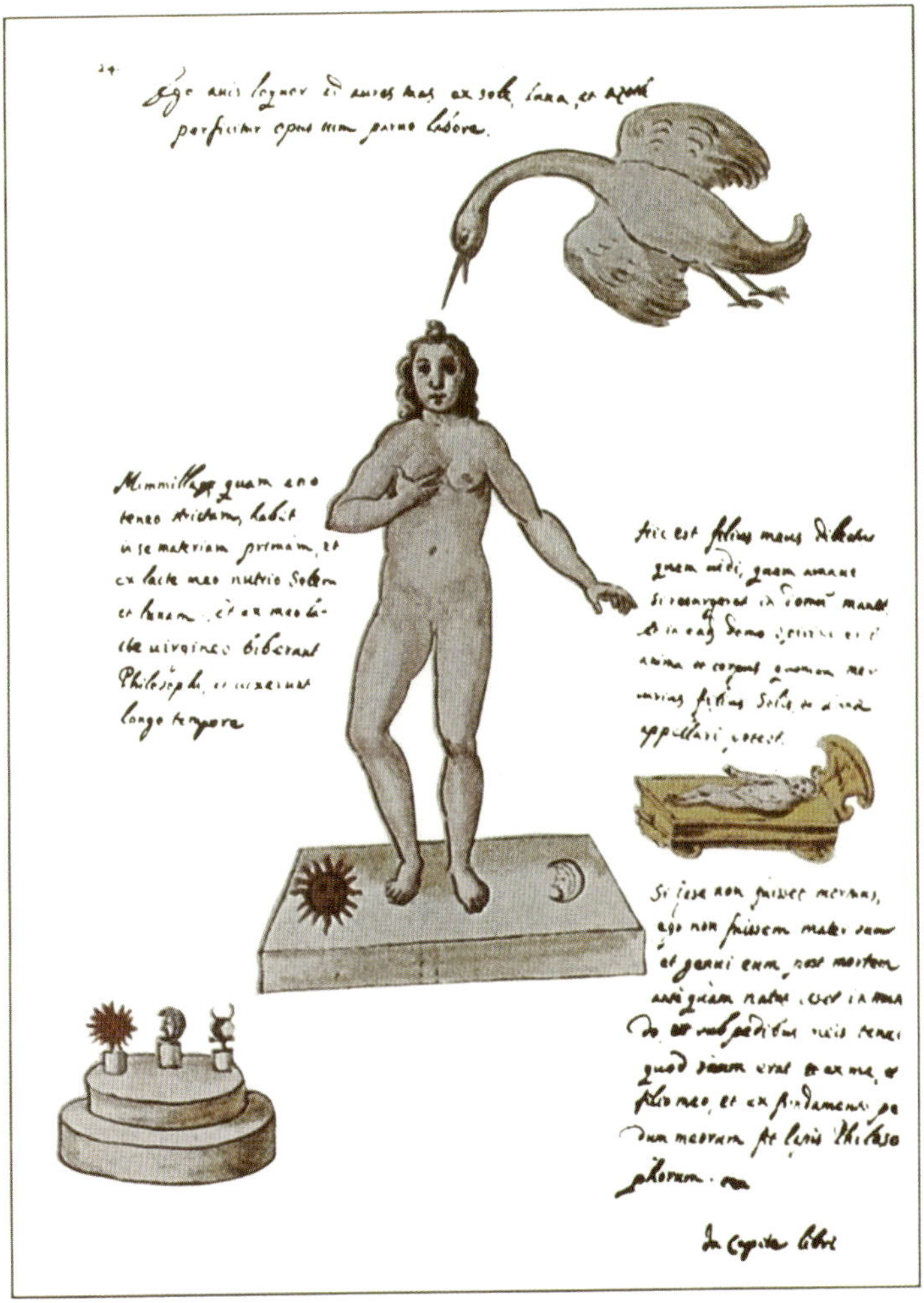

第二十四葉。上の言葉は，「鳥〔達人〕である私は，太陽，月，水銀からあなたの耳に語りかける。作業は，何の労苦もなく完成される」と読める。左の面は，原初の物質と哲学者の飲料の性質を述べている。右の原文は，「これは，私が見，愛した息子である。彼は蘇っても，家に残り，その家にあって霊は魂と肉体となろう。水銀は太陽と月の息子と呼ばれるからである」と読める。子どもの像の下に，「もし彼が死ぬことがなければ，私は彼の母とはならなかったであろう。彼が死んでから，この世に生まれる前に，私は彼を生んだ。私の足の下に，私は彼のものであったものを持っている。私と，私の息子，私の足の基礎から，哲学者の石が作られる」と付け加えられている。左下には，石の構成要素が，その威厳を示すために，台座の上に示されている。

第二十五葉。女王の像の上の三行は，実質的に「書物の初めには，母なる胸で彼女が太陽を養うこと，彼女を原初の物質に変えることのできる者は優れた技術を持つと書かれている」と述べている。女王の頭の反対側には，「最も高い山のなかに，この水がある」と「私は哲学者の光である」という言葉がある。女王の左には，彼女の生む息子たちを打てという警告がある。彼女は自分を，「太陽の母，月の姉妹，水銀の僕であり妻」と呼んでいる。右側には，「私の息子たちが灰にならなければ，私は王冠をつけない」という彼女の叫びが書かれている。息子たちが，その真下に描かれている。女王の下の詩は，錬金術の過程を述べ，物質から滲出するものが維持される方法について説明している。

第二十六葉。この頁は，秘密の作業についての象徴を含むヘルメス的な写本を締め括るものであり，必ずしも直接の関係を持たない多くの象徴を含んでいる。上には，すべての錬金術的な図像に最も普通に現れる王の頭部がある。王の右には，「ヘルメスの封印」と呼ばれる錬金術の容器がある。その下には，残忍な鳥の頭があり，ここではグリフォンと呼ばれている。王の左には，霊的な顔である太陽を持ち上げている頭のない人物がいる。この人物は，頭のない世界である。なぜならば，その霊的で理性的な部分は，物質的ではなく，その結果目に見えないものであるからである。その下には，何の説明もない円がある。王の頭の下には，花瓶があり，そこに哲学者の黄金の植物がある。この頁の下には，錬金術の装置が付け加えられており，それもまた「ヘルメスの封印」と名づけられている。

ペルスヴァルと聖杯

（本文 131 頁参照）

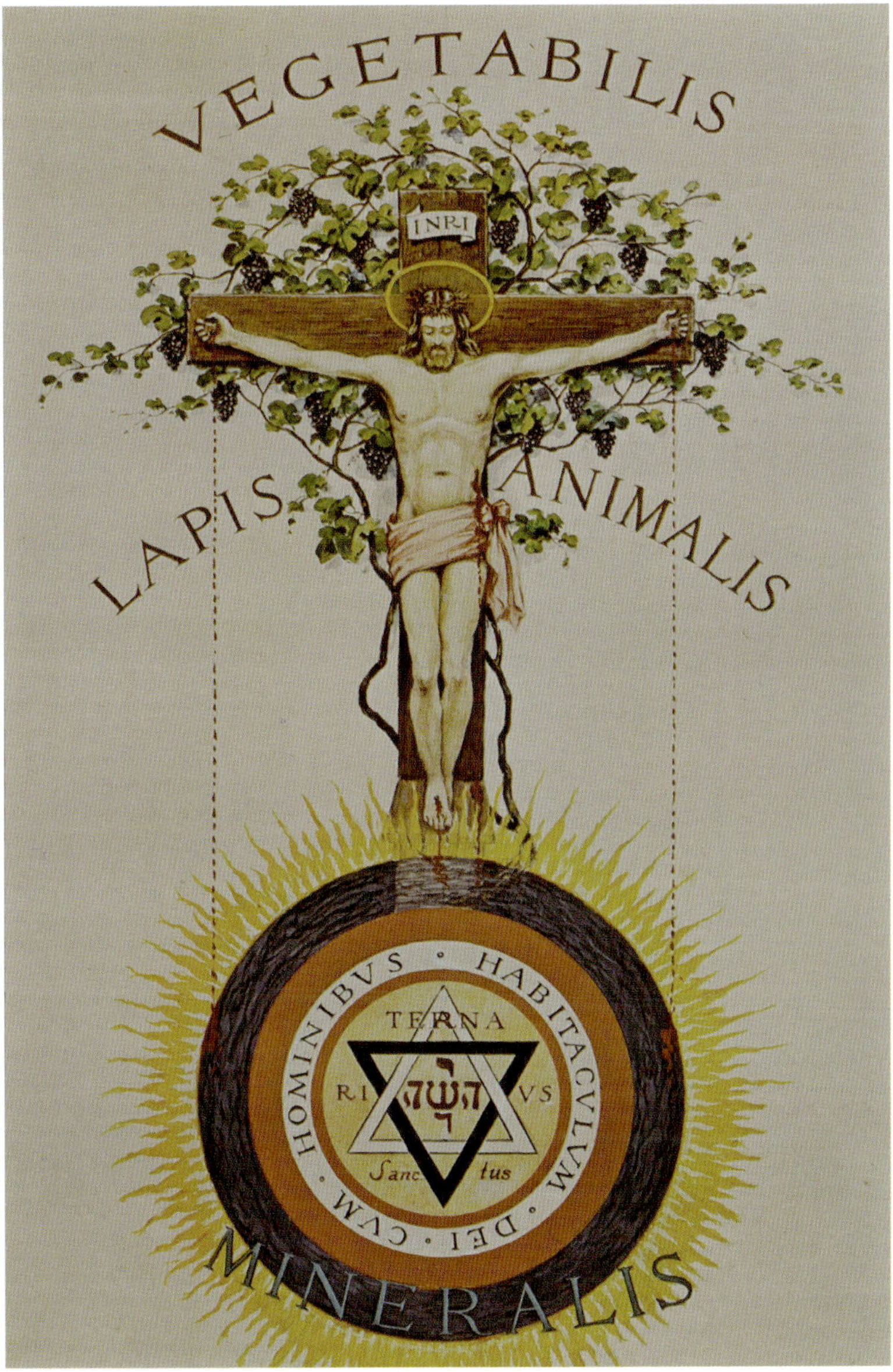

薔薇十字団の磔像（十八世紀初期の水彩画の模写─画家不詳）

（本文 153 頁参照）

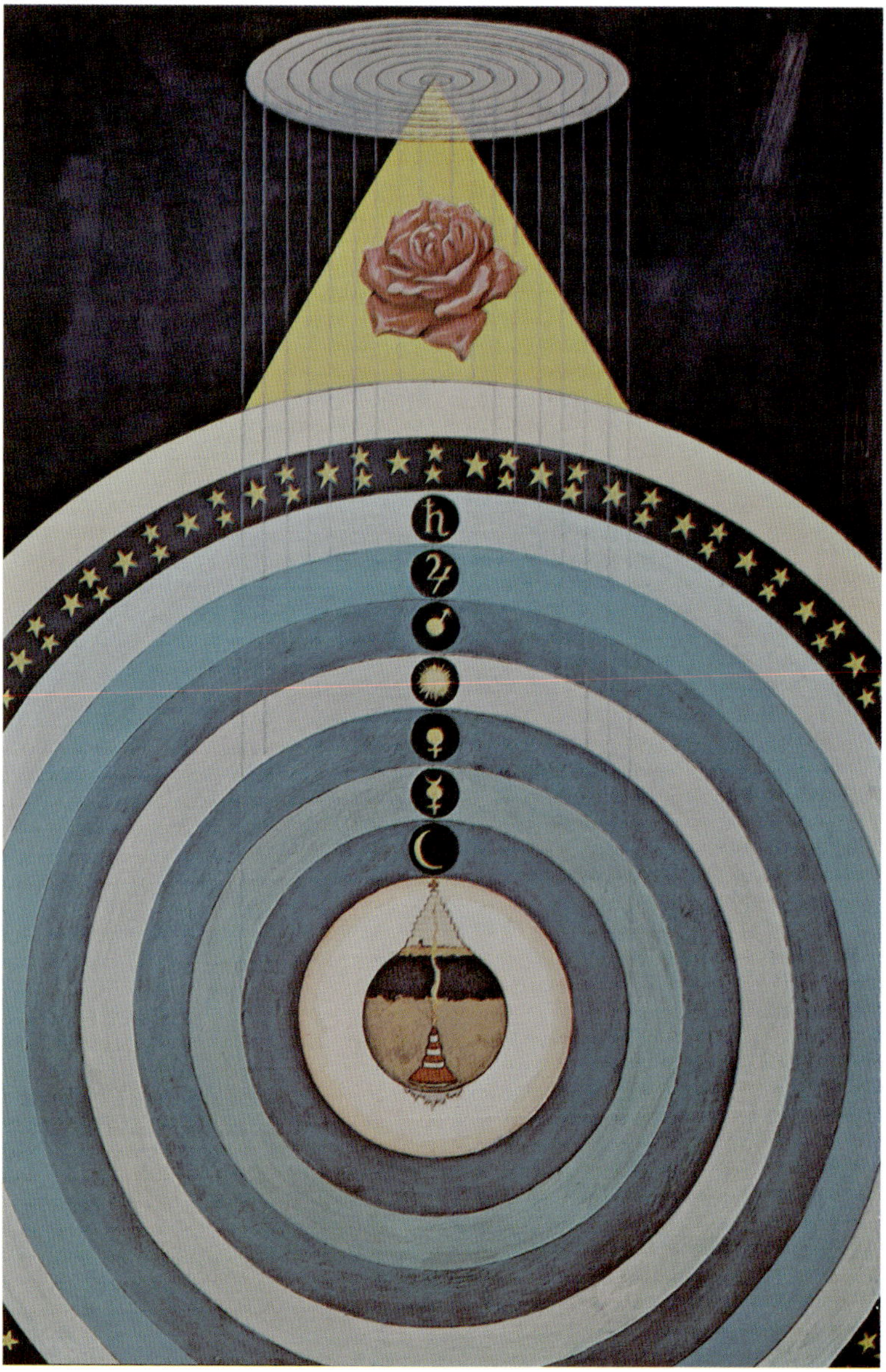

ダンテの『神曲』の鍵（ダンテの『神曲』〈トリノ、一八九一年〉の模写）

（本文 179 頁参照）

カーバ神殿の偶像を一掃するモハメッド（ドッソンの『オスマントルコ名場面集』より転写）

（本文 197 頁参照）

ヒバルバの密儀

（本文 219 頁参照）

双頭の鷲――至高の象徴

（本文 241 頁参照）

あらゆる時代の秘密教義

フリーメーソン・ヘルメス・カバラ・

薔薇十字の
象徴哲学小百科事典

あらゆる時代の
儀式・寓話・密儀に隠された
秘密教義の集大成

マンリー・P・ホール著

哲学探求協会

THE SECRET TEACHINGS OF ALL AGES

AN ENCYCLOPEDIC OUTLINE OF

Masonic, Hermetic, Qabbalistic and Rosicrucian Symbolical Philosophy

Being an Interpretation of the Secret Teachings concealed within The Rituals, Allegories and Mysteries of all Ages

By MANLY P. HALL

THE PHILOSOPHICAL RESEARCH SOCIETY, INC

象徴哲学大系　Ⅳ　錬金術　目次

錬金術とその代表的人物……11
金属の増殖　皇帝レオポルド一世の紋章　パラケルスス・フォン・ホーヘンハイム　ライムンドゥス・ルルス　ニコラ・フラメル　ベルナルドゥス・トレヴィザヌス伯爵
錬金術の理論と実践　第一部……33
錬金術的哲学の起源　アレキサンダー大王と物言う木　自然と技術　錬金術の象徴体系　ソロモンの雅歌　「哲学者」の「金」
錬金術の理論と実践　第二部……57
錬金術の祈り　ヘルメスのエメラルド表　薔薇十字団の導師からの手紙　月の魔法の山　錬金術の公式　賢者の露
化学の結婚……109
クリスチャン・ローゼンクロイツ結婚式に招かれる　光の乙女　哲学的な異端審問　オリンポスの塔　人造人間　黄金の石の騎士
神秘的キリスト教……133
キリストの生涯と聖エイレナイオス　イエスの本来の名　キリスト教徒エッセネ派　アーサー王説話群　魔術師マーリン
十字架と礫――異教とキリスト教の神秘体系において……155
黄金伝説　アレキサンドリアの失われし図書館　異教の象徴体系における

十字　礫は宇宙の寓話　ケツァルコアトルの礫　受難の釘
黙示録の神秘 …… 179
エペソスの聖都　黙示録の著者　アルファとオメガ　神の子羊　四人の騎手　獣の数
イスラームの信仰 …… 199
モハメッドの生涯　コーランの開示　告別の巡礼　予言者の墓　メッカのカーバ神殿　イスラームの秘密教義
アメリカ・インディアンの象徴体系 …… 221
平和のパイプの儀式　歴史的なハイアワサ　『ポポル・ヴー』　アメリカ・インディアンの魔術　ヒバルバの密儀　ミデウィウィン
結　論 …… 243

訳者後書き
全巻総目次／図版総目次
参考文献
索引（事項・人名・書名）

象徴哲学大系　Ⅳ　錬金術

前頁——再生実験をするパラケルスス

ストア派とピュタゴラス派にとって、「再生」という言葉は輪廻ないし転生と同義であった。植物を一旦灰にしてから再構成することによって、錬金術師は物理的構造が完全に破壊された後も意識と魂は存在し、しかもそれらが前に保持していた個体性を記憶し、形成力として残るということを証明しようとした。また再生という言葉は、宇宙がある一定期間の眠りから醒め、新たに生まれかわること、あるいは「ノアの洪水」のような地殻変動の後、生物が再び地に満ちることを意味することもあった。古代の哲学者は惑星を生きた有機体と考えていたので、存在するあらゆるものが一時的に体験するさまざまな生の局面つまり誕生・成長・腐朽は、惑星のために起こると考えていた。インドでは交互にやってくる宇宙的な活性期と不活性期は梵天《ブラフマ》の「昼」と「夜」として言及されている。ショーペンハウアーは再生という言葉を意志の存続と新しい人格における顕現を表わすのに使っている。ヘルメス哲学の研究者のなかには、死後かなり長い時間がたっても、再生実験によって死人を蘇らせることが可能だと断言したものがいた。この実験を試みた人々は、書物の意味する内容を字義通り解釈して取りかかることはなかった。どんな錬金術の処方も、文字通り受け取ってはならない。再生とは、実際には不条理な物質的有機体つまり肉体から霊的魂を復活させることである。錬金術的に見れば、人体はヘルメス的容器である。「魂の木」は人間の堕落によって焼き尽されている。だが、人間はどんな悪徳と堕落に身を沈めようと、その霊性が失われることは決してなく、錬金術的手法によってその灰を再結集すれば、ふたたび「生命の木」を人間の本性のなかで育むことができる。再生の実験はこのことを証明したのである。

錬金術とその代表的人物

卑金属を金に変えることは果して可能か。このような考えは現代世界の学者に嘲笑の余地を与えるにすぎないであろうか。錬金術は純理論的学術以上のものであり、実践的技術でもあった。不死なるヘルメスの時代以来、錬金術師は錫・銀・鉛・水銀などから金を造り出すことができると主張してきた（しかも証拠を具体的にあげてである）。綺羅星のごとくならぶ卓越した哲学的・科学的精神の持ち主たちが、二千年以上にわたって、実際に金属を変え、増やすことができるということを是認してきたのである。かれらが他のすべての哲学・科学に関する問題に対しては完全に正気かつ合理的だったが、この問題に限っては絶望的な誤りを犯していたと考えるのもおかしなことだ。また金属の変成を実際に見たり行なったと称する無数の人々が皆だまされやすく、詐欺漢、嘘つきであると断言するのも道理にかなったことではない。

錬金術師はことごとく精神異常であったと考えるとすれば、古代・中世の哲学者・科学者をことごとくこの範疇に入れざるをえなくなるだろう。多くの皇帝・王子・僧侶・一般市民たちがこの金属の変成という奇跡まがいのことを目撃してきたのである。証拠を目のあたりにしても、信じようとしなければ信じないでいることもできる。むしろ嘲笑者は十分考慮に値する証拠でも無視するほうを選ぶものだ。多くの偉大な錬金術師やヘルメス哲学者は「栄誉の殿堂」で名誉ある位置を占めているのに、一方おびただしい数にのぼる批判者は世に知られないままである。「自然界」の偉大な秘密を誠実に探究してきた人々をことごとくここに挙げることはできない。だがこの深遠な主題に関わった識者のうち、最も典型的な人物を読者に紹介するだけなら、少数でこと足りるであろう。

比較的著名な人物のなかに、トーマス・ノートン、オランダのイザーク、バシリデス・ヴァレンティヌス（アンチモンの発見者と推定される）、ジャン・ド・メング、ロジャー・ベーコン、アルベルトゥス・マグヌス、ケルケタヌス・ゲルベル（その著作により錬金術体系をヨーロッパにもたらしたアラビア人）、パラケルスス、ニコラ・フラメル、ジョン・フレデリック・ヘルヴェティウス、ライムンドゥス・ルルス、アレキサンダー・セソン、ミハエル・センディヴォギウス、ベルナルドゥス・トレヴィザヌス伯爵、ジョージ・リプリー卿、ピコ・デラ・ミランドラ、ジョン・ディー、ヘンリー・クンラート、ミハエル・マイヤー、トーマス・ヴォーン、J・B・フォン・ヘルモント、ジョン・ヘイドン、ラスカリス、トーマス・チャーノック、シュネシウス（プトレマイオスの司教）、モリュー、ド・カリョストロ伯爵、ド・サン=ジェルマン伯爵などの名をあげることができる。ソロモン王やピュタゴラスも錬金術師であった。ソロモン王は神殿に用いた金を錬金術的方法により造り出したとも言い伝えられている。

アルバート・パイクは錬金術的哲学者を擁護する立場にたち、錬金術師の造る金は本物であると宣言してこう述べている。「ヘルメス学は、現に行なわれている他の科学と同様、数学的に論証し得るものである。その結果できるのは物質であるが、それは正しい方程式と同じように精確である。錬金術の『金』は真実の教義、『影』

なき光、偽りなき『真実』であるばかりか、物質としての金、しかも本物の純金であり、この世の鉱物で最も高価なものでもある。」フリーメーソンの見解はここまでにしよう。

アルベルトゥス・マグヌス（ジョヴィウスの『著名人伝』より）

大アルベルトゥスは1206年ごろ生まれ，七十四歳で死んだ。彼は「魔法使いであり，哲学にすぐれ，最も偉大な神学者であった」と言われている。彼はドミニコ会の一員であり，錬金術・哲学において聖トマス・アクィナスのよき導師であった。さらにレーゲンスブルク教会の司教も勤め，1622年に列聖にあずかっている。アルベルトゥスはアリストテレス学派の哲学者で占星術をよくし，かつ医学・医術に深く通じた学者であった。若いころ，彼はそれほど卓越した知性の持ち主とはみなされていなかった。ところが誠心誠意の礼拝と献身のおかげで，幻視のなかに聖母マリアが現われ，彼女から並はずれた哲学的・知的能力を授けられたという。魔法の大家となって以後，彼は自動人形をつくり始め，その人形に話し，思考する能力を与えた。この人造人間というべきものは，金属とそれぞれの惑星に応じて選んだ得体の知れない物質からできており，魔法の儀式と招喚によって霊性が授けられた。それを作るのに三十年以上かかったと言われている。聖トマス・アクィナスはその装置を悪魔的な機械だとして壊してしまった。こうして生涯をかけた仕事は失敗に終わったが，このような行いにもかかわらず，アルベルトゥス・マグヌスは，聖トマス・アクィナスに錬金術の処方を授けた。（伝えるところによれば）「哲学者の石」の奥義をも伝授したという。

あるとき冬のさなかに，アルベルトゥス・マグヌスはオランダの伯爵でありローマ王であるウィリアム二世を園遊会に招待した。地面は雪で覆われていたが，アルベルトゥスはケルンの修道院の庭に豪華な宴会を準備した。客はこの哲学者の無分別に驚いたが，彼らが席について食事をする際，アルベルトゥスが二言三言述べると，雪は消え，庭は花やさえずる鳥でいっぱいになり，空気は暖かく，夏のそよ風が吹いた。饗宴が終わるとまた雪が降り始め，列席していた貴族を大変驚かせたという。（詳細は『錬金術学者の生涯』を見よ。）

一六八九年、ウィリアムとメアリーがそろってイギリスの王位についた。このころ錬金術師は王国にあふれるほどいたに違いない。彼らの統治が始まった最初の年、ヘンリー四世の手による「条令」が廃止されたからである。その「条令」とは、金属を増殖することは国王に対する犯罪行為であると宣言したものであった。シギスムンド・バクストロム博士の『錬金術草稿の集大成』にはウィリアム王とメアリー女王が廃止した「条令」の写しが収録されているが、これは統治の初年に発令した「一般法規」第三十章を写し取ったものである。その「条令」とは次のようなものだった。

「先のイングランド王ヘンリー四世の治世第五年に制定された『法規』を撤回する『条令』。この法規は、以下の条文により、次のような内容を規定していた。『これ以降、何人たりとも「金」もしくは「銀」の増殖に従事し、または増殖の技術を行使してはならない。同行為に及ぶものは全て重罪に処せられる。』しかるに上述の法規の制定以来、各方面に人材が輩出して、研究と努力と学識により、金属を溶解し精錬する技術に熟達して完璧を究めるに至った。そして国内に多量に発見される金属や鉱石を改良し増殖して、それから金や銀を抽出する技術を完成させた。しかし彼らは同技術を国内では行使しようとしなかった。上述の法規により重罪を蒙る恐れがあったためである。彼らは同技術を外国で行使し、わが国に多大の損失と損害を与えた。それゆえ国王陛下、ならびに女王陛下は聖俗両界の上院議員と当国会に集まった下院議員の勧告と同意のもとに以下の条例を制定する。すなわち、これ以降、上述の法令に含まれる条項および条文、または上述の条項、条文に含まれる各語、各項はすべて撤回され、廃止され、無効とされ、いかなる事態にもかかわらず、上述の条例に含まれる一切は永久に失効する。それに代わり前記の官憲は以下の各項を制定する。

一、上述の金属溶解・精錬技術もしくは金属または鉱石の改良・増殖技術によって抽出したすべての金または銀は、これ以降、貨幣の増殖を除くいかなる用途にも使うことはできない。
一、このことに関する裁量権はロンドン塔内の造幣局に帰属する。このようにして調達された金および銀は、時々造幣局の試金分析と純度測定を受け、その純度および真価を定められなければならない。重さの多少も同様である。
一、このようにして精錬され、または調達された金および銀はすべて国王陛下の統治圏内においては、他のいかなる場所においても使用もしくは処理をしてはならない。」
この法令の廃止後、ウィリアム国王とメアリー女王は錬金術の研究をますます奨励するに至った。

フランツ・ハルトマン博士は、一度ならず何度も卑金属を金に変えた四人の錬金術師に関する確かな証拠を収集している。これらのうちひとつは聖アウグスティヌス修道会の修道士ヴェンツェル・ザイラーに関するものである。彼は修道院で少量ながらも不思議な赤い粉末を発見し、ドイツ、ハンガリー、ボヘミアの国王、皇帝レオポルド一世の面前で、大量の錫を金に変えている。彼がその謎めいたエキスに浸したもののなかには、大きな銀の勲章があった。金を造り出す物質に触れた部分は最も純度の高い金に変わり、残りは銀のままであった。この勲章についてハルトマン博士はこう書いている。

「ウィーンを訪れる者は誰でも、卑金属から金への変成が可能であることの最も明白な証拠(もし何にしろ外見によって立証可能とすれば)を見ることができる。今でも皇帝の宝物室に保管されているこの勲章は、もともと銀からできていたのだが、ヴェンツェル・ザイラーが錬金術的方法によりその一部を金に変えたのだと言われている。彼は、後に、皇帝レオポルド一世から騎士の位を授けられ、ヴェンツェスラウス・リッター・フォン・ラインブルクという称号を賜っている」(『知恵の神殿の入口にて』)。

紙面の都合上、錬金術師たちに関して十分な議論をすることはできない。だが四人ほどの生涯を手短に描けば、彼らが作業の拠り所とした一般原理、どのようにして錬金術の知識を獲得したか、できあがった金を何に利用したかといった問題が分かるであろう。この四人はすべて秘密の学術の「大家」である。彼らの遍歴と奮闘の物語は、自筆あるいはともにヘルメス学を極めた同時代の弟子が記録したものであるが、これらはいかなる小説にも劣らぬほど魅惑的なものである。

パラケルスス・フォン・ホーヘンハイム

錬金術およびヘルメス哲学者でもっとも有名な人物は、フィリップス・アウレオルス・テオフラストゥス・ボンバストゥス・フォン・ホーヘンハイムである。彼はパラケルススと名のり、いつの日かヨーロッパの医師たちはこぞって学派を変え、自分に追従し、他のどの医師にもまして自分を尊敬するようになるであろうと宣言した。パラケルススの誕生日は一般に一四九三年十二月十七日であると信じられている。彼は一人息子であった。父と母は医学と化学に興味を持っており、父は医師、母は病院長を勤めていた。若年にもかかわらずパラケルススはオランダのイザークの著作に大変関心を持ち、当時の医学の改革を思い立った。

二十歳のとき旅に立つが、その旅行は二十年以上も続く。ロシアを含むヨーロッパ各国を訪問するが、アジアに行った可能性もある。彼が錬金術に精通したあるアラビア人からその術を授けられたのは、コンスタンチノープルだったからである。「自然」霊や不可視世界の住民についての知識は、おそらくインドのバラモン僧から得たものであろう。彼らと直接、もしくはその弟子を通して接触したからである。彼は軍医になるが、その知識と手腕により華々しい成功を収めた。

ドイツにもどると、彼は長いあいだ夢に描いていた医術と薬学の改革に着手するが、四方八方から反対を受け、非難嘲笑の的となった。彼の激しい気質と強烈な個性が嵐のような攻撃を招いたのである。もう少し穏やかな性格であればそれも避けることができたであろう。例えば薬剤師に向かって彼は、処方薬に適当な材料を使わず、患者の要求を無視して調合物に対し法外な料金を集めることだけに専念していると酷評している。

パラケルスス
(『パラケルスス・フォン・ホーエンハイム全集』より)
フランシス・バレットは『古代伝記集』のなかで，パラケルススという人物に次のような栄誉ある称号を付け加えている。「火を使う医者・哲学者の大宗，異端医学の名人，スイスのトリスメギストス，化学哲学の最初の改革者，錬金術・カバラ・魔法の導師，忠実な自然の秘書，不老不死の霊薬・哲学者の石の大家」，そして「錬金術の神秘を解いた偉大な第一人者」。

パラケルススが成し遂げたすばらしい治療法も、敵の憎悪をいっそう駆り立てたにすぎない。彼らは彼が行なった奇跡のような技を二度と繰り返すことができなかった。彼は当時の一般的な病気を扱っただけでなく、事実、ハンセン氏病、コレラ、癌をも癒したと言われている。友人たちは、彼は死人すら生き返らせんばかりであったと公言している。とはいうものの彼の治療法はかなり異端的だったので、敵は彼を次第に圧迫して、再三再四にわたって仕事から退いて誰も知ることのない異国へ行けと脅迫するに至った。

パラケルススの人となりに関しては異論が多い。彼が癇癪もちであったことは疑いない。また異常なほどの医者嫌い、女嫌いであった。彼らに対しては罵詈雑言を浴びせることしかしなかった。知られる限り、生涯たった一度の恋愛体験もない。特異な風貌と不節制な生活規律がいつも彼の評価をおとしていた。偏執狂的な波瀾に満ちた生涯を通じてこんなにも社会に辛辣なのは、彼が不具であったからかもしれないと思われている。

大酒飲みとの評判がさらに迫害を激化させた。というのも、バーゼル大学で教鞭をとっていたころ、彼はほとんどしらふであったことはなかったというからである。だがこのような非難は、彼が生涯にわたって、すばらしい明晰な知性を持っていたと記されていることを考えると、理解に苦しむ。彼が書き上げた厖大な著作(彼の著作を集大成したストラースブルク版の全集は、大判で三巻あり、各巻とも七〇〇頁からなる)は、アルコール中毒の話とはまったく矛盾するのである。

非難の対象となった悪徳の多くは、明らかに敵がでっち上げたものである。暗殺者を雇って彼を殺すだけでは満足しない敵は、復讐心に燃えて彼を殺した後、その名声を穢すことに専念した。パラケルススがどのようにして死んだかは明らかでないが、最も信頼すべき伝承によれば、大勢の暗殺者との乱闘が遠因となって死んだという。彼の職業上の敵のひとりがパラケルススに策略を暴露され、彼を殺そうとして暗殺団を雇ったのである。

パラケルススの自筆原稿はほとんど残っていない。著作の大半は弟子に口述して書き取らせていたからである。スタンフォード大学のジョン・マクソン・スティルマン教授は、彼を追悼して以下のような讃辞を贈っている。「薬学・医術の改革におけるパラケルススの重要性について、最終的にどのような評価を下そうと、彼が大いなる真実を天啓によって与えられ、自分が薬学・医術に大きな進歩をもたらす運命にあると信じ、情熱と自信をもってバーゼル大学の教職についたという事実は認められなければならない。生来彼は目にとまるものすべてに対して、鋭い、偏見にとらわれぬ観察眼を向けた。しかしおそらく観察した現象を精確に分析することはしなかったであろう。彼の思想がどれほどの独創性を持っているかはさまざまな意見の分かれるところであるが、明らかに彼が異常なほど自分を信頼し、何にも頼まずにその思想を築いたことだけは明らかである。どのような思想から影響を受けたにせよ、彼がひとたびアリストテレス、ガレヌス、アヴィケンナの神聖な権威を打倒しようと決意してからは、そしてこの伝説的教義にとって代わるものとして彼自身で斟酌を加えた独自の新プラトン主義哲学を樹立してからは、彼はためらうことなくあらゆる伝統をふりきってしまったのである。」

「当時を風靡していたガレヌス流の医学から離れ、彼はこれからの医学は自然の研究・患者の観察・実験・経験に基づくべきであって、過去の人々が信じて疑わなかった古典的教義ではないということを伝道布教しようと決心する。おそらく青年らしい情熱のこもった誇りと自負心のおかげで、彼は自分の攻撃した保守主義者のすさまじい力を正しく見積もれなかったのであろう。もしそうであれば、バーゼル大学での経験で、保守主義に対抗することなど不可能であると悟っていたにちがいない。このころから彼はふたたび放浪者となる。ときに貧窮に襲われ、ときに快適な生活に恵まれたが、自分の伝道運動が即座に成功するかどうかはまったく当てにはしていなかった。とはいうものの窮極的な成功は決して疑わなかった。彼の新しい医学理論と実践術は、神の意志の顕れである自然の諸力に一致しており、それゆえいつか必ず成功すると考えていたのである。」

この奇妙な男は多くの矛盾した性質を持っているが、彼の驚くべき才能は、中世ヨーロッパの暗愚な哲学・科学界にあって星のように輝いている。彼は自分の癇癪に対すると同様、同僚の嫉妬と闘い、大衆に味方して少数者の支配に断固として抵抗した。彼は、誰でも科学書を読むことができるよう、俗語で書物を著わした最初の人である。

パラケルススは死んでもなお休息のいとまはなかった。彼の骨は幾度も掘り起こされ、埋め替えられた。墓の大理石板には次のような碑文がしたためてある。「ここに永眠するは有名な医学博士・フィリップ・テオフラストスである。傷病、ハンセン氏病、痛風、水腫、その他数々の不治の病を、卓越した学識でもって癒し、貧しき者には財産を分け与えた。一五四一年九月二十四日、その生涯を閉じる。生ける者には平和を、ここに埋葬されし者には永遠の休息を。」

A・M・ストッダートは、その著『パラケルススの生涯』のなかで、この偉大な医師が非常に多くの人に慕われていたことを見事に証明している。彼の墓について彼女はこう書いている。「今日でも貧しい人々がそこに祈りを捧げに来る。ホーヘンハイムの名声は『死後その花を咲かせ』、彼は聖人になった。貧者が彼を聖人として崇めたのである。一八三〇年、コレラがザルツブルクを脅かしたとき、人々は彼の墓碑に参詣し、コレラから守ってもらうように祈った。するとこの恐ろしい疫病は彼らの地から去り、その他のドイツやオーストリア地域で猛威をふるったのである。」パラケルススの最初の師はソロモン・トリスモジンという謎の錬金術師であったとされている。この人物に関しては、数年の遍歴の後、金属変成の方法を獲得し、金を大量に造ったと公表したということ以外には何も知られていない。美しい彩色を施した彼の著書『太陽の光輝』は一五八二年に出版され、いまでは大英博物館に保存されている。トリスモジンは、錬金術研究の成果により一五〇歳まで生きたという。『錬金術的遍歴』のなかで大変重要なことが述べられているが、これは「哲学者の石」の探求についてであると思われる。「自分が何であるか、自分が何の一部であるかを探求せよ。汝がこの術について知ることは、実際には自分自身を知ることに他ならない。外界にあるいかなるものも、また汝の内界にあるからである。かようにトリスモジン記す。」

ライムンドゥス・ルルス

スペイン人の錬金術師のうちで最も有名なこの人物は一二三五年ごろ生まれている。父はアラゴン王ジェームズ一世の家老であった。子どものころ、ライムンドゥスは誘惑と放蕩の渦巻く宮廷で育てられ、後に父親の報じていた職につく。富裕な結婚はライムンドゥスの財政的基盤を確固たるものとし、彼は貴族生活をするようになる。

アラゴンの宮廷にドンナ・アンブロシア・エレアノーラ・ディ・カステロという美しい婦人がいた。彼女はその貞淑と美貌により一世に鳴りひびいていた。当時彼女はすでに結婚していたので、若いルルスが彼女に熱烈な愛情を寄せていると知っても、あまり喜ばなかった。だがライムンドゥスは彼女が行くところへはどこにでもその後を追い、ついに取るに足らぬ出来事を種に、情熱的な恋愛詩を彼女に送った。だがこのことは思いもかけない結果をもたらすことになった。ある日この婦人を訪れるようにという誘いの伝言を受け取ったのである。彼はすぐさま訪問した。彼女は、このような魅力的な詩を書くなら、その対象の美しさをもっと見ておくとよいわと言って、衣服の一部を剝いで、体の半分が癌でほとんど蝕まれていることを打ち明けた。ライムンドゥスはこのショックから二度と立ち直ることはできなかった。その後、彼の人生はまったく変わってしまった。浮薄な宮廷生活を放棄し、隠遁者の道を選んだのである。

しばらくして俗世の罪を償う苦行をしている最中にひとつの幻影が現われ、キリストが導くままに従えと告げた。何度も繰り返し現われたので、もはやためらうことなくライムンドゥスは家族に財産を分かち与え、丘の小屋に引き籠もってアラビア語の研究に没頭した。異教徒を改宗させようとしたのである。この隠れ家に六年間籠もった後、イスラーム教徒の召使いを伴って旅に出た。召使いはライムンドゥスが自分たちイスラーム教徒の宗教教義を攻撃しようとしているのだと聞き及んで、主人の背中にナイフを突き刺してしまった。しかしライムンドゥスは自分を暗殺しようとした召使いの処刑を拒んだという。後にこの男は獄中で首を吊って死んでしまった。

健康が回復すると、ライムンドゥスは「聖地」巡礼の旅をしようとする人々を対象にアラビア語を教授した。かなり多忙だったにもかかわらず、アーノルド・ヴィラ・ノヴァと接触して錬金術の原理を教わり、金属変成と増殖の奥義を学んだ。さらに放浪の旅を続け、チュニジアに辿り着くと、イスラームの導師と論争を始めた。彼らの宗教を熱意の余り非難しすぎたため、あやうく命を失いかけたほどである。彼は違反したら死刑になるという条件で、この国から去り、二度とその土を踏まぬよう命じられた。このような脅迫にもかかわらず、再度チュニジアを訪れたが、彼らは殺さず、イタリアに追放しただけであった。

チャールズ・ディケンズが刊行する雑誌『日常の言葉』二七三巻にある無署名の記事は、ルルスの錬金術能力の解明にかなりの光明を投げかけている。「ウィーンにいたとき、ルルスはイギリス国王エドワード二世、スコ

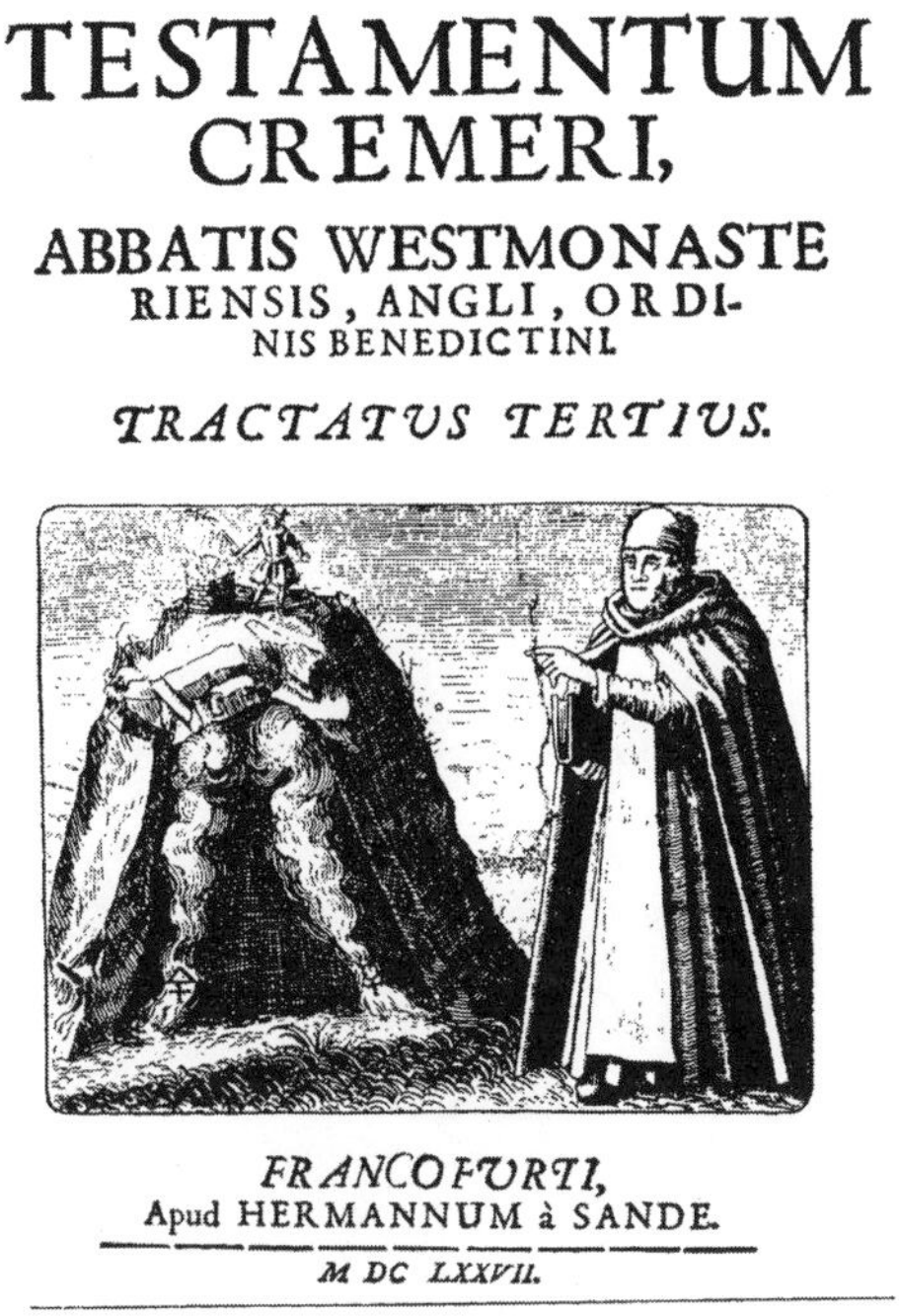
TESTAMENTUM CREMERI,
ABBATIS WESTMONASTERIENSIS, ANGLI, ORDINIS BENEDICTINI.
TRACTATUS TERTIUS.
FRANCOFURTI,
Apud HERMANNUM à SANDE.
M DC LXXVII.

伝ジョン・クレマー著の
錬金術的論文の扉頁
（『新訂ヘルメス博物館』より）

ウェストミンスターの修道院長をつとめた謎の人物ジョン・クレマーは，十四世紀の錬金術の渾沌期に活躍した非常に興味ある人物である。今ではそのような名前の修道院長がウェストミンスターの司教に就いた事実はなかったということが明らかになっており，当然のことながら次の疑問がおこる。「一体ジョン・クレマーという偽名のもとに身元を隠した人物は誰なのか。」ジョン・クレマーのような偽名の人物は，中世の錬金術師が行なった二つの重要な習慣のよい実例である。つまり⑴多くの政治的あるいは宗教的地位の高い者が錬金術的化学の研究に極秘に従事していたけれども，迫害や嘲笑を恐れ，いろいろな匿名を使って発見の成果を出版していた。⑵数千年来，このような架空の人物を作り出し，当時の歴史のなかにまぎれこませることによってその知恵の存続を図ることは錬金術の奥義に達した密儀参入者の常套手段であった。このような非実在的人物が社会的に高い地位を占めていることはよくあることだった。ある場合には，この目的を遂げるため完璧な家系図を偽造したこともあった。このような架空の人物がおびていた名前については，部外者には何ひとつ明らかにされなかった。だが密儀参入者にとって，彼らが設定する人物は単なる象徴的存在以上の何ものでもなかった。密儀参入者たちはこういった年代記を作ることによって，想像上の人物の生涯や言葉や行為のなかに注意深くその奥義を包み隠したのである。こうして神秘学の最も深遠な秘密を隠した書物が，幾時代ものあいだ，無事に残ることになった。事情を知らない者がこれを見ても単なる自伝としか思えないだろう。

ットランドのロバート・ブルースから御世辞ばかりの手紙を受け、ぜひ訪問するようにと請われた。その途中、ウェストミンスターの修道院長ジョン・クレマーと出会って、強い親交を結ぶにいたるが、ライムンドゥスのイギリス行き承諾は国王以上にこの修道院長を喜ばせた。〔ジョン・クレマーの手になる小冊子は『錬金術博物館』のなかに収録されているが、ウェストミンスターの年鑑には彼の名前は記録されていない。〕クレマーは錬金術の最終大奥義——金属変成のための粉末を造ること――を学びたいと強く願っていたが、ライムンドゥスは、彼の友情にもかかわらず、決してそれを明かそうとはしなかった。そこでクレマーは大変巧妙な手口を使って彼を口説いた。やがてライムンドゥスが最も心を傾けているのは異教徒の改宗だと知るに及んで、クレマーは国王にルルスの錬金術によって金を造りだすことができると説得し、一方、ライムンドゥスには、もし資金さえあれば、エドワード王を説いて、対イスラームの十字軍をおこさせるのはわけはないという希望をもたせて彼の心を動かした。」

「ライムンドゥスは何度も教皇や国王に懇願していたので、まったく信用を失っていた。だが最後の望みをかけて、彼は友人のクレマーと一緒にイギリスへ行った。クレマーは彼を自分の修道院に泊め、特別の歓待をした。そこでついにルルスは、クレマーが久しく望んでいた粉末製造の奥義を教えた。粉末が完成するとクレマーは彼を国王に紹介した。王は巨万の富を寄付する人をもてなすかのように、彼を歓迎した。そこでライムンドゥスはひとつだけ条件を出した。つまり彼の造った金は宮廷生活の贅沢やキリスト教国の王と戦うために使われてはならず、またエドワード国王自ら異教徒と闘う軍隊とともに参戦しなければならないという条件である。エドワード王はすべてを約束した。」

「ライムンドゥスはロンドン塔のなかにある室を割り当てられた。そこで彼は重さ五万ポンドの水銀・鉛・錫を純粋な金に変えた。その金は造幣局で六百万のノーブル金貨に鋳造されたと言われている。ノーブル金貨は今日の英貨で三ポンドの値打ちがあり、この金から造られたと言われる金貨のいくつかは、今でもなお古物収集家の所蔵品にみられる。〔これらの記述の誤りを訂正しようと必死の試みがなされてきたが、いまだ諸説紛々としている。」彼はロバート・ブルースに『金属変成の術について』と題された小冊子を送っている。またエドマンド・ディケンソン博士の述べるところによれば、ライムンドゥスが住んでいたウェストミンスターの修道院が取り払われたとき、職人が粉末をいくらか発見し、そのおかげで彼らは裕福になったという。」

「イギリスに滞在中、ルルスはロジャー・ベーコンと親しくなった。もちろんエドワード王には十字軍をおこす計画など微塵もなく、ライムンドゥスにあてがわれたロンドン塔の部屋は立派な格子なき牢獄でしかなかった。やがて彼は事態の如何を知り、その破約ゆえにエドワード王は必ずや不幸と悲惨に見舞われるであろうと大胆にも宣言した。そして一三一五年イギリスから脱出し、ふたたび異教徒伝道に発つが、かなりの高齢に達しており、友人たちはまた彼に会うことができるなどとは思わなかった。」

「彼はまず最初にエジプト、そしてエルサレムに行き、三たびチュニジアを訪れた。以前にもしばしば死の危険を冒したが、とうとうここで殉死することになった。彼は襲われ、石を投げられて死んだのである。ジェノアの商人が彼を運んだが、そのときにはまだかすかな生の徴候が認められた。船に乗せてからしばらくのあいだは生きていたが、マジョルカの近くで死んだ。一三一五年六月二十八日、享年八十一歳であった。聖ウルマにある彼の家の礼拝堂で手篤く埋葬され、葬儀には総督や、おもだった貴族全員が参列した。」

ニコラ・フラメル

十四世紀後半、パリに、写本に彩色を施したり、証文や文書を作ることに従事していた人物が住んでいた。この人物、すなわちニコラ・フラメルのおかげで、今日われわれは最も貴重な書物の内容を知っているのである。彼はこの本を書記という職業を通じて親しくなった書籍商から僅かばかりのお金で買った。『ユダヤ人アブラハムの書』と呼ばれるこの奇妙な本については、彼自身の書いた『象形寓意図の書』のなかで最もよく語られている。「そのころ公証人の私ニコラ・フラメルは、両親の死後、書記をして生活をたてていた。つまり物品明細表を作ったり、会計書を作成したり、教師や生徒の必要経費を計算したりして暮らしていたのである。そのうち僅か二フロリンでこの大きく古めかしい金ぴかの本を手中に収めることになった。それは他の本のように紙や羊皮紙からではなく、柔らかい若木の外皮（と思われる）から作られた書物であった。表紙は真鍮で、装幀もしっかりしており、そこにはびっしり文字か、妙な模様が刻まれている。ギリシア文字か、そういった古代言語の文字ではないかと思う。いやきっとそうに違いない。私には読むことはできないが、ラテン語やガリア語の表記または文字ではないことは確かである。これらの言語については私も多少なりとも心得があるからである。」

「この本の中味はと言えば、見事なラテン語が鉄のペンで一枚一枚の樹皮に刻まれ、美しくきれいに彩色されている。各頁の上部に頁数が付されており、全部で七葉三組つまり二十一頁ある。七枚目ごとに処女と彼女を呑み込んでいる蛇が描かれている。特に二つ目の七枚目には蛇のからまっている十字架が描かれ、最後の七枚目には砂漠か荒野の真中から澄んだ泉が湧きあふれ、そこから蛇があちこち這い出している図が描かれている。最初の頁には金色の大文字で、王子、僧侶、レビ人、占星術師、哲学者たるユダヤ人アブラハムは、神の怒りによりガリアに離散したユダヤの国民に祝福を送ると書かれている。この後は呪文や呪詛の言葉ばかりが続く。（マラナータという呪いの言葉が繰り返し使われている。）これは『供犠神官』と『律法学者』を除くあらゆる者に向けられたものである。」

「私がこの本を買ったとき、売った書籍商自身、私と同様、本書がどれほど価値のあるものか知らなかった。おそらく貧しいユダヤ人から盗むなり、買うなりして手に入れたか、彼らの古い住まいで見つけたのかいずれかであろう。二枚目では、ひとりの男がユダヤの民を慰め、悪徳とりわけ偶像崇拝を避け、メシアの到来まで耐え忍べ、やがてメシアはこの世の王をことごとく征服し、栄光のうちに永遠に統治するであろうと告げている。この男は偉大な賢者であったに違いない。」

「三枚目、およびそれ以降で、彼はユダヤ人にやさしい言葉で金属変成の技術を教えている。当時ユダヤ人はローマ軍に捕獲され、ローマ皇帝に多額の貢納金を払わなければならなかったからである。その他にもいくつかの目的があったが、ここで具体的に触れることはしない。彼は両側にいくつかの容器を描き、彼らにその色や他のことをすべて指定している。しかし反応を起こさせる第一物質については一言も言っていない。ただ四枚目と五枚目は一面に彩色がほどこされている。これは実に丹念な、精巧を極めた仕事である。上手な分かりやすい図柄と彩色であるが、これまで誰ひとりとして理解できたものはいない。口から耳へと伝承されるカバラに通暁し、カバラ文献を深く研究しなければ誰にも分からないのである。」

「それゆえ四枚目と五枚目は一文字も書かれてはいないが、非常に精巧にできているのでどの形象もかなりの啓示を与えてくれる。いや与えてくれるかのようである。まず彼は足首に翼がはえた少年を描いている。その少年は手に二匹の蛇がまつわりついたカドケウス（ヘルメスの杖）を持ち、

ユダヤ人アブラハムの象徴
（フラメルの『象形寓意図の書』より）

ロバート・H・フライアーは、ニコラ・フラメルによる『象形寓意図の書』の再版の脚注でこう言っている。「この物語の真実性を議論の余地なく証明すると思われることがひとつある。それは，この医師からその知識を授かった〈フラメル〉の注釈のついた『ユダヤ人アブラハムの書』なる本が，本当にリッシュリュー枢機卿の手もとにあったということである。ボレルはそれを実際に見て確かめたガブリン伯爵から教わったのであった。」

その杖で頭にかぶるヘルメットをたたいている。私にはそれが異教の神メルクリウスのようにみえる。その少年神のほうに向かって、翼をひろげて舞い上がってくる高貴な老人がいる。頭上には砂時計、手には死神のように一冊の本（もしくは鎌）を持っている。その鎌で、猛り狂ってメルクリウスの足を切ってしまうつもりだろう。四枚目の反対側には高山の頂上で北風に揺れる美しい花を描いている。根本は青色で、花は白と赤、葉は純粋な金のように輝き、そのまわりには『北』のドラゴンやグリフィンが巣を作って住んでいる。」

「五枚目には甘美な庭の中央に咲く美しい薔薇の木があり、空洞の樫の木と向かいあって伸びている。そのふもとからは極めて純粋な水が湧き出し、真っ逆さまに流れ落ちている。その水は、水を求めて大地を掘り起こしている群集のあいだを流れるのだが、彼らはみな盲なので誰も分からない。その重みを考える者がちらほらいるだけである。五枚目の端に大きな刀を持った王がいる。彼は兵に命じて幾人もの幼児を面前で殺させている。幼児の母親たちはなす術なく無慈悲な兵の足もとで泣き崩れるだけである。殺した後、幼児の血は別の兵によって集められ、大きな壺に入れられる。そこへ太陽と月が光を浴びせる。」

「この物語がヘロデ王の幼児虐殺の場面を表わしていること、そして私が錬金術の最も重要な部分をこの本から学んだこと、これが、この秘密の学の『象形寓意図』を私が彼らの墓地に保存した理由である。こういえば読者はもはや最初の五枚に何が描かれていたかお分かりになるであろう。」

「私はこの他の頁に、典雅明晰なラテン語を駆使して書かれている本書の内容について読者諸賢に打ち明けようとは思わない。そんなことをすれば『神』が私を罰するだろう。世界中の人間の首を一撃ではねてしまおうと思う者より、もっと大きな不義を犯すことになるからである。このすばらしい本を手にして以来、私は日夜それを研究し、本に示されている作業をひとつひとつ十分に理解することだけに専念してきた。だがどこから手をつけていいのか分からず、私は打ちひしがれて孤独になり、何度も溜息をついていた。自分であるかの如く愛し、結婚したばかりの私の妻ペレネーラはこのことに大変驚き、慰め、何とか私をこの苦悩から救うことができないものかとしきりに尋ねた。私はもはや口をつぐんでいることはできず、すべてを話し、このすばらしい本を彼女に見せた。すると彼女も私と同様すっかり心を奪われ、美しい表紙、刻み込まれた文字、象徴、肖像を眺めることに大きな喜びを感じるようになった。だが彼女もまた理解することはできなかった。とはいうものの、この象徴図形を解釈するためにどうしたらいいか彼女と話し合い、いろいろ考えてみることは、大いに慰めとなった。」

ニコラ・フラメルはこの謎めいた本を研究するのに何年も費やした。彼は本にある絵を家中の壁に描き、親しい学者に見せる複製画もたくさん作った。だが誰もそれらの隠された意味を明らかにすることはできなかった。ついに彼は賢者を求めて旅に発ち、数々の遍歴の後、ひとりの医者カンシュ師にめぐり会った。師はすぐさま寓意図に興味を持ち、原本を見せてもらいたいと依頼した。彼らはパリに向けて出発し、道中この名医はフラメルに数々の象形寓意図の原理を明かした。だが目的地にたどりつく前にカンシュ師は病気にかかって死んでしまった。そこでフラメルは彼をオルレアンに埋葬した。束の間の親交ではあったが、その間に獲得した知識に熟考を重ね、彼はついに妻の援助を得て卑金属から金に変える処方を解明することができた。その実験には数回成功している。生前パリの聖イノセント教会内のアーチに象形寓意図の形象を数多く描かせているが、それをどのように解釈すべきかは、彼自身は『アブラハムの書』から解明していたにもかかわらず、すべて秘密にした。

ベルナルドゥス・トレヴィザヌス伯爵

「不老不死の霊薬《エリキサー》」や「哲学者の石」を探求する者のうち、ごく少数の者だけが度重なる失望をくぐり抜ける。そのひとりがベルナルドゥス・トレヴィザヌス伯爵である。彼は一四〇六年パドゥアに生まれ、一四九〇年死んだ。彼の「哲学者の石」と金属変成の奥義探求は、僅か十四歳のときに始まったが、彼はそれに自分の全生涯と全財産を投じている。ベルナルドゥス伯爵は錬金術師や哲学者を次から次へと訪れ、それぞれの師の唱える持論を誠実に受け入れて実験したのであるが、いつも満足のいく結果を得ることはなかった。家族は気がふれたと思い、実験をしてはトレヴィザヌス家の名を汚していると言いふらしたため急速に貧窮に陥っていった。彼は何ヵ国も旅し、遠く離れた異国の地で賢者の援助を得られることを期待していた。七十六歳に達するころ、ついに彼の努力は報われ成功した。「不老不死の霊薬」、「哲学者の石」、金属変成の大奥義が彼に明かされたのである。彼は自分の苦労の結末について小さな書物を著わしている。彼は自分の発見した至極の賜物を享受しながら生きたのは数年のあいだであったが、その秘宝は探求に費やした全生涯に値すると信じて疑わなかった。彼の勤勉ぶりと忍耐強さは、たとえば自称哲学者や錬金術師にだまされて行なった数々の実験にみられる。卵の殻を焼いて石灰にするのに二十年かかり、アルコールやその他いろいろな物質を蒸留して作るのにほぼ同じ年月を費やしている。錬金術探求の歴史のなかで、この「偉大な秘薬」の徒ほど勤勉で忍耐強い者はいないだろう。

ベルナルドゥスによれば、溶解は火ではなく水銀によって行なう。これこそが錬金術の究極の秘密であるという。

前頁――鋳物の海

ヒラムは「火の霊」サマエルの後裔であり、彼の先祖には冶金術を考案し、最初に金属を鍛え、焼き入れた不死なるトバルカインがいたという奇妙なカバラ伝説がある。この伝説によると、ヒラムの手になる傑作は「鋳物の海」――十二頭の牛の背に支えられた浄めのための壮麗な洗盤であった。この巨大なたらいは周囲が三十キュビットもあるが、たった一度鋳型に入れただけで作られた。この偉業の完成を見るため、労働者、エルサレムの民衆だけでなく、ソロモンの王とシバの女王バルキスまでが集まった。しかしヒラムが昇進させなかったことが原因で不機嫌な三人の職人は、秘密のうちに水を鋳型に流し込んだ。溶鉱炉の口が開き、燃えるように赤い金属が鋳型に入ったとき、大爆発が起こった。蒸気がたちこめ、溶けた金属は四方八方に飛び散り、死と混乱が展開された。ヒラムは野心を打ち砕かれ絶望するが、勇敢にも流れ出る金属の流路に立つ。突然蒸気と煙の真只中から叫び声があがった。「我は汝を不燃のものとした。炎のなかに身を投ぜよ。」ヒラムは「鋳物の海」に飛び込み、地球の中心へと潜った。そこに彼の火の先祖、最初の金属細工師が住んでいる。アルベルト・シュテファンの劇『ヒラムとソロモン』はこの伝説に基づき、「鋳物の海」(「哲学者の石」)が形成される融剤を構成するさまざまな要素の描写を敷衍している。ヒラムは惑星に割り当てられた卑金属だけでなく、メルキゼデック王の黄金の冠、シバの女王の銀の鎌をも投げ入れた。

錬金術の理論と実践――第一部

　ケムの地エジプトの秘術たる錬金術は、世に知られた最古の学問のひとつである。これと双璧をなすのが占星術である。いずれもその起源は曖昧模糊とした先史時代に遡る。現存する最古の文献によれば、錬金術と占星術は、人間がその助けにより、一度失った楽園を再び獲得できるよう神が啓示した学問であるとみなされていた。ラビたちが保持してきた太古からの伝説に従えば、エデンの園の出口で、天使はアダムにカバラと錬金術の奥義を授け、人類がこれら神の啓示によって与えられた秘術の知恵を完全に修得すれば、禁断の木の実の呪いは取れ、再びエデンの園に入ることができると約束したという。人間が堕落して「皮膚の衣」(肉体)を身につけたように、これら神聖な学問も重苦しい表現形式をまとって下位世界にもたらされた。そのおかげで、その霊的超越的本性は曇らされてしまった。死んだ学問、あるいは滅びた学問と考えられてきたのもそのためである。

　錬金術の地上的肉体が化学である。化学者たちは、『律法書《トーラ》』の半分が永遠にイシスのヴェールに隠されていること(『タロット』を見よ)、そして物質的元素のみを研究する限り、せいぜい神秘の半分が解明できるにすぎないということに気づいていない。占星術は天文学の形をとるに至った。天文学の支持者は、古代の魔術師や賢者の夢を愚弄し、彼らの象徴を無意味な迷信の産物とあざけった。ところが、現代の知識人たちといえども、「密儀」の示唆する方法によらずしては、可視世界を不可視世界から区別するヴェールの背後にあるものを見通すことはできないのである。

生命とは何か。叡智とは？ 力とは？ 古代人は学問という神殿をこれらの問題の解明のために捧げた。彼らがそれらの問題に答えなかったなどと誰が言えるのか。たとえ解答が与えられていたとしても、誰がそれをしかと認めることができよう。錬金術と占星術の象徴に秘められた知識があまりにも深遠であるため、現代人の知性では、その教義を理解する任に耐えないのではないか。

カルデア人、フェニキア人、バビロニア人たちは、古代の東洋人の多くがそうであったように、錬金術の教義に精通していた。それはギリシア・ローマで実践された。その母型はエジプトの学問であった。ケムはエジプトの地を指す古代の呼び名である。錬金術《アルケミー》と化学《ケミストリー》という言葉はいずれも「エジプトの学問体系」という意味である。錬金術は彼らにとってたんなる純理論の術ではなかった。彼らは金属の増殖を信じて疑わなかった。学者や唯物論者は彼らへの不信を繰り返す前に、もっと錬金術の原理を熟考すべきであろう。進化論者は有史以前の人間知性の発達を通じて芸術や学問の展開の由来を調べる。ところが、超自然的観点に立つ者は、これらの学問が「神」から直接に明かされたと考える傾向にある。

錬金術の起源をめぐる謎について、これまで多くの興味深い解答が出されてきた。ひとつは錬金術が、エジプトの神秘的な半神半人、ヘルメス・トリスメギストスによって人間に啓示されたというものである。手に不朽の「エメラルド表」をかかえながら、太古の靄のなかに浮かび上がったこの偉大な人物は、エジプト人にとってあらゆる芸術・学問の創始者であると信じられていた。彼に敬意を表して、あらゆる学問は通称『ヘルメス学』の名のもとに集められた。ヘルメスの遺体がエブロン（またはヘブロン）の谷に埋葬されたとき、聖なる「エメラルド表」も一緒に埋められた。何世紀もの後、「エメラルド表」は発見された。一説によると、発見したのはアラビアの密儀参入者であった。またある説が伝えるところによれば、その発見者はマケドニアの王アレキサンダー大王であった。この「エメラルド表」には——十三文字からなる——三重に偉大なるヘルメスの謎めいた碑文が彫られていた。この「エメラルド表」の力によって、アレキサンダー大王は当時知られていた世界をことごとく征服したのだという。だが彼は自分自身を征服しなかった。そのために最後には失敗してしまったのである。彼の栄光と力とは無関係に、「物言う木」の予言は実現し、アレキサンダー大王は大勝利の喜びの絶頂で殺されたのである。（アレキサンダー大王は権力の誘惑に抗することができなかったために失敗した高位の密儀参入者であったという風説が今でも根強く残っている。）

E・Y・ケニーリーは、『ゴブラン・ペルソナ博士の宇宙運動論』から引用しつつ、アレキサンダー大王と物言う木の出来事について次のように述べている。インドに滞在中、マケドニアの王はこの木の前に連れていかれた。

「そしてアレキサンダー大王はまたも危険な他の地域へと行進した。山の頂上を越え、薄暗い谷底を渡り、軍隊は蛇や野獣に襲われながら三〇〇日後、きわめて爽快な山にたどりつくまで行進は続いた。山は黄金の鎖ないしロープがはりめぐらされていた。この山には純粋のサファイアでできた二〇五〇の階段があり、これによって頂上まで登ることができた。アレキサンダー大王はこの近くに野営し、ある日『十二人の王子』を連れ、先に述べた階段を登って山の頂上へ向かった。そこで『十二の門』と七十の純金の窓のある壮麗な宮殿を見つけた。それは『太陽の宮殿』と呼ばれた。門の前には金だけで作られた『神殿』があり、深紅の柘榴石や真珠の房をつけた蔓草があった。アレキサンダー大王と『王子』たちが『宮殿』に入ると、黄金の寝台に身を横たえたひとりの『男性』がいた。彼は美しく威風堂々としており、頭と髯は雪のように白かった。アレキサンダー大王と王子たちが『賢者』の面前にひざまずくと、『賢者』はこう語った。『アレキサンダーよ、今、お前はこの世の人間がかつて見聞きしたことのないものを目にするであろう。』アレキサンダーは答える。『おお賢者よ、かたじけなくも、何故あなたは私を御存知なのでございますか。』『賢者』は言う。『「ノアの洪水」が大地を覆う以前から、私はお前の功業を知っていた。』そしてこう付け加える。『お前は最も神聖な「太陽と月の木」を見たことがあるか。この木は未来の出来事をことごとく告げてくれるぞ。』アレキサンダー大王は答えた。『結構でございます。師よ、どうかそれらを見せてください。』……」

「『賢者』は言う。『指輪や飾りをはずし、靴を脱げ。そして私の後に従え。』アレキサンダー大王はそのようにした。『王子』のうち三人を選び、残りは戻るまで待たせた。彼は『賢者』に続き、『太陽と月の木』の前に来た。『太陽の木』には赤味がかった黄金の葉が、『月の木』には銀の葉がついており、いずれも非常に大きかった。『賢者』の促しにより、アレキサンダーは『木』に、大勝利のうちにマケドニアに帰るべきかどうか尋ねた。それに対する『木』の答えは否であった。しかし彼があと一年八ヵ月生きた後、毒を盛った盃によって殺されることも告げた。彼は聞いた。一体誰が毒を盛るのかと。それについての返答は得られなかった。『月の木』は彼に、『母』にこの上ない恥辱と不幸の死の後、長いあいだ埋葬もされずに放置される、だが姉妹たちには幸福が用意されていると言った」(『第二の神の使者、エノクの書』を見よ)。

いわゆる物言う木の十中八九までが、文字を彫っただけの細長い板であり、これによって神託がなされた。かつて木版に刻まれた本は「物言う木」と呼ばれていた。錬金術の起源を決定する際の困難は、直接的には、失わ

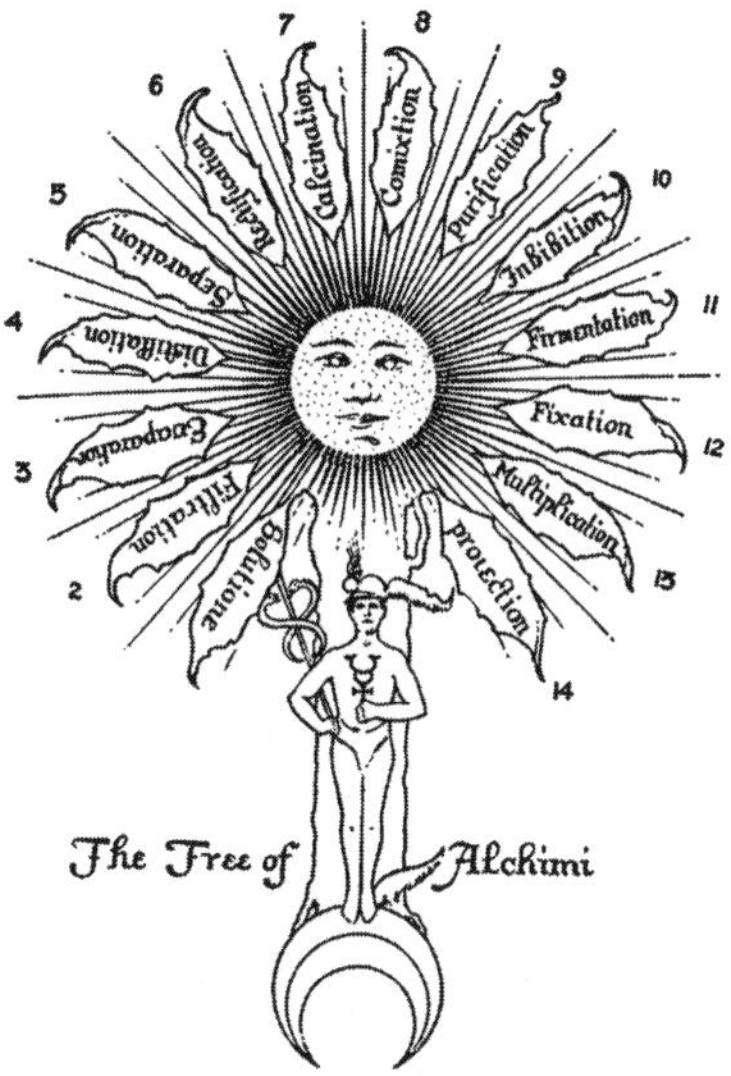

ヘルメスの聖なる木の葉
(1577年のものとされる写本の復元図)

サミュエル・ノートンは，その『錬金術解読』のなかで，作業工程もしくは諸段階を十四に分けた。錬金術に使用する物質は最初試験管に入れられ，植物・動物・人間のための万能薬となるまで，これらの段階を通過する。

1. 溶解　ガス状あるいは個体状のものを液体化する作業。
2. 濾過　液体と溶けないままで浮遊している粒子の機械的分離。
3. 蒸発　加熱により液体あるいは個体状を気体状に変換させる。
4. 蒸留　揮発性の液体をそれが溶けていた物質から分離する作業。
5. 分離　物質の分離もしくは分解作業。
6. 精留　蒸留を繰り返すことによって物質を精製純化する過程。
7. 煆焼　熱作用により粉末または金属灰に転化し，成分から揮発性物質を排除する。
8. 混合　異なった成分を混ぜ，ひとつの合成物とする。
9. 精製（腐敗を通じて）自然分解による崩壊，人工手段による腐朽。
10. 抑制　保留・抑制過程。
11. 醱酵　醱酵により有機物質を新たなる化合物に変換する。
12. 定着　流動体を固定する，すなわち凝固状態にする作業過程。
13. 増殖　数量を増やす過程。増殖された状態。
14. 投射　卑金属を金に変容する過程。

れたアトランティス大陸を顧みないことに起因している。「大奥義」はアトランティスの僧侶が行なった秘儀のうち、最も貴重なものとされていた。アトラスの地が沈んだとき、「火の密儀」の祭司たちは、その処方をエジプトにもたらした。何世紀ものあいだその密儀は賢者や哲学者たちによって温存され、次第にヨーロッパに移された。ここではその奥義が今もなお損われず保持されている。ヘルメスや彼の手になる「エメラルド表」の伝説と意見を異にする者は、「予言者」エノクが述べるように、最初に錬金術を教えたのは山に降り立った二〇〇人の天使であると考える。創始者が誰であるかは別として、現代に錬金術が保存されているのはエジプトの神官たちのおかげである。エジプトはその土の色ゆえに「黒い帝国」と言われた。『旧約聖書』は「暗黒の土地」と呼んでいる。この地が起源らしいという理由で、錬金術は長いあいだ「黒い術」として知られてきた。だがこれは邪悪であるという意味ではない。絶えずその秘密の作業工程を覆い隠してきたその曖昧さゆえのことである。

中世においては、錬金術はひとつの哲学、学問であるばかりか、宗教でもあった。当時の宗教的圧迫に反感を持った人々は、金を製造する寓話のなかに哲学的教義を隠した。このようにして彼らは個人的自由を保持した。迫害よりは嘲笑を欲したのである。錬金術は三重の術であり、その奥義は三角形で象徴された。その象徴は三かける三――三つの世界ないし三つの天球における三大元素または作業工程である。三かける三はフリーメーソンの第三十三の位階の秘儀の一部をなす。なぜなら三十三は三かける三、つまり秘教的人間を表わす数である九と「聖なる木」の根から流出する数を合わせたものだからである。それは「神の口」から指令（*verbum fiat*）として流出する四つの川が潤す世界の数である。いわゆる錬金術の象徴体系の根底には、すばらしい概念が隠されている。嘲笑と侮蔑を受けたこの術は、今もなお永遠の生命の門への三重の鍵を何ひとつ損うことなく保持している。それゆえ錬金術が三界、すなわち神と人間と四大の世界における秘儀であることに気づくなら、何故賢者や哲学者たちがこの知恵を隠すために入り組んだ寓話を作り出し、展開させたか容易に理解できよう。

錬金術は増殖の学であり、本来の自然な成熟現象に基づいている。「無からは何も生ぜず」とは、古代の金言である。錬金術は無から何かを作り出す製造法ではない。すでに存在しているものを増やす工程である。もし哲学者が、生きた人間を石から作ることができるなどと言おうものなら、愚かな人間どもはおそらく「不可能だ！」と叫ぶであろう。こうして彼らは無知を露呈してしまう。どの石にも人間の種子があるとは賢者の知るところである。哲学者は宇宙が人間から作り得ると宣言するかもしれない。しかし愚者はあり得ないと見るであろう。人間が宇宙を生み出す種子であることを知らないからである。

「神」はあらゆる事物の「内」にも「外」にも存在する。「至高なる一者」は成熟を通じて顕現する。成熟は内部から外部への衝動であり、顕われ出ようとするもがきである。錬金術師が金を増殖させることに、一粒の辛子種がその何千倍もの大きさの灌木に成長すること以上の奇蹟はない。もし一粒の辛子種がまったく異なった物質（大地）に植えられて、十万倍の大きさと重さを持った植物に生育するなら、金の種子を大地（卑金属）に植え、錬金術の秘密の作業によって人工的に養分を与えるとき、どうしてその種子がこの術によって十万倍に増殖されないはずがあろうか。

錬金術は万物に「神」が内在すると教える。つまり「神」は「宇宙霊」であり、無限の形態を通じて顕現するというのである。それゆえ「神」は黒い土（物質的宇宙）に植えられた霊の種子である。術によってこの種子を育て大きくすることは十分可能である。そうすれば、あらゆる物質的宇宙はそのチンキにひたされて、種子――純金のごとくになるのである。このことは人間の霊的本性においては再生と名づけられ、物質としての元素においては変容と呼ばれている。それは霊的・物質的宇宙と同様、知的世界においてもいえる。知恵を白痴に授けることはできない。それは知恵の種が彼にはないからである。しかし愚者には教えることができる。彼は無知ではあるが、知恵の種子は彼のなかに存在し、技術や教化によって開発できるからである。それゆえ哲学者とは、その本性のなかで投射が起こった愚者にすぎないのである。

術（学ぶ過程）を通じ、卑金属（無知なるメンタル体）はことごとく純金（知恵）に変容される。理解することでチンキにひたされたのである。そうであれば「神」への信仰と接近により、人間の意識は（地上界の金属に代表される）卑しい動物的欲望から、純粋な金色に輝く「神」の意識に変容し、啓示をうけ、救済され、そのなかに「神」を顕現し、僅かなきらめきから高貴な栄光に輝く「存在」へ広がってゆくであろう。無知という卑金属もまた適切な努力と訓練により卓越した真実と知恵に変わり得るものなら、二つの世界に適用される過程がどうして第三の世界においても真実でないことがあろうか。もし宇宙を構成する霊性、知性のいずれもが増大して顕現し得るなら、同じような法則によって宇宙の物質元素もまた、必要な作業工程を探究することにより増やすことができるであろう。

上なるものにおいて真実であることは、下なるものにおいても然りである。もし錬金術が高貴な霊的事実であるなら、それはまた高貴な物質的事実でもある。宇宙で起こることは人間においても起こる。人間に起こることは植物や動物においても然りである。宇宙のなかのひとつが成長するなら、万物も成長する。あるものが増殖可能なら、いかなるものも増殖可能である。「上なるものは下なるものに一致し、下なるものは上なるものに対応するからである。」しかし魂の救済の方法が「密儀」に隠されているように、金属の救済の秘密も隠されている。門外漢の手におちて、堕落させないためである。

金属を生育させようとする者は、まず金属の秘密を学ばなければならない。鉱物や植物、動物や宇宙と同様、金属も種子から成長すること、しかも種子はすでにその「実体」(「世界の処女」の子宮)のなかにあることを知らなければならない。なぜなら人間の種子は生まれる(あるいは生育する)以前に宇宙に存在していたからであり、植物の種子が一時期ではなく、生命あるあいだずっと存在するように、霊的金や物質的金の種子も万物に存在し続けるからである。金属は、太陽から生命を与えられるので、幾時代にもわたって成長する。それらは灌木が成長するように徐々に成長する。いかなるものであれそのように成長する。成長の仕方が、その種類と程度に応じて異なるだけのことである。

ある偉大な格言は「いかなるものにも種子がある」と言っている。とはいえ、「自然」の単純な作業により何世紀ものあいだ、その種子は芽が出ないままであったり、成熟が非常にゆるやかであったりする。それゆえ一粒の砂にも高価な宝石の種子ばかりではなく、貴金属の種子、さらに太陽や月や星の種子をも内に含んでいる。人間の本性の内に全宇宙が縮小して反映されているように、一粒の砂、一滴の水、宇宙塵のいずれにも、宇宙のあらゆる部分、あらゆる要素がその小さな種子のなかに隠されている。これらの胚種はきわめて微小であり、最も精密な顕微鏡でさえ見つけることはできない。イオンや電子の百万の三乗分の一の大きさしかないこれらの種子は――しかと認めることも理解することもできないが――、成熟と顕現の時期を待っているのである（ライプニッツのモナドを考えよ）。

　成熟を完成する方法は二つある。ひとつは「自然」である。「自然」はいつでも一見不可能と思われることを為し遂げる錬金術師である。もうひとつは技術である。「自然」であれば増殖に果てしなく長い期間を必要とするものも、技術によって比較的短期間で作り出すことができる。真の哲学者は「大いなる作業《マグヌム・オプス》」の成就を願い、「自然」の法則に倣って作業を行なうが、錬金術が単に「自然」を模倣するだけの手法ではなく、ある秘密の処方によってそれを強化する技術であることを知っている。それによって大幅に期間を短縮することができるのである。「自然」はその奇蹟を成就するにあたって、多角的に作用するか、あるいは集中的に作用するかのいずれかである。「自然」が多角的に行なう方式とは、たとえば真黒なピッチをダイアモンドに変える際に用いられるようなものである。この場合本来の固さになるまでに何百万年とかかる。集中的作業方式が技術である。技術は（A・ディー博士が述べるように）「自然」の忠実な下僕であり、諸工程を補い、全面的に「自然」に協力する。「そのように、この哲学的作業において『自然』と『技術』は互いに受け入れ合うべきものである。『技術』は『自然』が否定するものを求めはしないし、『自然』も『技術』によって成就されるものを否定しはしない。『自然』は同意を示すゆえに、どの術者にも従順に振舞う一方、彼らの努力により促進されるが、妨害されはしない」（A・ディー博士の『化学の集成』を見よ）。

この技術によって鉱石の魂に内在する種子は集中的に生育される。そうすれば、僅かのうちに種子からダイアモンドができるであろう。もしダイアモンドの種子が大理石や御影石や砂になければ、ダイアモンドがそこから生じることはない。しかし種子は万物に存在する。だから宇宙のどの物質からもダイアモンドはできるはずである。とはいうものの、いくつかの物質において、この奇蹟の達成はいっそう容易である。胚種がすでに長いあいだ肥料を施されているため、この術の作業過程をいっそう円滑にするからである。同様にある者に智を授けることは他者に対するよりたやすい。一方はすでに働きかけが効をなすだけの基礎を持っているが、他方は、思考能力がまったく休止しているからである。錬金術は可能な限りの速さでもって成熟、完全な開花へ導く術とみなされるべきである。「自然」は望み通りの目的を遂げることもあれば、ある要素が他の要素に破壊力を及ぼしてそうならないこともあろう。だが真実なる術の助けがあれば、「自然」はいかなる場合でも目的を果たす。この術は時の浪費や要素間の反作用による破壊を被ることがないからである。

先のリバプール大学の化学教授、ジェームズ・キャンベル・ブラウンは『化学史』のなかで、錬金術師が達成しようとした目的を次のように要約している。

「それゆえ、このこと――『自然』が大地の内部で行なう過程を可能な限り実験室で為し遂げることが、錬金術師に共通な目標であった。彼らは七つの主要課題に専念した。」

「一、錬金薬液、万能薬、哲学者の石と呼ばれる化合物の調合。この薬液には卑金属を金や銀に変えたり、その他多くのすばらしい働きを遂行する特性がある。……」

「二、ホムンクルス、いいかえれば「生きもの」の創造。これについては信じ難い不思議な物語が数多く残されている。」

「三、アルカヘストもしくは万物融化液の調合。この溶液にひたせばどんな物質も溶かしてしまう。……」

「四、再生または灰からの植物の復活。これに成功したら、彼らは死人を蘇らせることを願ったであろう。〔ブラウン教授は至極当然のことだと言っている。〕」

「五、宇宙霊の調合。多くの力を有する神秘的物質で、とりわけ金を溶かす能力はきわだっている。」

「六、第五元素つまり全物質の原動力の抽出。」

「七、飲用金つまり黄金水、万能薬の調合。それ自身完全な金は人体にも完全性をもたらすことができる。」

錬金術の象徴体系

錬金術には三つの象徴物質、つまり水銀、硫黄、塩がある。さらにこれらにアゾートと呼ばれる第四の神秘的な生命原理が付け加えられている。最初の三つに関してフォン・ウェリング氏はこう書いている。「哲学者たちが塩・硫黄・水銀と呼ぶ三つの基本的化学物質がある。しかしこれらを大地から採掘したり薬剤師から手に入れる天然の塩・硫黄・水銀と決して混同してはならない。塩・硫黄・水銀のいずれも三位一体的本性を有している。賢者の隠された奥義によれば、どれもが他の二つの物質を含んでいるからである。それゆえ塩は三層つまり塩・硫黄・水銀から成り、三つのうちのひとつ（塩）がより支配的なのである。同様に水銀も塩・硫黄・水銀から構成され、後者の元素が優勢であるにすぎない。硫黄も実際には塩・硫黄・水銀から成り、硫黄が支配している。

これらの九つの部分（三かける三）にアゾート（神秘的な宇宙の生命力）を加えると十になる。これがピュタゴラスの神聖数十である。アゾートの本性については多くの議論がある。ある者は不可視の永遠の火であると言い、ある者は電気と言う。磁気とする者もいる。超自然論者たちはアストラル・ライトのことだと言っている。」

「宇宙は星辰の天球に囲まれている。この領域を越えたところにシャマイム界がある。それは神の燃えさかる水、『神の言葉』の最初の流出、『永遠なる者』から流れる灼熱の川である。シャマイムは火の性質を持った両性具有の水で、ここから火が分かれて太陽の炎となり、水は月の水となる。シャマイムは宇宙の水銀であり、——時にアゾートと呼ばれる——無限の生命霊である。根源的霊の炎の水——シャマイムはエデンの園（ヘブライ語では水蒸気）を通過し、四つの大河〔四大元素〕に注ぐ。これが生ける水の川——『神』と『神の子羊キリスト』の御座から流出するアゾート〔燃える水銀の実体〕である。このエデンの園〔水蒸気の実体または霧〕のなかに霊的大地もしくは塵のアファールがある〔これは理解しがたく触れることもできない〕。これより『神』は人間の霊体（*Adam min Haadamah*）を形作った。この霊体はいつか必ず顕現する。」

著作の別の箇所で、フォン・ウェリングはさらにこう述べている。宇宙の錬金術を遂行しようとしたルシフェルがシャマイムつまり「聖なる火」を悪用するまで、物質宇宙は存在しなかった。ルシフェルが悪用したシャマイムを再興させるため、この宇宙は暗雲からそれを解放する手段として作られた。シャマイムはルシフェルが統御しそこなったためにこの雲に閉じこめられたのである。これらの言説より、初期の哲学者たちが『聖書』に化学や錬金術の処方の記述を認めていたという事実は明らかである。いかなる場合もこの点を心に留め置くことは重要である。だが錬金術師のでたらめな寓話を文字通り受け取る研究者には災いが待ちうけている。このような者は決して内なる真実の神殿に入ることはできないだろう。エリアス・アッシュモールは『英国の化学劇場』のなかで、錬金術師が真の教義を隠すために使った方法を次のように述べている。「彼らの一番の苦心は奥義を寓話に包み隠し、ヴェールと影のなかでかれらの幻想を紡ぎ出すことにあった。その放射光は到るところに広がるようにみえるが、共通の中心点で合致する。いずれも同じひとつのことを指しているのである。」

『聖書』が隠された叡知を明かしているという事実は、寓意的に考えるなら、ソロモン王とその妃、側室、処女を描く寓話にはっきり示されている。この寓話は一七八五年ウルトナで出版された『薔薇十字団の秘密象徴』に見出せる。この作品の一部を英訳したハルトマン博士が明らかにするところによれば、ソロモンの妃は芸術を表わす。側室は科学を、処女はまだ明かされていない「自然」の秘密を象徴する。王の命令で処女はヴェールを剝ぐよう強いられるが、これは知恵（ソロモン）により密儀の隠された部分が哲学者に開示されることを意味する。秘儀伝授を受けていない者にとっては、外にまとった衣服だけが目に見える（たとえばイシスのヴェールの神秘のように）。

「大いなる作業《マグヌム・オプス》」を為し遂げようとする錬金術師は、四つの世界にわたって同時に作業しなければならない。四つの世界における三原則の配当（アナロジー）が相互間の関連を明らかにするであろう。錬金術の象徴体系を使って術を行なった初期の導師たちは、象徴記号も用語も統一しなかった。そのため彼らの不可解な所説をいくらかでも解明するために、直観力と結びついた学問にかなり精通することが必要なのである。以下に示す表の三区分ないし四区分は二通りの解釈によるものである。これは霊と魂にはっきりした境界線を引かなかった著者がいたためである。『聖書』によれば、霊は不滅であり、魂は崩壊する。そうすると明らかに二者は同義のものではない。「罪を犯す魂は死ぬ」、しかし「霊はそれを賦与し給うた神の御元に戻るであろう」とはっきり述べられている。一般に承認されている配当（アナロジー）は以下に示す図の通りである。

四界における三位一体の力

世界	父	息子	母
一、神	父	息子	聖霊
二、人間	霊	魂	体
三、元素	風	火	水
四、化学物質	水銀	硫黄	塩

三と四のもうひとつの解釈はこうである。

世界	父	息子	母
三、元素	火	風	水
四、化学物質	硫黄	水銀	塩

パラケルススは異なった配当をしているが、多少アリストテレス的である。「三位一体の神」の三相は省略され、第二・第三・第四界の要素のみが組み合わされている。

世界	父	息子	母
二、人間	霊	魂	体
三、元素	風	水	地

四、化学物質	硫黄	水銀	塩

こういった違いにもかかわらず、主眼点ははっきりしている。錬金術学者は塩、硫黄、水銀という象徴記号を化学物質だけではなく、「神」の霊的不可視原理、人間、宇宙をも表わすのに利用したのである。四つの世界に存在する三つの物質（塩・硫黄・水銀）は表に示される通り、総計神聖数の十二になる。これらの十二が偉業の礎である。『黙示録』では聖都の十二の土台石と呼ばれている。この考えと一致してピュタゴラスは十二面体、左右対称の十二面からなる幾何学立体が宇宙の基礎をなすと主張した。この神秘的な三かける四と、フリーメーソンの第三階級の伝説のなかで四部からなるケルビムの四隅に出ていく三人四組と関係はないだろうか。

次に示す表は三者の一行（塩・硫黄・水銀）がヒラムを探す観点を示す。

天地の四方	東	南	西	北
黄道十二宮	宝瓶宮	獅子宮	天蠍宮	金牛宮
ケルビムの各部	人間	獅子	鷲	牡牛
四季	春	夏	秋	冬
人間の世代	幼年	青年	壮年	老年
生存段階	誕生	成長	成熟	衰弱
人間の構成部分	霊	魂	理性	体
四大元素	風	火	水	地

もうひとつの表はフリーメーソンの学者にとって大変興味深いものとなるに違いない。塩・硫黄・水銀の三物質とフリーメーソンになじみのいくつかの象徴との関係を示している。哲学体系が混同したことにより、この表にも二つの解釈がある。これらを年代順に区分するのは――不可能ではないにせよ――困難なことである。

一、三つの光	星の火	太陽の火	月の火
二、三人の大導師	ヒラム	ソロモン	タイアのヒラム
三、幾何学立体	球	角錐	立方体
四、錬金術上の物質	水銀	硫黄	塩

二のもうひとつの解釈はこうである。

二、三人の大導師	ソロモン	ヒラム	テュロスのヒラム

不滅の「宇宙密儀」は錬金術において再度見出される。イエスが十字架で死んだように、ヒラムは「神殿」の西門で、オルフェウスはヘブロス河の堤で、クリシュナはガンジス河の堤で、オシリスはテュフォンの準備した柩のなかで死んだ。錬金術においてもしかり、四大元素が最初に死ぬことなくして偉業の成就は不可能である。錬金術の作業工程の諸段階は、世の救世主や指導者の生涯・活動からたどることができる。また『聖書』には「再生することのない者は『神』の王国を見ることができない」とある。錬金術は、腐敗なくして偉業の達成は

中世の錬金術象徴体系
（ヴァレンティノスの『遺言書』より）
ヘルメス学者は，化学元素や錬金術の作業工程を表わすため，この珍らしい表に示される奇妙な象徴記号を使った。かつてこれらの見なれぬ記号の意味がすべて明かされることはなかった。記号はその形態のなかに，彼らの表わす金属や元素の霊的本性に関する秘密を巧みに隠した。
さらにまた錬金術師は，寓話のなかで人間・動物・植物を象徴に用いた。ときには龍，翼のある蛇，一角獣，フェニックスといった，この世にはない合成された形象を使用した。たいてい金は王冠を頭上に戴きしばしば手に笏を持つ王で象徴されるが，ときに光線を放つ太陽の丸い顔で描写された。銀は女性に擬人化し，女王と呼んだ。彼女は王冠をかぶっていないが，しばしば三日月の上に立つ聖母マリアの姿をとる。水銀は蛇または時にカドケウスを携えた翼のある若者，あるいは二つ頭の若者で象徴される。鉛は手に大鎌を持つ老人で，鉄は甲冑をまとった軍人で表わす。強水には「駝鳥の胃」という奇妙な名前が与えられている。「偉業」の達成には火の巣に坐るフェニックスの象徴を当てた。元素の結合は結婚，腐敗の過程は頭蓋骨，アンチモンは龍で象徴された。

あり得ないと断言する。十字架で死に、「密儀」の墓穴に埋められるもの、レトルトのなかで死に腐敗して黒くなるものは何か。また人間の本性において死に、灰（廃物）からフェニックスのように再び生じるものは何か。
　錬金術のレトルトの分解物はある一定期間消化すると赤い霊薬になる。万能薬と呼ばれるものである。炎水に似ており、暗闇のなかで光る。

消化する過程でとりどりの色彩を放ち、一時期虹色になるところから孔雀と呼ばれる。消化力が強すぎると物質の入った試験管は爆発し、塵となって消え失せてしまうであろう。このことはしばしば起こる。そして人間と金属いずれにも効く薬を調合する際の最大の危険でもある。消化し過ぎるとガラスを通過して漏れてしまう。これを保持し得るほどの容器はない。なぜかといえば、もはや物質ではなく、「神性」の浸透力を持った神聖な精髄《エキス》だからである。正しく行なえば、この液体状の万物融化液はどの金属をも溶かし込むであろう。この高みの状態において宇宙塩は液体火である。適量の金属を溶かしては消化し、増幅を繰り返していくと、最後には卑金属を変容する妙薬となる。

　正統のフリーメーソンI・C・Hが公表しているヘルメス・トリスメギストスの『真実なる自然の方法』は宇宙塩の過度の増幅の危険について述べている。「だがこの増殖は九回の繰り返しのうちに完成しなければ、無限に続けることはできない。このチンキは九回繰り返すともはやそれ以上効果を高めることはできない。それ以上の分離は不可能なのである。たとえ僅かでも物質火を感知したら、たちまちひとつの流れとなり、紙を浸透する熱い油のようにガラスを通り抜けてしまう。」

　ヘルメス薬が作り出される前に化学元素が経なければならない工程を分類するうち、術語の不統一が明らかになった。『真実なる自然の方法』は七段階提示する一方、『ヘルメス神話辞典』では十二段階記されているのである。これらは十二宮と組み合わされており、ある意味で一考するに値する。

一、白羊宮	煆焼	五、獅子宮	消化	九、人馬宮	灰化
二、金牛宮	凝結	六、処女宮	蒸留	十、磨羯宮	醗酵

三、双児宮　定着　　七、天秤宮　昇華　　十一、宝瓶宮　増殖
四、巨蟹宮　溶解　　八、天蠍宮　分離　　十二、双魚宮　投射

この配列は興味深い思索の場を広げる。知性を駆使するなら大いに役立つであろう。「大いなる作業《マグヌス・オプス》」の成就に導くこれら十二の「工程」は古代「薔薇十字団の密儀」の十二位階を思い起こさせる。薔薇十字団の教義とは、ある程度まで理論化された化学であり、哲学化された錬金術であった。「密儀」によれば、人間は天の十二の館を通過した帰結として救済された。「秘密の精髄《エキス》」が発見される十二の作業工程は、研究者に殺された「宇宙の創建者」、「宇宙水銀」を探し求めて派遣された「十二人の職人」を思い起こさせるにちがいない。

ソロモン・トリスモジンによれば、物質が完全に至るまでに通過する諸段階は二十二に分かれ、それぞれが適切な線描で象徴されている。トリスモジンの二十二の寓意図やタロットの二十二枚の大アルカナ・カードと、ヘブライ語のアルファベット二十二文字とのあいだには重要な関連がある。これらの神秘的なタロット・カードは正しく解釈するなら、それ自身が錬金術の処方を示している。ソロモン王が錬金術の熟達者であったという中世の哲学者の主張を実証するかのように、フランツ・ハルトマン博士はこう述べている。これまでさんざん誤解され、曲解されてきた『ソロモンの雅歌』は、実は錬金術の処方を示すものである。自然哲学を研究する者はすぐに「エルサレムの色の黒い娘」は人間ではなく、賢者に捧げられた物質であることを認める。ハルトマン博士は以下のように記す。『旧約聖書』にある『ソロモンの雅歌』は『錬金術』の作業工程を描いている。この『歌』のなかで、主題は『雅歌』第一章第五節に、人工の百合は同第二章第一節に、準備と浄化は同第二章第四節に、火は同第二章第七節と第四章第十六節に、腐敗は同第三章第一節に、昇華と蒸留は同第三章第六節に、凝結と変

色は同第五章第九節から第十四節に、定着は同第二章第十二節と同第八章第四節に、増殖は同第六章第七節に、増幅と投入は同第八章第八節に叙述されている、等々。」

フォン・ウェリング氏が著わした宇宙塩に関する作品の付録によると、水面に投下された「哲学者の石」の小片は、たちまち宇宙創成の歴史をミニアテュール版のようにたどり始める。一瞬にしてチンキが――「エロヒムの霊」のように――水面を動くのである。あまたの哲学者が確証しているように、そこにあるミニアテュールの宇宙が形成され、実際に水から姿を現わし、空中に浮かび上がるのである。そこでこの小宇宙はいくつかの発達の諸段階を経、最後には再び塵に分解してしまうという。金属のための薬を調合するだけでなく、鉱物のためのチンキを処方することも可能である。それによって御影石や大理石を高価な石に変えることができる。また粗雑な石の質を高めることも然りである。

ある偉大な錬金術師が確言しているように、人々は黄金を求めて、しばしば破滅の原因をつくり出す。彼は錬金術の処方を誤解し、これらの作業が純然たる物質上のものであると信じているのだ。彼は「哲学者の金」、「哲学者の石」、「哲学者の薬」が四つの世界のいずれにも存在し、実験は四つの世界にわたって同時に処方通り的確に行なわれてはじめて達成できることを理解していない。更にまた錬金術の作業を構成するひとつは人間自身の本性にのみ存在するものである。たとえ彼が化学実験に生涯と財産を費やそうとも、化学元素がこの本性と結びつくことがなければ念願の目的を成就することはない。物理科学者たちが――細心の注意を払い、正確に諸段階をたどるにもかかわらず――中世の錬金術師が為し遂げたことを繰り返そうにも繰り返せない主たる原因は、啓示の光に照らされて再生した錬金術学者の本性から生じる精妙な元素が、彼の実験には欠けているからである。

このことに関してフランツ・ハルトマンは、パラケルススからの引用の訳文脚注で、現代の錬金術研究者としての結論をはっきり述べている。「私は錬金術の処方を試みようとする読者に警告したい。……錬金術師でなければ決して試そうなどと思ってはいけない。個人的経験から私はこれらの処方が単なる寓話上のものではなく、まったくの真実であり、錬金術師に託した場合には成功するであろうことも知っている。だがこれらの実験は、遂行するに必要な資質を持たない者の手にかかると時間と財産を浪費するだけである。錬金術師になろうとする者は自らの内に『マグネシア』を持たなければならない。マグネシアとは不可視のアストラル成分を引きつけ、『凝固させる』磁気のことである。」

実験の成功は行なおうとする者が自らマグスにならない限りあり得ない。次章に示す処方を考える際にこのことを心にとどめおかねばならない。その道に通じた者と崇高なる術には疎い無知な者二人がそろって、同じ容器と物質を使い、まったく同一の手順（*modus operandi*）で作業に取りかかるなら、秘儀に通じる者は「金」を作り出し、無知蒙昧な後者は何もできないだろう。最初により高次の崇高な錬金術が人間の魂の内部で起こらなければ、より低次のレトルトのなかの錬金術も為し遂げることはできないであろう。このことはヘルメス学の寓話や形象図に巧みに隠されているとはいうものの、不変の法則である。人は「再生する」ことなくして偉業を達成することはできない。錬金術の処方を学ぶ者がこのことを心に銘記するなら、悲しみや失望のどん底からの救いとなろう。活動する人間の本性にある隠された生命原理に関する秘密を語ることは禁じられている。術の「導師たち」は自分自身でそれを発見せよと命じる。このテーマをこれ以上語るのは違法とされている。

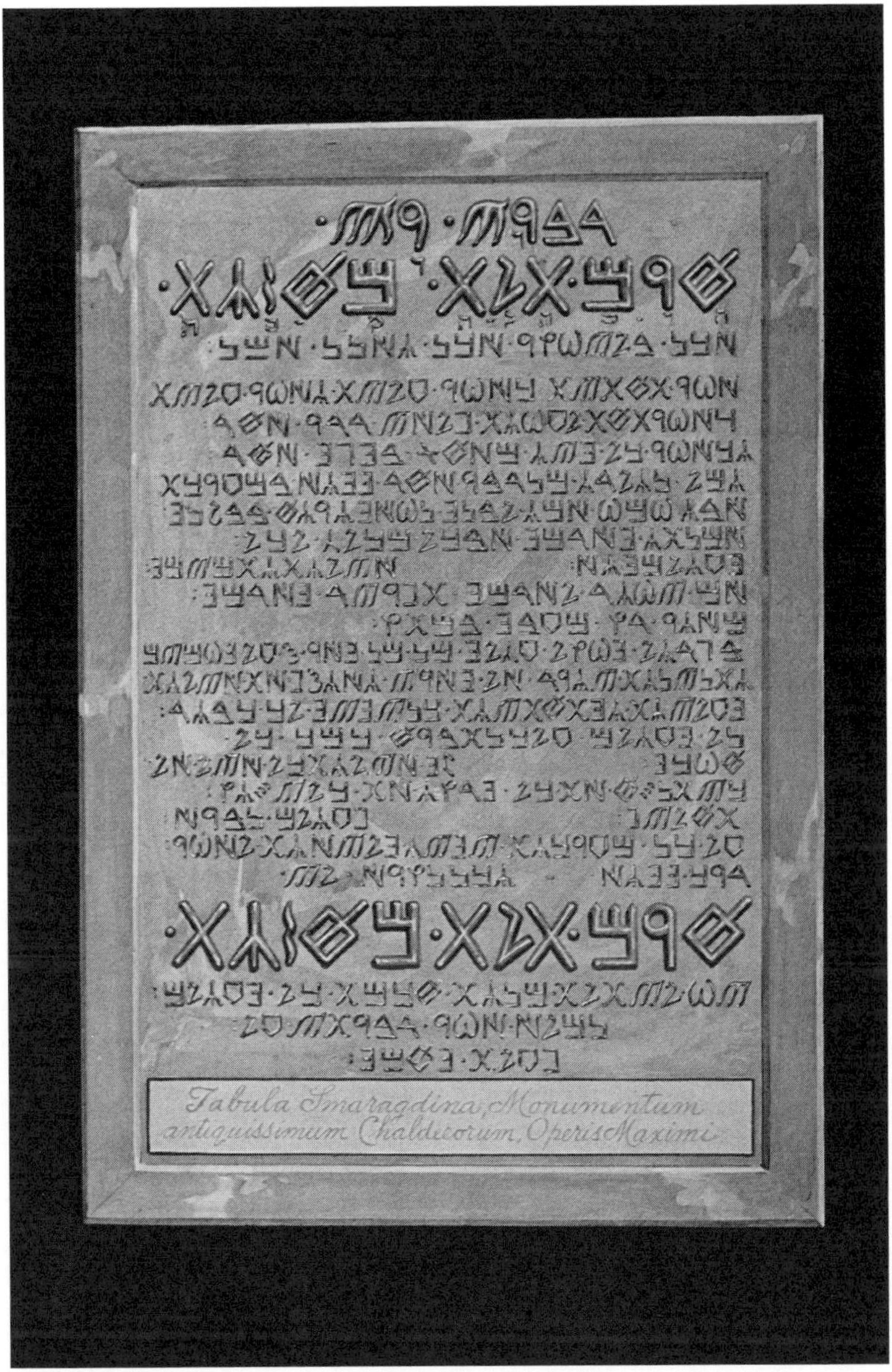
Tabula Smaragdina, Monumentum
antiquissimum Chaldæorum, Operis Maximi

前頁――ヘルメスのエメラルド表(バクストロムの『錬金術草稿原版』〈特殊再成される〉より)

シギスムンド・バクストロム博士は、ヘルメスの「エメラルド表」について次のように述べている。「この『表』の意味する内容から判断すると、この作者が自然の秘密の諸力と哲学者の秘術についてかなり通じており、真の神をよく知り信じていたということが十分納得できる。幾世代ものあいだ、ノアの息子のひとりハムがこの古代の遺物の作者であると信じられてきた。名前は定かでないが、この『表』に言及した紀元前数世紀の古代の著作家は、エジプトの宮廷で見たことがあると言っている。彼によれば、それは高価な石、エメラルドでできており、これらの文字が彫り込みではなく、薄浮彫りで描かれていた。彼の時代にはそれが作られてすでに二千年以上になるとされており、このエメラルドは溶けたガラスのように液状にされて後、鋳型に入れられた。そして芸術家がその手腕により、この溶液に純粋のエメラルドが本来持っている堅さをもたらしたのである。」

錬金術の理論と実践――第二部

真の自然哲学者またはヘルメス哲学者であれば誰でも、「宇宙」の「至高の錬金術師」すなわち「神」に祈りを捧げることから作業を開始する。「大いなる業《マグヌム・オプス》」を達成するために「神」の加護を請うのである。以下に示す祈禱文は、数世紀前にドイツの片田舎で、無名の一導師によって書かれたものであるが、この種の祈禱文の代表的一例である。

「おお、至純にして神聖なる『三位一体』よ、汝、未分にして三重なる『統一体』よ、汝の尽きることなきとこしえの『火』の深みのなかへ我を沈め給え。この『火』においてのみ、わが死すべき肉体は卑しき塵と化し、塩と化合せる新しい肉体を光のなかに生ぜしめることが可能なればなり。おお、我を汝のこの聖なる『火』のなかで溶解し、変容させ給え。その暁には汝が命令により『聖霊』の熱き海が我を暗黒の塵から引き出し、我に新しき生を恵み、その息吹をもって命を吹き込まん。汝の『子』のつつましき謙譲を通して、我をもまた高みに引き上げ、彼の助力のもとに我を塵から蘇生させ給え。水晶のごとき透明な、楽園の金のごとき虹色の至純なる霊体たらしめ給え。眼前のガラス容器に入った元素のごとく、我の死すべき本性が救済され、浄化されんことを。

永遠なるソロモンの酒蔵におけるがごとく、生命の水のなかに我を拡散させ給え。汝の愛の火は、新たなる燃料を受け入れ、いかなる流れもその火を消すことができぬほどに燃えあがらん。この神火の助力により、ついには義しき者の啓示を受くるに適わしい存在たらしめ給え。そして竟には、もはや光も闇もない不死と栄光に達せしめ、新たな世界の光のなかにこの身を隠し給え。アーメン。」

錬金術的処方の起源

確かに中世の錬金術師のうち、自分独りで「大奥義」に達した者はほとんどいない。また一連の著者が明らかにしているように、「師」や「教師」の助力なしで自分の望む目的を達成した者はひとりとしていないのである。いずれにせよ、この「師」の正体は入念に隠蔽され、中世ですら彼らについては諸説紛々としていた。通例、このような明智を持った賢者をアデプト（導師）と呼ぶが、これは金属の変容と増殖の真の秘密を保有していることを示す称号である。導師たちは幾つもの名前を持ち、突然姿を現わしたり消えたりして、どこに住んでいたか形跡を残すことはなかった。彼らのあいだには幾つかの組織が存在していた。このことについては確かな証拠がある。錬金術師の団体のうち最も勢力があったのは、薔薇十字団、光明団、アラビア人やシリア人の学派であった。

以下に示す文書では、幾度か「兄弟たち」という言葉が現われるが、これは「大いなる業《マグヌム・オプス》」を実際に遂げた者は、一団をなしていても、互いに暗号や秘密の記号、象徴を通じての知己でしかなかったことを示している。アラビアには、この種の天啓を受けたアデプト（導師）が多数住んでいたと思われる。何人ものヨーロッパの偉大な錬金術師が、小アジアで密儀伝授を受けているからである。錬金術の弟子たちはひとたび最高の秘密を学ぶと、それを深く蔵して、この貴重な秘密を誰にも打ち明けなかった。身近な家族にすら秘密を漏らすことは許されなかったのである。

歳月が過ぎるにつれ、その秘密を発見した者――もっと厳密に言うなら秘密を明かされた者――は、その処方を託するに足る若者を探し求める。原則として哲学者はこの若者に、いやこの若者だけに奥義を明かすことが許されていた。こうして若者は老賢人の「哲学上の息子」となり、師資相承のうちに秘密が伝えられる。だが、ときにアデプト（導師）は誠実で熱心な探求者を見つけ、基本原理を教授することもあった。この弟子が試練を耐え抜くと、内密のうちに権威ある「兄弟」結社への入会を許された。このようにして錬金術の作業工程は守り伝えられたのである。しかし、それを知る者の数が急速に増えることはなかった。

十六、十七、十八世紀には、かなり多くの錬金術のアデプト（導師）がヨーロッパ中を徘徊し、自由自在に出没していた。言伝えによれば、これらアデプト（導師）は不死身で、錬金術の志向する目標のひとつである秘薬により永遠の生命を保っている。幾人かはこの不老不死の霊薬以外に一切食物をとらず、何百年も生きたという。数滴飲んでは長期間その若さを保持していたのである。このような不思議な人物が実在していたことは、ほとんど疑う余地がない。彼らの存在は数多くの確かな証拠が立証しているのである。

さらに彼らと接触する資格を授けられた人々は今でも彼らに会うことができるとも言われている。哲学者は、類は類を呼ぶと教えている。弟子が陶冶してアデプト（導師）の意にかなった美徳と完成した人格を備えるようになると、彼の前には必ずアデプトが現われ、秘密の工程のある箇所、つまり師の援助なくしては決して発見することのできない部分が打ち明けられる。「知恵とは花のようなものだ。花から蜜蜂は蜜を作り、蜘蛛は毒を作る。それぞれ自らの本性に従うのである」(無名のアデプトによる)。

読者は終始、錬金術の処方や図像が何よりもまず寓意的象徴にすぎないということを心にとめておかなければならない。その秘教的意味を理解しなければ、字義通りの解釈をしても全然役に立たないからである。ほとんどの錬金術的処方では、何かひとつ重要なところが意図的に省略されている。中世の哲学者によれば、自分の知性によって欠けている元素や手順を発見することのできない者に、人間的属性の大半を統御し、「自然界」に遍満する自然力を意のままに従わせることを可能たらしめる秘法を委ねることはできないと考えられてきたのである。

ヘルメスの『エメラルド表』

錬金術文書で最も古く、かつ尊崇されているのが、かの聖なる『ヘルメスのエメラルド表《タブレット》』である。この『表』の真偽について、権威者の意見は一致していない。紀元後に作られた贋物だと論じる者もいるが、その著者が誰かは別として、『表』がかなり古いものであることは確かである。フリーメーソンにとって、『エメラルド表』のシンボルは特に重要である――つまりキラム(ヒラム)の存在に関連しているからである――これは最初の基本的錬金術文書である。その語るところは、卑金属変容の錬金術であり、同時に人間の霊的再生の聖なる錬金術である。

シギスムンド・バクストロム博士の『錬金術草稿の集大成』には、この著名な『表』の翻訳と解釈にさいた箇所がある。これは古代人に『緑閃石タブレット』として知られていたものである。バクストロム博士は当時ド・ガザル伯爵と呼ばれた無名の一アデプト（導師）の手ほどきを受け、モリシャス島の薔薇十字団の一員となった。以下に示すのは、バクストロム博士による『エメラルド表』の翻訳と注釈の一部である。《 》で括った部分が原典からの引用である。

「哲学者のラピス（哲学者の石）に関するカルデア人最古の文書、『エメラルド表』。」

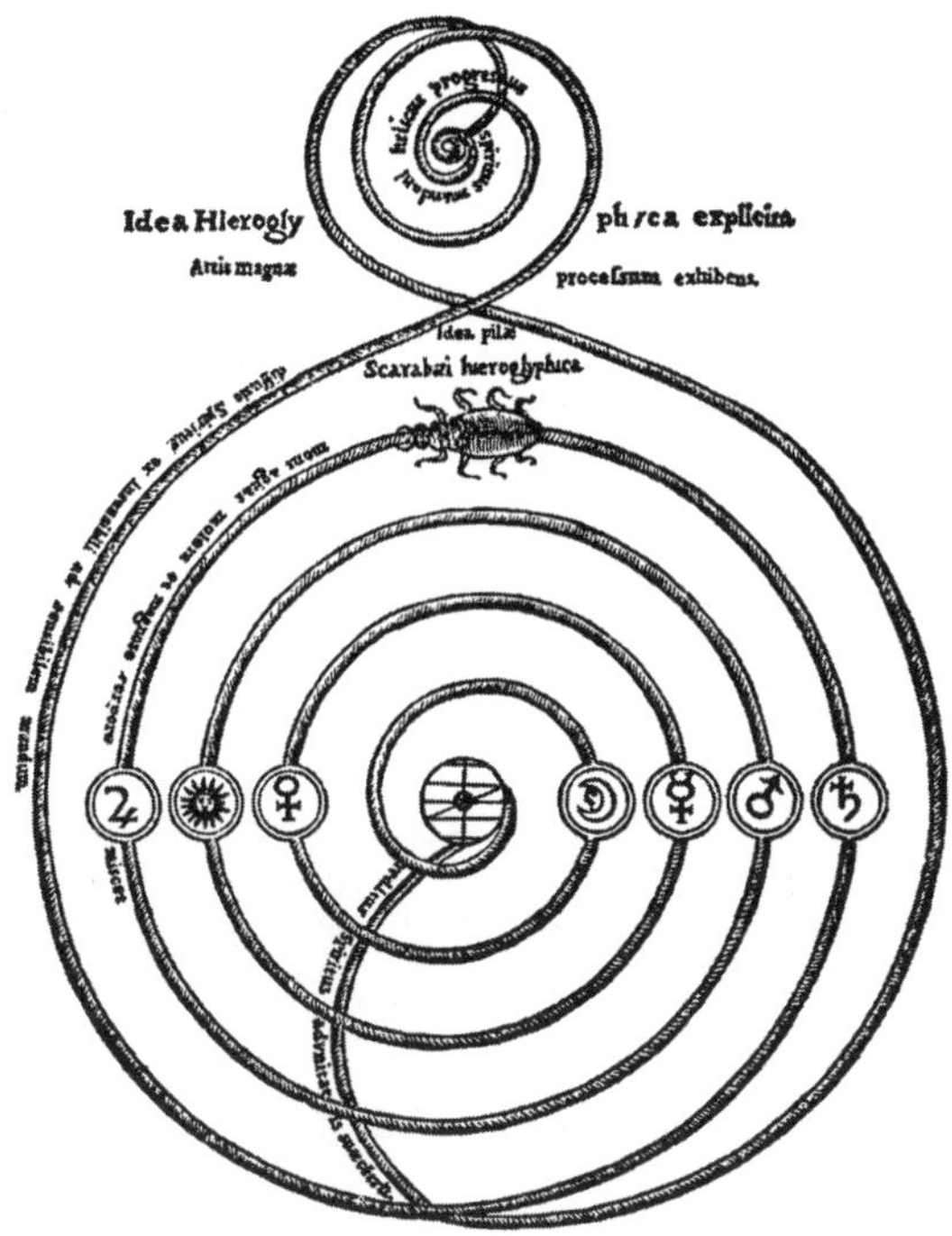

エジプト人による錬金術への鍵
（キルヒャーの『エジプトのオイディプス』より）

エジプトの神官たちは，神聖甲虫（スカラベ）を再生の象徴として利用していただけでなく，その習性のなかに卑金属から金に変えることの可能な秘密の作業工程に，多くの点で類似していることをも発見した。彼らは神聖甲虫の卵のなかに金属の種子を見た。上図が示すのは，さまざまな惑星体を通過していくこの種子の通路である。それは中心に達すると完全になり，ふたたび最初に戻る。この図の頂点にある小さな螺旋のなかには，「宇宙霊の螺旋的進化」と書かれている。神聖甲虫は螺旋状に進み，図の下の方の中心に達した後，「霊が統一体の中心へ回帰する」と示される道に沿って，また上位世界へと戻って行く。

『エメラルド表』はヒラム（というよりキラム）王の寓話の原型をなしている。ヒラム王に関してカルデア人、エジプト人、ヘブライ人の知る内容は、みな源を同じくしている。ホメロスはそれから着想をえてこの王の物語を別の作風で語り、ヴェルギリウスもホメロスに倣っている。ヘシオドスがそこから『神統記』の主題をとっているように、オヴィディウスも後に彼の『転身物語』の鋳型とした。この人知を超えた『自然』の神秘的作用に関する知識こそ、これらの古代文献の全てが後世に伝えようとした中心的主題であった。だが、無知な輩はそこから表面的な謎めいた神話をでっち上げ、また低級な人々は偶像崇拝に堕ちてしまった。」

「古代カルデア人の原版からの真訳は以下の通りである。」

「《ヒラムの秘密の業は、その本質はひとつであるが、三つの位相を持つ。》」

「(最初の二語は秘密の業を意味する。)」

「(二行目には大文字でこう書かれている。ヒラム・テラト・マカソト、すなわち宇宙の執行者ヒラム、その本質はひとつであるが三つの位相を持つ。)」

「《これは真実、偽りなく、確実にして、信ずるに足る。『上なるもの』は『下なるもの』に、『下なるもの』は『上なるもの』に結びついてこそ、かの驚嘆すべき業が成就する。万物はその存在を『唯一なる神』の意志に負うているがごとく、万物は『唯一なる物』、『最も隠れたるもの』から、『唯一なる神』の摂理のもとに生まれた。その『唯一なる物』の父は太陽、母は月。風がそれを胎内に運び、揮発性の『地』がそれを育む。この『唯一なる物』は(『神』に次ぐ)全宇宙の一切の父である。その力は揮発性の『地』に結びついて初めて完成に至る。》」

「(手順——最初の蒸留)《細心の注意を払いつつ揮発性の『地』をゆるやかな熱の助けをかりて、濃密または粗大な『地』から分離せよ。》」

「(最後の消化)《それが大部分『地』から『天』に昇り、ふたたび『天』から『地』に降ってきたとき、新しく生まれかわって、上のものの力と下のものの力の双方をいっそう身につけるようになる。》『水銀《アゾート》』は『地』つまり『ガラス容器』の底から上昇し、『管』中を通って、ふたたび下降して『地』のなかに滴る。こうして連続的に循環することによって『水銀《アゾート》』はますます精妙なものになり、そのなかからソル（太陽）を揮発させ、その発散した『太陽』の原子を運ぶ。かくてわれらの第三の真なる知恵の水銀つまり太陽の水銀となるのである。この『太陽の水銀』の循環は、『地』がそれを吸収し尽し、自然にやむまで続く。そのとき黒いねばねばした物質ひきがえる〔錬金術用の蒸留器にできる物質であり、人体における低次の部分〕ができるにちがいない。これは完全なる腐敗または化合物の死を意味する。」

「《これにより汝は全世界の栄光につつまれるであろう。》この黒い粘り気のある物質はやがて、必ず白化し、次には赤化するだろう。そしてこの『赤化』が完璧に行なわれると、健全な心に宿る健全な魂を天寿を全うするときまで完全に保つことができるようになるのである。そして無限に増殖し、われわれの無尽蔵の資源をいささかも減らすことなく、かたじけなくも、もったいなくも、われわれに莫大な富を約束してくれる。だからこそ全世界の栄光（栄誉）と呼ばれているのである。『神的真実』に従って真に哲学者の石を探求し、観照することは、精神を『神』であり、われらの『創造主』である恵み深い『父』へと向けさせ、高めてくれる。だからもし『神』が実際にそれを所有することをわれわれに許してくださるなら、『貪欲』、『嫉妬』、『悪意』に向かう根本原因そのものを一掃することになるだろう。そしてかくも慈悲深い『神』に対する感謝の念でわれわれの心を溶かしきるにちがいない。だから哲学者たちは、『哲学者の石』は善き人間を見つけ出すか、善き人間を作り出すと確信をもって言いきるのである。」

「《すると闇が汝から飛び去るであろう。》『魂』が外界の事物と交流するために利用する『器官』を活性化すれば、『魂』は思考のみならず記憶に対しても、より大きな力を獲得するにちがいない。それゆえ、もしわれわれがなおいっそう多くの知識や、強健で生命力あふれる肉体的器官とその秘密の源泉である活力の獲得を欲するなら、『魂』はその新しい思考力や記憶力を獲得しなければならない。とりわけ、われわれが知識を求めて『神』に祈り、信仰によって祈りを確固たるものにするなら、当然、いかなる『曖昧さ』も消え失せるであろう。このことがあらゆる保持者にあてはまらないのは、彼ら自身の落ち度である。彼らが『金属変容』だけで満足しているからである。」

「（利用）《これはすべての活力のうち、最も強い。》これは『哲学者の石』が『自然』に秘められた『諸力』を完璧に有していることを意味する大変有力な表現である。諸力とは『自然の三つの領域』において、破壊のためにあるのではなく、物質を高め再生させるために存在する力をさす。」

「《この『石』により、汝は全てのものを支配し、精妙なるもの（☉☽）と粗大なるもの（♃♄♀♂♒）を相互に変換できるようになるであろう。》もちろん、最も精妙な物質、酸素を本来の火の本性にもどすときに可能なように、増殖ごとに十倍になるいっそう大きな力と浸透力をもってすれば、あらゆる精妙な物質を支配することができるようになるのである。その時間もだんだんと短くなる。その結果、その力は無限のものとなり、金や銀のような腐敗しない個体すら浸透〔支配〕することが可能である。フィラレテスが確かめているように、水銀、水晶、ガラスのような他には変換不可能な物質に、その凝固性や安定性を与えているのもそれである。このことは我が父の時代にウィーンのリヒテンシュタイン公爵が持っていた評価額五十万デュカットの人工ダイアモンドによっても証明されている。このダイアモンドは『ラピス』（『哲学者の石』）によって固められたのである。」

「《世界はこうして創造されたのである。だがその行程を踏む手続きは隠されたままである。それゆえに我は、本質はひとつにして、三つの位相を持つヒラム・テラト・メカソトと呼ばれるのである。この三位一体のなかに（つまりヒラムとその利用法のなかに）全世界の知恵は隠されている。》ヘルメスはモーゼかゾロアスター、さもなければ『創世記』の蛇を意味しているのだと考えられてきた。蛇は知識もしくは知恵の象徴として使われてきた。蛇は古代エジプトの描いた『象形文字』のどこにでも出てくる。同様のことが翼をつけた球、太陽と月、ドラゴンとグリフィンにも言える。スイダスの古代百科事典は『聖書』解釈のためのさまざまなヒントを提供してくれるが、彼によれば、これによってエジプト人は『哲学者の石』に関する崇高な知識を示したという。彼はエジプト神殿の聖域に関して語ったところで、デー・ハンですらあるといっている。」

「《我が太陽に関して述べてきたことはこれにて終わる。『緑玉表《タブラ・スマラグディナ》』はここに完結する。》我が太陽の働きについて述べ、教授してきたことは、ここで終わる。完璧な『種子』だけが増殖に適わしいのである。」

「我の知る『ヘルメスの緑玉表』は本物であると認められている。」

薔薇十字団からの手紙

エウゲニウス・フィラレテスは薔薇十字団の会員であることを否認したが、多年にわたってその首長であったとされている。一六五一年、ロンドンで出版された『光のなかの光』、または『新たに発見され世に伝承された魔法の光』と呼ばれる小冊子のなかに、エウゲニウス・フィラレテスは薔薇十字団からのものと思われる注目すべき手紙を掲載している。その手紙には「哲学者の石」を造る作業工程と処方を象徴的に示す象形寓意図が添えられている。この書簡は抽象的な神学理論と具体的な化学実験の手順を結びつけた薔薇十字団の体系を見事に示す一例と言える。探求者は、この本の各部に散らばる資料を手がかりとして、寓意図の謎を解明することができるであろう。

「霊界の魔法の山、およびその地に秘蔵される宝に関するR・C（薔薇十字団）からの手紙。」

「誰しも当然のことながら『金』や『銀』〔叡智と魂〕の宝物を獲得し、世の人々に偉大と思われることを欲する。神は人類に役立つものすべてを創り給うた。人間がそれらを支配することによって、神の比類なき善と無限の力をそこに認め、神の恩恵に対して感謝し、神を崇拝し、讃えることができるようにするためである。しかしこれらの宝物を捜し求める者はひとりもいない。人生を愚かに過ごすばかりである。探求に先立つ労苦や危険なしに、人間はその宝を享受しようとする。『神』が蔵した場所からその宝物を見つけ出そうともしない。『神』もまた人間がそれらを捜し求めることを期待しているのである。捜す者は与えられるであろう。しかし誰ひとりとしてこの場所にある宝物を獲得しようと努力する者はいない。それゆえこれらの財宝はいまだ発見されていない。というのは、この場所も、そこに至る道も長いあいだ、人々に知られることなく、世界中の大部分の人々に対し秘密にされてきたからである。この道と場所を発見することは、困難であり、労苦に満ちた業である。しかしそれでもなお、その場所は探求に値する。」

『神』の所有物を隠したままに放置しておくのは、決して『神』の意志ではない。それゆえ、この終末期つまり最期の審判が行なわれる直前に、これら一切の秘密は伝授に適わしき者に明かされるであろう。（その値打のない者には明かされることのないよう、曖昧な形ではあるが）『神』自身ある所で、明らかにされるべきでないことは一切隠されてはいないし、知られてならないことはいかなることも秘められてはいないと語ったことがある。だからこそわれわれは『神の聖霊』に動かされ、世に『神』の御意志を告げるのである。われわれはすでに実行しており、小冊子も数ヵ国語にわたって出版した。しかしほとんどの人間は、われわれの「声明書」(『ファーマ』と『コンフェッシオ』)の悪口を言うか、侮るのみである。さもなければ、『神の聖霊』を待ちきれずに、すぐにもわれわれが金の造り方を教えるか、たっぷり宝物を提供してくれると思って、そう言い出すのを待ち構えている。これによって彼らは世間体も構わず闊歩し、戦争を起こし、高利貸し、美食家、飲んだくれとなり、淫蕩に人生を送り、そのうえ幾つもの罪を重ねて人生を冒瀆してしまうつもりであろう。これら一切は聖なる『神』の御意志に反することばかりである。こういった人間は『十人の処女』(そのうち五人は愚か者で、賢明なあとの五人からランプの油を要求した)の話から、学ぶべきなのである。態度ひとつで人生に雲泥の差ができるものなのだ。」

「当然のことながら、誰でも『神』の加護と自分独自の探求や努力によって、この財宝を求めるべきである。しかしわれわれは比類なき神の恩寵と天啓により、このような徒輩の邪な意図をその著作から察知する。われわれは耳をふさぎ、雲に隠れるように身を隠して、空しく金を求める連中の呻き、泣きわめきから逃れる。そのため逆に彼らは限度を知らぬ誹謗、中傷でもって、われわれに汚名をきせている。だが憤慨することはしまい。『神』が時をたがえず彼らを裁くであろう。しかしその後、(貴兄に知られることなく)われわれは貴兄のことをよく知るようになった。そして貴兄の著作から、貴兄がどれほど精魂傾けて『聖書』を熟読し、『神』について真の認識を得ようとしているか了解した。われわれは貴兄がその答えを受けるに値する人物と見なし『神』の意志と『聖霊』の命令により、このことを貴兄に伝えることにする。」

「地球の中央あるいは世界の中心に位置するひとつの山がある。それは小さくて大きい。柔かくて、同時に石のように堅い。遠くにあって身近にあるが、『神』の計らいにより目には見えない。この山には莫大な宝物が秘蔵されており、その価値をこの世の人間が値踏みすることはできない。絶えず神の栄光と人類の幸福を妨げる悪魔の嫉妬から、この山には非常に獰猛な獣や飢えた猛鳥が徘徊しており、このためそこへ至る道はきわめて困難かつ危険である。これまではまだその時期ではなかったので、その道を探求することも発見することも不可能であった。しかし今こそ発見するにふさわしき者はその道を発見しなければならない。だがそれはひとりひとりの労苦と努力によって探求されなければならない。」

「この山へは、最も長く暗い日の夜（がきたときに）行くがよい。まず祈りにより覚悟を固めよ。そしてひたすら山へ通じる道を求めること。しかしその道がどこにあるのか誰にも尋ねてはならぬ。『指導霊』にのみ従うのだ。彼は自ら案内を申し出、途中で貴兄を出迎えるであろう。だが彼と懇意にしてはならぬ。この『指導霊』が汝を山へ連れてくるのは、一切が静かで闇に隠れる真夜中である。そこで起こるできごとに恐れをなしてしりごみすることのないよう、決然たる勇気をもって身を固めることが必要である。剣など入用でない。その他の武具もしかりである。ただ精魂込めて神にすがれ。」

「山を発見して最初に起こると思われる驚異的現象はこうである。烈風が山を揺るがし、岩を粉々に打ち砕く。貴兄は獅子や龍、その他の恐ろしい獣に遭遇することとなろう。しかし決して恐れてはならぬ。断固たれ。そして不退転の決意を固めよ。貴兄を山へ連れてきた『指導霊』が如何なる災難もふりかからせはしないだろう。宝物はまだ発見されていないが、すぐ間近にある。烈風の後、地震が起こり、風が残していったものすべてを壊し、地に倒すであろう。だが決して倒れて死ぬようなことはないと確信するのだ。」

「地震が去ると次いで火事が起こる。地上のがらくたをすべて燃やし尽した後、はじめて宝物が姿を現わす。

霊界の魔法の山（フィラレテスの『光のなかの光』より）

『光のなかの光』の二四頁で，エウゲニウス・フィラレテスは魔法の山を次のように描いている。

「これは典型的な魔法の象徴である。女神タリアが霊界のギアナで私に与えてくれた。この図の一番上にあるのは『月の山』を表わすが，哲学者たちは一般に『インドの山』と呼んでいる。山の頂上にはかの有名な神秘のルナリアが生育している。それは薬用植物で，簡単に見つかるものであるが，実際には人間の目から隠されたままである。というのも夜が更けてから姿を現わし，真珠のように輝くからである。この山の土は紙筆に尽しがたいほどに赤く軟らかい。水晶のように透明な岩がいっぱいあるが，哲学者たちは，それらをガラスや石と考えている。そして鳥や魚（と言われている）が彼らのもとに運ぶ。これらの山について，頭脳卓抜なるアラビア人の著者，ハリは語る。『息子よ，「インドの山」へ，その山の石の宝庫，洞窟へ行け。そこからわれらの宝石を持って来るのだ。その宝石は水に入れると溶ける。もしそれらの神秘を公表することが法律の認めるところとなったら，山についても多くのことが語られるであろうが，ひとつだけ敢えて言おう。夜が更けて以後この山は大変危険になる。火の玉やその他奇妙な幽霊がつきまとったり，（マギから教えられたことであるが）精霊に出くわすこともあるからである。これらの精霊は淫猥にも人間の精液をはねかけ，彼らの想像するイメージを刻印し，何度も異様な怪物を創り出すという。霊地へいかにして近づき，辿りつくかについては，難事ながらも，薔薇十字団の兄弟が厳然と精魂こめて述べている。』」（本章に掲載した手紙を見よ）。

しかしまだ貴兄には見えないだろう。これら一連の現象の後、明け方近く、大いなる静けさがやってくる。貴兄は明けの明星がのぼるのを見よう。やがて夜が明ける。そのとき宝物の山を目にするであろう。中でも最高にして完全であるのは高貴なチンキである。このチンキによって世界は、（神の役に立ち、このような贈物に適わしいかぎり）金色に輝き出し、最も純粋な金へと変容するのである。」

『『指導霊』が教える通り、このチンキを使えば、たとえ貴兄が老いていても、たちまち若返り、体のどこにも病気を認めることがなくなるだろう。またこのチンキにより想像を絶する素晴らしい真珠の輝きを目のあたりにするであろう。しかし、自分が身につけた能力を自慢して何もかも自分の手柄だといい気になってはいけない。『指導霊』が伝えるもので満足すべきである。この神の贈物に対し神を絶えず讃えよ。そして世俗的なうぬぼれのために利用するのではなく、逆に俗事には関わらぬ仕事に使用するよう特に気を使わなければならない。持っていないときと同じようなつもりで正しく使い十分楽しむがよい。束の間のはかない人生を生き、僅かでも罪を犯さぬよう用心せよ。さもなければ『指導霊』は貴兄を見捨て、貴兄の幸福を剝奪するであろう。このことはくれぐれも承知しておくこと、これはまったく真実である。チンキを乱用し、人前にあって、模範的に、純粋に、敬虔に生きなければ誰でも、この恩恵を失い、後で取り戻す望みはほとんどなくなるのだ。」

もし超越論者が信じるように、「薔薇十字団」への参入儀式が可視的宇宙を取り巻き、浸透し合う不可視世界で行なわれるとしたら、この寓話もまた、錬金術文書と同じように参入儀式の光に照らして考えられるべきであるということはありえないことではない。

すでに述べたが、錬金術の全作業工程のための文献を手に入れることは困難である。ここに示すのは、入手できたもののうち最も完全に近い文献である。水蒸気が露に凝結するように天体の光線とエネルギーを集めることは、パラケルススが取った方法であり、彼はそれに大成功をおさめている。これらの工程は秘術を正確に授けられた者にのみ向けられたものであることを常に心に留めておかなければならない。

「《通称『哲学者の石』と呼ばれる万能薬を作り出す作業の真実をここに明かす。》これはライデンの有名な哲学者が、西暦一六六二年、臨終に際し、自分の『血』でしたためたものである。『愛する従弟および息子』、『真のヘルメス学者』へ向けて――」

「『親愛なる従弟および息子』よ。」

「『古代賢者』の秘密を書物の形で知らせることは、相手が誰であろうと決してするまいと私は決心していた。だがお前たちに対する特別の好意と愛情から思いきって明かすことにする。われわれの親密な間柄が私にこうさせたのである。とりわけ人生は短く、『作業』は非常に謎めいているゆえ、お前は望みを達成できないかもしれない。――しかし『息子』よ、これほども貴重な宝石は決して欲ばりどものものではないのだ。だからこの『神』の高貴な贈物を慎重に、キリスト教徒らしく取り扱ってもらいたい。このことを考慮に入れながら、大ざっぱに私の所信を述べておこう。」

「どうか以下のことを固く誓ってほしい。」

「一、特に邪悪で淫らな罪人を遠ざけ、絶対に近づかぬこと。」

「二、決して自分を過大評価せぬこと。」

「三、万物の『創造主』の栄光と隣人愛の増進のためさらに努めよ。そうすれば最期の審判の日、お前が咎められることはない。私はこの論文のなかに、『天の王国』の一部分について書いた。私は自分自身この宝物を発掘し、この手で完成させてきたのだ。だからこそ、ライデンの死の床にありながらも、この著述を最初から最後まですべて、自分の血でしたためているのである。」

「《作業行程》――『神の名』のもとに、至純透明なる塩、海塩を手に入れよ。太陽そのものによって作られたような塩、たとえばスペインから船で運ばれてきたような塩がよい（私はいつもサンタ・ウーベルからきた塩を使っている)。露にすぐ溶けて吸収されるよう、暖炉で乾燥させ、乳鉢のなかで粉末状にすり潰すこと。これまでのところは五月か六月に行なわなければならない。満月の夜、東風もしくは南東風とともに露が降りる頃を見計らうとよい。それから、大地に打ち込んで地上からの高さが一・五フィートほどになる棒を準備する。その二、三本の棒の上に四枚の正方形のガラスを置く。すると露がガラスの上に降りてきて、水蒸気のように簡単に定着するだろう。次にガラスの『容器』を用意し、ガラスの表面から容器のなかに露を滴り落とすこと。必要なだけ十分に行なうがいい。時期としては満月のときがよい。その後ではむずかしいだろう。」

太陽から放射される太陽光線は「聖なる火」つまり太陽から生じる硫黄をも同時にもたらす。この光線は月光に触れると結晶化するが、地表から発散する放射物と交わるといっそう結晶化が進み、手に触れて知ることができるようになる。だが純水には溶解しやすい。この物質こそ薔薇十字団からの手紙で言及されている「月の魔山」である。太陽光線と月光線の結晶は水(露)のなかで処女地を生み出す。これは汚れた物質的成分を一切含まない純粋かつ不可視なる存在である。この処女地の結晶体は湿ると緑色になり、乾くと白色になる。

フォン・ウェリングは腐敗した水から太陽の生命力を抽出することについて、それとなくほのめかしているが、抽出されたエキスの名、および精製・強化のために経なければならない幾つかの行程については沈黙を守っている。しかし彼の暗示はきわめてその価値が高く、またこうしたことは例外的である。

「新鮮な澄んだ水を取って来て、大きな瓶に入れよ。瓶の四分の三まで入れたら密閉すること。水が腐って瓶の底に沈殿物が見えるようになるまで、数週間、太陽にさらせ。正しく蒸留を行なうと、この沈殿物から火の性質を持った透明な燃料油ができる。この油の成分が何で、どのように使うのかは賢者だけが知ることである。」

ライデンの哲学者は続ける。「露を十分に取ったら、その成分が蒸発しないよう使うまで厳重に密閉しておくこと。これは非常に蒸発しやすいので暖気のこない涼しい場所におかなければならない。さもなければその成分は浮上して、飛んで行ってしまうであろう。容器に『露』を十分入れた後、蠟でしっかりと閉じておくなら、そのようなことは起こらないであろう。」

「『神』に誓って、さあ以下を続けよう。この『露』を適当と思う分だけ取って、きれいな溶解用ガラスのなかに入れよ。次に前述の粉末にした塩を少し入れて溶かし、これ以上溶けなくなるか、溶けない状態が四日間続くまで入れよ。この混合水を適量取ること。私は一・五ポンドほど取った。そして首の短い丸いガラス壜に入れ、いっぱいにした後、『露』のなかにいる生きた精妙な成分が発散しないよう、良質の封泥やカバーまたはぴったりと合う栓で封じよ。万一そうしなければ、塩分の働きはなくなり、作業が本来の目標に達することも不可能となるからである。封泥を十分乾かした後、B・Mの溶鉱炉に入れよ。腐敗させるのである。弱火にし、四十日か五十日間蒸し、絶えず湯気をめぐらせていると、混合水が黒くなるのが分かる。これが腐ってきた証拠である。」

「それを取り出したら、すぐ乾いた溶鉱炉を準備せよ。それを凝固させるためには、炉の内側に例の物質の入ったガラス容器を置き、一定の火力を保ちながら弱火で十二日間から十五日間加熱しなければならない。やがて凝固し始め、灰色の塩のようになって、ガラスに付着するであろう。これを認めたら火を弱めていき、徐々に冷《さ》ますこと。それから以前と同じように、腐敗用の溶鉱炉を準備せよ。そしてガラス容器をなかに入れ、前と同じ火加減で加熱し、十二日間続ける。そうするとまた溶けるのが分かるだろう。そうしてから以前のように炉を開け、取り出すこと。だがここで封泥やガラス容器が傷つかぬよう始終注意していなければならない。容器を腐敗用の溶鉱炉のなかに設置する際には、湿気が入らぬよう容器の首に木栓またはガラスの栓で密封されているかどうか、気をつける必要がある。」

「黒色に変化するのを認めたら、前と同じように設置して凝固させよ。灰白色を帯び始めてきたら三度腐敗作業を行なうこと。凝固は五度まで、つまり溶けた露が澄んで透明になり、『雪』のように純白の『煆焼物』が現われるまで行なわなければならない。それは凝固した『塩』となるだろう。熱い『銀』の板の上にのせれば、蠟のように溶けるはずである。だがこの『塩』を取り出す前に、腐敗用の溶鉱炉にもう一度入れて溶かし、冷ますこと。『ガラス容器』を開くと、『物質』の大きさが三分の一に小さくなっているのが分かる。しかし以前の『塩水』の代わりに、『哲学者』がすばらしき『呼び名』のもとに隠してきたまったく塩気のない、いかなる物質に対しても浸透力を持った特別の『水』を手にすることになる。これが真の『哲学者の水銀』である。『金』と『銀』はこの『液体』から生まれる。というのも彼らはその『父』を『金』、その『母』を『銀』と呼んでいるからである。こうして真実中の真実、かの正しき『池』のなかで、この『水』のなかで結合した太陽と月の二つの『発光体』の力を獲得したことになるのである。」

「処方箋——この『水』を五滴飲むと理解力・記憶力が強まり、この上なく素晴らしい美しい世界がわれわれに開けてくる。このことについて聞いた者は誰もいない。私も敢えて書こうとは思わない。そうしないことを『神』に誓っているからだ。時が経ちこの聖別された『水』を敬虔に利用して行けば、それを飲むと一瞬にしてあたかも全世界と星辰がその力を発揮してお前のなかで働きかけているかのように、その効果が現われることが分かるであろう。あらゆる『知識と秘術』が夢でもみているように次々と明かされる。だが中でも一番すばらしいのは、ダヴィデ、モーゼ、『聖者』たちがそうであったように、『自然』の創造物をことごとく正しく、しかも完全に知り、われらと『天』と『地』の『創造者』である『神』を真に理解するようになることであろう。生ける『水』から泉のように湧き出る知恵がやがてお前にも明かし教えることになろう。そしてこのことはソロモンをはじめ、われら薔薇十字団の兄弟たちがすでに経験してきたことでもあるのだ。」

塩、硫黄、水銀に関する類稀れな論文のなかで、フォン・ウェリングは錬金術書には公開されていない秘密を明らかにしている。つまり錬金術師は単に金属変容に関心を持っていただけでなく、カバラを基とする完璧な宇宙論と哲学体系を持っていたというのである。

フォン・ウェリングによれば、（液体状の）万能塩は人間の身体上の病すべてに効く特効薬である。この塩はあらゆる生存物に存在しているが、あるものからはいっそう容易に引き出すことができる。とりわけ処女地については確かである。それは普遍的溶媒つまり万物融解液のことである。同著者がさらに述べるには、その調合の第一段階において、この塩はいかなる心の病をもすべて癒すという。ライデンの無名哲学者は続ける。

「さてお前は聖なる『水』を使って、先に述べたように『金属変成のためのチンキ剤』の調合に取りかかろうとしている。聴くがよい、『息子』よ。」

「『主の御名』のもとに、好きなだけ『至福の水』すなわち神聖な『水銀の水』を取れ。『ガラス容器』に入れて溶かすのだ。暖かいと感じる程度の『灰』の火で加熱せよ。そして『赤い霊薬』であれば『純金』を、『白い霊薬』なら『純銀』を用意する。いずれも『作業手順』は同じである。『金』もしくは『銀』を箔ほどに薄く打ち延ばし、聖なる『水』の入った溶解用の『ガラス容器』に少しずつ入れよ。『塩』を使って最初にやったようにするのである。それは『湯』に入れた『氷』のように溶けるであろう。『金』または『銀』が溶けなくなって四日たつまで続けよ。するとそれに適わしい『池』を受けるはずだ。次にこの溶解水を前回と同様、丸い『ガラス容器』に入れ、容器の三分の二までを満たし、密封すること。『封蠟』を十分乾かせ。それを『湿浴』の溶鉱炉のなかに入れ、火を起こし、四十日間そのままにせよ。『金』あるいは『銀』が一気に溶け、真黒になるであろう。その徴候を認めたら、別の乾いた溶鉱炉を用意せよ。」

彼は続ける。「哲学者たちは言う、霊の凝固なくして肉体の真の解体はない。というのは、これら二者は相互交換可能な存在で、調和を保ちながら混ざり合っているからである。これにより肉体は霊的浸透力を有するようになる。一方、理解を超えた霊的本質の効力は、火によって物質的形態をとる。なぜなら天界が地球の『最深部』にまで作用を及ぼすように、それらのあいだにもきわめて密接な関係があるからである。そしてその最深部からは全『世界』の秘蔵物や財宝が出てくるのである。」

「われは自然の驚異的な業をアルキドクセスのなかに認めたり。」

「この『粉末』により――お前は以下の手順に従って、金属に投入することができる。作業に応じて『金』または『銀』を五片取り出し、『坩堝』のなかで溶かすこと。それから『パラフィン』でこの『霊薬』を包み、そのなかに入れる。一時間強火で加熱し、いわば煆焼した『坩堝』を取り出し、不完全金属十片につき一片を投入せよ。しばらくそのままにしておくこと。不完全金属はたちどころに純粋な『金属』に変わるであろう。これは『鉱山』から採掘したものや『溶解』によって造り出されたものより純粋である。分解と凝固によってその強度と効力を高めようとするときには、五度三日間のうちに溶かし、二十四時間以内に凝固させよ。すると至純透明の『石』もしくは『輝くように燃える赤い石炭』ができる。白い霊薬が作用している場合には、白く流出する『電光』のようになるであろう。」

「この最後の凝固物の一部を取って、前と同じように五千の溶けた『金』か『銀』に投入せよ。するとそれは完全な『薬』に変わり、その一部だけでも十万の不完全な『金属』を至純なる『金』か『銀』に変えるだろう。この点までは私もやったことがあるが、その先にはまだ到達していない。というのは、十二時間のうちに六度も蒸留して非常に精妙化していたため、ほとんどが名状しがたい『芳香』をただよわせながら、『ガラス容器』を通り抜けてしまったからである。こんなことが起こらぬように注意しなければならない。」

「この聖なる『術』については、さらにもっと多くの驚嘆すべき事項をつけ加えることができる。すなわち、ありとあらゆる種類の『宝石』その他の財宝を作り出す方法があるのである。しかしその際になすべき事柄を全部書き表わすには、厖大な著書を必要とする。とりわけ、その『術』は際限なく深いものであり、一見しただけで理解できるものではないからである。『愛する息子』よ、私の意図とするところは誠心誠意お前を『自然の神秘』とこの聖なる『学』に導くことであった。このことは十分果たされたと思う。」

最後に手紙はこう語っている。「私が模範として示したように行為を行なえ。『神』を畏敬せよ。心から誠実に隣人を愛せよ。そのようにして作業を実践すれば全てはうまくゆくだろう。お前の作業中、われら結社の兄弟が幾人も隠密のうちにお前の前に姿を現わすであろう。『永遠なる神』に誓って、私は『自然』への祈りと探求によって発見した通りの真実を書いた。それゆえ、この内容はいずれも私がこの目で見、自らの作業により引き出した結果ばかりである。だからこそ、まさに『命』の消えようとする臨終の最期にあって、この『遺言』を自らの血でしたためたのである。ライデンにて、一六六二年三月二十七日誌す。」

クラウディウス・デ・ドミニコ・セレンターノ・ヴァリス・ノヴィの
ヘルメスと錬金術の図

一六〇六年ナポリで書かれた彩色写本からの、クラウディウス・デ・ドミニコ・セレンターノ・ヴァリス・ノヴィのヘルメスと錬金術の図

「王の術」へと象徴哲学の探究者を導くのに、錬金術の著作の実例を自由に使えるようにして提示する以上に良い方法はない。この写本のテキストは、その図と同じくらいに謎めいている。しかしその両方の深い意味を瞑想する者にとって、神秘主義の深い問題はやがて明らかとなろう。この写本を一時所有していた名前の知られていない人物は、次のように書いている。

「その絵と挿絵入りの説明のため、この写本は、薔薇十字団員と現代のフリーメーソン団員にとって極めて重要である。第一のそして大部分の挿絵はヘルメス哲学を扱っており、その教えと教理を説明している。そのあいだに混じって、偉大な教師の肖像や、不器用な者とその誤った見方を諷刺的に描いた図がある。体系的に配列された部分は、黒の上の青味がかった金色から白色そして薔薇色への錬金術的な過程の色彩の展開を、驚くべき明白さで示している。全体を通じてそれは、人間における変化を扱っているのであり、金の生成を扱っているのではない。『黒の段階』（新しい創造が可能な渾沌への回帰）に続いて、『新参者の段階』すなわち『新生』がつねに来る。そのことは、印象的な明晰さで繰り返される。黒の段階は通常火を通じて起こる。この封じられた未完の写本は、薔薇十字団員とフリーメーソン団員の最も重要な指針書や記録に属するものである。ドイツの博物館や図書館の収集を探してみても、同じような性質の項目は見つけることはできなかった。」

ここに再生した二十六葉の図に加えて、十の瓶あるいはレトルトがあり、それぞれが半分まで色とりどりの物質に満ちてい

る。これらの瓶は容易に説明できるので、ここに再生する必要はない。最初の瓶は（その口から、三つの花をつけた金の木が出ている）、青味がかった灰色の液体を含んでおり、図全体は「われわれの水銀」と呼ばれる。容器の下に、「彼は、黒そしてその次に赤のために、白い衣服を持つ」という重要な言葉を含む韻文がある。第二の瓶も（その首から四つの金の花が出ている）、水銀と呼ばれる青味がかった灰色の物質を含んでいる。瓶の下には、「有形なものを無形のものとするため、肉体から霊を、粗雑なものから優美なものを作れ」という忠告がある。

第三の瓶は、六本の切り取られた枝と、先端がこぶになっている五本の枝を瓶の首から突き出している金の木以外、真っ黒である。物質の状態は、「鴉の頭を通じて現われる黒」と呼ばれる。瓶の下には、「哲学者のチンキは、魂が人間の肉体に隠されるように、空気のなかに隠される」という説明がある。第四の瓶は、最も深い黒であり、「鴉の頭」と呼ばれる。容器の首からは何も現われない。大地（その内容物）は、「渾沌に沈んでいる」と述べられているためである。第五の瓶の底には、青味がかった灰色の、斑点のある液体があり、その上の部分には、煉瓦色の物質がある。上方に、「第六の鴉の頭」、下方に、「容器の底で、虫が生まれる」という言葉がある。

第六の瓶の下半分は、青味がかった灰色であり、上半分は黒である。その図全体は、「第七の鴉の頭」と呼ばれる。ひとりの子どもがその瓶の横に坐っており、彼について「この新しく生まれた黒い息子は、エリキサーと呼ばれ、純白化されるであろう」と書かれている。第七の瓶は、下が黒く、上は赤い斑点のある黒である。その過程は、次のように説明される。「黒よりも黒い黒、それはさまざまな色が現われるためである。あの黒い雲は、その源泉である肉体に〔下り〕、肉体、魂、霊の結合は完成して、灰となる。」

第八の瓶は、金の帯によって水平に分割され、五枚の葉で終わる金の茎が瓶の首から突き出ている。容器の中味は透明であり、「黒い雲が過ぎ、偉大な白が完成された」と書かれている。第九の瓶も（その首から、金色がかった白い薔薇が出ている）、透明な液体で一部満たされている。薔薇の言葉は、「私を白くする者は、私を赤くする」である。第十のそして最後の瓶は、「偉大な作業」の達成を示している。容器の下半分は、血のように赤いエリキサーで満たされ、その首から、多くの花弁を持つ極めて美しい赤い薔薇が出ている。すべての惑星が「偉大な作業」の達成に立ち会ったと述べたあと、この文書の作者は、「私は『師』〔霊〕に多くの銀と金を与えたため、彼は決して貧しくなることはない」と結論している。

献呈の辞で、この写本の作者兼挿絵画家は、「偉大な作業」のすべての過程を述べたとしている。彼は「聖霊」に、自分が最も高尚な科学を追求した者のひとりとなり、つねに正義の道にあるようにと祈る。自分自身で探究したものを除くと、彼の知識の主なる源泉は、聖トマス・アクィナス、ライムンドゥス・ルルス、ヴィラ・ノヴァのアーノルドの著作であると言われている。

横暴な神学の迫害から身を守るため、中世の錬金術師は、その哲学をキリスト教の用語で表現した。もっとも「術」の偉大な秘密は、主としてエジプトやアラビアの達人から得たものであった。イスラーム教徒はヘルメスの秘密に熟達した者たちであり、偉大なパラケルススでさえ、その知識の主要部分を彼らから得ていた。その宣言書で、薔薇十字団員も自分たちの秘密の教えがアラビア起源であることを明らかにしている。従って錬金術の教義を『聖書』の象徴体系に関係づけることは便宜主義的な対応であることを忘れてはならない。イスラエルの秘密を求めて『聖書』を研究し、カバラ主義者は『聖書』の錬金術的な解釈を大いに具体化した。錬金術の魂とカバラ主義の魂はひとつであるからである。両者はひとつの共通の目的を持ち、その象徴体系には明白な不一致があるが、人間の再生にのみ関心を向けているのである。

この写本の出版により、研究者は「ヘルメス術」の最も深遠な秘密を自由に使えることになる。初めは解読の仕事が絶望的であるように見え、浅薄な心の持主は、真の知識はそのような非因習的な方法で永続化することはできないとして嘲笑したい気持になる。嘲笑者は、この文書の目的のひとつが嘲笑を誘い出して、最も有効に俗人から秘密を守ることにあるとは気がつかない。(ここに再生されたもののように)数枚の図は、「世界の乙女」のヴェールを引き裂く仕事に自分を捧げた人のライフ・ワークであることを示している。長年にわたる研究と実験、絶えざる労働の日々、祈りと瞑想の夜があってついに、偉業が達成されるのだ。これは、色あせ、虫に食われた頁に、入念に描かれた奇怪な図の語る実話である。存在の偉大な真実性を垣間見た者は、生命の基本的な真実は物質的な象徴を通じてはせいぜい不完全な形でしか表現されないことを知っている。霊的な誕生の苦しみを経験した者のみが、知る人の心の内部に必然的に閉じこめられている知識を他人のために表現するという感動的な努力を、十分に理解し、正しく尊敬することができる。

第一葉。一番上の行は，「われわれの初期の薬は，自然物より作られた」と読める。王と王妃の近くに，父親に似て，世界に並ぶもののない息子が，「二本の葡萄の木のなかで」生まれるという説明がある。花瓶の近くに，「緑と白」と書かれている。「花瓶は炎の色，花は緑。」「われわれの水，われわれの銀。」下の行は次のように読める。「哲学者の石の材料は，熱も寒さも凝固させることのない，濃厚で粘着性の水である。それは煮沸され，濃縮された水銀であり，中性の大地のなかで硫黄の熱によって焼かれ，金属の第一質料と呼ばれる。暗い洞窟や近づきがたい山で，自然が千年も前にその果実から作った石が発見されると，それを所有する人の苦悩を取り除く。……私の詩に注意深く耳を傾けよ。私はそれを，嘆いたり帳で隠したりしないで語る。」

第二葉。上には，哲学者の石の構成についての聖トマス・アクィナスの言葉が引用されている。それは，最も純粋な透明度を持ち，その内部には元素とその反対物のすべての形が見られる。聖トマス・アクィナスの像の下には，哲学者の石の素晴らしさを讃美する短い文章があり，ひとつの物質から三が得られ，三から二が得られると述べている。聖トマス・アクィナスの右には，ライムンドゥス・ルルスに似た人物がその隠者の住処の戸口のところに坐っている。彼の足の下に，「哲学者の石とは何か」という疑問に始まる，この有名な錬金術師の言葉が引用されている。それが赤く固化した水銀であると述べたあと，ルルスは全能者に対して，自分が真実を語ったこと，そしてこれ以上何かを言うことは許されないと誓っている。（もとの写本は，ここで切り取られている。）

第三葉。上に書いてある言葉は，「鉛の死，水銀の生」と読める。鉛の使用を説明したあと，その過程の鍵は下に描写されていると述べられている。詩は次のように読める。「これ〔石〕は四大元素より作られる。これは自然全体において真理である。光り輝くそれを，勤勉と配慮をもって管理し，相並んでしっかりとそれを結びつけ，いかなる火もそれを驚かせることのないようにせよ。」人物像の上には，「鉛はほとんど死んでいる」と書かれている。貪欲な蛇の右には，鉛と水銀が石の第一の要素であるとするアルベルトゥス・マグヌスの言葉がある。それはまた，地が乾気を火に，火は熱を空気に，空気は水気を水に，水は地に寒さを伝えることができるように，自然は賢明に元素の混合物を用意したと述べている。（花瓶の近くの原文は判読不能である。）

第四葉。上には，「彼らに，すべてのことが可能であることを信じさせよ。術は敏捷で，鮮明で，優れており，愚者はそれを信じない」とある。太陽と半月のあいだの言葉は，「それは隠されている」であり，人体を横切る板の上には，「生命の書と世界の真の宝」とある。像の左の面は，「ほとんどすべてのものを動かして，そのものの魂は前にいた場所に戻り，七ヵ月あるいは九ヵ月のあいだ成熟し，王冠をつけた王が現われる」と述べている。右の面は，「動物，植物，鉱物という三つの水銀がある」と述べている。下の原文は謎めいた性質を持ち，それを翻訳することはほとんど不可能である。それは，火を象徴的な人物の足の下に置くことにより，人間の肉体が頭の上という高貴な位置に引き上げている太陽と月を，そこから引き出すことができると述べている。

第五葉。上の面には，太陽の鳥が大地の蛇と戦い，蛇は自分の内臓を切り裂いて鳥に与えると述べられている。霊は活気を与えられ，ラザルスは喜びのうちに死から蘇る。鳥の上には，「これは鳥の姿をした太陽である」と書かれ，龍の上には，「これは鳥を貪り食う龍である。第一の作業」と書かれている。左下の面の本文の要点は次のとおりである。「われわれの精液（水銀）と元素の母（大地）が混ざり合うとき，その行為は〈性交〉と呼ばれる。少量の水銀が大地に留め置かれることは，〈受胎〉と呼ばれる。大地は成長し，倍加するが，その作業は〈妊娠〉と呼ばれる。大地が水で白くなり，一定の色と外観を持つとき，それは〈誕生〉と呼ばれ，王が火から生まれる。」右下の本文は，あまりに明白な秘密を隠すために切り取られている。

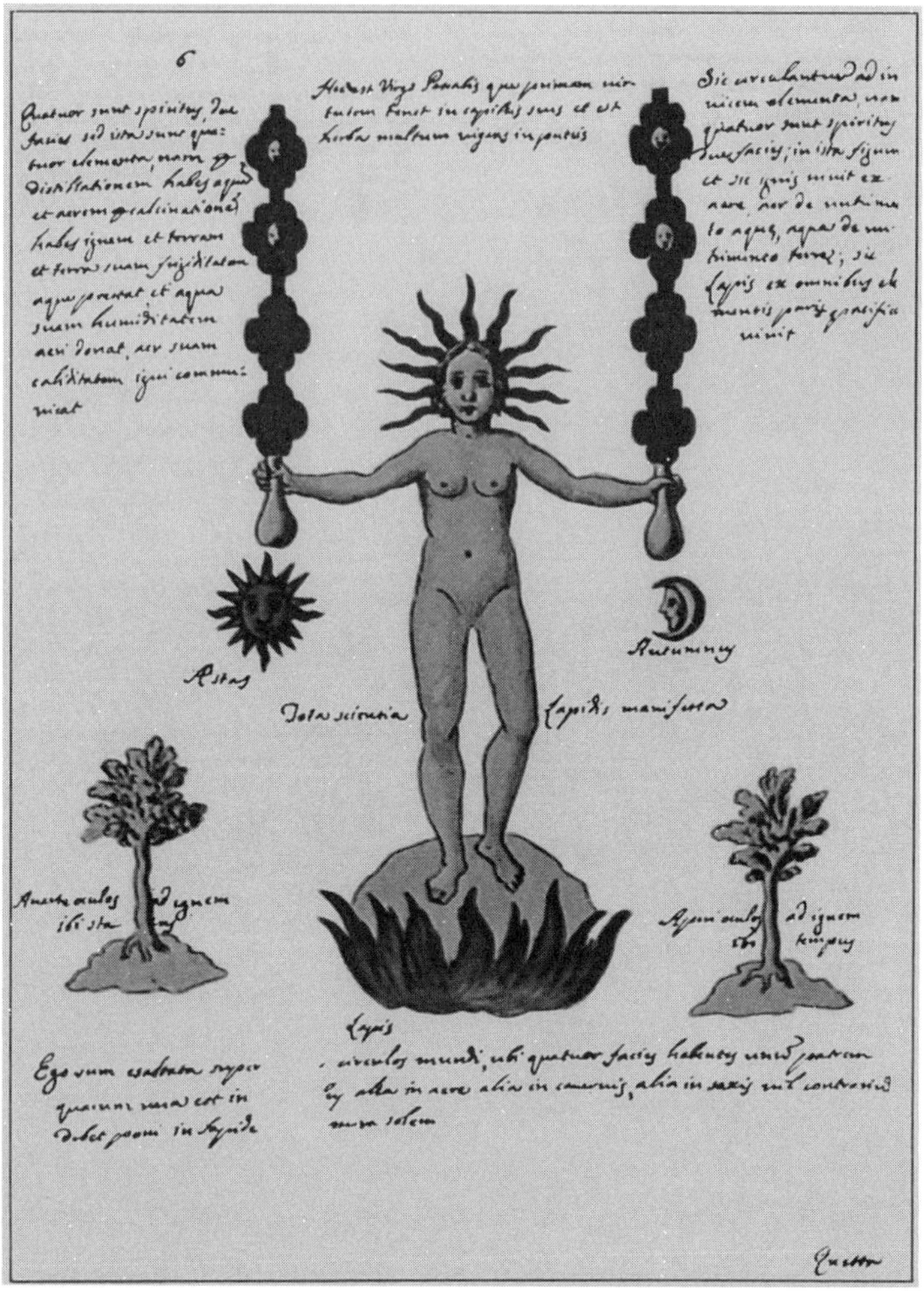

第六葉。この図は，偉大な石のすべての秘密を示している。中央には，復活祭の乙女が立ち，その髪には，井戸に成育する植物として描かれる第一の美徳がある。両手は，霊的，物質的な元素の象徴を持っている。左上の説明は，二つの顔を持つ四つの霊があり，元素と呼ばれるという内容である。右上には，火は空気を，空気は水を，水は大地を食べて生き，石はすべての純粋な元素を食べて平和に生きると書かれている。太陽の下には，〈夏〉という言葉，月の下には，〈秋〉という言葉が見える。目を従えている左の木の近くには，「目を火へ〔から？〕背けよ。そこに空間〔？〕がある」という言葉がある。右の木の近くには，「目を火に向かって開け。そこに時間がある」という言葉がある。下の面は，「私は，世界の圏の上に高められる」という文で始まる。

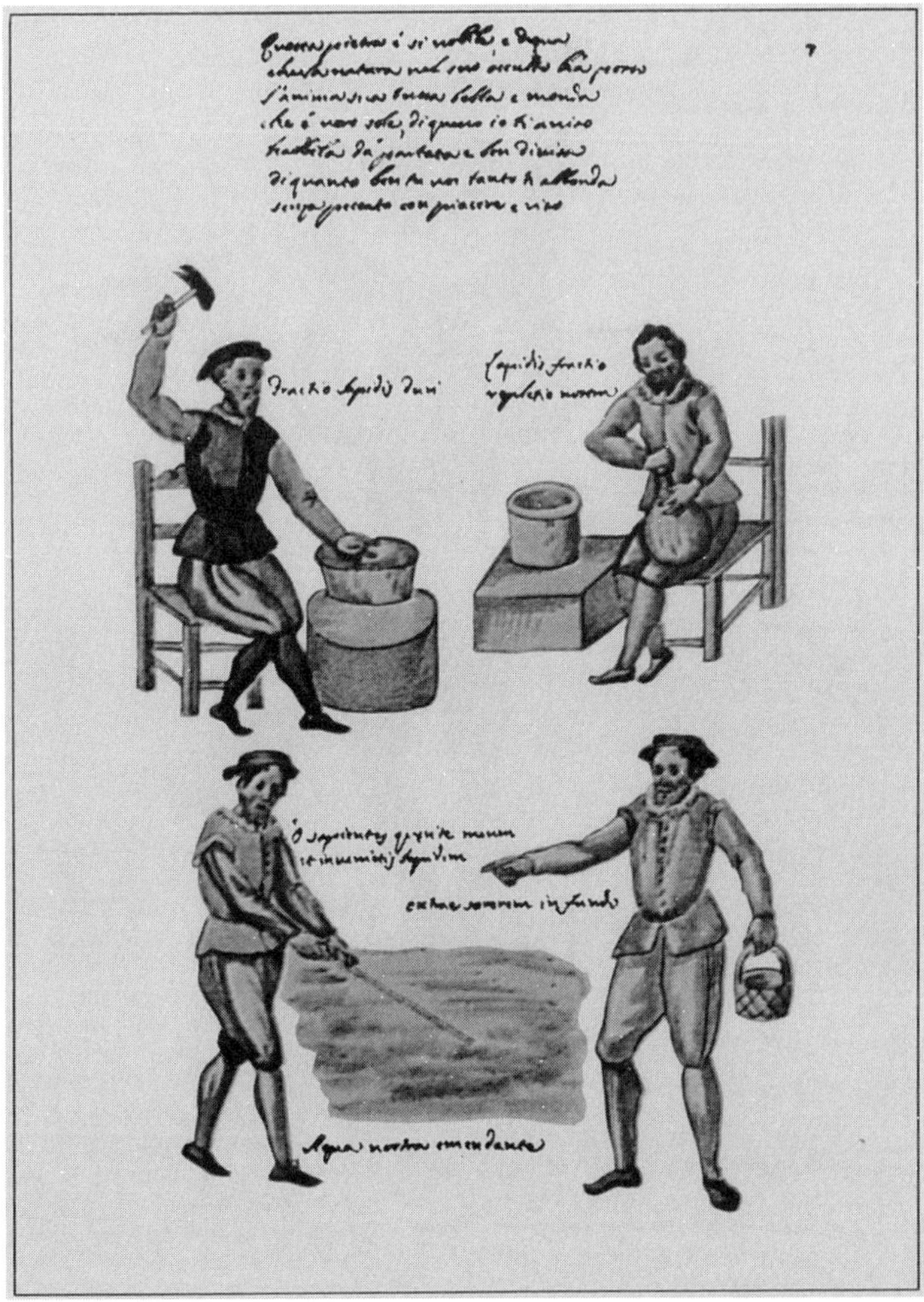

第七葉。上の詩は，「この石はあまりに高貴で価値あるもののため，自然はそれを奥深い所に隠した。それこそ真の太陽であるため，その魂は，まったく美しく純粋である。私はこのことをあなたに伝える。それを十分に隔離せよ。どのような恵みをあなたが求めようと，それは，罪なく，喜びと歓喜をもって豊かにあなたに与えられるだろう」と読める。左にあってハンマーを高くあげて坐っている人物は，固い石を割っていると説明されている。レトルトを持つ男の横の言葉は，「石を割って，われわれの補充とせよ」と読める。下の立っている人物のあいだには，「おお賢者よ，求めよ，そうすればあなたがたは私の石を見つけるだろう」という叫び声が書かれている。籠を持つ男は右手を伸ばしているが，その下には，「底に，〈ソレレム〉〔？〕を引き出せ」という言葉がある。左の男がかき回している水たまりの下には，「われわれの治療水」という簡単な説明がある。四人の男の顔は，極めてよく描かれている。

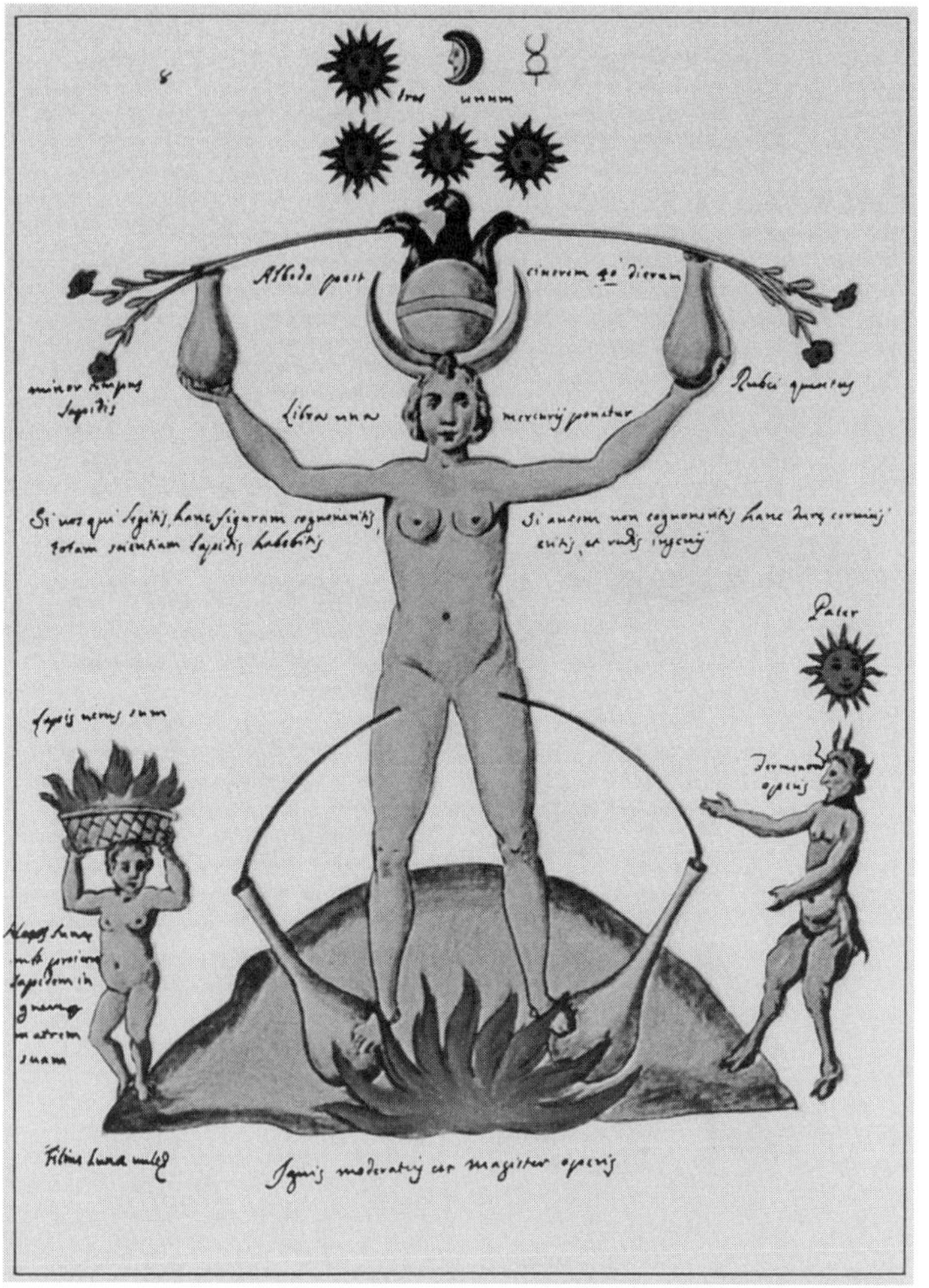

第八葉。太陽，月，水銀の下には，三は一であると推論される，「三と一」という言葉がある。花の茎の下の言葉は，「灰になって四十日後の白」と読める。花の下には，「石の小さな時間」（左），「選ばれた赤」（右）と書かれている。中央の人物の腕のあいだに，「一ポンドの水銀を置け」という言葉がある。その左には，「文字を読むあなたがこの象徴を知れば，石のすべての知識を持つことになる」，右には，「あなたがそれを認めなければ，あなたは頑固で愚鈍となる」と書かれている。太陽の上には，「父」という言葉，サテュロスの上には，「作業の酵素」という言葉がある。子どもの横には，「月の息子は，石を火（彼の母）に投げこむ」という文がある。燃える籠の上には，「私の真の石である」と書かれている。中央の人物の下には，「適切な火は，作業の師である」という言葉がある。

第九葉。左上には，月の光なくしては，太陽は地球を暖めることはなく，太陽はその果実を月に放射する，と書かれている。右上には，哲学者の真の植物が描写され，それを信じて所有する者は，〔霊的に〕豊かになると述べられている。その部分は，「もしあなたが啓発されたいと思うなら，その人物が両手に持っているものを徹底的に理解せよ」という文で終わっている。太陽の左上の原文は，「太陽と月をまったく欠いたまま，染料を作れ，そして溶解し，凝固させよ。そうすれば，同じようなものは，同じようなものを作る」と読める。哲学者の植物を持つ男の右にある言葉は，偉大な作業の初め，中間，終りへの高揚を述べている。最後の文は，「太陽と月から均質の部分を持つものを作り，その結合により，（神はそれを良しとする）哲学者の石を作れ」と読める。

第十葉。左上にある原文の短い二行は，「ある者は，新しい石を取りあげる」と読める。火星（鉄）の象徴の右側の行は，学徒に欲望を制御し，その精神を，知識を蓄積するために使えと警告している。木の上方を持っている男の右腕の下の言葉は，十分に翻訳することはできない。下の面は，「石が十分に精錬されたのち，それは完全に透き通って見える。それを，水とともに容器に入れる。小さな火で容器を密閉し，自然の驚異の起こるのを待て」と読める。この図の下半分を囲んでいる大きな赤い楕円は，明らかに賢者の卵あるいは容器である。木は，聖なる金属の成長の象徴である。錬金術師は，金属が植物と同じように，岩のなかで成長し，そのすき間を通って枝（血管）を伸ばすと主張したからである。

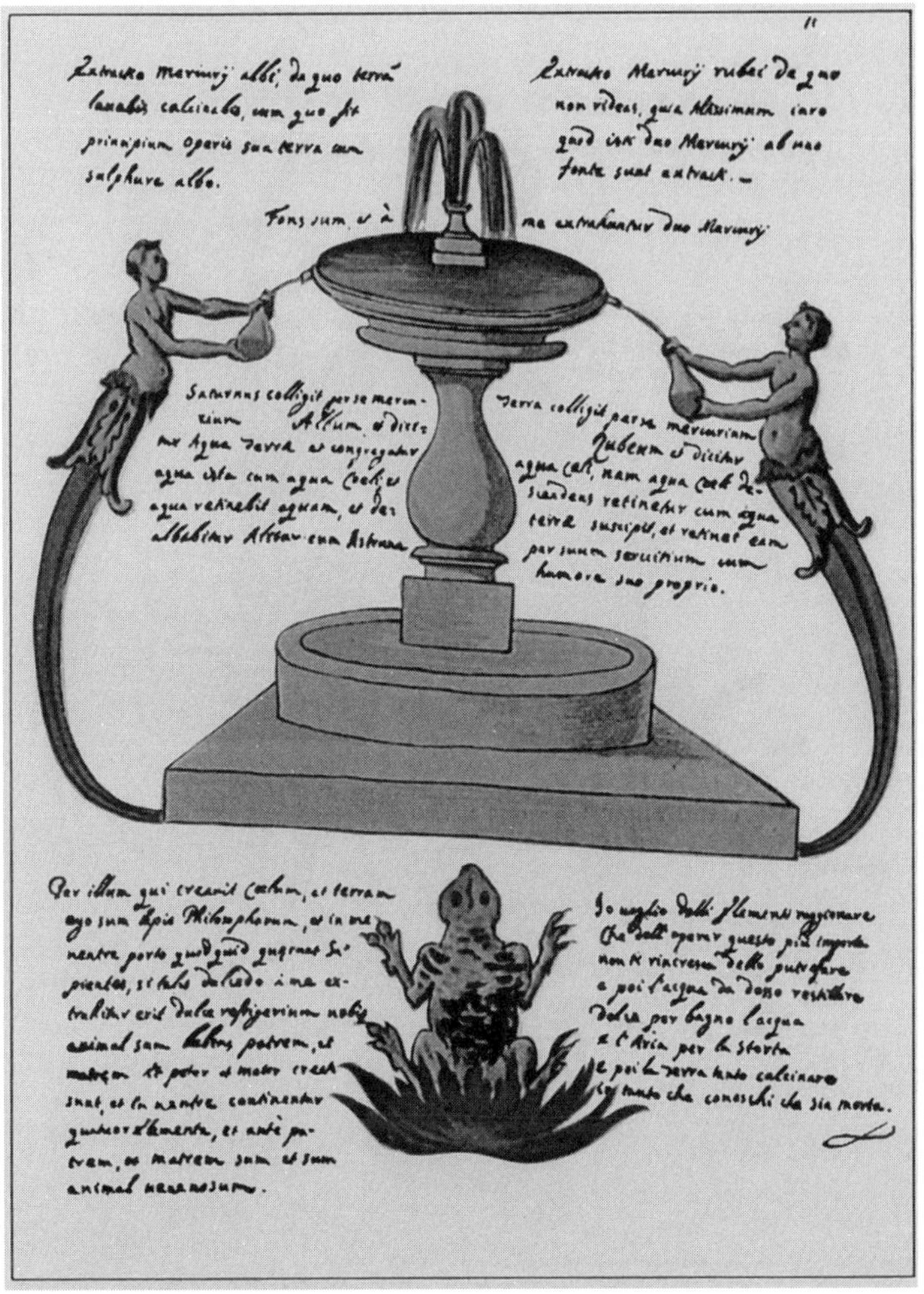

第十一葉。泉は，そこから哲学者の二つの水銀が抽出されるものと述べられている。左上には白い水銀が，右上には赤い水銀が描写されている。泉の近くの原文は，鉛は大地の水と呼ばれる白い水銀を集め，大地は天の水と呼ばれる赤い水銀を集めると明言している。蛙の左の本文は，次のとおりである。「天地を創造した人によって，私は哲学者の石であり，私は体内に，賢者の求めるものを持っている。そのような魔力が私から抽出されるとすると，それはあなたのために快い食物となる。私は父と母を持つ動物であり，父と母は創造された。私の体内には四つの元素が含まれる。私は父と母より前に存在する。私は毒を持つ動物である。」右の行は，蒸留と煆焼の過程を述べている。

第十二葉。上の三つの言葉は，「これは，自然である」と読める。驢馬の上の行は，「これは，哲学者の石の実践に才能を発揮しようと願う哲学者の驢馬である」と読める。その下の三行は「蛙は群をなして集まるが，学問は太陽と月から作られる澄んだ水から成る」と訳される。象徴的な鳥の下の原文は次のとおりである。「これは，二つの翼を持つ幸運である。それを持つ者は誰でも，果実がそのように作られることを知っている。偉大な哲学者は，石が白い太陽であり，それを見るためには望遠鏡が必要であることを示した。それを水に溶解するには，太陽と月が必要であり，ここで人は二百もの望遠鏡を開いて，肉体と魂をひとつの塊にする必要がある。ここで魂は消える。もしあなたがたが賢者の液を賞味したいと望むなら，賢者たちは蛙以外に何も加えないでそれを料理する。」ギリシア人にとって蛙は，輪廻と地上の湿気の両者を象徴した。

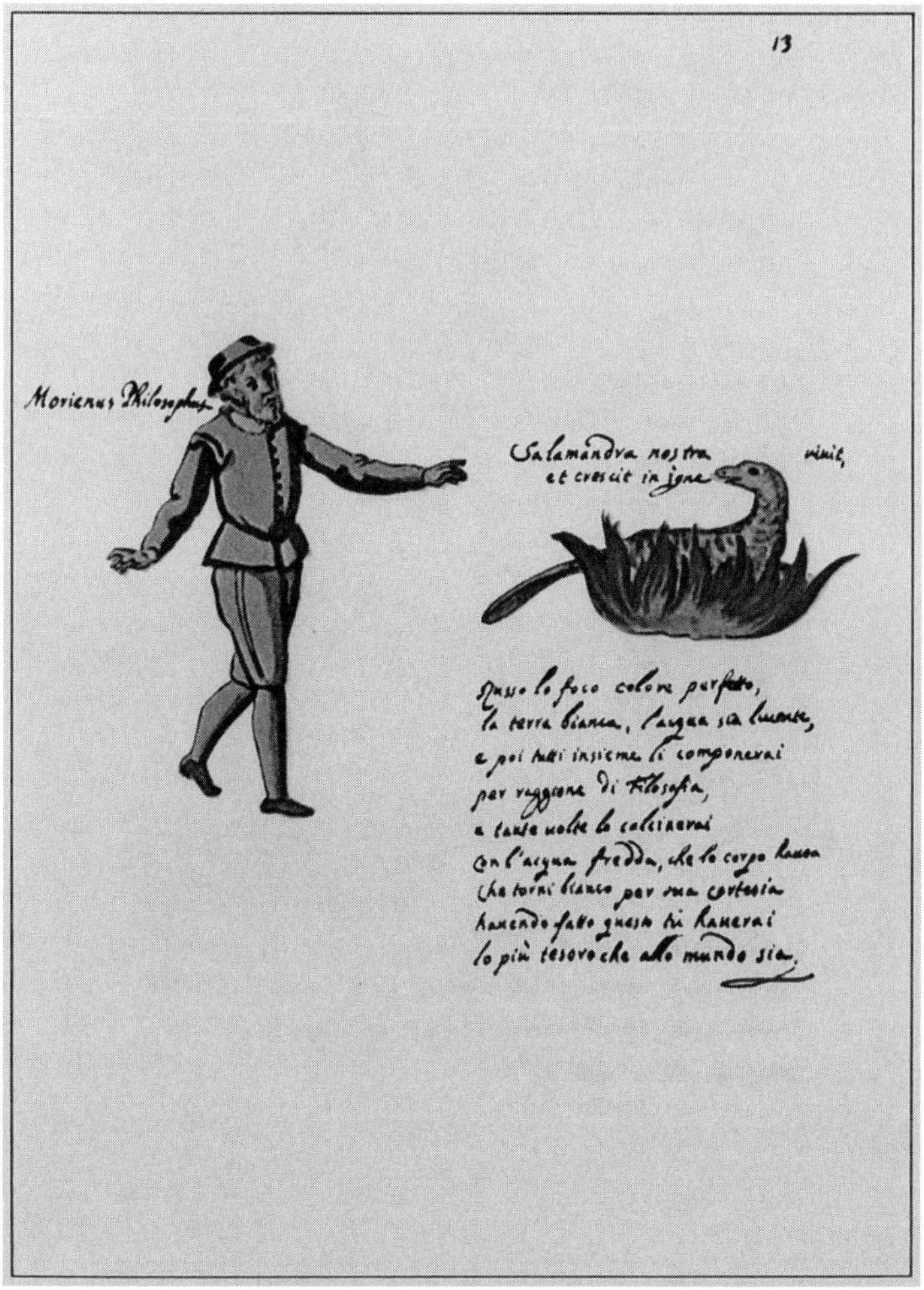

第十三葉。この頁は，ただ二つの図を掲載しているだけである。左では，哲学者モリエヌスが「火のなかに住み，成長する」火蜥蜴（サラマンデル）を指さしている。十二世紀に生まれたモリエヌスは，偉大なアラビアの錬金術師アドファルの弟子となり，彼からヘルメスの術を学んだ。モリエヌスは，エジプトの王のために哲学者のエリキサーを用意し，貴重な物質の入った瓶の表面に，「すべてを所有する者は，他の何物も必要としない」と刻んだ。彼は，エルサレムの近くで何年ものあいだ隠者として生活した。火蜥蜴の下の言葉は次のとおりである。「火を完全な赤に，地を白に，水を透明にせよ。次にそれを哲学的な方法で混ぜ，その体が持っている冷たい水で，優しさのため白くなるまで何度も煆焼せよ。そうすれば，あなたは世界で最大の宝物を持つことになる。」

第十四葉。この頁の上の三つの言葉は，「土を掘る人」と訳される。鳥の上の言葉は，二つの水銀であるヘルメスの牡鳥以外何ものも鋤を持つことはなく，灌漑が行なわれて初めて大地は果実を生むと述べられている。坐っている男は，ベルナルドゥス・トレヴィザヌス伯爵であり，彼は「水銀で大地に働きかけよ」と述べている（「錬金術とその代表的人物」の章を見よ）。伯爵の左の三つの文は次のとおりである。「火のところへ行き，あなたの兄弟である水銀とともに，一ヵ月間私を待て。私があなたに与えた石を砕け，そうすれば私は火へ行く。あなたの死は，私の生である。私は死ぬことはなく，生きて，この作業を語る。わが師よ。」ベルナルドゥス・トレヴィザヌスは，錬金術の思索において，化学的な実験より，偉大な達人たちの哲学的な著作を瞑想する必要性を強調した。彼は最終的に「石」を発見した。

第十五葉。最初の文は，「われわれの石である太陽による，植物の果実」と読める。皿を持つ少年は，次のように言っている。「渇いているあなたがたよ，ここへ来て飲め。私のところへ来い，水のある所へ来い。ここで，無料の水を腹いっぱい飲め。目を開いて，大地の驚異を見よ。私の渇いた二十四人は，学ぶ。」少年の下には，「初め神は天と地を作り，水から水を分けた。天の上にある水を祝福せよ」という言葉がある。円は，「形も空間もない地球，雨は星から来る」という説明を含む。左下の面は，錬金術の過程を述べ，世俗的な存在の悲惨さを拒否せよという警告で終わっている。その上は，処女マリアへの祈りであり，「万歳，恩寵深いマリアよ，主があなたとともにあるように。あなたは女のなかで祝福された人」という言葉で始まる。

第十六葉。第一の文は，「死んだ肉体は残る。霊は肉体の死によって解放される。あなたは，鎌をもつあの死と，太陽，月，恒星の光とともに行く」と読める。鎌の上には，「太陽，月，水銀に従って，作業を完成せよ」と書かれている。鎌の刃の湾曲部にある四つの言葉は，「人間の頭，鳥の頭」である。その右の三行は，「この象徴はラトンと呼ばれる。それは容器のなかでは黒く見え，崩壊の始まりであるためである」と解釈される。梯子の下の原文は，次のとおりである。「これは原始の物質の梯子である。それは容器のなかに置かれると黒くなり，次に熱の度合に応じて，消化の階梯〔梯子〕によって徐々に白へ変化する。」ここで梯子は，物質が上昇してついに真の霊的な状態に到達する，その自然の段階を意味するために使用されている。

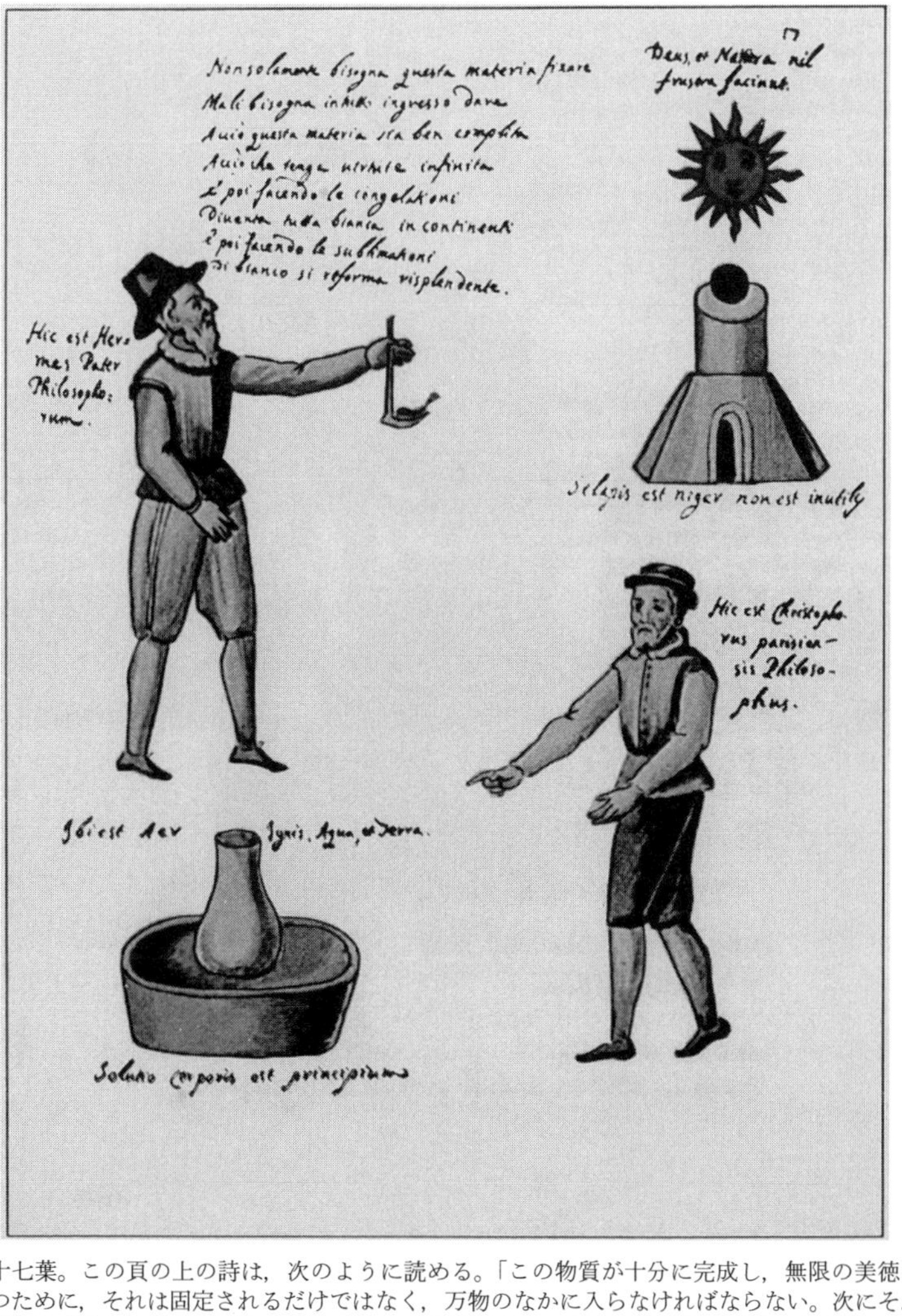

第十七葉。この頁の上の詩は，次のように読める。「この物質が十分に完成し，無限の美徳を持つために，それは固定されるだけではなく，万物のなかに入らなければならない。次にそれを濃密にすると，それは直ちに真白くなり，昇華によってそれは白から輝くものとなる。」太陽の上には，「神と自然は，無益なことは何ひとつしない」という言葉がある。左の人物は，中世的な発想による偉大なエジプトの哲学者ヘルメスであり，右の人物は，パリの哲学者クリストファーである。後者の上には，「石が黒ければ，それは役に立たない」と書かれている。レトルトの上の言葉は，「空気，火，水，地がある」である。下には，「物体の溶解が第一段階である」と付け加えられている。奇妙な化学器具は，この作業において純粋に象徴的に考えられる必要がある。この作者が述べているように，それはただ「術」を暗示しようとするものに他ならない。

99　ヘルメスと錬金術の図

第十八葉。左側の本を持っているのはアリストテレスであり，彼はすべてのギリシア人のなかで最も博識な人と説明されている。太陽と月を頂上に持つ木には，「この木のなかで，石が死んで水に変化すると，花が咲く」という言葉が付け加えられている。アリストテレスと，花が咲く木を乗せて横になっている人物の下には，次のような説明がある。「万物を天から地へ下らせ，地から天へと上らせる人は，石についての知識を持っている。水銀のなかには，賢者が求めるものがあり，それは白と赤の醗酵による以外には呼び出されることはない。」この引用の最初の部分は，ヘルメスの「エメラルド表」に基づいている（その項を見よ）。普通の人間において，霊は比喩的に肉体に吸収されている。しかし真の哲学者において，霊は大きな力を持っているので，人間の物質的な肉体を自らの内に吸収し，その養分が与えられている。

第十九葉。上の文は，「この象徴を知る者は，石についての知識を持つ」と読める。坐っている人物は，たぶんパラケルススを示している。その右側の言葉は，「私は，木でも動物でも，また石でも植物でもない。私は，哲学者の石であり，人々に踏みつけられ，私の父によって火のなかに投げ入れられるが，火のなかで私は喜ぶ」である。左の四つの言葉は，「石は乾きのなかにある」である。人物の下には，哲学の卵があり，「それは，初めを内在する終りである」という言葉を含んでいる。大文字のTは，「チンキ」を表わす。右の原文は次のとおりである。「ゲルベルが博識をもって本に書いているように，それは石のなかで形成され，石の性質を多く所有しているので，それは澄んで生きている水に変化する。それは，人々を豊かにし，満足させ，すべての心配から解放する力を持っている。彼らがその知性によって秘密に到達すれば，彼らはつねに幸福となる。」

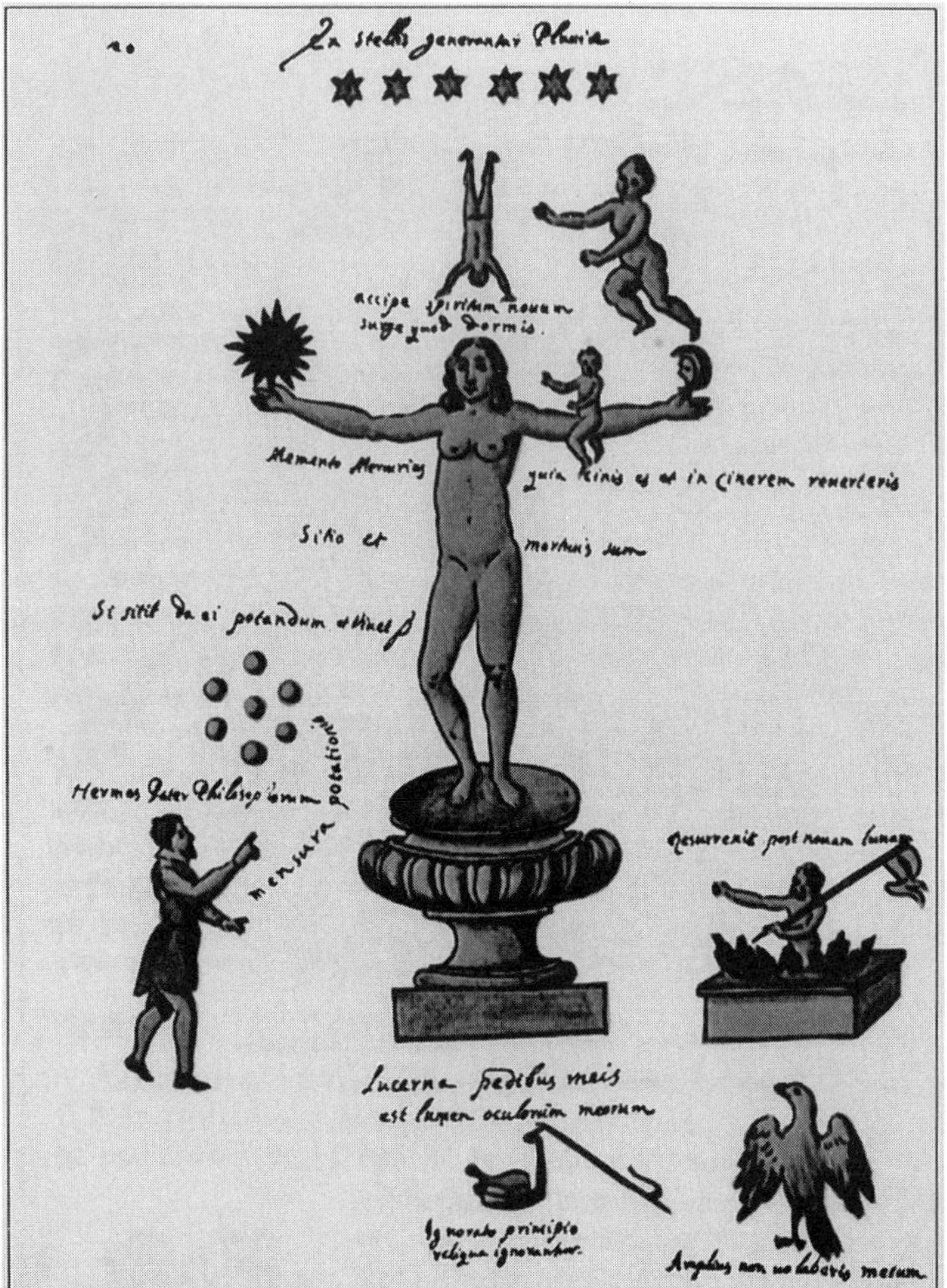

第二十葉。上には，「雨は六つの星によって作られる」と書かれている。倒立する人間の下には，「新しい霊を受けよ。立て，あなたは眠っている」という文がある。大きく描かれた人物の近くの二つの文は，「水銀を思い起こせ，あなたは灰であり，灰に帰る。私は渇き，死んでいる」である。左の七つの球の上には，「渇く者があれば，彼に飲みものを与えよ。そうすれば彼は生きる」という警句がある。小さく描かれた人物の上には，「哲学者の父，ヘルメス」と書かれている。ヘルメスが指さしている湾曲した行は，「飲みものの量」と読める。中央の台座の下には，「私の目の光は，私の足を照らす燈明である」，という文がある。その下に，「始まりが未知であれば，その残りも未知である」と付け加えられている。右側の炎から立ち上がっている人物の上には，「新月ののち彼は蘇った」とあり，鷲の下には，「あなたは私とともにこれ以上飛べない」とある。

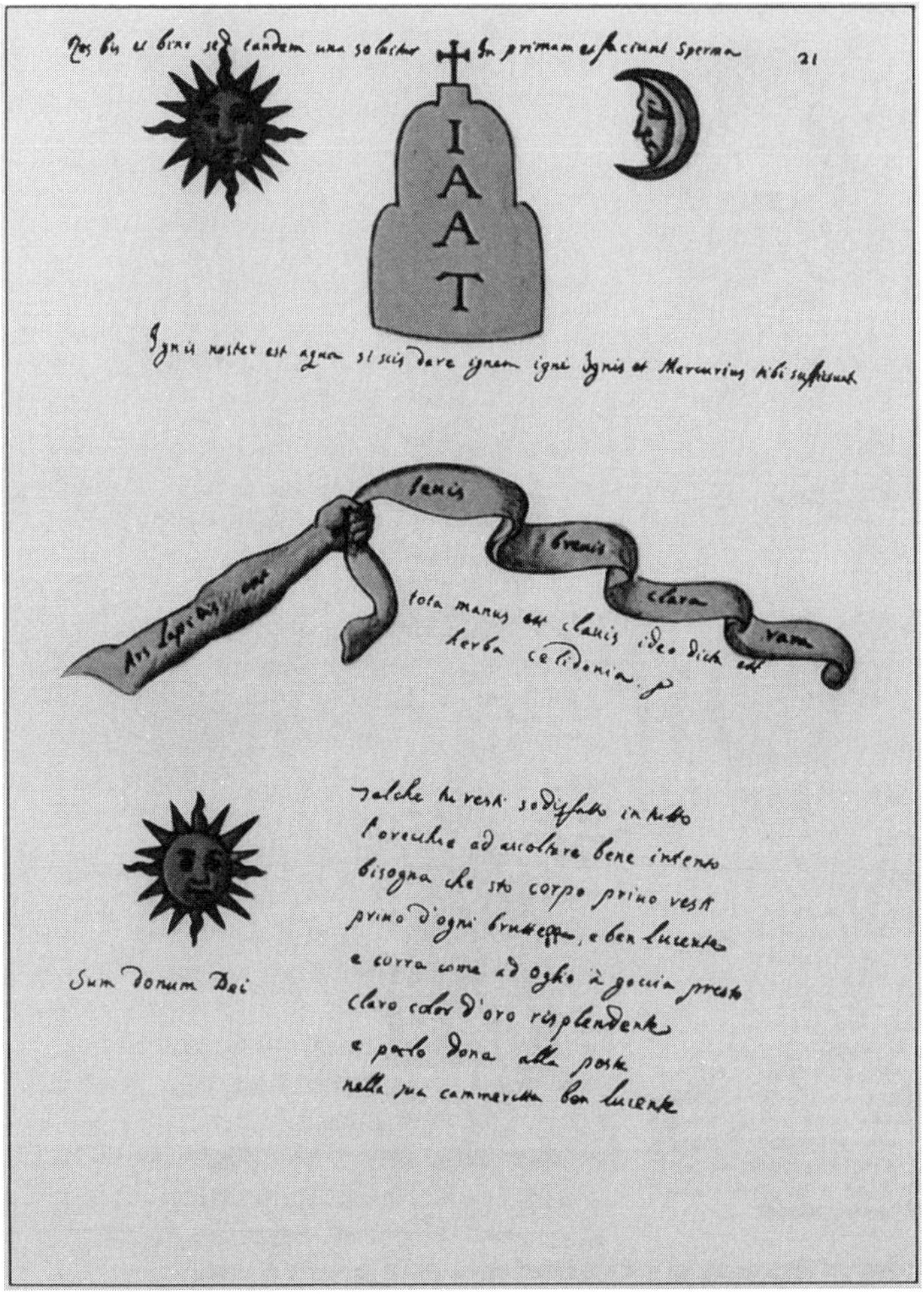

第二十一葉。上の行は,「二つのものと二重のもの, しかし最後にそれは溶解して最初のものとなり, それらは精液を作る」と読める。四つの大文字ＩＡＡＴは,〈火〉,〈空気〉,〈水〉,〈地〉の元素の頭文字である。その下の行は,「われわれの火は水である。もしあなたが火に火を与えれば, 火と水銀はあなたを満足させる」と読める。腕には,「石の術は」とあり, リボンには,「敏速で, 簡潔で, 輝かしく, 優れている」という言葉がある。リボンの下の二行は,「すべての手が鍵である。それは〈くさのおう〉と呼ばれているからである」と読める。太陽の下には,「私は神の贈物である」という文がある。詩は次のように読める。「あなたがすべてのことに満足していられるように, 私は注意深く聞く。私の肉体は, 裸で, 浄く, 輝いて〔おり〕, 私は落下しようとする油のように走り, 輝く金の光を放つ。そして, 輝いて陽気な小さな部屋〔レトルト〕のなかで, 疫病に屈する。」

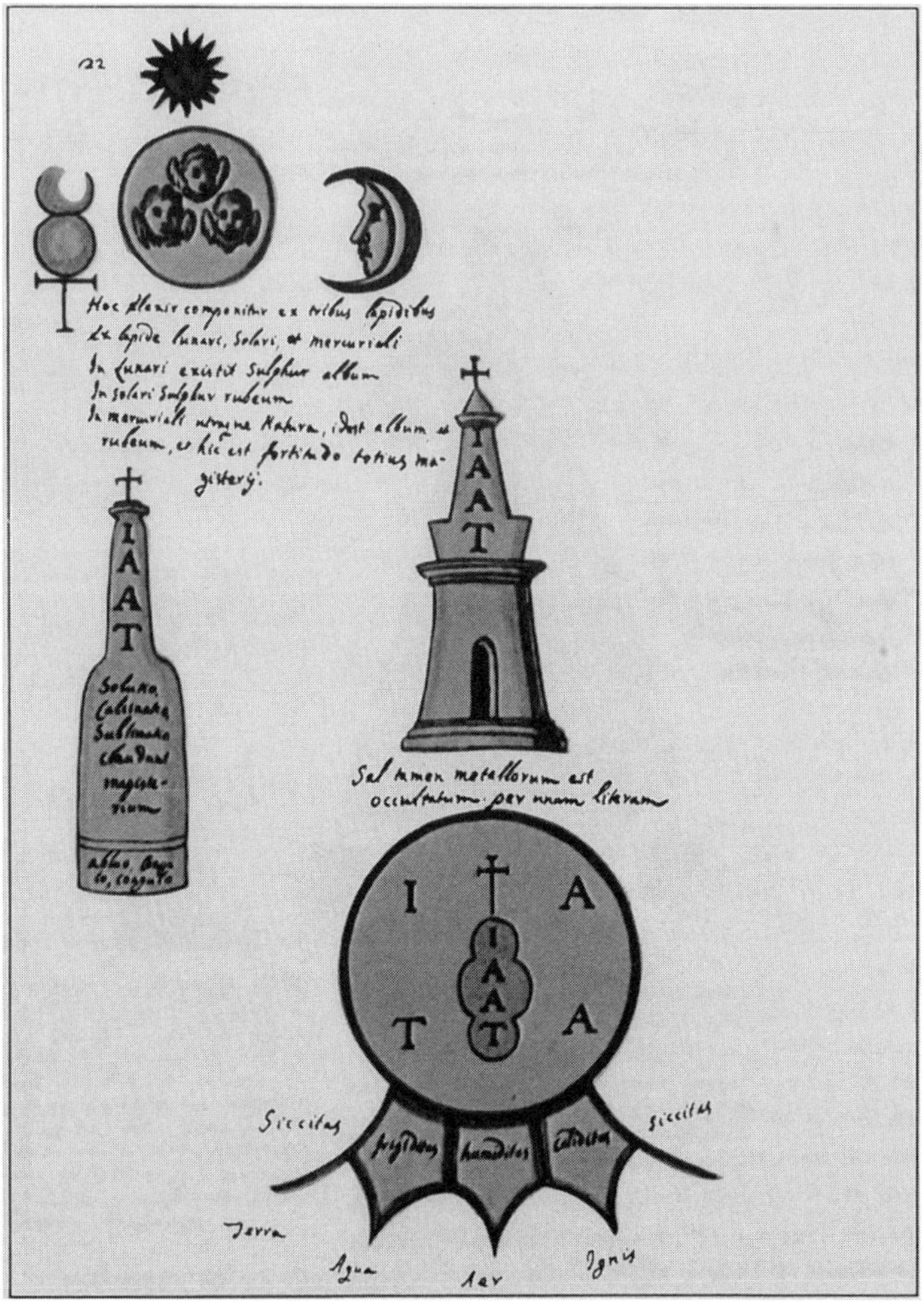

第二十二葉。左上の詩は次のとおりである。「この群は，月，太陽，水銀の三つの石から成る。白い硫黄は月の石のなかに，赤い硫黄は太陽の石のなかに，白と赤の二つの硫黄は水銀の石のなかにある。これは，すべての教えの力である。」左の瓶のなかには，「溶解，煅焼，昇華が教えを完成する」とあり，その底に「洗い，凝結させ，凝固せよ」とある。中央の塔の下に,「しかし，金属の塩はひとつの文字に隠される」と書かれている。赤い円の下には，「乾燥，寒さ，湿気，熱，乾燥」とある。下の先端には，四大元素の名前がある。ＩＡＡＴという頭文字が，すでに述べたのと同じ意味で四度現われる。哲学者の石の三つの力は，左上の隅にある円内の天使の頭で象徴されている。

第二十三葉。左上の字句は，実質的に「主の祈り」であり，末尾にイエスとマリアの言葉が付け加えられている。旗のなかの倒立した言葉は，「あなたがたは，私なくして何もできない。神が『そのようにあれ』と言って，そう約束したからである」と読める。天使の下の言葉は，次のとおりである。「この疫病によって，自らが死んでおり，黒い肉体にあって冷たくなっていることを知っている者は，地獄に落ちたものとなろう。これをあなたの第一の慰めとせよ。次に彼は煆焼されるであろう。私がこの扉の内部で彼を降伏させるとき，もし私が庭を耕す方法を知っていれば，私は祝福されることになると確信せよ。」この頁の大部分は，錬金術の装置を入念に象徴的に描いた絵で占められている。その下には，「蒸溜，凝固，精溜，成熟，固化の炉，すなわち哲学者の第五元素」という言葉がある。「第五元素」は，賢者の「第五の精」と理解されるべきである。

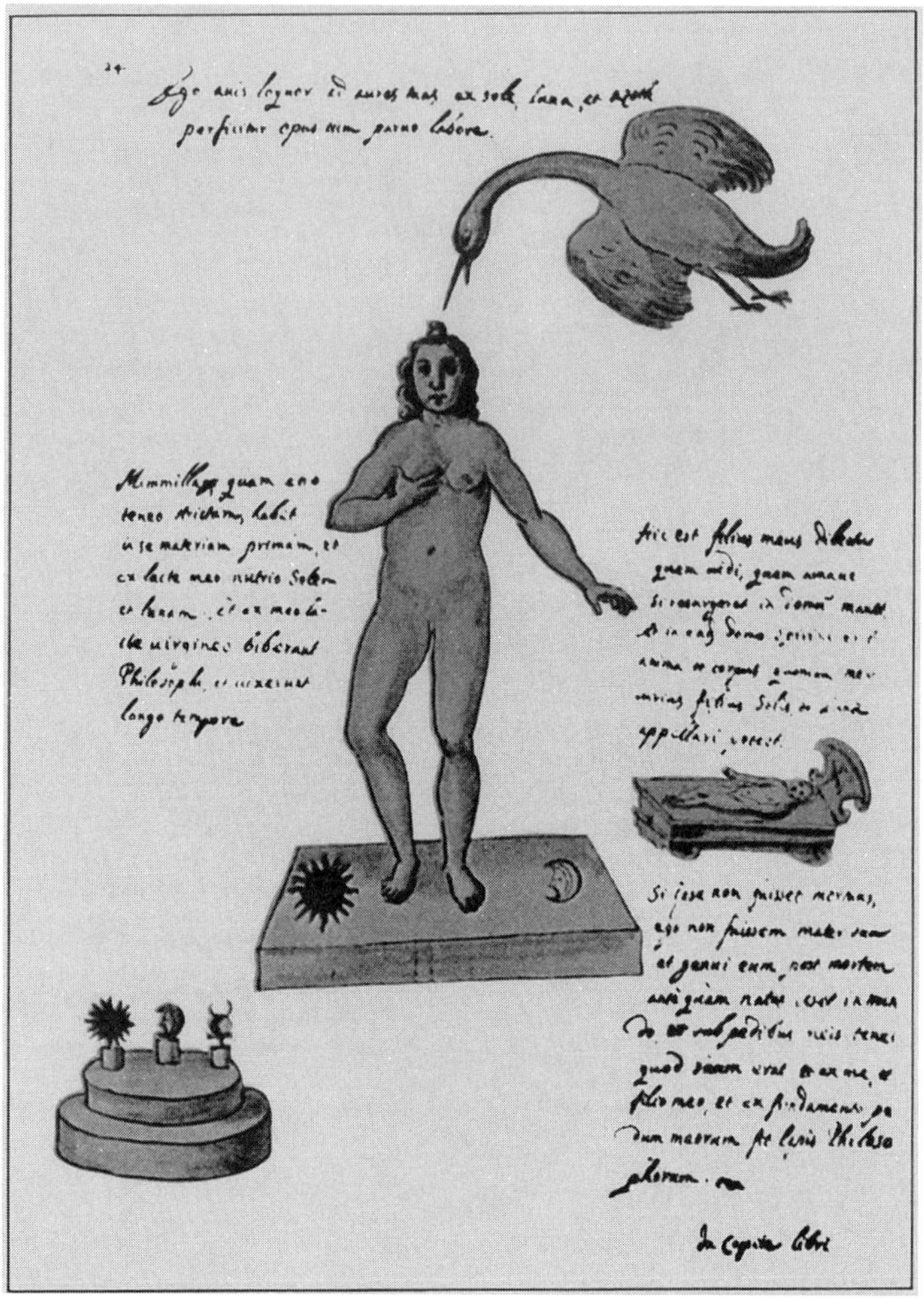

第二十四葉。上の言葉は，「鳥〔達人〕である私は，太陽，月，水銀からあなたの耳に語りかける。作業は，何の労苦もなく完成される」と読める。左の面は，原初の物質と哲学者の飲料の性質を述べている。右の原文は，「これは，私が見，愛した息子である。彼は蘇っても，家に残り，その家にあって霊は魂と肉体となろう。水銀は太陽と月の息子と呼ばれるからである」と読める。子どもの像の下に，「もし彼が死ぬことがなければ，私は彼の母とはならなかったであろう。彼が死んでから，この世に生まれる前に，私は彼を生んだ。私の足の下に，私は彼のものであったものを持っている。私と，私の息子，私の足の基礎から，哲学者の石が作られる」と付け加えられている。左下には，石の構成要素が，その威厳を示すために，台座の上に示されている。

第二十五葉。女王の像の上の三行は，実質的に「書物の初めには，母なる胸で彼女が太陽を養うこと，彼女を原初の物質に変えることのできる者は優れた技術を持つと書かれている」と述べている。女王の頭の反対側には，「最も高い山のなかに，この水がある」と「私は哲学者の光である」という言葉がある。女王の左には，彼女の生む息子たちを打てという警告がある。彼女は自分を，「太陽の母，月の姉妹，水銀の僕であり妻」と呼んでいる。右側には，「私の息子たちが灰にならなければ，私は王冠をつけない」という彼女の叫びが書かれている。息子たちが，その真下に描かれている。女王の下の詩は，錬金術の過程を述べ，物質から滲出するものが維持される方法について説明している。

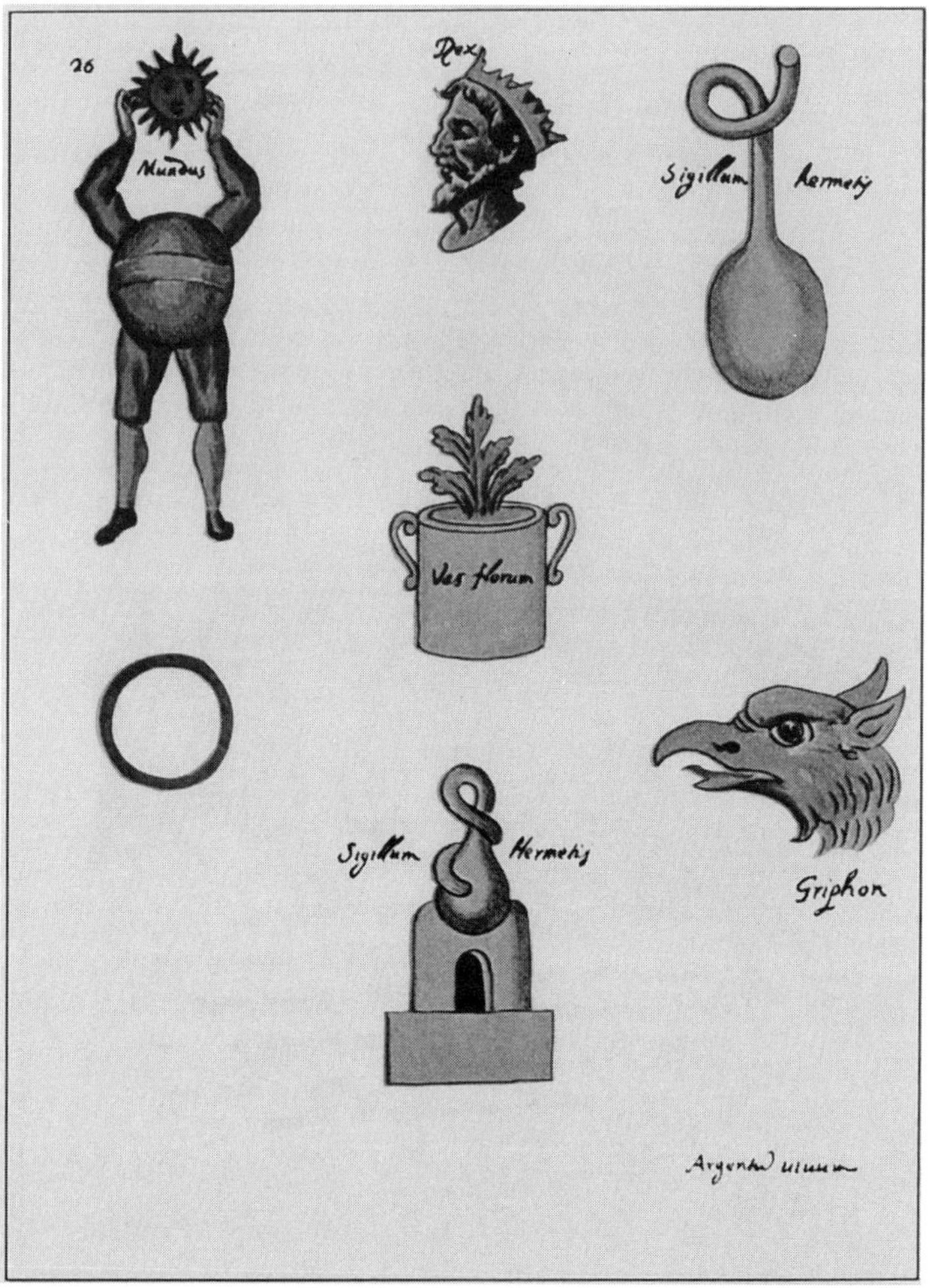

第二十六葉。この頁は，秘密の作業についての象徴を含むヘルメス的な写本を締め括るものであり，必ずしも直接の関係を持たない多くの象徴を含んでいる。上には，すべての錬金術的な図像に最も普通に現れる王の頭部がある。王の右には，「ヘルメスの封印」と呼ばれる錬金術の容器がある。その下には，残忍な鳥の頭があり，ここではグリフォンと呼ばれている。王の左には，霊的な顔である太陽を持ち上げている頭のない人物がいる。この人物は，頭のない世界である。なぜならば，その霊的で理性的な部分は，物質的ではなく，その結果目に見えないものであるからである。その下には，何の説明もない円がある。王の頭の下には，花瓶があり，そこに哲学者の黄金の植物がある。この頁の下には，錬金術の装置が付け加えられており，それもまた「ヘルメスの封印」と名づけられている。

化学の結婚

『化学の結婚』の著者であると自ら認めているヨハン・ヴァレンティン・アンドレーエは一五八六年ヴュルテンベルクに生まれ、その作品が最初に出版されたのは、彼が二十八歳の時であった。それが執筆されたのは、たぶん出版の十二年前すなわち著者が十五歳か十六歳の時であった。それほど若い者が、『化学の結婚』の行間に隠された豊かな象徴的な思考と哲学を含む書物を書いたという事実はほとんど信じられないほどである。この書物はクリスチャン・ローゼンクロイツについて、知られている最も古い言及をしており、本来の薔薇十字団の一連の宣言書のうち第三のものと一般に考えられている。象徴的な作品として書物自体は、それについてアンドレーエが行なった声明とまったく和解しがたい。『化学の結婚』の話は、たぶん『ファーマ』と『コンフェッシオ』の開祖C・R・Cであると思われる老人に起こる、一連の出来事を詳しく述べたものである。もし開祖C・R・Cが『コンフェッシオ』に述べられているように一三七八年に生まれ、『化学の結婚』のクリスチャン・ローゼンクロイツと同一人物であるとすれば、彼は八十一歳の時（一四五九年）に、黄金の石の騎士団の高位聖職者となった。彼自身の声明文からみるかぎり、アンドレーエが開祖ロージィ・クロス（薔薇十字）であったことは考えられない。

十七世紀の前半に出版された象徴体系に関する種々の本に見出される多くの象徴は、『化学の結婚』のなかの人物や挿話に著しく類似している。錬金術的な結婚は、ベーコン的な薔薇十字思想の謎を解く鍵となるかもしれない。『化学の結婚』のドイツ語版にいくつかの英語が存在しているため、その著者はまた英語にも精通していたとも考えられる。『化学の結婚』の七日間における主要な挿話の次の要約は、その象徴体系の深遠な思想についてかなり包括的な観念を読者に与えることになろう。

第一日

小さなパン種を入れないパンで心からキリストを迎える準備をしていたクリスチャン・ローゼンクロイツは、復活祭の前のある夕方、祈りをしているとき、彼の小さな家のみならず家が建っている丘もろとも吹き飛ばしかねない激しい嵐に心を乱された。嵐のさなか彼は背中を触れられ、振り返ると、目のいっぱいついた翼を持ち、星をちりばめた空色の服を着た輝かしい女性を見た。彼女は片手にトランペットを、片手にすべての言語で書かれた一束の手紙を持っていた。C・R・Cに一通の手紙を渡すと彼女はすぐに空中を上昇していき、と同時にトランペットを吹いて家を揺さぶるほどの音を鳴らした。手紙の封印には、奇妙な十字架と「コノ印ニテ、汝ハ勝利ス」という言葉があった。中には、空色の紙に黄金の文字で書かれた王の結婚式への招待状が入っていた。

C・R・Cはその招待状に深く心を動かされた。それは七年前に彼が受けた予言を成就するものであったからである。しかし彼は自分がそれに値しないと感じていたので、恐怖に立ちすくんでしまった。ついに彼は、祈りにすがって、眠ろうとした。夢のなかで彼は、大きな鎖で縛られたり足枷をつけられたりしている多くの人々とともに、自分が忌わしい地下の牢獄にいるのを知った。彼らの悲しみは、暗闇のなかで互いにつまずいたりして、大きくなった。突然トランペットの音が上から聞こえ、牢獄の蓋が引き上げられ、一筋の光が闇に差し込んだ。光に包まれてひとりの白髪の老人が立っており、一本のロープが七度降ろされ、ロープをつかむ者は誰でも引き上げられて自由になると述べた。

大きな混乱が続いた。すべての者がロープをつかもうとし、多くの者は他の者によって押し退けられた。C・R・Cは救われることを諦めていたが、突然ロープが彼のほうに揺れ、彼はそれをつかんで牢獄から引き上げられた。「老いた婦人」と呼ばれる老女が、引き上げられた者の名を、金製の黄色い本に書きこみ、救われた者はひとりひとり記念として、太陽の象徴とDLSの文字を書いた一枚の黄金を与えられた。ロープにしがみついているさいに負傷したC・R・Cは、歩くことさえできなかった。老女は彼に心配しなくてもよいと言い、このような高い光に入ることを許した「神」に感謝するように命じた。そこでトランペットが鳴り、C・R・Cは目覚めたが、その夢はあまりに鮮烈であったので、眠っている時に受けた傷を目覚めても感じていた。

新たな信仰をもってC・R・Cは立ち上がり、ヘルメスの結婚式へ行く準備をした。彼は白い亜麻布の服を着て、肩の上にリボンを十字形に結んだ。帽子には四つの薔薇をつけ、食物としてパンと水と塩を持った。自分の家を去る前に、彼は跪いて、どのような知識が彼に明かされようともそれを隣人の奉仕のために捧げることを誓った。それから彼は喜びに満ちて家を出発した。

第二日

彼の小さな家を取り囲む森に入ると、すべての「自然」が結婚式のために楽しく準備をしているようにC・R・Cには思われた。彼が歌を歌いながら楽しく進んでいくと、緑のヒースの生えた荒野に来た。そこには三本の大きな杉が立っており、そのうちの一本には、王宮へ行く四つの道を説明している銘文の入った板があった。第一の道は短く危険であり、第二はまわり道であり、第三は楽しく荘厳な道であり、第四の道は不滅の体を持つ者にのみ適していた。疲れて困惑していたC・R・Cは休息を取ろうと決心し、一枚のパンを切ってそれを食べようとした。するとそのとき白い鳩がそれを自分にくれるように願った。鳩はすぐに大きな鴉に襲われ、二羽の鳥を引き離そうと努力しているうちに、C・R・Cは知らないうちに四つの道のひとつ（南に向かうもの）をかなり走っていた。恐ろしい風のため彼は引き返すことができず、この結婚式の客はパンを諦め、その道にそって進むと、ついに遠くに大きな門を見つけた。太陽は西に傾いていたので入口に急いで行くと、そこには他の象徴のあいだに、「俗人ハココヨリ立去レ」という言葉を書いた板があった。

空色の服を着た門番はすぐにC・R・Cに招待状を要求し、それを受けとると彼に中に入るように命じ、印の品を買うように求めた。自分が赤薔薇十字団員であると説明したあと、C・R・Cは水筒と引き替えにSCという文字の入った黄金の円盤を受けとった。夜が近づいていたので旅人は第二の門へと急いだ。その門には「与エラレント望マバ与エヨ」という言葉の入った板がつけてあり、獅子によって守られていたが、彼は第一の門番に

Chymische Hoch-
zeit:
Christiani Rosencreutz.
ANNO 1459.
Arcana publicata vilescunt; & gratiam prophanata amittunt.
Ergo: ne Margaritas obijce porcis, seu Asino substerne rosas.

Straßburg/
In Verlägung / Lazari Zetzners.
Anno M. DC. XVI.

クリスチャン・ローゼンクロイツの
『化学の結婚』の1616年版の表紙
（ローゼンクロイツの『化学の結婚』より）

薔薇十字団論争に関連する出版物のなかで最も注目すべきものは，ストラースブルクで出版された『化学の結婚』である。今では大変な稀覯本であるこの作品は，正確な複製本を出版し，研究者がそこで採用されているさまざまな形式の暗号について実際のテキストを調査できる機会を与えるべきである。文学の歴史において，この見えを張らない小さな本ほど大きな混乱を引き起こしたものは他にないだろう。この本が出版されると直ちに，何のためにこの本が出版されたのかというのが人々の推論の主題となった。神学者と哲学者によって同じように攻撃されもし弁護されもしたが，さまざまな論争点が静まっても，この本を取り巻く謎は依然として未解決のままであった。その著者が特別な学識を持つ人物であることは認められていた。自然の神秘について最も深い理解を示した人々が，『化学の結婚』の内容に深い感銘を与えられた人々のなかにいたことは注目すべきことである。

貰った手紙を出した。ＳＭという文字の入った印の品を買うように勧められ、彼は小さな塩の箱を差し出した。夜になると宮殿の門の鍵がかけられるので、彼はその前にそこに着こうと足を速めた。

光の乙女と呼ばれる美しい娘がＣ・Ｒ・Ｃが近づいたとき、城の灯を消していた。彼はかろうじて閉じようとしている門を通ることができた。門が閉じたとき、彼は上着の一部がはさまってしまったので、彼はそれを脱ぎ捨てざるをえなかった。ここで彼の名前は花婿殿の小さな上製の本に書かれており、新しい靴とＳＰＮの文字の入った印の品を受けとった。それから彼は小姓に導かれて小さな部屋に入り、目に見えない床屋によって頭の頂きの「白髪」が切り取られた。次に彼は、多くの王、君主、議員が集まっている堂々たる広間に案内された。トランペットの音が鳴るとそれぞれが、テーブルの席に着き、その位にふさわしい位置を占めた。そこでC・R・Cは最下位の席に着いた。出席していた大部分の哲学者は虚栄をはる偽者であったので、宴会は羽目をはずした騒がしい饗宴となった。しかしそれは、堂々として霊感を受けた音楽の音がすると急に終わった。ほとんど半時間ものあいだ誰も口をきかなかった。次に大音響のなかを大食堂の扉がさっと開き、目に見えない者が火のついた多くの蠟燭を持って入ってきた。二人の小姓がそれに続き、自動の王座に坐る美しい光の乙女《おとめ》を照らしていた。白と金の服を着た乙女は立ち上がって、無価値な者が神秘的な結婚式に加わらないようにするため、明日秤が作られ、それぞれの客はその完全性を測定するために重さを計ることになろうと述べた。また彼女は、この試練を受けたくない者は大食堂にとどまるように述べた。それから彼女は退席したが、多くの蠟燭を持つ者は客を夜の宿舎に案内するためそこに残った。

大部分の出席者は大変押しが強く、この計量を無事に通過できると信じていたが、C・R・Cを含む九人は自分の欠点をよく知っていたので、他の者が寝室に案内されていっても、成り行きを恐れて大食堂に残った。この九人はロープで縛られ、暗闇にそのままほうっておかれた。それからC・R・Cは次のような夢を見た。多くの人々が地上高く紐で吊り下げられており、そのあいだを老人が飛びまわり、あちらこちらでその紐を切ったため、多くの者が大地に落ちていった。傲慢にも高い所に上がった者は、そのため長い距離を落ち、より重大な損傷を受けた。より謙虚な者は短い距離しか落ちなかったので、しばしば何の災難もなく大地に着いた。この夢が吉兆であると考えたので、C・R・Cはそれをひとりの仲間に話し、夜の明けるまで話し続けた。

第三日

夜が明けるとすぐにトランペットの音が鳴り、赤いビロードの衣裳をつけ、白い飾帯をしめ、菩提樹の花輪を頭につけた光の乙女が、赤と白の制服を着た二百人の男性を伴って入ってきた。彼女はC・R・Cと八人の仲間に、自己満足的な他の客よりうまくいくと、それとなく知らせた。それから黄金の秤が広間の中央に吊るされ、その近くに七つの錘が置かれた。ひとつはかなりの大きさのもので、四つは小さく、二つは非常に大きなものであった。制服を着た男たちは、それぞれ抜刀と強いロープを持っており、七つの組に分けられた。それぞれの組から隊長が選ばれ、錘のひとつを受持った。高い王座に登ると光の乙女は、儀式を始めるように命じた。最初に秤に乗ったのは皇帝であり、彼は高徳な人物であったので、六つの錘が反対側に置かれるまで秤が傾くことはなかった。それゆえ彼は第六の組に引き渡された。金持ちも貧乏人も同じように秤に乗ったが、首尾よくこの試験に通るものは少なかった。通過した者にはビロードの服と月桂樹の花輪が与えられたのち、光の乙女の王座の階段に坐った。失敗した者には嘲笑と罰が与えられた。

「異端審問」が終わると隊長のひとりが、自分たちが無価値であると述べた九人の男もまた秤にかけることを許してくれるようにと、光の乙女に願い出た。このためC・R・Cは苦痛と恐怖に包まれた。最初の七人のうちひとりが成功し、喜びの言葉で迎えられた。C・R・Cは第八番目であり、彼はすべての錘にも耐えたばかりでなく、秤の棹の反対に三人の男が加わっても動くことはなかった。ひとりの小姓が「この人だ！」と叫んだ。

C・R・Cは直ちに自由にされ、捕虜のひとりを解放してもよいと言われたため、最初の皇帝を選んだ。光の乙女はそこで、C・R・Cの持っている赤い薔薇を求めると、彼はすぐにそれを彼女に与えた。秤の儀式は午前十時ごろに終わった。

欠点が暴露された者に課せられる罰が決まると、一同のものに食事が出された。C・R・Cを含む数少ない合格した「術師」には、上座が与えられ、その後花婿の名で彼らに「黄金の羊毛」と「飛ぶ獅子」が与えられた。次に光の乙女は客にすばらしい酒杯を差し出して、王がそれをすべての客に飲んでもらうことを願っていると述べた。これに続いてC・R・Cとその仲間は野外舞台に連れ出され、彼らは失敗した者たちが受けるさまざまの罰を見た。宮殿を去る前に、受け入れられなかった客のひとりひとりが忘れ薬を一服与えられた。選ばれた者が城に戻ると、それぞれに博学な小姓が割り当てられ、小姓は彼らを建物のさまざまな場所に案内した。C・R・Cは彼の仲間たちが見ることを許されなかった多くのものを見た。そのなかには「王の墓」があり、そこで彼は、「現存するすべての本に書いてある以上のもの」を学んだ。彼はまた壮大な図書室と天文台を訪れた。天文台には直径三十フィートの巨大な球があり、世界のすべての国々が描かれていた。

夕食のとき、いろいろな客が謎を提出し、C・R・Cは光の乙女が問うた自分の正体は何かという謎を解いた。それから大食堂に美しく着飾った二人の若者と六人の娘、それに続いて冠をつけた第七の娘が入って来た。第七の娘は公爵夫人と呼ばれ、「ヘルメスの花嫁」と誤解された。公爵夫人はC・R・Cに、彼は他の者より多くのものを受け取ったのだから、それだけ多く返礼をすべきだと語った。公爵夫人はそれからそれぞれの娘に、まだ大きな部屋に残っていた七つの錘のひとつを持ち上げるように求めた。光の乙女には最も重い錘が与えられたが、それは讃美歌が歌われているあいだに女王の部屋に吊るされた。第二の部屋では第一番目の娘が、同じような儀式の行なわれているあいだにその錘を掛けた。このようにして彼女たちは部屋から部屋へ進み、すべての錘が片付けられた。それから公爵夫人は自分の手をC・R・Cと彼の仲間の者に差し出したのち、娘たちを従えて退席した。小姓たちはそこで客たちを寝室に案内した。C・R・Cに割り当てられた部屋は、珍しいつづれ織と美しい絵が掛けられていた。

第四日

庭にはいくつかの銘文の刻まれた泉があった（そのうちのひとつは、「兄弟よ、飲め、そして生きよ」と読めた）。客たちは身を清め、その水を飲むと、光の乙女に案内されて、壮麗な回り階段の三百六十五の段を昇っていった。客たちは月桂樹の花輪を与えられており、帳が上げられると、彼らは王と女王の前にいた。C・R・Cは王の謁見室の栄光と、特に女王の服のすばらしさに圧倒されてしまった。女王の服は眩しいほどであったので、彼はそれを見つめることができなかった。それぞれの客は付添いの娘によって王に紹介され、この儀式が終わると光の乙女は短い演説をした。彼女は、正直な「術師」の業績を挙げて、自分が正しく義務を果したのかどうかに関して、客のひとりひとりを審問していただきたいと申し出た。そこで老いたアトラスが進み出て、王と女王の名において、勇猛な哲学者の一団を歓迎する言葉を述べ、光の乙女にはすばらしい報酬が与えられると述べた。

王の謁見室の長さは、その幅の五倍であった。西には大きなポーチがあって、そこに三つの王座があった。中央の王座は他のものより高い位置にあった。それぞれの王座には二人の人物が坐っていた。第一の王座には老い

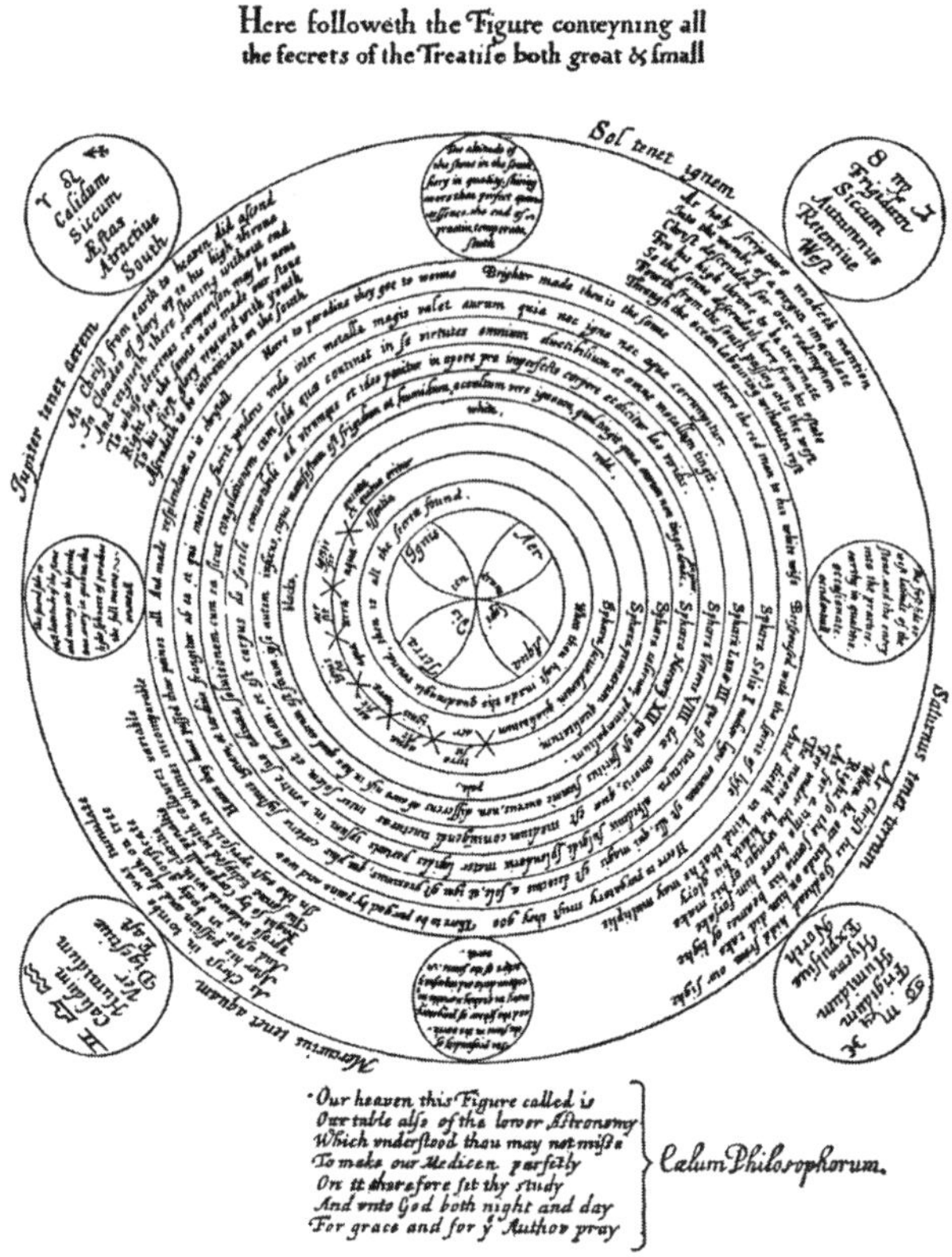

偉大な哲学的秘密を解く鍵（アッシュモールの『英国の化学劇場』より）
神秘的なキリスト教的錬金術を解く鍵であるこの図は，『英国の化学劇場』のほとんどすべての本に欠落しているものである。この本は，エリアス・アッシュモールの編集になり，哲学者の石とヘルメス的神秘を扱ったイギリスの詩人の二十篇ほどの詩を掲載している。この図を消した一貫した態度から見ると，それがあまり明白に薔薇十字団の秘密を明らかにしているために，意図的に除外されたのであろう。錬金術とヘルメス思想に関する初期の本から，所有者の名前が消されているその配慮もまた注目に値する。もとの名前は通例，強いインクの線で判読できないものとされており，そのためしばしば本の外観は損われている。時々例外も見られるが，実際にはどの場合にもその骨抜きにされた本は，薔薇十字思想を扱っているか，薔薇十字団の起源と思われるものについての神秘的な叙述を含んでいるかのいずれかである。所有者の名前を消したということは，その図書室を構成する蔵書によって，初期の薔薇十字団員やヘルメス主義者が発見されるのを防ぐためであったと考えられる。エリアス・アッシュモールの図は，キリストの生命と錬金術の過程の四つの大きな分割とのあいだの類比を示している。ここにはまた，哲学者の石そのものが大宇宙と小宇宙であり，宇宙と人間の両者の天文学と宇宙発生論の原理を具体化したものであるという教義が明らかにされている。

た王と若い妻、第三の王座には黒い王とヴェールを着けた婦人、中央の王座には大きく高価な冠をつけた若い男女がいた。冠の付近に小さなクピドがおり、まずこの二人の若者に矢を打つと、広間を飛び回った。女王の前には、黒いビロードで綴じられた一冊の本が、黄金の飾りのついた小さな祭壇の上にあった。それ以外には、火のついた蠟燭、天球、小さな時計、澄んだ血のような赤い液の流れる小さな水晶の管、白い蛇が眼窩を出たり入ったりしている頭蓋骨があった。この謁見が終わると、客たちは回り階段を下って大広間へと戻った。

その後光のかいた乙女は、王の六人の客のために「太陽の家」と呼ばれる建物で喜劇が演じられることになっていると告げた。C・R・Cとその仲間は、壮麗な行列に加わり、かなりの距離を歩いて劇場に着いた。劇は七幕であり、その幸運な結末の後、すべての者は庭を通り回り階段を昇って王の謁見室に戻った。C・R・Cは、若い王が大変悲しそうであり、続く宴会のときも頭蓋骨の白い蛇にしばしば肉を投げてやっているのに気がついた。祝宴が終わると若い王は、祭壇から小さな黒い本を手に取り、客たちに向かって、繁栄の時も逆境の時も自分に真実であるかと尋ねた。客たちが震えて同意すると、彼はそれぞれの客に、忠節の証拠として小さな黒い本に自分の名前を書くように求めた。次に王と王妃たちが小さな水晶の泉から水を飲み、そのあと他の者たちが同じようにした。これは、「沈黙のひと飲み」と呼ばれた。次に王と王妃たちは悲しそうにすべての出席者と握手をした。突然小さな鐘が鳴るとすぐに、王と王妃たちは白い服を脱いで黒い服を着た。部屋には黒貂のつづれ織が掛けられ、テーブルが取り片付けられた。王と王妃たちの眼は六枚の黒い琥珀織りのスカーフで縛られ、六つの棺が部屋の中央に置かれた。黒い服を着て斧を持ったムーア人の処刑人が入って来て、六人の王と王妃の首を次々に切り落とした。それぞれの血は黄金の杯に集められ、その体とともに棺のなかに置かれた。処刑人の首も打ち落とされ、小さな箱に入れられた。

光の乙女はC・R・Cとその仲間に、彼らが忠実で真実であればすべてはうまく行くと納得させ、小姓たちに寝室へ案内させた。彼女は死者たちを見守るためにその部屋に残った。真夜中ごろC・R・Cは突然目覚め、窓から外を見ると、七艘の舟が湖を帆走してくるのが見えた。それぞれの舟の上には炎が舞っており、彼はこれが首をはねられた者の霊であると信じた。船が岸に着くと、光の乙女はそれを出迎え、六艘の舟のそれぞれにおいを掛けた棺が置かれた。棺がこのようにして処理されると、すぐに光は消え、炎は湖の上を戻っていった。そのためそれぞれの舟には、見張りのための灯がひとつだけ残った。この不思議な儀式を見たあと、C・R・Cは寝台に戻り、朝まで眠った。

第五日

夜明けに起床して、C・R・Cは小姓に宮殿の他の宝物を見せてくれるように懇願し、階段を何段も下りていくと奇妙な銘文をつけた大きな鉄の扉へ来た。彼はその銘文を注意深く写した。扉を通ると、彼は壮麗な宝物庫に入ったが、その部屋の光はすべて巨大な柘榴石から出ていた。中央には、ウェヌス姫の三角形の墓があった。敷石にはめこんだ銅製の扉を引き上げて、小姓はC・R・Cを大きな寝台の置かれた地下墓所へ導いた。彼がおおいを取ると、C・R・Cはウェヌスの体を見た。小姓に案内されて、C・R・Cはそれから彼の仲間に加わったが、この経験については一言も言わなかった。

黒いビロードの服を着て、娘たちに伴われた光の乙女は、次に客たちを中庭に導いたが、そこには六つの棺があり、それぞれに八人の運び手がついていた。王と王妃の体がもはや棺のなかにはないということを感づいていたのは、「術師」たちの一団のなかでC・R・Cただひとりであった。棺は墓穴へ下ろされ、大きな石がその上に転がされた。光の乙女は次に短い祈りを唱え、そのなかで彼女は、王と王妃たちを再生するのに力を貸してくれるように求めた。さらに彼女は客たちに、六人の王族の復活に必要な薬が手に入る「オリンポスの塔」へ自分と一緒に行くのだと述べた。C・R・Cとその仲間は光の乙女に従って海岸へ行き、奇妙な順序で並んだ七艘の舟に乗りこんだ。舟が湖を横切って走り、狭い水路を抜けて大海に出るとき、セイレン、ニンフ、海の女神たちがその供をした。彼女たちは、結婚式を記念して、王と王妃に大きく美しい真珠を贈った者たちであった。舟が「オリンポスの塔」の見えるところまで来ると、光の乙女は自分たちが近づいたことを知らせるため大砲を撃つように命じた。すぐに白い旗が塔に上げられ、塔の管理者である老人と白い服を着た護衛兵の乗る小さな金色の帆船が出迎えに出て来た。

オリンポスの塔は正方形の島にあり、大きな壁に取り囲まれていた。門を入ると一団は中央の塔の一番下の階に案内された。そこにはすぐれた実験室があり、客たちは熱心に植物、貴重な石、他のすべてのものを洗ったり粉にしたりして、その液や精を抽出し、ガラスの容器に入れた。光の乙女はあまり勤勉に「術師」たちを働かせたので、彼らは自分が奴隷であるかのように感じた。一日の仕事が終わると、それぞれが石床の上のマットレスを割り当てられた。眠ることができずC・R・Cは、星を瞑想しながら歩き回った。塔の頂上に通じる階段を見つけたので、彼はそれを登って海を眺めた。しばらくここにいると、真夜中ごろ彼は七つの炎を見た。それは海を渡って彼のほうに近づき、中央の塔の尖頂の上に集まった。同時に風が起こり、海は嵐となり、月は雲におおわれた。恐れを抱いてC・R・Cは階段を駆け下りて塔に戻り、マットレスに横たわって、実験室の泉の優しく流れる水音を聞きながら眠りについた。

第六日

次の朝、塔の老いた管理者は、結婚式の客たちが実験室で行なった仕事を調べ、それが満足できるものであると知ると、梯子、ロープそして大きな翼を持って来させた。彼は集まった「術師」に次のように述べた。「親愛なる息子たちよ、あなたたちはそれぞれ、この三つの品物のうちのひとつをつねに身に着けていなければならない。」籤が引かれ、残念なことにはC・R・Cに重い梯子が当たった。翼を手に入れた者は、巧みにその背中に結びつけたので、それが人工のものであるとはとても思われなかった。老いた管理者は次に「術師」たちを塔の下の部屋に閉じ込め、しばらくして天井に丸い穴を開けた。光の乙女はすべての者に上がってくるように促した。翼をつけた者はただちに開口部を通り抜け、ロープを持った者は大変な苦労をしなければならず、梯子を持ったC・R・Cは穏当な速度で登った。二階では、結婚式の客、音楽家、光の乙女が、六人の王族の体の入った泉のような装置のまわりに集まった。

光の乙女は次にムーア人の頭を、泉の上のやかんのような容器に入れ、前日実験室で用意した液を注いだ。娘たちは燈火をその下に置いた。煮沸するとその液は、やかんの側面の穴から流れ出し、下の泉のなかの体の上に落ちてそれを溶かした。六人の王族の体がこのようにして液体状にされると、泉の下の端にある栓が開けられ、その液はすべて巨大な黄金の球に入れられた。いっぱいになるとその球は大変な重さとなった。結婚式の客を除く全員が退席し、やがて前と同じように天井に穴が開けられると、客たちはあわてふためいて三階へと昇った。そこでは球が強い鎖で吊り下げられていたようだ。部屋の壁はガラスで出来ており、太陽光線が中央の球に集中するように鏡が配置されていたので、球はたいそう熱くなった。その後太陽光線が逸らせられて球が冷えると、

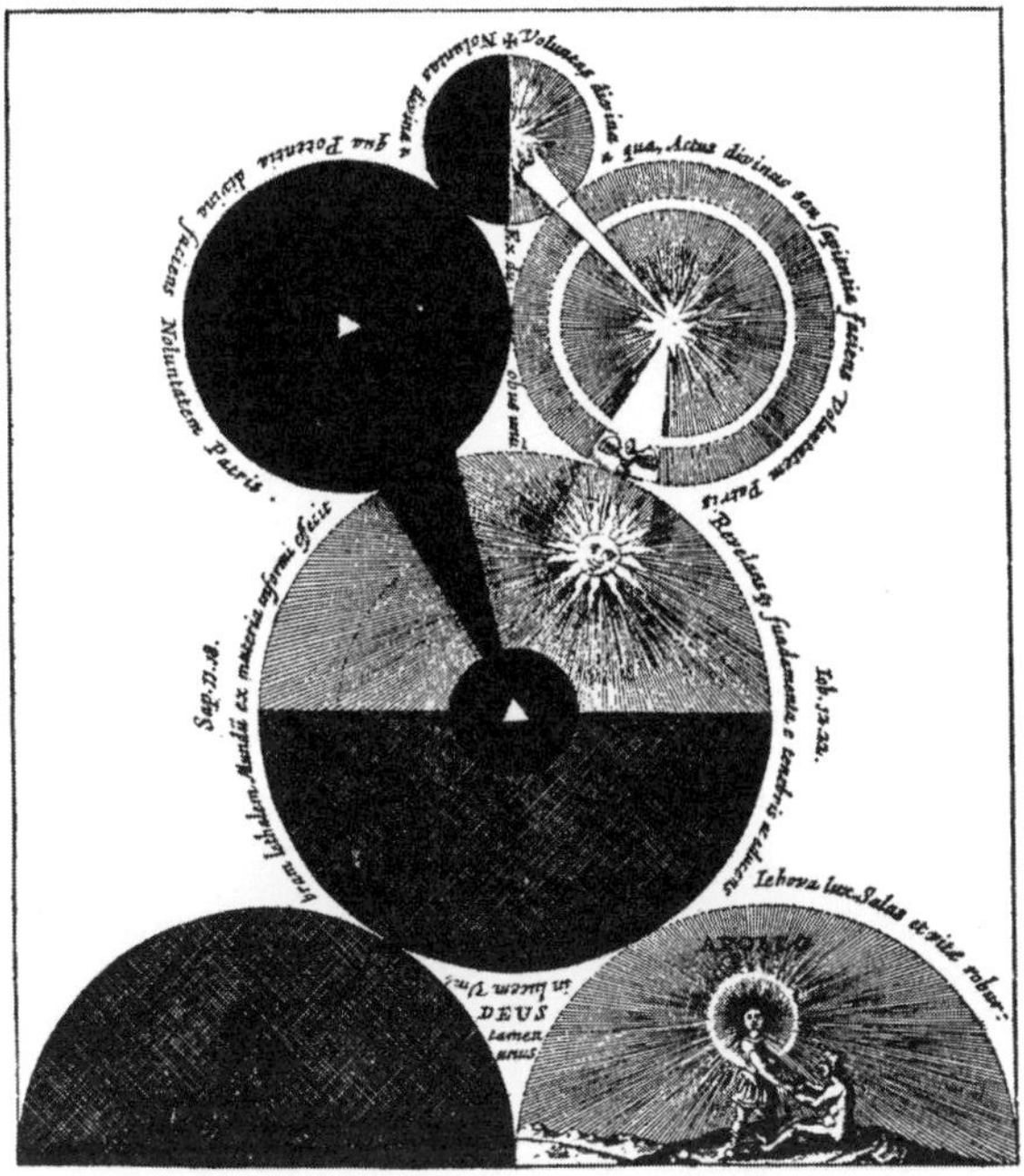

光と闇の二要素から創造された宇宙
（フラッドの『フィロソフィカ・モザイカ』より）
最高の神性は頂上の小さな球によって象徴されている。それは二つの半球に分割されており，黒いほうは，神性が自らを包みこみ，自らの隠れ家として役立つ神的な闇を示している。輝く半球は，神に内在し，流れ出すと客観的な創造力として現われる神的な光を意味する。上の球の左下にある大きな黒い球は，太古の深遠の表面にあり，その内部を神の霊が動いた潜在的な暗闇を意味する。右の光の球は，闇から現われた神性である。ここで輝く言葉が影を散らし，栄光の宇宙が形成された。この輝く球の神的な力は，人間には太陽として認識される。上下に光と闇の部分に分割された中央の大きな球は，創造者の本性に内在する光と闇の性質を持つ創造された宇宙である。黒い部分は，深淵すなわち渾沌，神から流れ出す永遠の海を示し，光の部分は，海に生命を与え，混沌に秩序を確立する神の力を示している。アポロンの像を持つ光の半円は，古代密儀においてアポロンによって支配された昼の世界の半球を示している。黒い半円は，ディオニュソスによって支配される夜の半球であり，彼の像がかすかに暗がりのなかに見られる。

ダイアモンドで球が切り開かれ、美しい白い卵が現われた。光の乙女は、この卵を手にして部屋を出た。

客たちは、別の仕掛戸を通って四階に出た。そこには、穏やかな火で暖められた銀の砂の入った四角い湯沸かしがあった。白い大きな卵が成熟するように暖められた砂の上に置かれた。しばらくすると卵にひびが入り、醜く気むずかしい鳥が現われ、首を切られた王族たちの血を用意した水で薄めたものが与えられた。ひと飲みするごとに鳥の羽はその色を変えた。黒から白に、そしてついにはまだら模様になり、その間に鳥の性質も良くなっていった。食事が出され、それが終わると光の乙女は鳥とともに退席した。客たちはロープ、梯子、翼で五階に昇った。そこには良質の白い粉で色をつけた風呂が鳥のために用意されており、風呂の下の燈火が水を不快なほどに暖めるまで、鳥は水浴びを楽しんでいた。熱のため鳥の羽が全部抜けてしまうと、それは風呂の外に出された。さらに熱を加えていくと、風呂には青い石の形をした沈殿物以外何も残らなくなった。あとでそれは粉末状にされて顔料が作られると、頭の部分を除く鳥の全身にその顔料が塗られた。

客たちはその後六階に昇った。そこには王の謁見室にあるものに似た小さな祭壇があった。鳥は小さな泉から水を飲み、頭蓋骨の穴を這っていた白い蛇の血を与えられていた。祭壇のそばにある球はたえず回転していた。時計が一、二、三と時を打ったときに、鳥は首を本の上におくと黙って首を刎ねられた。その体は焼かれて灰となり、糸杉の箱に入れられた。光の乙女はC・R・Cとその三人の仲間に、彼らが怠惰で鈍い「実験者」であり、そのために第七室に入ることは許されないと語った。音楽家が呼ばれ、彼らはコルネットを「吹き鳴らし」てこの四人を嘲りながら部屋から追い出した。C・R・Cとその三人の仲間は気落ちしていたが、ついに音楽家たちは彼らに元気を出すようにと述べ、彼らを回り階段を昇って、屋根のすぐ下の第八階に導いた。ここで小さな丸い炉の近くに立っていた老いた管理者が彼らを歓迎し、より偉大な作業のために光の乙女によって選ばれたことについて祝意を述べた。それから光の乙女が入ってきて、客たちの困惑ぶりを笑ったのち、鳥の灰を別の容器に移し、糸杉の箱にはつまらない物質を入れておいた。その後彼女は七階に戻っていったが、たぶんそれはそこに集まった者たちに、箱のなかの偽りの灰で作業をさせて彼らを欺くためであった。

C・R・Cとその三人の仲間は、特別に用意された水で鳥の灰を湿らせて、その混合物を練り粉のようにする仕事を始めた。その後それは熱を加えられ、二つの小型の人間の型に入れられた。のちにそれが開かれると、二つの輝くほとんど透明な人間の像（小型人間）が現われた。四インチぐらいの高さで、ひとりは男であり、もうひとりは女であった。この小型の人間は繻子織の座蒲団に置かれ、鳥の血を一滴ずつ与えられると、普通の大きさになり美しさも増した。その体は肉体の堅さを持っていたが、魂が入っていないために生命の徴候は見られなかった。体は次に松明で囲まれ、その顔は絹でおおわれた。それから光の乙女が、二つの奇妙な白い服を持って現われた。娘たちもまた入ってきたが、そのうちの六人は大きなトランペットを持っていた。トランペットが二人の人物像の一方の口に当てられ、C・R・Cは、塔の丸天井に小さな穴が開き、光線がトランペットの管を下って人物像の体に入るのを見た。この手順がそれぞれの体で三度繰り返された。新しく生命を吹きこまれた人物は、次に移動寝台の上に移された。半時間ほどすると若い王と王妃が目覚め、光の乙女は彼らに白い服を贈った。彼らはその服を着ると、若い王は自らC・R・Cとその仲間に心からの感謝を述べた。その後王族たちは舟で島を去った。C・R・Cと特権を与えられた三人の仲間は、他の「術師」たちと合流したが、彼らの見たことについては何も触れなかった。その後全員に美しい部屋が割り当てられ、彼らは朝まで休んだ。

第七日

朝になると光の乙女は、結婚式の客はそれぞれ「黄金の石の騎士」となると告げた。それから老いた管理者が、それぞれの面に「*Ar. Nat. Mi.*」、「*Tem. Na. F.*」という銘文を書いた黄金のメダルを各々に贈った。一行は十二艘の舟に乗って王の宮殿に戻った。舟の旗は黄道帯の記号をつけており、C・R・Cは天秤宮の旗の下に坐った。彼らが湖に入ると、多くの舟が出迎えに出ており、王と王妃は貴族、貴婦人、娘たちとともに黄金の舟に乗って戻ってきた客たちを迎えた。それからアトラスが王に代わって短い演説をし、同時に王の贈物を願い出た。それに答えて老いた管理者は、王と王妃の近くを飛び回っていたクピドに小さくて奇妙な形の箱を手渡した。赤い十字架をつけた雪のように白い旗を持ったC・R・Cと老貴族は、王と同じ馬車に乗った。第一の門には赤い服を着た門番がいたが、彼はC・R・Cを見ると、その苦役の役目から解放してくれるように王に頼んでくれと言った。王は、その門番が有名な占星術師であり、寝台に横たわるウェヌス姫を見た罰として門を守るはめになったのだと答えた。王はさらに、同じ罪を犯した者がもうひとり見つかったときにのみ、門番は解放されると述べた。これを聞いてC・R・Cの心は沈んだ。というのは自分こそその罪人であることを知っていたからである。しかしその時には彼は黙って何も言わなかった。

新しく叙せられた黄金の石の騎士は、国王陛下の作成になる次の五ヵ条に同意しなければならなかった。(一)彼らはその結社を「神」とその侍女たる「自然」にのみ帰すること。(二)彼らはすべての不浄と悪を避けること。（三）彼らはつねに立派な人物と貧しい者を助ける準備をしていること。（四）彼らはその知識と力を世俗的な威厳を達成するために用いざること。（五）彼らは「神」が定めた以上に長く生きることを望まないこと。彼らは次に正式に「騎士」として任じられた。その儀式は小さな礼拝堂で行なわれ、C・R・Cはそこで「黄金の羊毛」と帽子を永遠の記念として掛けておいた。また彼は次のような銘文を記した。「最高ノ知識ニツイテ、何モ知ルナカレ、黄金ノ石ノ騎士、教父クリスチャン・ローゼンクロイツ、一四五九年。」

儀式の後でC・R・Cは、自分がウェヌスを見たこと、そしてそのために門番にならなければならないことを認めた。王は優しく彼を抱きしめた。彼は、三つの寝台のある大きな部屋を割り当てられた。三つの寝台のうちひとつは彼自身、ひとつは塔の老貴族、三番目は老アトラスのものであった。

『化学の結婚』は、C・R・Cが翌朝門番としての彼の義務を引き受けることになるという印象を残したまま、ここで唐突に終わっている。本は文の途中で終わっており、編集者によるものと思われるイタリック体の注がついている。

錬金術的な結婚の象徴体系のもとに、中世の哲学者は、それによって彼らが人間と社会の組織の両方の断片を整合しようと望んだ、霊的な文化の秘密の体系を隠そうとした。彼らの主張しているところによると、社会は三重の構造を持ち、人間の三位一体の構成と類似している。人間が霊、精神、肉体から構成されているように、社会は教会、国家、民衆から形成されている。教会の偏屈、国家の暴虐、群衆の狂暴は、フリーメーソンのヒラム・アビフの伝説で詳説されているように、真理を滅ぼそうとする社会の三つの残忍な力である。『化学の結婚』の最初の六日は、すべての有機体が通過する哲学的「創造」の過程を述べている。三人の王は人間の三重の霊であり、その妻は下位世界においてそれに対応する現れの媒体である。処刑人は精神であり、その高次の部分（頭によって象徴される）は、哲学的な作業の達成に必要なものである。かくして錬金術師によって惑星と元素として象徴された人間の各部分は、ある神的な処方によって融合すると、二人の哲学的な「子ども」が生まれる。この二人の子どもは、錬金術の鳥の血を与えられて、世界の支配者となる。

倫理的な視点から見ると、塔の頂上で復活し、「神の生命」によって魂を吹きこまれた若い王と王妃は、窮極的に社会を導く「知性」と「愛」の力を示している。「知性」と「愛」は世界の二つの大きな倫理的な光明であり、啓示を受けた霊と再生した肉体に対応している。花婿は実在であり、花嫁は宇宙的な結婚によって実在と一体化することにより完全なものとなる再生した存在である。その結婚において、死すべき部分はそれ自身の不滅の「源泉」と一体化することにより、不死に達する。「ヘルメスの結婚」において、神と人間の意識は聖なる婚姻で結ばれ、この聖なる儀式がその内部で行なわれる者は「黄金の石の騎士」と呼ばれる。それによって彼は、七重の構成の精髄から成る、神的で哲学的なダイアモンドとなる。

以上が「子羊の花嫁」になるという神秘的な過程の真の解釈である。「神の子羊」は、イアソンが王位を獲得する前に手に入れなければならなかった「黄金の羊毛」によって示されている。「飛ぶ獅子」は啓示を受けた意志であり、「偉大な作業」の達成への絶対必要条件である。人々の魂の重さを計る挿話は、エジプトの『死者の書』に記された儀式と類似している。C・R・Cの入った城壁のある都市は知恵の聖域を示しており、そこに世界の真の支配者である密儀に参入した哲学者が住んでいる。

薔薇十字団は、その規範とした古代「密儀」のように、志願者が結社の内的階級にふさわしい者となる前に、定められた年月のあいだに実行する秘密の儀式を持っていた。「オリンポスの塔」のいくつかの階は、惑星の軌道を示している。哲学者たちが階から階へと昇っていくこともまた、「エレウシスの密儀」とミトラの儀式に類似している。後者において志願者は梯子の七つの段あるいはピラミッドの七つの段を昇っていくが、それは「惑星の支配者」の影響からの解放を意味する。人間は、七つの惑星から受けた衝動を変成するときにのみ、七つの惑星の支配者となる。七つの世界を支配し、自らの本性の「神的源泉」と再合した者は、「ヘ、ル、メ、ス、の結婚」を完了する。

J A KNAPP

前頁――ペルスヴァルと聖杯

サルヴァト山の大神殿に、「聖杯」の第三のそして最後の王であるペルスヴァルが立ち、火花を発する緑の「聖杯」と聖槍を高く上げている。槍の先端から血が絶え間なく流れ落ちている。ペルスヴァルの前には、魔性の女クンドリ（クンダリニ）が跪いて、「受難」の聖遺物を讃美している。彼女は悪霊クリングソルの呪縛から解放されたのである。「聖杯の密儀」についてハーグレイヴ・ジェニングズは次のように書いている。「『聖杯の騎士』あるいは『兄弟』の会議は、荘厳で神秘的な薔薇十字団員を統合した秘跡によって神聖化される聖なる契約を反映している。彼らは実際には偉大な神秘の守護者であった。この神秘なるものと聖なるものの意味において、『最も高貴なるガーター勲位』（騎士の最高位）の『ガーター』とは、『靴下留め』ではなく『守護者』である。それは（抽象的で奇跡的な意味で）最も高尚な女性人格という超自然的な純潔、すなわちキリスト教の基礎にあるものの最も神聖な守護者である。『天の女王』である処女マリアの祝福され無垢な『セスタス』（ガードル）でもあり、彼女は『キリストの母』として、天上の純潔を持ち、過去未来の全時代にわたってその栄光の足で龍を踏みつける」（『生殖器崇拝』を見よ）。聖槍に、奇妙な尖端の突起物を持つ松果腺を、「聖杯」に、不思議な「生命の水」を含む脳下垂体を認めると、「聖杯の密儀」を解く鍵は明白となる。サルヴァト山は人間の肉体、その頂上にある丸天井を持つ神殿は脳、下の暗い谷間にあるクリングソルの城は、騎士（脳のエネルギー）を幻影と堕落の庭に誘惑する獣性である。心を浄化した志願者としてペルスヴァルは、聖遺物とそれが表わす聖なる学問の「主人」となる。クンドリは自らの存在の目的を果すと、「私は仕える」という不滅の言葉をもって、祭壇の下で死ぬ。

神秘的キリスト教

ナザレのイエスの生涯についての本当の話は、一般に認められた『福音書』においても『聖書外典』においても、決して世の人々に明らかにされることはなかった。もっとも前ニケア期の教父たちによって書かれたいくつかの注釈には、二、三のヒントがたまに見出されることもある。彼の正体と使命は、「兄弟の家」の秘密の地下室にあって今日まで維持されてきた貴重な神秘のひとつである。聖地の遠く近づきがたい要塞に今なお住んでいるドルーズ派、ナザレ派、エッセネ派、ヨハネ派や他の宗派の秘密に通じた数名の聖堂騎士団員には、不思議な話の一部が語られている。聖堂騎士団がキリスト教の初期の歴史について持っていた知識こそ、彼らが迫害され、結局は滅亡した主たる理由のひとつであった。初期の教会教父の著作に見られる不一致は、たんに和解できないものであるばかりでなく、キリストの死後五世紀のあいだにおいてすら、このような学識のある人々が著作の基礎としては民間伝承や風聞以上に実質的なものはほとんど持っていなかったということを確かに示している。何事も容易に信じてしまう人にとってはすべてのことが可能であり、何も問題はない。しかし事実を求める冷静な人は、不確実の要因を持つ多くの問題に直面する。以下はその典型的な例である。

俗信によると、イエスはその生涯の三十三年目、洗礼に続く伝道の三年目に十字架に掛けられた。紀元後一八〇年頃、リヨンの主教であり、前ニケア期の神学者のなかで最も著名な聖エイレナイオスは、グノーシス派の教義を攻撃して『異端に』を書いた。この作品でエイレナイオスは、使徒自身を典拠として、キリストが老齢になるまで生きたと述べた。以下その部分を引用してみよう。「しかし彼らは、『一般に認められている主の年を明らかに示すために』、記述してあることについての偽りの意見を確実なものにしようとして、主が一年間だけ説教をし、十二ヵ月目には殉教したと主張している。〔このように語るとき〕彼らは自分自身が不利な立場にあることを忘れている。彼らは、主のすべてのみわざを無にし、他のいかなるものよりも必要かつ名誉あるものである彼の年齢を奪っているのである。すなわち、その間に教師としても主が他の者たちに卓越していた、彼の高齢を奪っているのである。なぜなら、もし彼が教えることがなかったとすれば、どうして彼は弟子たちを持つことができたであろうか。また彼が達人の年齢まで生きなかったとすれば、どうして彼は教えることができたであろうか。なぜなら、彼がバプテスマを受けに来たとき、まだ三十歳という年を終わっておらず、およそ三十歳になろうとしていたからであり（主の年齢についてルカは次のように述べている。『イエスは、いわば三十歳になろうとしていた』）、（このような人々によると）彼はバプテスマの時から数えてただ一年だけ説教をしたとされている。三十歳という年を終わるとき彼は殉教したのであり、その時はまだ若者であり、決して高齢に達することはなかったとされている。さて人生の初めの第一段階は三十年をその期間とし、それがさらに延びて四十年となることは、何人も認めるであろう。しかし人は四十歳そして五十歳から衰えて老齢に向かう。この老齢をわれわれの主は持っていたのであり、『福音書』やすべての長老が証言しているようにその間にも彼は、『教師』としての仕事を果していた。主の弟子ヨハネと親交のあったアジアにいる人々は、ヨハネがそのことを彼らに示唆したと（主張している）。そして彼は、トラヤヌス帝の時代まで彼らとともにいた。さらに彼らの幾人かはヨハネのみならず他の使徒をも見ており、彼らからもまったく同じ説明を聞き、その説明の（真実性）を立証している。それでは誰をわれわれは信ずるべきであろうか。このような人々か、あるいは使徒を見たことがなく、夢においてさえ使徒のわずかな足跡をたどることのなかったプトレマイオスのいずれを信ずるべきであろうか。」

前述の部分を注釈してゴッドフリー・ヒギンズは、このような声明をすべて削除することによって『福音書』の物語を一貫したものにしようとした破壊者の手を、それは幸運にも逃れることができたと述べている。彼はまた、礫の教義が二世紀においてさえキリスト教徒のあいだで論議の多い問題であったと記している。「エイレナイオスの証拠は修正されえない。健全な批判と可能性の教理のすべての原理から見て、それは非難すべきものではない」と彼は述べている。

さらにエイレナイオスがイエスの伝道は一年だけ続いたという、当時のもうひとつの明らかな風潮を否定するためにこの声明を用意したということも注意すべきである。『福音書』の著者である聖ヨハネの死後八十年のうちに著作をしたエイレナイオスは、すべての初期の教父たちのうちでもかなり正確な知識を持っていたのであろう。もし弟子たち自身がイエスは肉体的に高齢になるまで生きたと語っているなら、なぜ彼の生涯の長さを象徴するために三十三という神秘的な数が独断的に選ばれたのか。彼に先立つ多くの「救世主としての神」によって確立された類型にさらにぴったりと合わせるために、イエスの生涯の出来事は意図的に変更されてしまったのか。このような類比がギリシア人やローマ人を回心させる手段として認められ使用されたことは、二世紀のもうひとりの権威殉教者ユスティノスの著作を読めば明らかである。『弁明』でユスティノスは異教徒に次のように語りかけている。

「また『神』の長子である『言葉』が性的な結合なしで生まれ、われわれの『教師』である彼イエス・キリストが十字架に掛けられて死に、再び蘇って天に昇ったとわれわれが言うとき、あなたがたがユピテルの息子と考えている者たちについてあなたがたが信じていることと別に変わったことを言っているわけではない。……またわれわれが『神の言葉』が通常の出産とは異なる奇妙な方法で生まれたと主張したとしても、上に述べたように、あなたがたには別に異常なことではない。あなたがたはメルクリウスが『神』の天使のような言葉であると言っているではないか。もしだれかがイエスが十字架に掛けられたことに意義を唱えるなら、この点においても彼はあなたがたのユピテルの有名な息子たちと同様である。その息子たちもわれわれが今挙げたような苦難を経験したのである。」

このことから、キリスト教会の初期の伝道者たちは、後の世紀の後継者たちよりはるかに進んで自分たちの信仰と異教徒の信仰の類似性を認めようとしたことは明白である。

イエスの生涯を正確に記録しようとすることから生じるいくつかの問題を解決するために、その当時シリアには、イエス、イヨシュア、ヨシュアという名を持つ二人あるいはそれ以上の宗教家がおり、彼らの生涯が『福音書』の物語において混同されたという意見が出された。フリーメーソンの著者であるバーナード・H・スプリンゲットは『シリアとレバノンの秘密宗派』で、それがある宗派の儀式と関係しているために、その名前をかって公表することのできない初期の本からの引用を載せている。彼の引用の最後の部分が、さしあたっての問題に関係がある。

「しかしイェホヴァは、聖性と愛に満ちたエッセネ派の子孫を何代にもわたって栄えさせた。それから『神』

の命令に従って天使の長が、イェホヴァの『声』の後継者を出現させるために来た。さらに四代の後にひとりの後継者が生まれ、ヨシュアと名づけられた。彼は、イェホヴァの敬虔な崇拝者であり、エッセネ派以外の人々とは交わることのなかったヨセフとマラの子であった。このヨシュアは、ナザレでイェホヴァを再興し、多くの失われた儀式や祭典を復活させた。三十六歳のとき、彼はエルサレムにおいて石で打たれて死んだ。……」

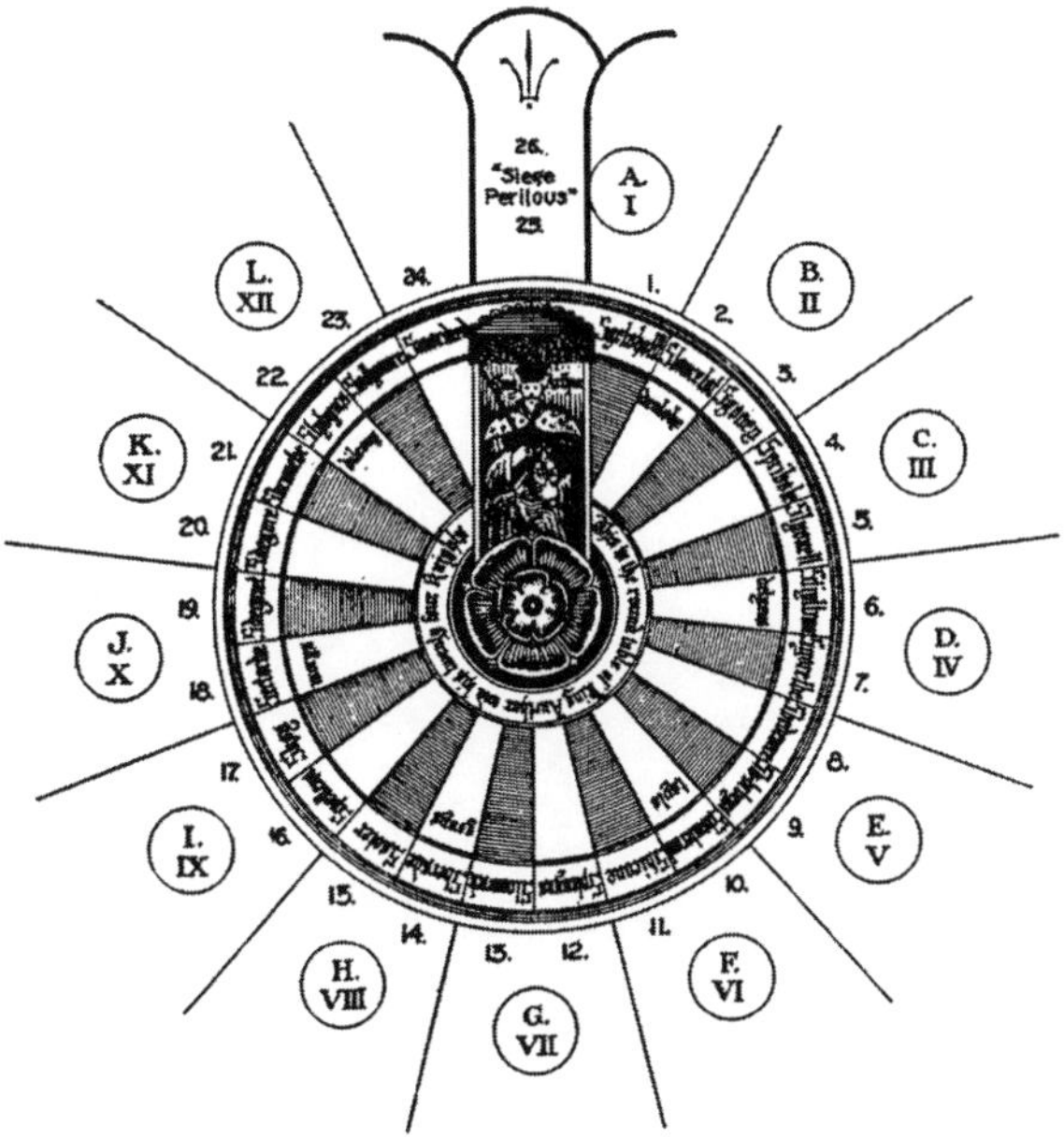

アーサー王の円卓
（ジェニングズの『薔薇十字団，その儀式と密儀』より）

伝説によると，アーサーは紀元516年，彼が十五歳の少年のときイギリスの王位についた。王位につくとすぐに彼は，ウィンザーで「円卓騎士団」を設立した。その後騎士たちは毎年，聖霊降臨祭を祝うためにカルレオン，ウィンチェスター，キャメロットに集まった。ヨーロッパの全土から勇敢で大胆な者たちが，この高貴なイギリスの騎士団に入るためにやって来た。高貴，美徳，勇気がその資格であり，このような性質を大いに持っている者は，キャメロットにあるアーサー王の宮殿に迎えられた。ヨーロッパの勇敢で高貴な騎士を集めると，アーサー王は勇気と廉直の点で他の者より秀でた二十四人を選び，「円卓団」を形成した。伝説によると，これらの騎士のそれぞれが威厳と力において偉大であったので，だれも他の者より高貴な席につくことができなかった。そこで，彼らが設立の周年祭を祝うため卓に集まったとき，すべての者が同じ程度に重要な椅子につくために円卓を使うことが必要となった。
「円卓騎士団」は独特の儀式と象徴を持っていたと思われるが，その知識は今日まで伝わってはいない。ガーター勲位についての自著のなかで，エリアス・アッシュモールは，すべての騎士団の記章を示す二頁にわたる図版を載せているが，「円卓」の象徴のために取っておかれた区画は空白のままとなっている。「円卓」の象徴の欠落している主要な原因は，アーサー王が四十一歳のとき，カンブランの野で（紀元542年）突然死亡した点にある。彼はこの有名な戦いで，冷酷な敵モルドレッドを滅ぼしたが，そのために彼自らの生命のみならず，指揮官を守ろうとして死んだすべての「円卓騎士」の生命を犠牲にしなければならなかった。

前世紀において、『福音書』におけるイエスと彼の伝道の不十分な記述を補うために数冊の本が出版された。これらの物語はある場合には最近発見された初期の写本に基づいており、またある場合には直接的な霊の啓示に基づいていると主張している。これらの著作のあるものはもっともらしく、またあるものは信用できないものである。イエスがギリシアとインドの両国を訪れてそこで学問をし、また一世紀にインドで彼を記念して作られた硬貨が発見されたという根強い噂がある。初期のキリスト教の記録がチベットに存在していることが知られており、セイロンの仏教修道院の僧侶は今なお、イエスが彼らとともに滞在し、彼らの哲学に精通したことを示す記録を保存している。

初期のキリスト教は東洋の影響を受けたことをはっきり示しているのだが、これは現代の教会が議論しようとしない問題である。イエスが異教のギリシアあるいはアジアの「密儀」の密儀参入者であることがはっきりと認められると、キリスト教信仰のより保守的な構成員への影響は大変なものとなろう。もしイエスが、教会の厳粛な会議が明示したように受肉した神であるとすれば、なぜ彼は『新約聖書』において、「メルキゼデックの司祭職にならって、神によって大祭司と呼ばれる」と言及されるのか。「司祭職にならって」という言葉から見ると、イエスと同等のあるいはそれより高位の聖職者が他に存在し、彼はその一連の聖職者階級の一員であったことになる。もし「メルキゼデック」が俗界の支配者たちの機構が始まる前の、地上の諸国家の神的あるいは聖職者の支配者であったとすると、聖パウロに帰せられるこの言葉は、イエスがこのような「哲学的選民」のひとりであるか、彼らの政体機構を再建しようとしていたことを示すことになる。メルキゼデックもまた、イエスが「最後の晩餐」において行なったのと同じ儀式すなわち葡萄酒を飲み、パンをさくという儀式を行なったことも思い起こされる。

ジョージ・フェイバーは、イエスの本名がイエスクア・ハマシアであったと述べている。ゴッドフリー・ヒギンズは、ヨセフの一族の姓がパンテールであるという趣旨の二つの論及を発見した。ひとつは『ミドラシュヨヘレト』にあり、もうひとつは『アボダザラ』にある（『聖書』に関する初期のユダヤ人の注釈）。この二つの作品において、ひとりの男が「イエス・ベン・パンテールという名のもとに」病気を治されたと記されている。パンテールという名は、イエスとバッコスのあいだの直接的な関係を証明する。バッコスは豹によって育てられ、ときどき豹に乗ったり、豹の引く戦車に乗った姿で描かれているからである。豹の毛皮はまた、いくつかのエジプトの通過儀礼において聖なるものとされた。IHSというモノグラムは現在ではイエスス・ホミヌム・サルヴァトール（人間の救世主イエス）を意味すると解釈されているが、これもキリスト教とバッコスの儀式を直接に結びつけるもうひとつのものである。IHSはギリシア語YHΣに由来し、その数価値六〇八が意味するように、それは太陽の象徴であり、バッコスの隠された聖名を構成する（ゴッドフリー・ヒギンズの『ケルトのドルイド教』を見よ）。ここで、初期のローマにおけるキリスト教は、二つの信仰の多くの類似のために、バッコス崇拝と混同されていたのか、という疑問が生じる。もしそうであると証明されるなら、これまで理解できないとされてきた『新約聖書』の多くの謎が解決されるであろう。

イエス自身が本来、後に自分自身の生涯と混同されることになる宇宙的な活動を、寓喩として提出したということはありえないことではない。クリストス（*Χριστός*）がすべての古代民族によって尊敬された太陽の力を示していることは否定できない。イエスがクリストスという名と人格のもとにこの太陽の力の本性と目的を明らかにし、それによってこの抽象的な力に人間神の属性を与えているとすれば、彼はただ、以前のすべての「世界の教師」によって整えられた先例に従ったにすぎない。「神性」のすべての性質を授けられたこの人間神は、すべての人間に内在する潜在的な神性を意味する。地上の人間は、この神的な「自己」との和解によってのみ神となる。不死の「自己」との結合が不死を構成し、真の「自己」を見つける者はそれゆえ「救われる」のである。このクリストスすなわち人間のなかの神的な人間は、人間の救済への真の希望であり、抽象的な「神性」と死すべき人間のあいだの生ける「仲保者」である。アテュス、アドニス、バッコス、オルフェウスがたぶんもとは啓示を受けた人間であり、後に彼らが神的な力の化身として創造した象徴的な人物と混同されたように、イエスは、その驚異を説いたクリストスすなわち人間神と混同された。クリストスはすべての人間に閉じこめられている人間神であったので、密儀参入者の第一の義務は、自己自身の内にあるこの「永遠なるもの」を解放する、すなわち「復活させる」ことであった。自分のクリストスと再合を果した者は、その結果クリスチャンすなわち洗礼を受けた人と呼ばれた。

異教哲学の最も深遠な教義のひとつは、自分自身の本性を通じて再生された人間の魂を天に引き上げる、「普遍的な救世主としての神」に関するものであった。この考えこそ確かに、「私は道、真理、生命であり、何人も私によるほかは父のもとに行くことはできない」というイエスの言葉の源泉であった。イエスと彼のクリストスからひとりの人間を作ろうとして、キリスト教徒の著作家たちは、キリスト教の真の意味が再発見されるとすればその本来の要素に分解されるにちがいない教義を継ぎ合わせたのである。『福音書』の物語においてクリストスは完全な人間を示し、彼は三十三年という年月によって象徴される「世界の密儀」のさまざまな段階を通過して天上の世界に昇り、そこで彼の「永遠の父」と再び結合される。今日まで維持されているイエスの物語は、ヒラム・アビフについてのフリーメーソンの話のように、初期のキリスト教および異教の「密儀」に属する秘密の密儀参入儀礼の一部である。

西暦紀元の直前の数世紀のあいだに、異教の「密儀」の秘密は次第に俗人の手に落ちた。比較宗教の研究者にとって、これらの秘密が忠実な哲学者や神秘家の小集団によって集められ、新しい象徴の装いをつけ、神秘的キリスト教の名のもとに数世紀のあいだ維持されたということは明白である。エッセネ派はこの知識の保管者であり、イエスの導師、教師でもあったと一般に考えられている。もしそうであれば、イエスは確かに、ピュタゴラスが六世紀前に学んだのと同じメルキゼデックの神殿で密儀に参入したことになる。

初期のシリア派で最も著名なエッセネ派は、禁欲主義の生活を送り、昼は素朴な労働、夕方は祈りに時を過ごした敬虔な男女の集団であった。偉大なユダヤ人の歴史家であるヨセフスは、最大級の言葉で彼らについて語っている。「彼らは魂の不滅性を説き、正義の報酬は熱心に求められるべきであると考えている」と、彼は述べている。別の所で彼は、「それでも彼らの一生は他の人々より良く、彼らは農耕にすべてを注いだ」と付け加えている。エッセネという名は、「医師」を意味する古代シリア語に由来すると考えられている。この親切な人々は、自分たちの存在の目的が精神、魂、肉体上の病人を治すことにあると考えていたと信じられている。エドアール・シューレによると、彼らは二つの主要な共同体すなわち中心を持っており、ひとつはエジプトのマオリ湖の岸に、もうひとつはパレスチナの死海の近くエンガディにあった。幾人かの権威ある人々は、エッセネ派の起源が予言者サムエル派にあるとしているが、大部分の人は、それがエジプトあるいは東洋に由来するという点で一致している。祈り、瞑想、断食の方法は、極東の聖者たちの方法に似ていた。エッセネ派の構成員になるには、一年の見習期間を経る必要があった。多くの他の道場と同様に、この密儀の道場は三つの階級を持っており、そのすべてを首尾よく通過する者は極めて少数の志願者に限られていた。エッセネ派は二つの異なる共同体に分かれており、ひとつは独身者、他のひとつは既婚者から構成されていた。

ガーター勲章の聖ジョージ像と首飾り
（アッシュモールの『ガーター勲位』より）

ガーター勲位は，アーサー王の「円卓の騎士」を模倣してエドワード三世によって作られたものだろう。「円卓の騎士」の制度は，カンブランの戦い以後まったく崩壊してしまっていた。ソルズベリー伯爵夫人の靴下留めがこの勲位の創設のもととなったという一般に流布した話は支持し難い。ガーター勲位の標語は，「心邪なる者に恥あれ」である。聖ジョージはその勲位の守護聖人とみなされる。なぜなら彼は，低次な性質という龍を支配する人間の高次の性質を象徴するからである。聖ジョージは三世紀に生きたと考えられているが，たぶん彼は異教の神話から借りた神話的な人物であったのだろう。

エッセネ派の人々は決して商人となったり、都市の商業生活に入ることはなく、彼らは農業や、羊を育てて羊毛を取ったり、陶器製造や大工の技術によって自活していた。『福音書』と『聖書外典』では、イエスの父ヨセフは大工であり陶工であったと言及されている。『トマスの福音書』と『偽マタイの福音書』などの外典文書では、幼児イエスが土から雀を作り、彼が手をたたくと生きたものとなって飛び去ったと記されている。エッセネ派の人々はユダヤ人のなかでもより秀れた教育を受けた階級に属すると考えられており、シリアに駐屯していたローマ人の将校の子どもたちの教師として彼らが選ばれたという話がある。多くの熟練工が彼らのあいだにいたという事実のために、それは現代のフリーメーソンの祖先であると考えられている。エッセネ派の象徴には大工の多くの道具が含まれており、彼らは秘かに、生ける「神」の住処として機能する霊的で哲学的な神殿を建設する仕事をしていた。

グノーシス主義者と同様に、エッセネ派は流出論者であった。彼らの主たる目的のひとつは、宗派の創設された時以来彼らの維持してきた、霊的な秘密の鍵による「モーゼの律法」の再解釈であった。かくしてエッセネ派はカバラ主義者ということになり、シリアに栄えた他のいくつかの同時代の宗派と同じく、初期の『聖書』で約束されたメシアの到来を待ち望んでいた。イエスの両親であるヨセフとマリアは、エッセネ派の構成員であったと信じられている。ヨセフはマリアよりかなり年上であった。『プロテヴァンジェリウム』によると、彼は成年に達した息子たちを持つ男やもめであり、『偽マタイの福音書』において、彼はマリアを自分の孫より年少の子どもと呼んでいる。マリアは幼いころに「神」に捧げられ、『聖書外典』には彼女の幼少期に関連する多くの奇跡の話がある。彼女が十二歳のとき、祭司たちは主に身を捧げたこの子どもの未来に関して会議を開いた。胸当をつけたユダヤの大祭司が「聖の聖なる部屋」に入っていくと、天使が現われて次のように言った。「ザカリアよ、行って男やもめたちを呼び集めなさい。そしてめいめいに一本の棹を持たせなさい。彼女は、主が徴を見せる者の妻となるであろう。」男やもめたちの先頭に立って祭司に会ってから、ヨセフは他のすべての者たちの棹を集め、それを祭司のもとに預けた。さてヨセフの棹は他の棹の半分の長さであったので、祭司が棹を男やもめたちに返すさいにヨセフの棹に気がつかず、それを「聖の聖なる部屋」に置き忘れてしまった。すべての男やもめたちがその杖を受けとったとき、祭司は天から徴を待ったが、何も起こらなかった。ヨセフは高齢であったので、自分の棹を返してくれるように求めなかった。自分が選ばれるなどとは思いもよらなかったからである。しかし天使が大祭司に現われて、「聖の聖なる部屋」に気づかれずにある棹を返すように命じた。大祭司がそれをヨセフに手渡すと、その端から白い鳩が飛び立ち、老大工の頭に止まった。そこで子どもは彼に与えられた。

『東洋の聖典と初期の文学』の編者は、大部分の『新約聖書外典』、特に不信のトマスに帰せられ、その最も古いギリシア語版が紀元二百年に溯る作品において、イエスの少年時代が奇妙な態度で扱われていることに注意を向け、次のように述べている。「子どもとしてのイエスは、ほとんど小悪魔として描かれ、自分を悩ます者を呪い、滅ぼしてしまった。」読者に恐れと震えを起こすことを意図したこの『聖書外典』は、中世キリスト教の残酷で迫害の精神とよく一致していたので、中世において人気があった。多くの初期の聖典のように、トマスの書は二つの密接に関係する目的のために作られていた。ひとつは、奇跡の実践において異教を凌ぐこと、第二は、不信心な者に「主の恐怖」を吹き込むことであった。『聖書外典』のこの種の著述は、実際には考慮に値する根拠を持っていない。かつては財産と見なされたキリスト教の「奇跡」は、最大の負担となっている。信じやすい時代には無知な者に感銘を与えた超自然現象も、今世紀においては知識人を遠ざけるだけのものとなった。

『ニコデモのギリシア福音書』で、イエスがピラトの前に引き出されたとき、ローマ人の守備兵が持つ旗は、彼がそれを防ごうとしてもイエスに敬意を示して先端を下げたと述べられている。『ピラトの手紙』では、正しい人を処刑したことでピラトに激しい怒りを感じたカエサルは、彼の首を打ち落とさせたという記述も見られる。許しを求めて祈ると、「主」の天使がピラトに現われ、すべてのキリスト教国が彼の名を記憶し、キリストが彼の民を裁くために二度目に来るとき、彼（ピラト）が証人として彼の前に来ることになると約束してローマ人の総督を安心させた。

前述のような話は、何世紀にもわたってキリスト教の本体に付着した殻であることを示している。民衆の心は、自ら進んでこれらの伝説の番人そして永続者となり、信仰からこのような疑義のある蓄積を剝奪しようとするこ

ゲルマンの哲学者ヤコブ・ベーメ（ウィリアム・ロー訳『ヤコブ・ベーメ著作集』より）
ヤコブ・ベーメは1575年にゴルリッツ近郊のある村で生まれ，1624年にシレジアで死亡した。彼は学校教育をほとんど受けず，幼いころに靴屋へ徒弟修業に出された。のちに彼は靴職人となり，結婚し，四人の子どもを持った。ある日，自分が奉公している靴屋の番をしていると，金持ちにはとうてい見えなかったが，霊的な学識においては最も賢く高貴に見える不思議な来客があった。その客は一足の靴の値段を尋ねたが，若いベーメは，主人を立腹させるのではないかと心配して，あえてその値段を言おうとしなかった。客がなおも尋ねると，ベーメはついに主人がその靴について望みうる最高の値段であると思うにちがいない値段を示した。客はただちにそれを買うと，店を出た。通りをしばらく歩いていくと，その不思議な客は立ち止まって，大声で「ヤコブ，ヤコブ，出て来なさい」と叫んだ。驚きと恐れの気持でベーメは家から飛び出した。不思議な人は目を若者に向けたが，その大きな目は，きらきら光って神の光に満たされているようであった。彼は少年の右手を取って，次のように語りかけた。「ヤコブ，おまえはまだ無名だが，やがて偉大な人物となって，世の人が驚嘆するような人となるであろう。それゆえ，神を畏れ，敬虔であって，神の言葉を敬いなさい。熱心に『聖書』を読みなさい。そこに慰めと教えを見出すことになる。おまえは悲惨と貧困を耐え忍び，迫害を受けるが，勇気を持って困難に打ち勝ちなさい。神がおまえを愛し，情けをかけてくださるからである。」この予言に深く感動したベーメは，ますます熱心に真理を求めた。ついに彼の労苦が報われた。七日間彼は神秘の状況にあって，その間に目に見えぬ世界の神秘が彼に明かされた。ヤコブ・ベーメについて，彼はすべての人間に錬金術の最も深い秘密を明かしたと言われてきた。家族に囲まれて彼は死んだが，その最後の言葉は「私はいまこれから天国へ行く」であった。

とに厳しく反対した。民衆の伝統はしばしば真理の基本要素を含んでいるが、このような要素は通例ひどく歪められている。かくして話の一般原則は基本的に真実であるが、その詳細は救いがたいほど誤っている。美と同様真理についても、飾り立てられていないときに最も光彩を放つと言えよう。キリスト教信仰の真の基礎を隠す幻想的な話という霧を通じて、偉大で高尚な魂によって世の人に伝えられた偉大で高尚な教義が、明敏な少数の人にはかすかではあるが見えるのである。敬虔で聖なる心を持つ魂であり、「神」の奉仕に身を捧げ、イスラエルのために働く「メシア」の到来を夢みていたヨセフとマリアは、偉大な魂の到来のための肉体を用意するようにという、エッセネ派の大祭司の命令に従った。かくして無垢の受胎によって、イエスは生まれた。無垢という言葉は、超自然というより純潔を意味する。

イエスはエッセネ派によって育てられ、教育を受け、後にその「密儀」の深い思想に通じた。すべての偉大な密儀参入者のように、彼は東の方向に向かって旅をし、彼の生涯の沈黙の年月は、後に世の人に伝えられることになる秘密の教えに習熟するために費やされたに違いない。彼の集団の禁欲行を達成すると、彼は洗礼する者の段階に達した。このようにして自らの霊的源泉と再結合すると、世の始まる前から責め苦しめられる者の名のもとに出て行き、弟子と使徒を自分のまわりに集め、イスラエルの教義から（少なくとも部分的に）失われた秘密の教えを彼らに説いた。彼の運命は知られていないが、たぶん当時の倫理的、哲学的、宗教的な体系を再建しようとする者の宿命である迫害を受けていたのであろう。

イエスは民衆に喩え話で語りかけた。弟子たちにも喩え話で語ったが、その場合はより高次の哲学的な性質を持つものであった。ヴォルテールは、プラトンが「キリスト教会」によって聖徒に加えられていただろうと述べているが、それは彼がクリストスの神秘を最初に提起した人であり、他のいかなる個人よりもその基本的な教義に貢献したからである。イエスは弟子たちに、下位世界が、「永遠の父」の意志によってそれを作った偉大な霊的存在に支配されていることを明かした。この偉大な天使の精神は、世界の精神であるとともに現世的な精神でもある。人間が世俗性によって死ぬことがないようにするため、「永遠の父」は天使のなかで最年長のそして最高位の「神の精神」を創造物に送った。この「神の精神」は自らを生ける供え物として捧げ、世の人によって破壊され食い荒らされた。聖なる秘密の晩餐で、自らの霊と肉を人間の十二の性質に与え、この「神の精神」はすべての生ける者の一部となった。人間はそこでこの力を、不死へ行き着くための橋として使うことができた。自分の魂をこの「神の精神」にまで引き上げ、それに仕える者は正しい人である。正義を得て彼がこの「神の精神」を解放すると、それは栄光に満ちて再び自らの神的な源泉へと戻って行く。彼がこの知識を弟子たちにもたらしたため、彼らは互いに次のように語り合った。「見よ、彼はこの『精神』の化身である。」

アーサー王物語群と聖杯伝説

伝説によると、クリストス（「霊的な律法」）の肉体は二人の人間の管理に委ねられた。しかし『福音書』は彼らについて簡単に触れているだけである。この二人とはニコデモとアリマタヤのヨセフであり、ともに敬虔な人間であった。彼らはクリストスの弟子や使徒には入っていないが、すべての人によって聖遺物の保管者に選ばれた。アリマタヤのヨセフは、密儀に参入した兄弟のひとりであり、A・E・ウェイトは『新フリーメーソン百科』で、彼を「キリスト教国の最初の司教」と呼んでいる。ちょうど教皇庁の一時的な（目に見える）力が聖ペテロ（?）によって確立されたように、信仰の霊的な（目に見えない）本体は、アリマタヤのヨセフに始まる使徒伝承を通じて「聖杯の秘密教会」に委ねられた。契約の永遠の象徴である溢れる杯と血を流す槍は、彼の手で管理されていた。

たぶん聖ピリポの教えに従って、アリマタヤのヨセフは聖遺物を持って、多くのさまざまな苦難をくぐり抜けながらイギリスに着いた。ここで教会を建てるために、ある用地が彼に割り当てられ、かくしてグラストンベリ修道院が建てられた。ヨセフは自分の杖を地に植えると、それは根を出して不思議な茨の木になった。一年に二度花を咲かせ、現在ではグラストンベリの茨と呼ばれている。アリマタヤのヨセフの晩年は不詳である。ある人は彼がエノクのように生きたまま昇天したと信じ、またある人は彼がグラストンベリ修道院に埋葬されたと信じている。古い修道院の地下納骨堂に隠されていると多くの人が信じている「聖杯」を発見しようとする試みが繰り返しなされてきた。最近発見され、敬虔な人々にもとの聖杯であると考えられたグラストンベリの聖杯を、批判的な研究者が本物として受け入れることはほとんどない。今から十八世紀前の「キリスト教密儀」については今日発見される以上のものは実際には何も知られていないことを考えるとき、有名なアンティオケの聖杯のように、それは聖遺物としての固有の興味以外に何かを証明することはない。

偉大な劇のほとんどすべての要素の起源と同様に、「聖杯」神話の起源も奇妙に捉えどころがない。その十分な基礎は、魔術の大釜、湯沸かし、杯、角製杯についての話を多く含むイギリスの民話に見出されるかも知れない。最初期の「聖杯」伝説は、杯を真物の豊饒の角と説明している。その中身は決して尽きることがなく、そのために仕える者は決して飢えたり渇いたりすることがない。ある説明によると、どんなに病気が重くても、杯を見ていれば八日間は死ぬことはない。数人の権威ある人々は、「聖杯」がアドニスとアテュスの儀式で使用された聖杯を永続化したものであると信じている。聖餐の杯はいくつかの古代「密儀」で使用され、バッコス神はしばしば瓶、杯、壺の形で象徴される。「自然」崇拝において常に溢れる「聖杯」は、人間の生命を支える収穫の恵みを意味しており、メルクリウスの底無しの水差しのように、それは自然の資源の尽きることのない泉である。入手できる証拠から見て、「聖杯」象徴体系が純粋にキリスト教に起因するとするのはまったくの誤りであろう。

アーサー王物語群には、魔術師マーリンという不思議な謎に満ちた人物が現われる。彼に関する伝説のひとつに、イエスが悪の束縛から世の人を解放するために送られたとき、悪魔は彼の労苦を無に帰するために反キリストを送ろうと決意したという記述がある。悪魔はそれゆえ龍の形をして、家族を滅ぼした悪霊を逃がれて聖域に避難した若い女に近づいた。彼女の子どもであるマーリンが生まれたとき、彼は人間の母と悪魔の父の両方の特徴を持っていた。しかしマーリンは暗闇の力に仕えることなく、真の光に改心して、父親から受け継いだ超自然的な能力のうち、予言と奇跡を行なうという二つの力だけを維持した。マーリンの非道の父についての話は、実際には次のような事実への寓意的な言及であったと考えられなければならない。すなわち彼は蛇や龍の「哲学的な息子」であり、その称号は、「自然」をこの世の母、蛇や龍の形をした知恵を不死の父と認める「密儀」のすべての参入者に適用されたものである。龍や蛇を悪の力と混同するのは、『創世記』の初めの数章を誤って解釈することから必然的に生じたものである。

アーサーは幼いころ魔術師マーリンに預けられ、若いうちに彼によって秘密の教義を教えられ、たぶん自然魔術の最も深い秘密に通じた。マーリンの助力によってアーサーはイギリスの指導的な将軍となったが、その階級は王位と混同されるほどのものであった。アーサーが金床からブランストックの剣を引き抜いて、指導権への神的な権利を確保したのちも、マーリンはさらに彼を助けて「湖の姫」から聖剣エクスカリバーを得させたのである。「円卓」を確立し、彼の義務を果したあとマーリンは姿を消した。一説によると彼は空気のなかに消え、今なお意のままに人間と交わる影として存在している。またある説によると、彼は自発的に巨大な石の洞窟に退き、内側からそれを封印したとされている。

シャルルマーニュについての多くの伝説が後にアーサーと関連づけられたことは確かである。彼は、ウィンチェスターで「円卓騎士団」を確立したことで最も有名である。「円卓」の儀式やその参入儀礼についての信頼で

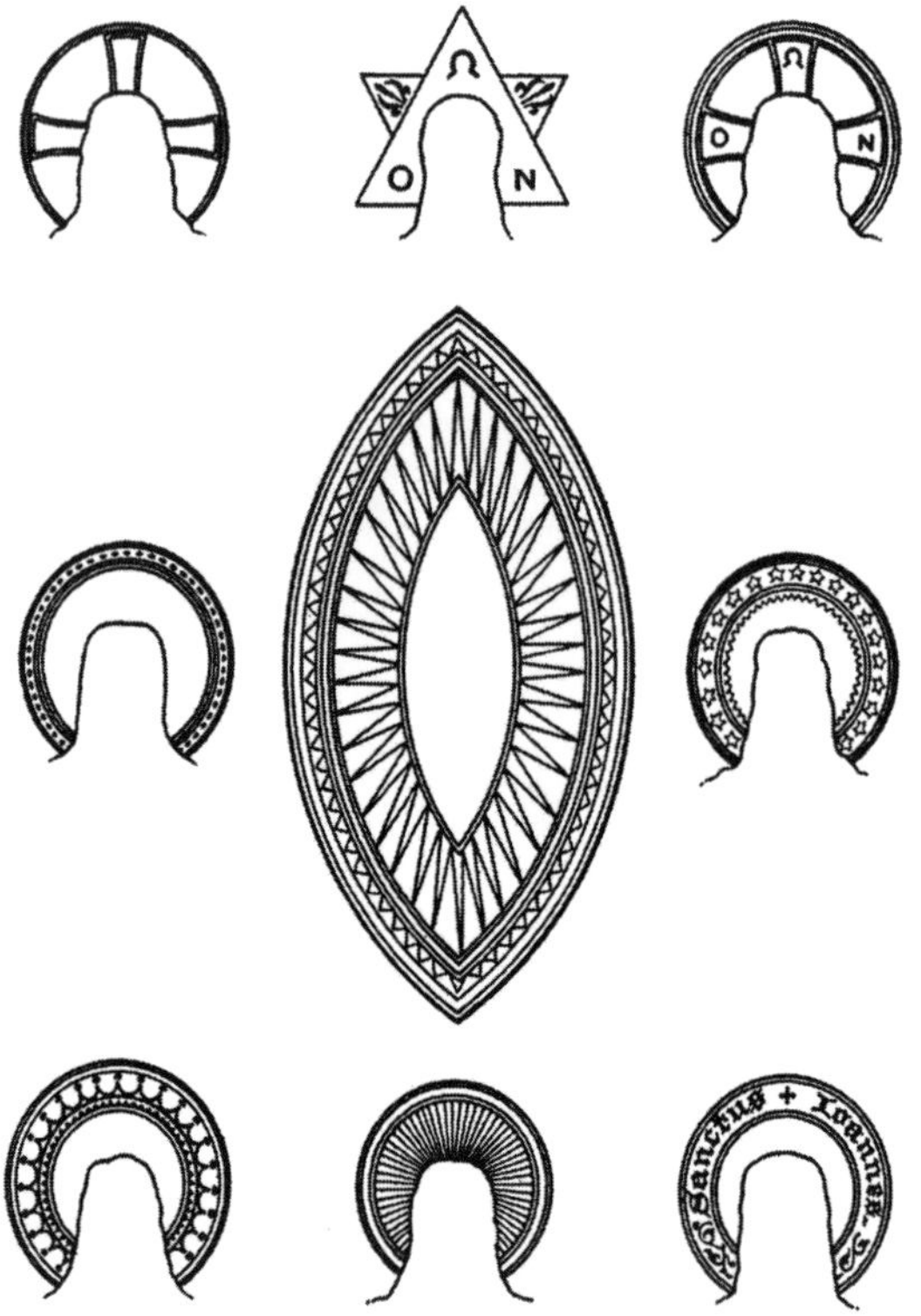

象徴体系における後光と光輪
（オーズリーの『キリスト教象徴主義の手引』より）

異教の神々とキリスト教の聖人の頭部を取り巻く黄金の後光は，彼らが太陽の栄光に浴していること，および彼ら自身の本性の内部にある霊的太陽が輝く光線を放射して，彼らを天上の光輝で取り囲んでいるという事実を示している。　後光が直線の光線で形成されているときは，それが太陽のものであることを示し，曲線がその光線として使用されているときは，月の本性を帯びており，この二つが結合しているときは，両方の原理の調和的な混合を象徴する。円形の光輪は太陽，男性であり，菱形あるいは楕円形の光輪は月，女性である。同様の象徴は，聖堂の円形あるいは菱形の窓に残っている。聖人や殉教者の後光の形，色，飾りに含まれる完全な体系的知識がある。簡単な黄金の輪はふつう，聖徒に加入した聖人の頭部を囲み，父なる神と子なる神はさらに華麗な光輪を持ち，ふつう三本の手だけが見える聖ジョージの十字架，花模様の十字架，あるいは百合の十字架で飾られている。

きる知識は得られていない。ある話によると「円卓」は長くなったり短くなったりする力が与えられ、必要に応じてその周りに十五人から千五百人の人が坐ることができた。最も普通の話では「円卓」に一度に坐ることのできる騎士の数は十二人あるいは二十四人となっている。十二は黄道十二宮とイエスの十二使徒を意味している。騎士の名前とその紋章が、椅子に飾り着けられている。「円卓」に二十四人が坐るとき、黄道十二宮の各宮はそれぞれの宮の夜と昼の相を示す二つの部分（明るい半分と暗い半分）に分けられる。黄道十二宮の各宮が毎日二時間ずつ上昇しているように、二十四人の騎士は時間、『黙示録』における王座の前の二十四人の長老、一日の分割の霊を示す二十四のペルシアの神を示している。「円卓」の中央には、われらの主イエス・キリストの「受難」を象徴する薔薇があるが、それは彼が死者から「蘇った」（ローズ＝薔薇）という点で復活の象徴である。また「命取りの座」と呼ばれる神秘的な空席があるが、そこには首尾よく「聖杯」を探し求めた者以外誰も坐ることはできない。

アーサーの個性には、常に再現される宇宙神話の新しい形が見出される。イギリスの君主は太陽であり、騎士は黄道帯、きらめく剣は、それをもって彼が暗闇の龍と戦って勝った太陽光線か、あるいは地球の軸を表わしている。アーサーの「円卓」は宇宙であり、「命取りの座」は完全な人間の王座である。地上的な意味でアーサーは、自分たちを騎士と呼んだ哲学的な神秘家の、秘密のキリスト教的フリーメーソンの「グランド・マスター」である。卑金属（劣等な本性）の金床から剣（霊）を引き抜くという仕事を達成したために、アーサーはこれらの騎士の「グランド・マスター」という高い位を受けたのである。つねに見られる現象であるが、歴史的なアーサーはまもなく彼についての寓話や神話と混じり合い、今ではこの二つを分離することは不可能である。アーサーがカンブランの野で死ぬと、彼の「密儀」は終わった。テニソンの『アーサー王の死』で美しく表現されているように、彼は密かに黒い船で運び去られた。偉大な剣エクスカリバーも永遠の海に投げ返されるが、このことは「宇宙的な現れの日」の終りには宇宙的な夜が下りることを鮮やかに表現したものである。歴史的なアーサーの体はたぶんグラストンベリの修道院に埋葬されたが、それは「聖杯」とアーサー王物語群の両方の神秘的な儀式と密接に関連する建物であった。

中世の薔薇十字団は、確かにアーサー王物語群と「聖杯」伝説の真の秘密を所有しており、その象徴体系の多くがその結社に組み込まれた。クリストスの神秘を解く鍵のうち最も明白なものであるけれども、「聖杯」伝説はほとんど考慮されることはなかった。

VEGETABILIS
INRI
LAPIS
ANIMALIS
HOMINIBVS · HABITACVLVM · DEI · CVM
TERNA
RI
VS
Sanc
tus
MINERALIS

前頁――薔薇十字団の磔像（十八世紀初期の水彩画の模写――画家不詳）

太陽の磔は、いわゆる先史時代の世界が有していた天文学の知識を示す顕著な一例である。「ハーシェルの人体の形をした宇宙平面図では」とアルバート・ロッス・パーソンズは書いている。「われわれの太陽系は大空の『神人』の心臓に位置している。だから、太陽系の大惨事によって黄道が天体赤道から分断されることは『神人』の心臓が破裂もしくは貫通することだった。黄道と赤道がもはや一致しなくなると、それらは、『神人』が空間にあって釘付けにされる十字架を形成した。この考えはヒンドゥー教徒やプラトンのよく知るものだった。ここから、創造の世界より切って捨てられた子羊と『黙示録』の宗教たる原始キリスト教が起こった」（『大ピラミッドの新解釈』を見よ）。

磔物語の文字通りの意味は無視して、グノーシス派の人たちはその宇宙的な意味だけを考えた。薔薇十字団の神秘体系では、「キリストの霊」は、イエスの手足と脇腹の傷から迸る血によって地球と直接の絆をしっかりと持つに到ったという。十字架は秘密の教義を表わす古代の象徴なので、密儀参入者にとっては、人間の天性を獣的部分から解放し、霊性を「実在」界へ送り出すあの神的機関を表わしている。だから、十字架は哲学的死の表象だと言えようし、各々の新参者たちに、苦難、死、再生という周期を経験させ、克服させてしまうまでは「密儀」の最終目的は達成できない。その全過程は葡萄の象徴性に秘められている。ある著者が看て取ったように、「ゲッセマネの園」でのキリストの苦悩は葡萄搾り器で葡萄を潰すのと酷似しているからである。聖餐杯の神秘を会得している人は、人間の再生の鍵を握っている。人は磔にされ、生の象徴にかかって死の経験をし、死の象徴にかかって生を得る。「自我」と非自我の破綻はこうしてまったくなくなり、霊は蛹から抜け出て、空の外被を達成の証しとして後に残していく。だから、「救世主」の苦悩は死の苦悩ではなくて、誕生の苦悩である。生命を失うことによって生命を見出した者にして、初めてその奥義が会得できるのである。

十字架と礫

異教とキリスト教の神秘体系において

十字架にまつわる最も興味深い伝説のひとつは、ヤコブス・デ・ウォラギネの『黄金伝説』に収められているものである。その物語の趣旨は、アダムが死期の近いことを感じ、息子セツに「エデンの園」へ参詣し、「神」が人類に約束した慈愛の聖油を入口の番をする天使から手に入れてきて欲しいと求めるものだった。セツは方角が分からなかったが、父は彼に、それが東方にあり、道を行くのは簡単だろう。アダムとイヴが「主の園」を追放されたとき、彼らの足が踏んだ道には草が一本も生えたことがないから、と言った。

セツは父の指示に従い、難なく「エデンの園」を発見した。門番をしていた天使は彼が入るのを許し、セツは園の中央に枝が天まで届く大木を目にした。木は十字架で、地獄の深淵へと下っていく崖っぷちに立っていた。木の根のなかにはからみつく手によって虜にされている兄カインの体が見えた。天使はセツに慈愛の聖油を与えることを拒んだが、その代りに「生命の木」(人によっては「知恵の木」という)の種を三粒贈った。これを持ってセツが父の許へ帰ると、父は大いに喜び、もう長生きするのを望まなくなった。三日後に彼は死に、天使が指示した通り、三粒の種は彼の口のなかに入れられた。種は三本の幹からなる若木となり、アダムの血を吸収したので、アダムの生命が木に宿った。ノアはこの木の根を掘り起こし、箱舟のなかへ持っていった。水が引いた後、彼はアダムの頭蓋骨をカルバリの丘の下に埋め、木をレバノン山頂に植えた。

モーゼはこの木（燃える灌木）の中央に幻の存在者を見、石から水を出すことのできる魔法の杖をその木から切り取った。しかし二度目に岩を叩いたとき、「主」に依頼することを怠ったので、その聖なる杖を「約束の地」へ持っていくのを許されず、彼はそれをモアブの丘に植えた。ダヴィデ王はあちこちと探した挙句に、その木を発見し、息子のソロモンはそれを「神殿」の柱として使おうとしたが、大工たちはぴったり合うように切ることができず、いつも長すぎるか、短かすぎるか、そのいずれかだった。とうとう彼らはうんざりして、わきへ捨て、

聖十字架史（バージョーの『聖十字架史』より）
1. セツに「エデンの園」へ達する方法を指示するアダム。 2. アダムの遺体の舌の裏に「生命の木」の種を三粒置くセツ。 3. 神木を踏みつけることを拒み，シバの女王は流れの浅瀬を歩いて渡った。 4.「ソロモン神殿」の扉に神木を架ける。 5. 神木で作った十字架上でのキリストの磔。 6. 死者を蘇らせる力を吟味することによって真の十字架を他の二つの十字架と区別する。

それをエルサレムと周辺の丘をつなぐ橋として使った。シバの女王がソロモン王を訪ねて来たとき、彼女はこの橋を歩いて渡るものと予想されていた。ところが、彼女は木橋を目にすると、その上に足を置くことを拒み、ひざまずいて祈った後、サンダルを脱いで、小川の浅瀬を歩いて渡った。これは大いにソロモン王に感銘を与えたので、彼は丸木を金板で被い、「神殿」の扉の前へ置くように命じた。そこにずっとあったが、やがて彼の貪欲な孫が金を盗り、犯行が露見しないように木を埋めてしまった。

木が埋められた地面からすぐに泉が滾々と湧き、それはベテスダの池として知られるようになった。そこへシリア全土の病人が治してもらうためにやって来た。溜池の天使は木の守護天使となり、そこは多年のあいだかき乱されることがなかった。やがて丸木が水面に浮き、再び、今度はカルバリとエルサレム間の橋として使われ、イエスは磔にされるためにその上を通っていった。カルバリの丘には立木が無いので、その木が「人の子」の磔の十字架として使えるように切って二分された。十字架はアダムの頭蓋骨が埋められた同一地点に立てられた。その後、十字架がヘレナ皇太后によって発見されたとき、一本の木が四種類の相異なる品種（四大元素を表わす）からなるものと分かり、その後も十字架は触れることを許される病人を皆、治し続けた。

十字架に対する畏敬の念はキリスト教の世界に限られているという一般に受け入れられている考えは、十字架が宗教の象徴体系において占めている地位を極めて皮相に調べてみるだけでも誤りであることが証明される。初期のキリスト教徒たちは、彼らの使う象徴、教義、祭祀が異教を源泉とすることを隠すために、ありとあらゆる手段を使った。彼らはそのなかに住み着いた他国民の聖なる書物を破壊したり、あるいは、その書物が比較哲学研究者の手に届かないようにしたが、明らかに彼らはこうすることによってその教義の源となったキリスト教以前の全記録を撲滅できると信じたのである。場合によっては古代のいろいろな著者の著作に手が加えられたり、妥協的性質の章句は除かれたり、異質のものが書き入れられたりした。イエスにまつわるヨセフスの偽作と想像されている一節も、この傾向を例証する上で出される一例である。

アレキサンドリアの失われし図書館

キリスト教時代に先立って、羊皮紙やパピルス、ヴェラム、蠟に書いた世にも貴重な書物七十万冊、また、石板やテラコッタ、木板が古代世界の全地域から集められ、アレキサンドリアのその目的のために特別に準備された建物に蔵された。この知識の一大宝庫は三度に及ぶ一連の火災で破壊された。アレキサンドリア港の艦隊を滅ぼすためにカエサルがつけた大火を免れた部分も、書物の保管されているセラピス神殿の破壊を命じたテオドシウスの勅命に従うキリスト教徒たちにより紀元三八九年頃に破壊された。この大火は、マルクス・アントニウスが紀元前五十一年の火災で焼けた図書の一部を償うためにクレオパトラに贈ったものも破壊したと想像されている。

これについてH・P・ブラヴァツキーは『ヴェールを脱いだイシス』のなかで書いている。「彼ら［パレスチナのラビと賢者たち］は、カエサルや三八九年のキリスト教の暴徒、それからアラブのアムル将軍によって焼かれてしまったと歴史上伝えられている巻物や写本全部が一般に信じられているように消滅したわけではない、と言う。彼らの伝える話は次の通りである。紀元前五十一年、クレオパトラと兄弟のディオニュシウス・プトレマイオスとが王位をかけて争ったとき、樽に詰め、防火用の羊皮紙にくるんだ七十万巻余りの巻物を蔵するブルッキオン館は修理を受けていたところで、最も貴重で、複写していない多数の稿本の原物は一図書館にしまっておかれた。……カエサルの命令で火をつけられて艦隊が炎上したときから、港に近い建物がまず次々と類焼していくまでに数時間かかったが、……司書たちは博物館所属の数百人の奴隷の力を借りて、巻物のうちで最も貴重なものだけは首尾よく失わずに済ませた、と。」失わずに済んだ書物がエジプトか、インドのいずれかに埋もれたままだということは大いにありそうなことであって、それらが発見されるときまで、現代世界は哲学と神秘思想上の多くの偉大な真理について無知のままでいなければなるまい。古代世界はもっとはっきりとこれらの失われた環――キリスト教における異教の「密儀」の存続――を理解していたのである。

異教の象徴体系における十字

『大英百科事典』の「十字架と礫」論で、トマス・マコール・ファロ一はこの表意文字が古いものであることを大いに啓蒙している。「キリスト教以前の時代にあって、また、非キリスト教の諸国民にあって、十字架を宗教的象徴として使うことは、多分、ほとんど世界的なことだったと考えられるであろうし、非常に多くの場合、それは自然崇拝の何らかの形態と結びついていた。」

十字架そのものが万国の芸術にあって人のよく知る物であるばかりか、それに対する畏敬の念も大部分の人類の宗教生活の本質をなす部分である。それはアメリカ・インディアン――北米、中米、南米――に共通する象徴である。ウィリアム・W・シーモァは述べている。「アズテカの雨の女神は手に十字架を持ち、トルテカ族は、神ケツァルコアトルが自分たちに十字架のしるしと祭祀を教え、そのため神の杖、もしくは権力を表わす王笏が牧杖に似ており、神の外套は赤十字で覆われている、と主張した」（『伝説、歴史、芸術における十字架』）。

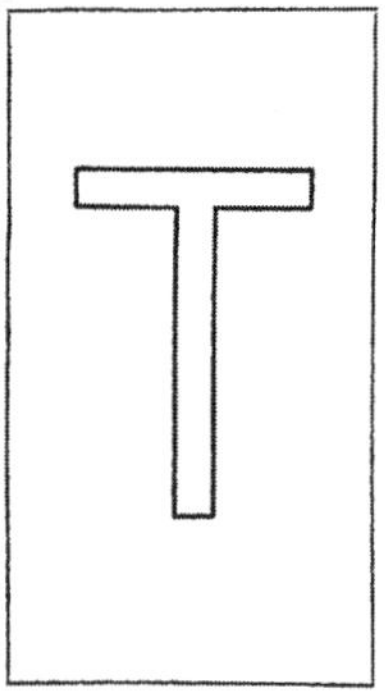

タウ形の十字架

タウ形の十字架は，預言者エゼキエルが語っているように，主がエルサレムの民に額にしるすようにと言われた表象だった。それはまた，罪を犯したと問われながらも，結局，赦免となった人たちの釈放の表象としても付けられた。

十字形は日本人、中国人にも大いに崇められている。ピュタゴラス学派の人たちにとってはあらゆる数のうちで最も聖なる数は十、その象徴はXもしくは十字である。日本語と中国語の両者にあって一〇という数字は漢字の十で表わされる。仏教の輪廻を図で表わしたものは二つの十字を重ね合わせたものからなり、その八つの点は、本質的には仏教的な「聖堂騎士団」の独特の形の十字架によって今なおキリスト教国に保持されている。インドは彫刻や絵画ばかりでなく、建築にあっても十字形を保存しており、同国の多数の寺院は――キリスト教国の教会や大聖堂と同様に――十字形の基礎の上に建てられている。

チベット人の曼荼羅では、天は十字形に広がり、魔王が四つの門の各々にいる。太古の、注目すべき十字架がボンベイ港のエレファンタ島の洞窟内で発見された。さまざまの種類の十字がカルデア、フェニキア、エジプト、アッシリアの芸術の人気ある主題だった。ギリシアの「エレウシスの密儀」の参入者たちは、参入儀礼の際に鎖や紐に付けて首の回りに吊るす十字架を与えられた。薔薇十字団員、錬金術師、霊光を得た人たちにとって、十字架は光の象徴だった。三字からなるLVX《ルックス》〔光〕は各々、十字のある部分から出来るからである。

タウ形の十字架

十字架には紛れもなく三種類ある。第一はタウと呼ばれる。これは近代のT文字に酷似し、垂直の柱の上に水平の横棒が置かれ、その二本の腕の長さは等しい。樫の木を地上数フィートで切り、上部を下部の上にこの形で渡したものは、ドルイド教の神フーの象徴だった。この象徴はエジプト人のあいだにあって牡牛か牡羊（牡牛座か牡羊座）の角の広がりとその顔の垂直線とに由来するのではないかと思われている。これは時に槌十字と呼ばれることもある。垂直の台を握ると、槌や小槌に似ていなくもないからである。カバラ的フリーメーソンの伝説のひとつにあっては、ヒラム・アビフが先祖のトバルカインからタウ形の槌を与えられる。タウ形の十字架はT定規の象徴の下に近代フリーメーソンに伝わって保持されている。これは現存の十字架のうちで最古の形のように思われる。

クルックス・アンサータ
十字架と円の両者は男根象徴だった。古代世界は「自然」の生殖力を「神」の創造的属性を表現するものとして崇めたからである。男性のタウと女性の卵とを結び合わせることにより，クルックス・アンサータは生殖原理を表わすものだった。

タウ形の十字架は「ミトラスの密儀」参入を認められたすべての人の前額に銘打たれた。国王が「エジプトの密儀」参入を認められるときは、タウが両唇に当てられた。アメリカ・インディアンの「密儀」にあってもタウで参入志願者の体をとんとんと叩くものがあった。カバリストにとっては、タウは天とピュタゴラス学派のテトラクテュス

背にクルックス・アンサータの見えるイースター島の像
クルックス・アンサータが地球の各地へ伝わったことは，南太平洋のイースター島で発見された神秘的な石像の少なくとも一体の背にそれが彫られているという事実によって証明される。問題の彫像――一群中で最も小さいもののひとつ――は航海中の船によってロンドンへ持ってこられ，今は大英博物館にあるが，背側のクルックス・アンサータがはっきりと見える。

を表わした。ヘルメスの杖はタウ形の十字架の所産だった（アルバート・パイクを見よ）。

クルックス・アンサータ

第二の形は上に円の付いているT形もしくはタウ形の十字架で、よく円の奥行は縮めて、まっすぐに卵を立てた形となっている。これは古代人によりクルックス・アンサータ、つまり、生命の十字架と呼ばれた。それは古代の「密儀」の鍵であり、多分、天を開く聖ペテロの黄金の鍵にまつわる近代の物語を生むものとなったのだろう。「エジプトの密儀」では参入志願者は、悪魔たちが狼狽してその前から退却するクルックス・アンサータを頭上にかざしながら、あらゆる種類の現実的、想像的な危険を経ていった。研究者なら、「汝はこのしるしにより打ち勝たん」という言葉を想起させられる。リチャード・ペイン・ナイトが注目したように、この十字架のタウ形はウェヌスの紋章に似ていないこともない。彼は述べている。「この形の十字架は時に硬貨に見られ、その数枚はテオドシウス帝のあの勅命による全域に及ぶ破壊の際に取り壊されたセラピス神殿で発見され、未来生活を表わすものと当時の好古家のキリスト教徒に言われた。」

オーガスタス・ル・プロンジョンは『マヤ族とキチェー族の聖なる密儀』のなかで、「ナイルの鍵」、「象徴の象徴」と彼が称するクルックス・アンサータの完全な形、もしくはタウ形を簡単にしたものがパレンケやコパン、また中央アメリカ一帯の彫像と浅浮彫りの胸を飾るものとなっているのが見られると記している。それが常に水と連想されたこと、バビロニア人のあいだでは水神の表象、スカンディナヴィアの人のあいだでは天と不死の表象、マヤ族のあいだでは若返りと肉体の苦難からの自由との象徴だった。

この象徴と生命の水との連想については、ゴブレ・ダルヴィエラ伯爵が『象徴の移動』で、クルックス・アンサータに似た、ナイル河水位測定標と呼ばれる器具がナイル河の氾濫を測定、規制するために古代エジプト人により使われたという事実に注意を喚起している。このナイル河との関係からそれが生命の象徴と考えられるようになったことはありそうなことである。エジプトは収穫物を十分に確保するため灌漑が必要なので、この河から溢れる水にすべて頼っていたからである。パピルスの巻物ではクルックス・アンサータは敵を許すエジプト国王の口から出ているものとして表現されており、魂の不滅を表わすために王とともに埋められた。それは多くの神神や女神が持ち、明らかに神々の慈愛と生命を与える力とを表わすものだった。カイロの博物館にはいろいろな形や大きさ、模様をした十字架のすばらしいコレクションがあり、それらがエジプト人のあいだで共通した象徴だったことを立証している。

ローマ・カトリックとギリシア正教の十字架

第三の十字形は人のよく知るローマやギリシア型で、イエス・キリストの磔と密接に関連している。もっとも、使用された十字架がさらによく知られている近代の形のものと似ていたというのはありそうもないことである。

十字架にはさらに無限なまでの種類があり、垂直部分と水平部分の比率が違う。さまざまの世代の秘密結社にあって、フリーメーソン団の玉門の三重のタウ形やフリーメーソンとローマ・カトリック両者の象徴体系の二重、三重の十字架のように、十字を組み合わせたものが見られる。

キリスト教徒にとって十字架には二重の意味がある。まず、それは「贖罪者」の死の象徴であり、その殉教を通してキリスト教徒は「神」の栄光に与っていると感ずる。第二に、それは謙譲、忍耐、人生の重荷の象徴である。十字架が生の象徴でもあり、死の象徴でもあることは興味深い。多くの民族が宗教の天文学的な面を深く考えたが、ペルシア人、ギリシア人、ヒンドゥー教徒が、一年のある季節に太陽が想像上の天の一角に来ると象徴的には磔にされるのだと信じて、十字架を春秋の分点と夏至と冬至の象徴とみなしたというのはありそうなことである。

実に多くの民族が各々の「救世主」を太陽球の化身とみたという事実は、十字架が異教の寓意にあって天文学的要素として存在したにちがいないという有効な証拠である。オーガスタス・ル・プロンジョンは、十字架崇拝は毎年雨期の直前に昇る南十字星という星座に部分的にはよるものであって、あの緯度に住む原住民は作物を栽培する上でこの雨期によってもっぱら生活していたので、彼らにとって生命を意味するものである近づく嵐を、十字架が毎年約束するものと考えていたのだ、と信じている。

（古代哲学と近代科学の両者によれば）基本的な元素は四つあり、古代人はそれを十字の四本の腕で表わし、各腕の端にこれらの元素ひとつひとつの力を象徴するための神秘的なカバラの生物を付けた。そうして、地の元素を牡牛で、水は蠍、蛇、もしくは鷲で、火は獅子で、風は翼に囲まれた人頭で象徴した。羊皮紙（木だという人もある）に銘記したものを磔の際に十字架の上端に結びつけた四文字〔I・N・R・I〕は、四大元素を表わすヘブライ語の四単語、「海もしくは水の意のイアムミン、火のヌール、風のルーアク、乾地のイェベシャー」の語頭の四字だったことは意義深い（アルバート・パイクの『規律と教義』を見よ）。

十字形は立方体の六面を開くか、広げると出来るため、象徴として地と連想されるようになった。円内の十字が「地球」の表象と考えられるようになって久しいが、実はそれは地という各種の要素からなるものの象徴と考えられるべきである。地は四大元素の四つの三角形から成っているからである。数千年間、十字架は人類救済計画と結び付けられてきた。「錬金術」の「哲学者の石」を作る上で用いられる元素――塩、硫黄、水銀、窒素――はよく十字架で象徴された。四人の主天使の十字架にも秘密の意味があり、三人ずつからなるフリーメーソン団員の一行は「失われし言葉」を探して羅針盤の四方位たる東西南北へ今もなお出かけて行く。

十字架を作る物質は象徴体系上、本質的要素だとみなされた。それで、金の十字架は啓示を、銀の十字架は浄化を、卑金属の十字架は屈辱を、木の十字架は熱望を象徴した。多くの民族にあって祈禱の際に腕を伸ばすのが習慣だったという事実は十字架にまつわる象徴体系に影響し、十字架はその形からして人体を表わすものとみなされるに到った。人体の四大区分――骨、筋肉、神経、血管――は十字架象徴に寄与したと考えられている。これは特に、脊髄神経が脊柱の基部で交差しているという事実によるが、「われらの主はエジプトでも磔にされた」ことを想起させるものである。

人には霊的「自我」が外界と接触する上で四つの表現手段（もしくは媒体）があり、それは体力、生命力、感情、並びに知力である。これら各々は、原理上、四大元素のひとつの性質を帯び、カバリストがそれらに指定した四匹の生物からして、十字架は合成要素から成る人間の本質を象徴するものとなった。

テュアナのアポロニウス
（『神々の予言史』より）

アポロニウスとその注目すべき力については，フランシス・バレットが『古代伝記集』で，アポロニウスが一言も言わずにどのように反乱を鎮めたかを説明した後で続けて述べている。「彼はよく旅をし，立法家だと名乗り，学ばずしてあらゆる言語を理解し，測り知れないほど遠い所で行なわれたことが分かる驚くべき才能を持ち，ドミティアヌス帝が刺殺されたときには，非常に遠い所にいたが，都市の市場にたたずみ，『やれ，やるんだ――済んだぞ，暴君はもういなくなった』と叫んだ。彼は鳥の言葉を理解し，舞踊その他，その類の気晴らしを非難して，慈善と敬神を勧め，世界のほとんど全土にわたって旅行し，非常な高齢で死んだ。」

磔――宇宙の寓話

無数の「救世主」たちが人類の罪のため、人の手にかかって死んだが、その死により天にあって死刑執行人たちの魂のために執りなしをした。「神－人」の殉教とその血による世界の贖罪とは多くの偉大な宗教の本質的な教義だった。これらの話のほとんど全部が太陽崇拝にさかのぼって辿ることができる。昼の栄えある球体は、宇宙の内にいる全生物のために毎年死ぬが、年々歳々、冬の墓から勝ち誇って蘇る「救世主」だからである。疑いもなく磔の教義は「古代の知恵」の秘密の口伝に基づいており、人の神性が獣的有機体の上で絶えず磔にされているということを常に想起させる。異教の「密儀」のなかには、参入儀礼のひとつとして志願者を十字架にかけて磔にしたり、十字形の祭壇に体を置かせたりするものもあった。テュアナのアポロニウス（反キリスト）は大ピラミッドの内でエジプトの奥義の伝授を得たが、彼は十字架にかかって無意識の状態になり、それから三日間墓（棺）

のなかに入れられた、と主張されたことがある。体が無意識状態にあるあいだに、彼の魂は不死の者たちの国（冥府）のなかへと通って行くように思われた。（生は永遠であると認識することにより）魂が死を克服した後、体内へ再び戻ると、体は棺のなかから立ち上がり、その後、死者の国から戻ってきたのだと信ずる祭司たちにより兄弟だと歓呼して迎えられたという。この考えは、実質的には、「密儀」の教えだったのである。

磔にされた救世主たち

人類が永生という恩恵を受けるようにと人類に代わって受難に遭った不滅の人間たちの名簿は大変印象的なものである。歴史や寓話にあって磔と関係する者たちのなかには、プロメテウス、アドニス、アポロン、アテュス、バッコス、ブッダ、クリシュナ、ホルス、インドラ、イクシオン、ミトラス、オシリス、ピュタゴラス、ケツァルコアトル、セミラミス、ユピテルがいる。現存する断片的な記述によれば、これらの英雄たちは皆、人類への奉仕に生命を捧げ、一、二の例外はあるが、人類の進歩のために殉教者として死んだ。多くの神秘的な方法で彼らの死に方は故意に隠されたが、彼らの大方が十字架や木の上で磔にされたというのはありうることである。人類最初の友、かの不滅のプロメテウスはコーカサスの高峰で磔にされ、一羽の禿鷹が鉤爪で彼の肉を引っ掻いては裂き、永遠に彼を苦しめるべく肝臓の上に置かれた。プロメテウスは人類に火と不滅をもたらすことによりゼウスの勅令に背いたわけで、ヘラクレスが来て幾代にもわたる苦痛から解放してもらうときまで人類のために罰を受けたのだった。

ペルシアのミトラスの磔については、J・P・ランディが書いている。「ミトラは磔によって殺され、三月二十五日に蘇った、とデュピュイは述べている。『ペルシアの密儀』では一見すると死んでいるように思われる青年の体が示され、それが蘇るようになっていた。その受苦によって青年は人々の救済をもたらしたのだと信じられ、この理由から『救世主』と呼ばれた。祭司たちは大声を出して叫び、暗闇のなかを三月二十五日の前夜、真夜中まで墓の番をした。突然、四方八方から光がさっと射すと、祭司が叫んだ。おお参入を認められた聖なる者たちよ、喜ぶがよい、あなたたちの『神』が蘇り給うたぞ。亡くなられ、苦しまれてあなたたちの救済をもたらし給うたぞ」(『記念碑的キリスト教』を見よ)。

ブッダのように、場合によっては、磔神話は文字通りというよりは、むしろ寓意的な意味で取らなければいけないこともある。ブッダの死に様は弟子たちにより『大般涅槃経』に記録されている。しかしながら、木にかけて殺すという象徴的な言及がこれらの英雄と関連していたという事実だけでも、磔物語が世界的なものだったと立証するのに十分である。

東インドでキリストに相当するのは不死のクリシュナで、彼は森に坐って笛を吹き、その楽の音で鳥獣を魅了した。神与の霊感を持つこの人類の「救済者」は敵のために木にかけられて磔にされたが、それを指示する証拠を破棄するために非常な配慮がなされたものと想像されている。ルイ・ジャコリオは『インドの聖典』のなかでクリシュナの最期をこのように説明している。「クリシュナは地上を去り、自分を送った方の胸元へ戻る時が来たと悟った。弟子たちがついてくるのを禁じて、彼はある日ガンジス河の堤へ洗浄に行った……。聖なる河へ着くと、そこで三度もぐり、それからひざまずき、天を見ながら祈って、死を待った。この姿勢のままで、彼がその犯罪を暴いた者たちのひとりの射た矢で刺し殺された。彼らは彼のガンジス行きを耳にして強力な軍隊を率い、暗殺計画を懐きつつあとをつけてきたのである。……神―人の遺体は禿鷹たちの餌食となるように、殺害者により木の枝に宙吊りにされた。彼が死亡したとの知らせが広がると、信徒は彼の聖遺物を取り返そうと、クリシュナの最愛の弟子アルジューナに率いられ、大勢でやってきた。しかし罪を贖った人の肉体は消えてしまっており――天なる住居へ帰り着いていたことは疑いなかった……その吊るされていた木が突然、赤い大輪の花で被われ、周囲に世にも甘美な芳香を発散していたのだった。」クリシュナの最期にまつわる他の話では、矢でねらいをつける前に彼は十字形の木に縛られたと言明されている。

ムーアの『インドの万神殿』に手足に釘の傷があるクリシュナの図版があることと、インマンの『古代信仰』に片足に多分釘による穴と思われるものがある東洋のある神を示す図版があることは、偏見のない心の人たちがこの問題の研究を更に進めるに足る動機になってしかるべきであろう。この方面でできる驚くべき発見について、J・P・ランディは『記念碑的キリスト教』で次のような知識を披露している。「キリストと彼が十字架上で示した人類救済の慈愛について、このように理解した予言の考えをペルシア人たちはどこで得たのか。象徴と現実の磔像との両者により、その考えが彼らの全記念碑に表わされているのが目につく。もしそれがインドに由来するなら、純粋な原始宗教全体のただひとつの共通した、原初の中心からとする以外に、どうしてインドに入ったことになるのか。キリスト教に先立つ表現だと私の信じている実に異常な図版が一枚あり、この主題全部を例証するものとなっている。これは珍奇なものとしてではなく、磔の実に特異な記念物として、ムーアの『インドの万神殿』に載っているものの写しである。それにあえて名前をつけるとしたら、空間での磔と言うしかない。……ひょっとして、これは世界が存在しない以前に自ら犠牲を申し出たヒンドゥー教神話のあの『犠牲―人』、もしくは、『僧』と『犠牲』をひとつにしたものだったのか。それは十字の形で宇宙に自らを刻みつけたプラトンの第二の『神』だったのか。それとも、それは答うたれ、拷問にかけられ、足枷をかけられ、両眼を焼かれ、あらゆる種類の災厄を甘んじて受けた末に磔にされていくことになったプラトンのいう神人なのか。プラトンはエジプトと東洋で神学を学び、クリシュナ、ブッダ、ミトラ〔など〕については知っていたにちがいない。いずれにしろ、インドの宗教には〔神と会衆のために〕現実の犠牲者の類型としてキリスト教に先立つとうの昔に神話として磔にされた犠牲者がおり、この注目すべき図版にそれがあると考えるほうに私は傾いている。」

近代世界はいわゆる異教の神々に対し誤った態度を取り、その神々を真の性格と意味からまったく違ったふうに考えるに到った。キリスト教国がクリシュナとバッコスに山と積み重ねた嘲笑と中傷は、寓話の秘密の意味をまったく感知できなかった者たちが不滅の原理に加えた迫害の見事な実例なのである。意味のはっきりしない噂話が流布してきたギリシアの磔にされた人とは誰のことだったのか。ヒギンズは、それはピュタゴラスのことで、彼の最期にまつわる真実の話は初期のキリスト教の著者たちの教義と対立するため、彼らによって伏せられてしまった、と考えている。また、ローマのレギオンの兵士たちは戦場にあっては、磔にされた「太陽人」をいただく十字架の戦旗を持ち歩いたというのも真実だったのだろうか。

ケツァルコアトルの磔

磔にされた「救世主」たちのうちで最も注目すべき者のひとりは中米の風神もしくは太陽神ケツァルコアトルで、その活動にまつわる偉大な秘密はメキシコと中米のインディアンの祭司たちにより保たれた。名前が翼のある蛇という意味のこの不思議な不死の神は、海から出てきた際に神秘的な十字架を持っていたようである。法衣には目もあやな雲と赤十字がいくつもついていた。彼を称えて、石造りの大蛇がメキシコ各地に置かれた。

ケツァルコアトルの十字架はマヤ族にあって聖なる象徴となったが、入手可能な記録によれば、インディアンのマヤ族の天使たちはいろいろな塗料を使って額に十字を画いていたという。彼らの「密儀」に参入した者たちの眼の上にも同様の十字がつけられた。コルテスはメキシコに着いたとき、十字架を持ってきていた。これを知ると原住民たちは、彼こそケツァルコアトルの再来だと信じた。ケツァルコアトルは無限の未来に戻ってきて、民の罪を贖おうと約束していたからである。

ケツァルコアトルの磔——『ボルギアヌス法典』より
（キングズボロの『メキシコの遺物』より）
キングズボロ卿は書いている。「『ボルギアヌス法典』の写本第七十三頁には，ケツァルコアトルが磔にされていると同時に，大釜用にいわばばらばらに切られた形で表現されている，と言及できるのではないか。また，同じ理由から『新世界』のユダヤ人たちも〔キングズボロ卿はメキシコ人がユダヤ人の子孫だと証明しようと試みたのだった〕キリストに関係のある『旧約聖書』中の全ての預言だけでなく，キリストについて『福音書』中に記録されている多くの出来事も，彼らのメシアに当てはまるとした，と一体考えずにいられるものかどうか，と問うこともできるのではないか。」

『アナカリュプシス』でゴッドフリー・ヒギンズはアメリカにおける十字架とその象徴体系に相当の光を投じている。「インカ族は長さが肘の四分の三、幅と厚さが三本の指幅の、混ぜ物のない、磨き上げた、大変上質の大理石もしくは美しい碧玉の十字架を持っていた。それはある宮殿の聖室に保管され、大いに尊崇された。スペイン人はこの十字架を金と宝石で豪華なものにし、クスコ大聖堂に置いた。メキシコの神殿は十字形で、主要な四つの点に向かっている。ケツァルコアトルは十字架に釘付けされた姿で『ボルギアヌス法典』の絵画に表現されている。時には二人の盗賊さえ、そこで一緒に磔になっている。その第二巻七十五番の図では、天にあって、メトン周期の数たる十九の数字からなる円の内でこの神が磔にされている。蛇が一四、彼の生殖器官を取ろうとしている。『ボルギアヌス法典』（四、七十二、七十三、七十五の各頁）ではメキシコの神は十字架上で磔にされて、釘を打たれていたり、また十字架上で絞首刑にされ、両手に十字架を持つ姿で表現されたりしている。それから一例だけだが、人物の外形を画くだけでなく、十字架が赤く、衣類も着色し、顔と手をまったく黒く塗ったのもある。もしこれがドイツ人ネストリウスのキリスト教だとしたら、磔にされた『救世主』は黒人だったとどのようにして彼は教えるようになったのか。磔にされた神の名はケツァルコアトルだったのだから。」

空間での「言葉」の磔、宗教の象徴体系によく見られる鳩の磔――これらは共に異教が影を投じていることを想起させるものである。十字形が鳥の広げた翼と体との関係で出来るという事実こそ、エジプト人が鳥を使って人間の不死の本性を象徴し、また、よく死体のミイラの上を鳥が舞い、片方の鉤爪に生命のしるしを、もう一方の鉤爪に息のしるしを持った姿で示した理由のひとつであることは疑問のないところである。

受難の釘

「受難」の三本の釘は多くの民族や信仰の象徴体系に出てくるものとなった。これらの釘にまつわる伝説は多数ある。このうちの一伝説の趣旨は、最初釘は四本あったが、一本を「主」の足に打ち込もうとしたちょうどそのとき、あるヘブライのカバリストで魔術師なる者により見えなくされてしまった。そのために両足を交差させる必要となったというものである。別の伝説の語るところでは、一本の釘は槌で叩いて王冠に作られ、今なおあるヨーロッパの王家の王冠として存在しているという。さらに別の物語によれば、コンスタンティヌス帝の馬勒《ばろく》の馬銜《はみ》が受難の釘だったという。しかしながら、釘が鉄製だったというのはありそうにもないことである。当時は先を尖らせた木釘を使うのが習慣だったからである。ハーグレイヴ・ジェニングズは『薔薇十字団、その儀式と密儀』で次の事実に注意を喚起している。英国で王室の財産を指示するために使われ、太鏃印と呼ばれた印《いん》もしくはしるしは、磔の三本の釘を重ね合わせた以上のものでも、以下のものでも全然なく、釘の先をつけて置いてみれば、古代エジプトのタウ形の十字架の象徴が出来ると言うのである。

『古代フリーメーソン史』のなかでフランク・C・ヒギンズは、グアテマラのクイリグアのフリーメーソンの巨石像のついたエプロンを再録している。エプロンの中央の飾りは、英国の太鏃印とまったく同じ配置の「受難」の三本の釘である。キリストを磔にするために三本の釘が、ヒラム・アビフを殺すために三人の殺害者が使われ、メキシコ・インディアンのオシリスたるコフ王子を殺害するために三ヵ所に傷がつけられることは意味の深いところである。

C・W・キングは『グノーシス派とその遺風』のなかで、次のようにグノーシス派の宝石について説明している。「グノーシス派のプレーローマ（充溢）、つまり全アイオーンを結合したものは、巻物を持つ人の外形でもって表現される……。左手は三本の曲がったいぬ釘のように作られており、それはバビロニアの円筒にあってさしのべた手にベロスがよく持っているものと間違いなく同じ象徴であって、その後ユダヤのカバリストによりシン

空間での磔（ヒギンズの『アナカリュプシス』より）
東洋のこの注目すべき絵について，J・P・ランディは書いている。「これは多くの点でキリストの磔のように見えるが，その他の点ではそう見えない。描き方，姿勢，手足の釘の跡はキリスト教に由来するものであることを暗示しているが，鋭い先端の七つあるペルシア風の小冠，十字架もなく普通はあるはずの銘文もないこと，そして頭上の栄光の光線は，何かキリスト教以外のものに由来することを示すように思われる。ひょっとすると，これは，世界が存在する以前に自らを犠牲にと申し出た，あのヒンドゥー教神話の『犠牲-人』もしくは『僧』と『犠牲』を一体にしたものであろうか。

（ש）という文字の三点や、中世の神秘家により『十字架の三本の釘』のなかにも発見された。」この点からハーグレイヴ・ジェニングズはキングの推論を踏襲して続け、釘とオベリスクや柱との類似性、ヘブライ語のシンという文字のカバラにおける数値は三〇〇、つまり各釘については一〇〇であることに注目した。

「受難」の釘は、特に、秘教の文化体系によれば、掌と足の裏にはある知られざる力の中心部分があるとされると認識するとき、非常に重要な象徴となるものである。

釘を打ち込むことと傷口から血潮が迸ることとは、「神殿」での秘密にされている哲学的訓練を象徴するものだった。東洋の多くの神には手足に神秘的な象徴を持ち合わせている。いわゆるブッダの足跡で、キリストの足を釘が刺し貫いている箇所は、通常、豪華なサンバーストで飾られている。

ヤコブ・ベーメの神学に関する注釈でフランツ・ハルトマン博士は、磔の神秘的な象徴性を次のように要約している。「十字架は現世の生活を表わし、茨の王冠は四大元素から成る体ばかりでなく、暗黒の力に対する霊の勝利も表わす。裸体であるのは、不死を志願する者は現世の事物に対するあらゆる欲望を棄て去らなければいけないことを暗示するためである。人物は十字架に釘付けにされているが、それは我欲の滅却と放棄、また、我欲が自らの力によって何かを為し遂げようとするのではなく、『神』の御心が実行されるなかで道具としてのみ役立つべきことを象徴している。頭上にI・N・R・Jと四字が刻まれているが、その最も重要な意味は、In Nobis Regnat Jesus（われら自身の内にイエスは君臨する）ということである。しかしこの銘文のこの意味も、実際は、欲望の世界に関しては現実に死んでしまい、個人としての生存への誘惑を超越した人たち、換言すれば、キリストによって生きていくようになったためにイエス（神の心から発する神聖な愛の心）の王国が確立された人たちにして初めて知ることのできるものなのである。」礫の寓話にまつわる最も興味深い解釈のひとつは、人間イエスを個々人の意識と同一視するものである。この個人的な意識こそ隔りの感覚を懐かせ、その感覚をじっくりと考えさせるものである。熱望して止まぬ魂が、永遠にして万物に充満している「父」と再び一体となることができるに先立ち、「普遍的な意識」が解放されるように、この個性こそ犠牲にされなければならないのだ。

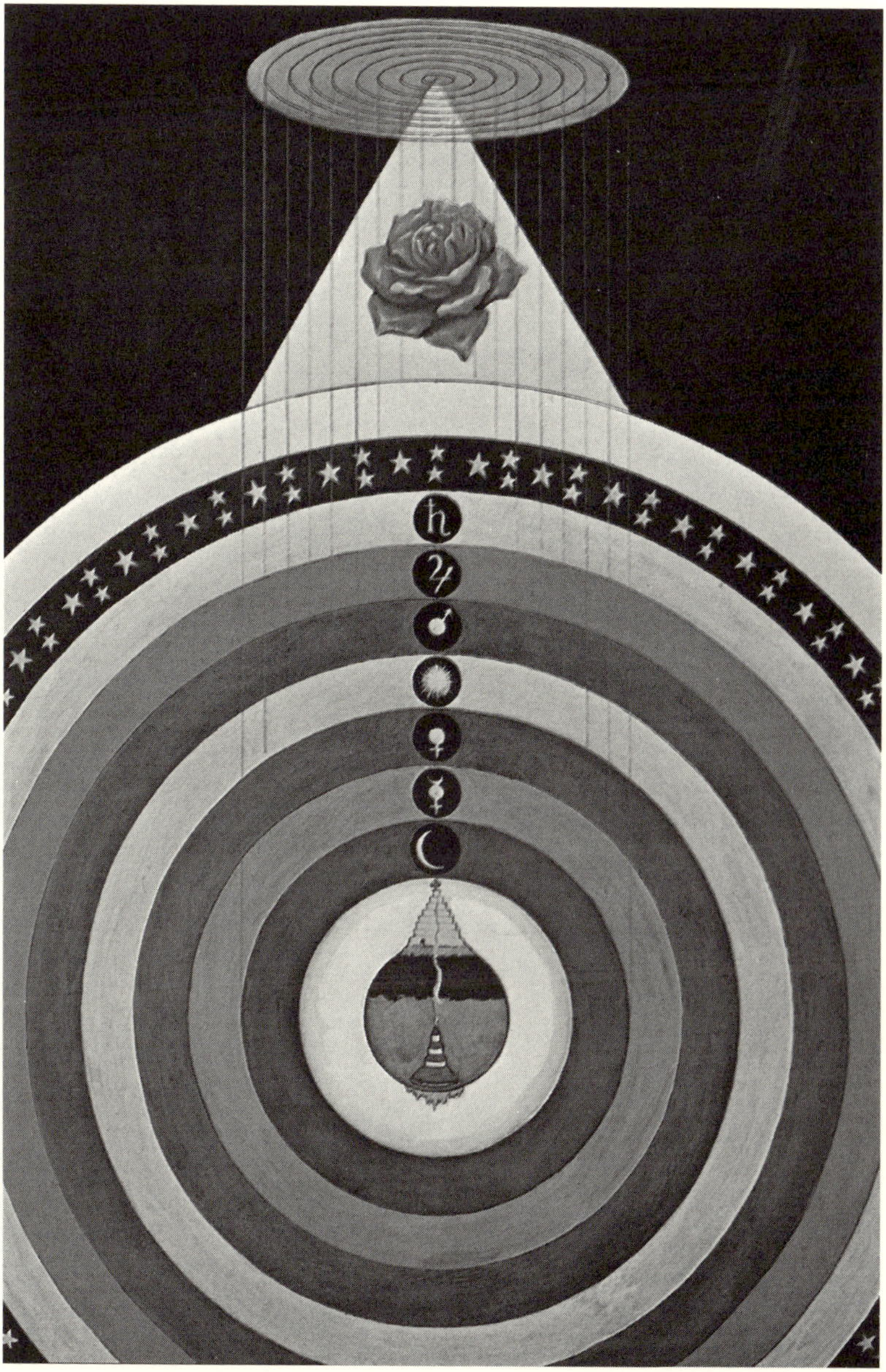

前頁──ダンテの『神曲』の鍵（ダンテの『神曲』〈トリノ、一八九一年〉の模写）

『ダンテの霊界地勢図』という論文で、チャールズ・アレン・ディンスモアは書いている。「彼〔ダンテ〕は、地球は丸く、陸の半球を有し、その中心にエルサレムが立っている、と主張した。今ひとつの半球にも、元は陸があったが、ルシフェルが『天』からほうり出されて、まさにその上に落ちようとしたとき、大地は『海によって自らを被い』、地球の反対側へ来たので、陸の半球と水の半球ができた。地球の内部も、降りてくるルシフェルを前にして後退し、円錐形の大空洞が残り、それは地球の中心から、人の住む半球の表面にまで及んだ。悪が世界の内に作った空所は、魂を失ったものたちの住居で、九つの円に分けられ、その第七円はさらに三つの小円に分けられ、第八円は十本の溝に、第九円は四本の帯に分けられる。地球の中心なので、神から最も遠い地点になる所には、ルシフェルがいて、頭と体は一半球のなかに、脚は今ひとつの半球のなかにあるため、ヴェルギリウスとダンテとは、彼の臀部を回ると、重力の中心を通過して、一半球から今ひとつの半球へ出てきた。」

水の半球の中央には、円錐形の山の「浄罪界」が立ち、そこは七つの階段の上り坂となっている。頂上には地上の「天国」たる「エデンの園」があり、そこでダンテはベアトリーチェに出会った。『神曲』によれば、魂は、「浄罪界」の七つの階段を昇ると、七大罪を浄められ、それから、魂はプトレマイオスの宇宙の七天球を通って上っていく。七つの惑星各々に、七つの徳がひとつずつ当てられている。第八天球で、魂は霊的真理の知識を授けられ、第九の最高天で、魂は天界の神秘のなかに吸収される。

黙示録の神秘

エペソスにディアナ神殿があることは、同市が「密儀」宗教の聖都だったことを表わしている。古代世界の七不思議は、非常に深遠な知識の宝庫であることを暗示するために築かれたものだからである。エペソスについてH・P・ブラヴァツキーは書いている。

「そこは宇宙の『秘密の』教理の中心地であって、ギリシア語の上品な表現によって形を整え、仏教、ゾロアスター教、また、カルデア人の哲学が生じた魔法の実験所だった。アルテミスは、神智学的-汎神論的な抽象観念を具体的に表わす巨大な象徴にして、『大母』(ムルティマムマ)、両性具有者で『エペソスの書物』の女守護神だが、パウロにより征服された。しかし、キリストの使徒たちによって帰依した熱心な信者たちが『珍妙な学芸』に関する書物を全部焼こうと主張したけれども、最初の熱意が冷めてしまったときでも、これらの書物は十分に残っていて研究できたのである」(『ヴェールを脱いだイシス』を見よ)。

エペソスは異教の学問の大中心地で、初期の多くのキリスト教神話の舞台となってきた。そこは聖処女マリアの最後の居住地だったとか、また、使徒の聖ヨハネの墓がそこで見つかったとかと、主張されたこともある。伝説によれば、聖ヨハネは通常の仕方でこの世を去らず、自分の地下納骨所を選んで、まだ生きているのにそこへ入り、後ろ手に入口を閉じて、人の眼前から永遠に姿を消したという。古代のエペソスでは、聖ヨハネは「救世主」が戻るときまで墓のなかで眠り、同使徒が墓の寝台で寝返りを打つと、上の大地が寝台のおおいのように動くという噂が流布していた。

今日、『新約聖書』の一部となっている他のいかなる書よりも色々と批評を受けている『黙示録』は——使徒の聖ヨハネの作と民間で信じられているが——グノーシス派のキリスト教徒の著作のうちで明らかに最も重要であるのに、最も理解されていないものでもある。殉教者ユスティノスは『黙示録』が「キリストの使徒のひとりヨハネ」により書かれたものと断言したが、著者のことはキリスト紀元二世紀にして早くも議論されていた。三世紀になるとこの論争は先鋭化し、アレキサンドリアのディオニュシウスやエウセビウスまでがヨハネ創作説を攻撃し、『黙示録』とヨハネによる『福音書』が共にケリントゥスという人によって書かれ、彼は自分の教義をキリスト教徒にいっそううまいこと押しつけるために偉大な使徒の名を借りたのだ、と断言した。その後、聖ヒエロニムスが『黙示録』の著者を問題にし、「宗教改革」が続くあいだ、彼の反対論はルターとエラスムスにより蒸し返された。『黙示録』は、聖ヨハネがパトモス島に追放されているあいだにあの先見者に起こった「神秘的経験」の実録だった、というかつては一般に認められていた見解は、今ではより批判的な学者たちにより軽視されている。そのため、同書に充満している象徴体系と、それを書いた本来の動機を説明するために、他にいろいろな解釈が出された。これらの学説のうちで比較的妥当なものは、以下のように要約できよう。

一、内容自体が提供する証拠の重みからして、『黙示録』は、多分、異教徒の著作——エレウシスかフリュギアの「密儀」の聖書の一巻——だと断言されよう。その必然的帰結として、エジプトとギリシアの神秘体系の深遠な教えを述べた著作を物した現実の人は、彼自身が密儀参入者であって、その結果、「密儀」の象徴言語によってしか書いてはならない義務があったに相違あるまい。

二、『黙示録』が初期のキリスト教哲学と異教の宗教哲学とのあいだに一見するとあるように思われた不一致を妥協させるために書かれたこともありうる。原始「キリスト教会」の狂信者たちが異教国をキリスト教化しようとしたとき、異教の密儀参入者たちはキリスト教を異教化しようと力強く努力して応酬した。キリスト教徒たちは失敗し、異教徒たちが成功した。異教の力が衰退すると、密儀参入を得ている異教の祭司たちは作戦基地を原始キリスト教という新しい伝達手段に移し、常に賢者の貴重な財産であるあの万古不易の真理を隠すために、新興宗教の象徴を採用した。明らかに『黙示録』は異教とキリスト教の象徴体系を融合した結果を示しているから、初期キリスト教を通じて動いたこの密儀参入者たちの活動の論破不可能な証拠となるものである。

三、『黙示録』はキリスト教の「密儀」の哲学を諷刺することによって、その密儀の土台をくずそうとしてある宗教的な結社の破廉恥な会員たちが試みたことを表現しているとの学説が出されたこともある。彼らは、新興宗教が古代の異教の教義を改めて述べたものにすぎないことを示すことにより、キリスト教を嘲笑することにより、またキリスト教自身の象徴を使って非難を被るようにし向けることにより、この不埒な目的を達成しようと希望した。例えば、地に墜ちた星（『黙示録』第八章第十—十一節）は「ベツレヘムの星」を意味すると解釈でき、（苦蓬《にがよもぎ》と呼ばれ、人類を毒する）その星の厳しさは「キリスト教会」の「不正な」教えを意味することもできるとする。この第三の説はある程度の支持を得たが、『黙示録』の深遠なことを見抜く読者なら、これが三つの仮説のうちで一番信頼できないものだと結論せざるをえないのである。霊感を得て書かれた文書の象徴体系のヴェールを裂くことのできる人たちには、その源についていっそう確証を得る必要はないのである。

結局のところ、真の哲学が信条と宗派のいずれにも限定されることはありえないのである。事実、真の哲学は人類の思想の人為的な制限一切と合致しない。だから、『黙示録』の起源が異教か、それともキリスト教かという問題は少しも重大なことではない。同書の本質的価値は、それが「宇宙の密儀」の壮麗な縮図だということにある——それはまったく相異なる七つの解釈ができると聖ヒエロニムスをして断言させた意見でもある。古代思想の領域についての訓練を受けていないため、近代の神学者はどうしても『黙示録』の複雑さに対処することができない。彼にとってこの秘教の書は、その神与の霊感に疑問を投じたいという誘惑に駆られるだけの一連の幻想にすぎないからだ。ここで割くことのできる限りあるスペースでは、パトモスの先見者の幻視の顕著な特徴を数点、かいつまんで略述できるだけである。こんな要約では不可避であるギャップを埋める上で、さまざまの異教の「密儀」を慎重に考えることはその決め手として助けになろう。

『黙示録』の冒頭の章で、聖ヨハネは七本の黄金の燭台の中央にたたずむ「アルファとオメガ」のことを述べている。焰の惑星の代理統治者たちに囲まれて、この「崇高な一者」はこうしてひとりの印象的、神秘的な人物により、人類の生成的発展——過去、現在、未来——の滔々たる流れ全体の縮図となっている。

「人類の地上での発展の第一段階は」とルドルフ・シュタイナー博士は書いている、「地球がまだ『火のよう』だった時期に自然な経過を辿り、人間の姿をした最初のものは四大元素の火から作られた。人間は地上での生を終えると、四大元素の火の力によって創造的に外へと自らの内なる存在を放射させていくことになる。現世の初めから終りまでのこの不断の展開こそ、『見者』が生成発展する人間の原型を星のレヴェルで見たときに啓示されたものである。……現世の発展の開始は火の足により、終結は火の顔つきにより目立って見え、最後には勝ち取られる『創造の言葉』の完璧な力が火の源の口から出てくるのが看て取れる」(『秘伝の封印と柱』を見よ)。

『新約聖書復元』でジェームズ・モーガン・プライズは、「アルファとオメガ」のいろいろな部分と古代人の聖なる七惑星との関係を元にさかのぼって明らかにしているので引用しておこう。
「記述のある『ロゴス』像は聖なる七惑星をひとつに合成した図であり、クロノス（『父なる時』）のように髪は雪白で、『視界の広い』ゼウス同様にらんらんと目を光らせ、アレースの剣、ヘリオスの輝く顔、アフロディテの下着と腰帯を有している。両足はヘルメスの聖なる金属の水銀から成り、声は大洋の波（『多くの水』）のざわめきのようで、四季と水を司る月の女神セレネをほのめかしている。」

神の御座と小羊の御座（ヤコブ・ベーメの著作集より）
神の御座の前には，天界の上にあるシャマイム，つまり生命の水を表わす水晶の海があった。また御座の前には，四種類の生物――牡牛，獅子，鷲，人間――もいた。これらは創造界の四つの角を表わし，これらを被う多数の目は大空の星である。二十四人の長老は，エレウシスの「大密儀」のケレスの神像の周囲に集まった祭司たちと，また，冠を投げ捨てて，「聖なる一者」を称える一日二十四時間の神々であるペルシアの守護霊たちと，同じ意味を有している。時の区分を象徴しているので，長老たちは，中央にいる時間を超越した，永遠なる「霊」を崇めている。

　この巨大な「存在者」が右手にかかえている七つの星は世界の「統治者」であり、口から発する焰の剣は、物質が永続するという幻想が切って断たれる「創造の命令」すなわち

「力の言葉」である。ここにはまた、実に目もあやな象徴によって、「フリュギアの密儀」の祭司が表現されており、彼のさまざまの記章は神与の属性を象徴している。ランプを持つ七人の司祭が従者たちで、彼が手に持つ星は、彼がその権力を管理する「密儀」の七つの学校である。霊的暗黒から再生して脱し、完璧な知恵に到った者として、この大マギは言わしめられる。「私は生きて死んだ者であり、見よ、私は永遠に生きて行き、アーメン、地獄と死の鍵を持っている。」

第二、第三章で聖ヨハネは「アジアにある七つの教会」へ「アルファとオメガ」から受けた命令を伝える。ここでは教会はミトラ神の梯子の踏み子に類似しており、ヨハネは「霊となって」「至高天」の内側の表面に着くまで、聖なる七つの惑星圏を上っていった。

「預言者の魂が」と『人類——その起源と運命』の匿名の著者が書いている、「恍惚状態にあって月天から土星天へ、つまり、人間の門で巨蟹宮に相当する惑星から神々の門である磨羯宮の惑星へと、七天をさっと飛び過ぎてしまった後、最高天、七つの惑星が下を運行している黄道帯、一言で言えば、天空、もしくは古代人が水晶天と呼んだ所に入ると、新しい門が彼に対して開かれるのである」。

東洋の形而上学体系と関連づけると、これらの教会は人の背骨のチャクラ、つまり神経節を、「天の扉」はブラフマランドラ、つまり脊柱の霊火が解放に向かって通過する頭蓋骨（ゴルゴタ）の頂点を表わす。エペソスの教会はムラドハラ、つまり仙骨の神経節を、その他の教会は『黙示録』に出ている位階によればより高次の神経節に照応する。シュタイナー博士は、七つの教会とアーリア民族の七区分とに関係があったことを発見している。従って、エペソスの教会は古代インドの支部を、スミュルナの教会は古代ペルシア人を、ペルガモンの教会はカルデア‐エジプト‐セム人を、トヤティラの教会はギリシア‐ラテン‐ローマ人を、サルディスの教会はテュートン‐アングロ‐サクソン人、フィラデルフィアの教会はスラブ人を、ラオディケアの教会はマニ教徒を表わすことになる。また、七つの教会は、アルファとオメガが最初と最後の字であるギリシア語の母音も表わしている。七つの惑星を七つの教会と関連づける上の位階については意見の相違が見られる。土星はエペソスの教会を表わすという仮説から始めていく人もあるが、この都市が月の女神を奉じていたこと、また、月天こそ地球の上にある第一の天球であるという事実からしても、明らかに惑星は月から土星へという古代の位階に従って上っていくべきである。魂は土星から最高天の扉を通って上っていくのが自然だろう。

第四、第五章で聖ヨハネは、「昔も今も将来も存在する」「聖なる一者」のいる「神」の御座について述べている。御座のまわりには二十四のより小さな座があり、そこには白衣を身にまとい、頭に金の冠をかぶった二十四人の長老が坐っていた。「そして御座からは、稲妻と雷鳴ともろもろの声が発していた。また、七つのともし火が御座の前で燃えていた。これらは『神の七つの霊』である。」御座にいる方は、右手に七つの封印で封じた巻物を持ち、天にも地にも、この巻物を開くことのできる者は、ひとりもいなかった。それから殺された「小羊」（黄道十二宮中の第一の中心的な宮の白羊宮）が現われ、それには七本の角（光線）と七つの目（光源）とがあった。「小羊」は御座にいる方の右の手から、巻物を受け取り、四匹の獣と全長老はひれ伏して、「神」と「小羊」を崇めた。「キリスト教会」が建って最初の数世紀間は、小羊は皆からキリストの象徴として認められていたが、コンスタンチノープルの第五回公会議（紀元六九二年の「第五・六会議《クイニセクト》」）の後やっと、磔にされた人の像が「神の小羊」の代りとされた。この問題についてある著者が明敏にも注目したように、小羊を使ったことは、キリスト教がペルシアで起こったことを暗示している。ペルシア人は、黄道の第一宮を小羊で象徴する唯一の国民だったからである。

『黙示録』の密儀の劇的挿話（クローベルの『旧約・神聖聖書物語』より）

中央の前景には、先見者聖ヨハネが「アルファとオメガ」の幻の姿の前にひざまずいており、「アルファとオメガ」は七つのともし火の中央に立ち、焔と煙の光背に囲まれて表わされている。その上の天界では、竪琴と吊り香炉を持った二十四人の長老が、「古老の一者」の御座の前で頭を下げており、「小羊」はその方の手から、七つの封印で封じられた巻物を受け取っている。神の七人の使いたちは、火の舌が出ている杯の形をして，「古老の一者」の頭を取囲み，四種類の獣（ケルビム）は御座の四隅にひざまずいている。左手上の隅には，ラッパを持つ七人の天使，また，神の祭壇と，吊り香炉を持つ天使とが示されている。右上には，風の精たちがおり，彼らの下には，太陽に包まれた処女がおり，彼女は荒野へ飛んでいくために，翼が与えられた。彼女の右では，神の使いたちを表現した一場面があり，彼らは，悪蛇を底なしの穴へ投げ込んでいる。左下では，聖ヨハネが，霊的生活の密儀を理解したいなら，食べるようにと言われている小さな巻物を，天使から受け取り，天使の脚は火柱，顔は輝く太陽で示されている。

この画にはまた，その他，世界の滅亡と神の御座から注ぐ水晶の海との挿話も含め，多くの象徴が入れられている。このような象徴的概念を，祭儀と劇的挿話の形式で表現することにより，「フリュギアの密儀」の秘密は万古不易のものとされた。こうして，これらの聖なるページェントが誰彼の別なく全人類に啓示され，人間各自の魂が哲学的生活の聖なる儀式に自ら参入を認めるものとすると定められたとき，人類は恩恵を授けられたのだったが，そのことは，男女が，霊に属するあの密儀に対しさらに感応するようになる時まで，十分な評価を得ることはありえまい。

小羊は古代の異教徒たちの罪滅ぼしの犠牲だったので、初期の神秘主義的キリスト教徒たちはこの獣がキリストを表わす適切な表象だと考えた。キリストを世の罪滅ぼしと考えたからである。ギリシア人とエジプト人は小羊や牡羊を非常に尊崇し、その角を神々の額によく付けた。スカンディナヴィアの神トールは、牡羊の一対の角で作った槌を持ち歩いた。小羊が牡羊より好んで使われるのは、明らかに純白で従順なためであるし、また、「創造主」自身が白羊宮で象徴されることからして、その「子」も小さな「牡羊」もしくは「小羊」となったのだろう。テュフォンやユダによって象徴される体のあの部分の上にフリーメーソン団員が着ける小羊の皮のエプロンは、真の霊力を得る上で前提条件である、あの生殖過程の清浄化を表わしている。この寓意にあっては、「小羊」は清浄にされた密儀参入志願者を意味し、七本の角は霊光を得た理性の七区分を、七つの目はチャクラ、つまり、完成された感覚認識を表現している。

第六章から第十一章までは、「小羊」の持つ巻物の七つの封印を開ける話に当てられている。第一の封印を破ると、白馬に乗り、王冠をかぶり、弓を手に持つ者が出て来た。第二の封印を破ると、赤馬に乗る者が出て来て、手には大きな剣を持っていた。第三の封印が破られると、黒馬に乗り、秤を手に持つ者が出て来た。それから、第四の封印が破られると、青白い馬に乗る「死」が出て来て、その後には地獄が従っていた。この『黙示録』の四人の騎手は、人生の四大区分を表わすと解釈されよう。誕生は、征服しようと出て来る白馬の騎手により、青春の性急さは地上から平和を奪い取った赤馬の騎手により、円熟期は万物を理性の秤にかける黒馬の騎手により、死は地の四分の一を支配する権威を与えられた青白い馬に乗った騎手により表現されている。東洋哲学では、この騎手たちは、指定された時に出て来て、ある期間は創造物の支配者になる世界の四つの時代《ユーガ》を表わしている。

『全宗教崇拝起源論』のなかで、聖クリュソストモスの第二十四回目の見解発表に注して、デュピュイは、四大元素各々が「四大元素の上にいます」神の名のついた馬で現わされている、と書き留めている。第一の馬は火のエーテルを表わし、ユピテルと呼ばれ、四大元素の位階中で最高位を占めた。この馬には翼があり、非常に素早く、最大の円を描き、他のもの全部を取り巻いていた。それは最も清浄な光で輝き、体には太陽、月、星辰、エーテル界の全物体の像が描かれてあった。第二の馬は風の元素を表わし、ユノだった。それはユピテルの馬よりは劣り、より小さな円を描き、色も黒いが、陽の当たるあの部分は光っているので、昼夜の空気の状態を表わした。第三の馬は水の元素を象徴し、ネプトゥヌスの神馬だった。その足どりは重く、非常に小さい円を描いた。第四の馬は静かな地の元素を表わし、不動のものとして描かれ、馬銜《はみ》をかみ、ウェスタの駿馬だった。体温は違うけれども、この四頭の馬が一緒に仲よく暮らしたのは、哲学者たちの哲理と一致するところであって、哲学者たちは、世界が四大元素の和合と調和によって保持されるのだ、と断言した。しかしながら、やがて、ユピテルの競走馬は地の馬のたてがみを焼き、雷のようにとどろくネプトゥヌスの駿馬も汗にまみれることとなり、その汗はウェスタの不動の馬の上に溢れ出た結果、デウカリオンの洪水となった。最後にはユピテルの火馬が他の馬たちを焼き尽し、その時は下等の三元素は——火のエーテルの内に再び吸収されて清浄にされ——改新して出て来て、「新天地」を成すことであろう。

第五の封印を解くと、聖ヨハネは、神の言葉のゆえに死んだ人々を見た。第六の封印を破ると、大地震が起き、太陽は暗くなり、月は血のようになった。風の天使たちが出て来てから、また、もうひとりの天使が出て来て、イスラエルの子たち一四四、〇〇〇人が恐ろしい試練の日にそなえて守られるように、その額に印を押した。ピュタゴラス学派の数秘哲学体系に従って加算すると、一四四、〇〇〇は、一＋四＋四で、人を表わす神秘的象徴で、また、密儀参入儀礼の数である九に切り詰められる。「密儀」の九段階を通り抜けた者は、内なる地獄の、もしくは下等の本性のきずなからの再生と解放とを表わす象徴として十字架のしるしを受け取るわけである。元来、聖数である一四四に三つの零を加えることは、神秘を第三界へ高めたことを暗示している。

第七の封印を破ると、半時間にわたって静寂があった。それから七人の天使が出て来て、各々にラッパが与えられた。七人の天使がラッパを吹く――七字からなる「ロゴス」の「御名」を詠唱する――と、大惨事が起きた。「苦蓬」と呼ばれる星が天から落ちたが、そのことによって、古代人の秘密の教義が人間たちに与えられたのにもかかわらず、彼らはそれを冒瀆し、「神」の知恵を破壊の手段にしてしまったことを表わした。それからもうひとつの星――密儀参入者の神与の理性と区別される人間の理性の偽りの光を象徴している――が天から落ち、それ（物質主義的な理性）には底知れぬ穴（「自然」）を開く鍵が与えられ、そこを開くと、あらゆる種類の悪い生物が出て来るところとなった。それからまた、もうひとりの強い天使が、雲に包まれてやって来たが、その顔は太陽のよう、足と脚は火柱のようで、片足は海の上に、いま片方の足は地（ヘルメス学派でいう人間）の上に踏み下していた。この天使は、聖ヨハネに一巻の小さな巻物を与え、それを食べよと命じたので、先見者はそうした。この巻物は秘密の教義――霊の滋養となるあの霊的糧――を表わしている。そうして聖ヨハネは、「霊に

ヨハネの新エルサレム幻視（クローベルの『旧約・神聖聖書物語』より）

左手の上隅には、バビロンの滅亡と、大きな挽臼の石を海中へ投ずる天使とが示され、天使は「大いなる都バビロンは、このように激しく打ち倒され、そして、まったく姿を消してしまう」と言う。その下には、「忠実で真実の者」と呼ばれる騎手がおり、彼は獣を底なしの穴に投げ込む。右下には、底なしの穴の鍵を持つ天使がおり、彼は、大きな鎖で、サタンを一千年間縛っている。その上の天国では、「人の子」のような方が表現されており、彼は、現世の収穫物を刈り取る大きな鎌を持っている。中央には、「聖都」の新エルサレムがあり、門は十二あり、「小羊」の山がその中央に聳えている。「小羊」の座から、水晶の大河もしくは生命の水が注ぎ、それは霊的教義を表わす。その水を発見し、飲む人には皆、不死が授けられる。高い崖の上にひざまずき、聖ヨハネは、未来の完璧な文明の原型である神秘的な都を見つめている。新エルサレムの上には、栄光の偉大な光背の内に、「古老の一者」の座があり、その座は、比類のない霊界に住む者たちの光である。密儀参入に到っていない世界の認識の彼方には、選ばれた霊界の人たちからなる集団があって、その数は絶えず増加しつつある。彼らは、普通の人間として地上を歩いているけれども、別世界の人たちであって、その不断の努力によって、「神」の王国は、ゆるやかではあるが、確実に、地上に確立されつつある。この霊光を得た魂の持主たちは、新エルサレムの建設者であり、彼らの体は、その城壁の生きた石である。真理の松明の光をあびつつ、彼らは作業を進めていく。彼らの活動によって、「黄金時代」が地上に戻り、罪と死の力は破壊されよう。この理由から して賢者たちは断言する。有徳の、霊光を得た人たちは、天へ昇っていかずに、天を持って下り、他ならぬ地球の中心に天を確立することになろう、と。

感じて」「神」の知恵をいっぱい食べ、彼の魂の飢えは満たされたのだった。

第十二章は天界に現われた大驚異、太陽に包まれ、足の下に月を踏み、頭に十二の星の冠をかぶるひとりの女のことを扱っている。この女は乙女座を、またエジプトのイシスを表わしており、イシスは息子ホルスをまさに出産しようとして、テュフォンに襲われたが、テュフォンは、神々によって「悪霊」の自分を殺害する予定になっている子を殺そうと企てたのだった。天界の戦争は、「神々の没落」という意のラグナロクの惑星の破滅、それから、天使たちの堕落と関係がある。乙女は秘密の教義そのものを、彼女の息子は『密儀』の子宮」から生まれた密儀参入者を表わすと解釈できる。だから、大きな龍となって現われる「悪霊」は、世の救済のために不断に働いてきたあの霊光を得た魂の持主たちの母を破滅させることにより、人類を支配しようと企てたことになる。「密儀」（乙女）には翼が与えられ、それは荒野のなかへ飛んでいき、悪い龍がそれを（偽りの教義の）洪水でもって滅ぼそうと試みたが、地（忘却）は偽りの教義を呑み込んでしまい、「密儀」は存続したのである。

第十三章は、海から上って来た、頭が七つ、角が十本ある一匹の大きな獣のことを述べている。フェイバーは、この両棲類の怪物が、「渾沌の大洋」から上ってきたデーミウルゴス、つまり世界「創造者」だと見ている。

『黙示録』の大半の解釈者は、そこに述べられているさまざまの獣を悪の代理者の類型だと考えているが、この視点は、同書の象徴体系が依ってきたる古代の教義を何も知らないために不可避的に起きた結果である。天文学的には、海から上ってきた大怪物は鯨座（鯨）である。宗教心に厚い禁欲主義者たちは、宇宙そのものを悪と誘惑の構成体と見なしたために、その「創造主」さえもまやかしの織工と考えるようになった。だから、海の大怪物（世界）と、その「作り主」（デーミウルゴス）で、「宇宙力」を持つ「龍」から力を得ている者とは、人間性の不滅の部分を呑み込もうとしている、恐怖と破滅をもたらす獣として表わされるに到った。怪物の七つの頭は、ヒンドゥー教徒によりリシス、つまり「宇宙の創造霊」と呼ばれる北斗七星をなす七つの星（霊たち）を表わす。フェイバーは、十本の角を最初の十人の族長と結びつけている。これらも、古代の十宮からなる黄道を示すものかもしれない。

　獣の数（六六六）は、『新約聖書』と初期のキリスト教神秘主義者たちのなかにあって、カバラ体系が使われた興味深い一例である。キルヒャーは、上の表で、エイラナイオスの挙げている反キリストの名前が皆、数の上では六六六

Λ	30
α	1
τ	300
ε	5
ι	10
ν	50
ο	70
ς	200
	666

Α	1
ν	50
τ	300
ε	5
μ	40
ο	70
ς	200
	666

Λ	30
α	1
μ	40
π	80
ε	5
τ	300
ι	10
ς	200
	666

Τ	300
ε	5
ι	10
τ	300
α	1
ν	50
	666

に等しいことを示している。

　ジェイムズ・モーガン・プライズも、この計算法によれば、下等の心を意味するギリシア語のエープレーン（**ἡφρην**）は数の上では六六六に等しくなる、と特筆している。また、イエズース（**Ἰησους**）の数値がもうひとつの聖なる神秘数——八八八——だということは、カバリストたちによってよく知られていたものである。六六六の各数字を加え、その和たる一八の各数字を加えると、聖なる数九——再生していない状態の人間と、彼の蘇

りの道とを表わす象徴――が出る。

第十四章はシオンの山（東の地平線）にたたずむ「小羊」で始まり、その周囲には一四四、〇〇〇人の天使たちが集まり、彼らの額に「神」の名が書かれていた。そこへひとりの天使がバビロン――混乱や世俗の都市――の倒壊を宣告する。世俗を克服せず、霊――物ではない――が永続するという認識に与らない人たちは滅ぶ。物以外に何の関心もなく、物の世界とともに破滅へと押しやられていくからだ。それから聖ヨハネは、雲（目に見えぬ世界の構成要素）に乗り、手に鋭い鎌を持つ「人の子」（ペルセウス）のような「一者」を見たが、その「光り輝く一者」は、鎌で地のものを刈り取った。これは、実った穀物によって象徴されているように、解放の段階へと達した人たちの高等な本性を、実在界のなかへと放つ「密儀伝授者」の象徴である。それからもうひとりの天使（牛飼星座）――「死」――も鎌（カルマ〈業〉）を持ってきて、地上の葡萄（偽りの光によって暮らしてきた人たち）を刈り取り、それを「神」の怒りの葡萄絞り器（浄罪界）へ投げ込むのだった。

第十五章から第十八章までは、鉢を地に注ぐ七人の天使（すばる星）の話を含む。それらの鉢の中味（宇宙の牡牛座から出たエネルギー）は最後の七つの災厄だと称されている。ここでも、「バビロンの淫婦」と呼ばれる象徴的な人物が導入されており、それは、七つの頭と十本の角を持つ緋色の獣に乗るひとりの女として説明されている。女は紫と緋色の衣をまとい、金と宝石と真珠とで身を飾り、憎むべきもので満ちている金の杯を手に持っていた。この人物は、古代の「大地母神」キュベレ、もしくはアルテミスを中傷しようと努力した結果（多分、加筆）かもしれない。異教徒たちは、女性の生殖力に適した象徴により神々の母を崇めたので、初期のキリスト教徒から高級売春婦を崇拝すると非難された。古代の「密儀」のほとんど全部が新参者の道徳的性格の診断を含むものだったところから、誘惑する女（獣の魂）は、ここでは異教の女神として表現されているのである。

『黙示録』の四人の騎手（ソリスの『聖書の人物たち』より）
四人の騎手の寓話には——哲学の奥義によれば——人間の一生の全段階の状態が示されていることになる。第一の，霊的状態では，人は冠をつけられている。経験の世界に下りていくと，剣を帯びる。体力を表す段階——最も霊の少ない状態——に到ると，秤を持ち，「哲学的死」により，再びより高い領域へと解放される。古代ローマの試合では，太陽の戦車は，毛色の違う四頭の馬によって引かれたが，『黙示録』の騎手たちは，太陽エネルギーを表わし，そのエネルギーの表出の媒体として役立つ四大元素にまたがっていると解釈できるかもしれない。

第十九章と第二十章では、「小羊」の婚姻と呼ばれる、あの神秘的な秘跡の準備が示される。花嫁は新参者の魂であって、魂はそれ自身の霊的根源と合体することにより、不滅の意識を獲得する。天は今一度だけ開かれ、聖ヨハネは白馬を見、それに乗る騎手（霊光を得た心）は、「忠実で真実の者」と呼ばれた。その口からは、鋭い剣が出ており、天の軍勢が彼に従った。天の野で神秘的なアルマゲッドン——光と闇の最後の大戦争——が繰り広げられた。ペルシアのアーリマンの率いる悪の軍勢が、アフラ・マツダの率いる善の軍勢と戦った。悪は征服され、獣とにせ預言者は硫黄の燃える火の池に投げ込まれた。サタンは千年間縛られたままとなった。それから最後の審判が続いた。数々の巻物が開かれたが、生命の書も含まれていた。死者はその業《わざ》に応じて裁かれ、生命の書に名のしるされていない者は皆、火の海に投げ込まれた。新参者にとっては、アルマゲッドンは、肉と霊の最後の葛藤を表わし、霊光を得た魂が世俗を克服して、霊的「自我」と一体になるために上っていくことになる。審判は魂の重さを測ることを意味し、「オシリスの密儀」から借りてきたものだった。死者が墓と幻影の海から上ってくることは、人間の再生過程の完了を表わす。密儀参入儀礼の試練に破れた者たちが投げ込まれる火の海は、獣の世界の火圏を表わしている。

第二十一、第二十二章では、アーリマンの支配の末に確立される新しい天と新しい地とが描かれている。聖ヨハネは、霊に感じたまま、大きな高い山（頭脳）に連れて行かれ、新エルサレムが、新郎のために着飾った花嫁のように下って来るのを見た。「聖都」は、再生され、完全なものとされた世界、フリーメーソンの正確に形作られた切石を表わす。都は完璧な立方体であって、「その長さと幅と高さとは、いずれも同じ」と書かれている。「聖都」の城壁の土台は十二列あり、百四十四の石から成っていたが、そのことからして、新エルサレムがそのなかにたたずむ大宇宙をまねた小宇宙を表わしていることは、明白である。この象徴的な十二面体の十二の門とは、天の衝動が下等界に下りていく黄道十二宮のことであり、宝石も十二宮の宝石のことであり、そして透き通った純金の大通りとは、密儀参入者が太陽に向かって道を通って行く際の霊光の流れのことである。その都には物質でできている聖所はない。「神」と「小羊」とが聖所だからである。また、太陽も月もない。「神」と「小羊」とが光だからである。ここでは、栄光を得、霊的存在となった参入者が都として描かれている。この都こそ、最後には、「神」の霊と一体にされ、「神々しい光輝」のなかに吸収されていくであろう。

それから聖ヨハネは、「小羊」の御座から出る河、「生命の水」を見た。その河は、万物の生命であり、万物の活動の原因でもある「第一のロゴス」から注ぐ流れを表わしている。また、十二種の実がなり、その木の葉が諸国民を癒す、「生命の木」（霊）もあった。また、その木により、一年も表わされ、毎月、生物の維持のために福利をもたらす。それからイエスは、聖ヨハネに、自分はダヴィデの若枝また子孫であり、輝く明けの明星（金星）である、と伝える。聖ヨハネは結びの言葉として言う、「わが主イエス・キリストの恵みが、あなたがた皆とともにあるように。アーメン。」

前頁――カーバ神殿の偶像を一掃するモハメッド（ドッソンの『オスマントルコ名場面集』より転写）

メッカの偶像を取り除くなかで、モハメッドは生涯最高の大志を為し遂げたのだった。この家を失い、迫害を受けた亡命者も、かつては祈禱中に石を投げられて殺されないように地面に腹這いとならねばいけなかったが、誕生の地たる都へその征服者として戻った。言伝えの説くところによれば、「その名が称えられんことを」を祈られる「予言者」は前図のように中背で白い肌、眉目秀麗で威厳のある容貌だった。頭は異常に大きく、首筋は見事な形で、巻き毛は波打ち、両耳をおおっていた。目は非常に大きく、鋭く、黒色をし、眉はつり上がり、鼻は高く、やや鉤鼻、濃い鬚が胸元まで長く垂れ下がっていた。頭髪は黒かったとも言われているが、とび色だった可能性が強い。「予言者」の真正の似顔絵の存在は知られていない。イスラームの教義そのものからして個々人を不朽なものとした挙句に、人を神格化することに反対だからである。モハメッドの非人格主義的固定観念は疑いもなく当時のさまざまのキリスト教の宗派の内にあった複雑な状況によるもので、彼らは「人の子」イエスと「神」との真の関係を決定しようと躍起になっていた。こうした神学上の見解の不一致はイエスを奉じるキリスト教がすでに偶像崇拝に陥ってしまったことを示すと考えて、アラビアの「予言者」は次のように言ったとのもっぱらの評判である。「ナザレのイエスは本当はアッラーの真の予言者で、偉大なる人間だった。それが見よ。ある日、彼の弟子たちが皆狂人と化し、彼を神に祭り上げてしまったのだ。」最期に病気による譫妄状態にありながらもモハメッドは、キリスト教徒が聖人や殉教者の遺骨の上に神社を建てる慣習が忘れられず、大声を上げて叫んだ。「おお、アッラーよ、わたしの墓が未来永劫にわたって崇拝の対象となりませぬように。」

イスラームの信仰

イスラームに対するキリスト教国の態度を代表するものは、少なくとも近年に到るまでは、シュール・デュ・リエルの『コーラン』仏訳を英語版にした一六四九年出版のものに付したアレクサンダー・ロスの後書きである。その後書きの著者はモハメッドと『コーラン』に対して次のような批判の矢を向けている。

「読者子よ、アラビアの大『詐欺師』が千年後の今、遂にフランス経由で英国に到着し、その『コーラン』つまり誤謬の寄せ集めの子（親同様に醜く、日焼けした顔が壊血病に罹っていると同様に異端的な考えでいっぱいの餓鬼）が英語を話すのを覚えました。……『コーラン』をちょっと御覧になる気がおありなら、それが次の四つの要素からなるごた混ぜのものであるとお分かりいただけよう。一、『矛盾』。二、『瀆神』。三、馬鹿馬鹿しい『作り話』。四、『嘘』」。

モハメッドは冒瀆者だとの非難は、「神」は未婚ゆえ、「息子」など持てはしなかったと彼が断言したからと強調されている。だが、この論拠が誤りであることは、『コーラン』の第二スーラ〔章〕にある「予言者」自身の「神」の性格からして明白である。

「アッラー〔『神』〕に東西とも属する。だから、あなたたちがどちらを向いて祈ろうとも、そこにはアッラーのお顔がある。アッラーは遍在し、全知だからである。世の人は、アッラーが子たちを生んだ、と言う。とんでもないことだ。天と地にある一切のものが彼のものなのである。一切が天地の『創造主』であるアッラーによって所有されている。彼はあるものを定めると、それに向かって『あれ』と言われるだけで、それはあるのだ。」換言すれば、イスラームの「神」はただ望みさえすれば、その望みの対象は存在することになる。ところが、アレクサンダー・ロスによると、「神」は人間の生殖の法則に合わせて始めなければならないのだ。

イスラームの「予言者」、「全民族待望の人」モハメッドは紀元五七〇年（？）にメッカで生まれ、紀元六三二年つまりヘジラ紀元十一年にメジナで死んだ。ワシントン・アーヴィングは、この「予言者」の誕生に伴う奇跡と驚異を次のように述べている。

「彼の母は陣痛が全然なかった。彼の誕生の際には天来の光が周辺の国を照らし、新生児は天上に目を向け、叫んだ。『神は偉大なり！　神以外に神なく、私こそその神の予言者だ！』彼の降誕に天地が動揺したことは確かとされる。サワ湖の水は人里離れた水源まで枯れ、湖畔は干上がってしまい、その一方で、チグリス河は氾濫し、近隣の土地に溢れた。ペルシア王ホースルの宮殿の土台がゆさゆさと揺れ、その数塔のいくつかが地上に倒れた。……昼間ばかりか夜も多事で、『マギ』に守られ、千年以上のあいだ絶えることなく燃えてきたゾロアスターの聖火が突然消えてしまい、世の一切の偶像が倒壊した」（『モハメッドとその後継者たち』を見よ）。

「予言者」がまだよちよち歩きの赤子にすぎないころ、七十の翼を持つ天使ガブリエルが彼のところへやって来て、子の切開をし、その心臓を取り出した。ガブリエルはアダムの背信行為から全人類の心の内にある原罪の黒い滴をこの心臓から洗い落とし、その器官を「予言者」の体のもとあった所へ返した（E・H・パーマー訳

『コーラン』の脚註を見よ)。

モハメッドは若いころメッカの隊商たちと旅し、ある時は叔父の鎧持ちの役を演じ、また遊牧民ベドウィンのなかで相当期間過ごし、彼らから古代アラビアの宗教的、哲学的な伝統の多くを学んだ。叔父アブー・ターレブと旅行中に、モハメッドはキリスト教のネストリウス派の修道士たちと接触を持ち、ある夜彼らの一僧院の近くに野営した。ここで若き未来の「予言者」はキリスト教信仰の起源と教義に関する知識の多くを得た。

歳月が経つにつれ、モハメッドは事業面で著しい成功を得、二十六歳ごろ雇い主のひとりで彼より十五歳ほど年上の裕福な未亡人と結婚した。未亡人は名をハディージャと称し、明らかに幾分かは欲得ずくで彼と結婚したのだった。それというのも、この若い事業経営者が世にも有能であることを知り、彼を一生涯その地位に置いていこうと決めたからだ。ハディージャは人並すぐれた知力の持ち主であって、イスラームの信仰が早くから成果を得たのも彼女の誠実さと献身によるものとされなければなるまい。モハメッドは結婚により比較的貧乏な地位から莫大な富と力のある地位へと高められたが、彼の行動は実に人の模範となるものだったので、メッカ中で「誠実で真実の人」として知られるようになった。

モハメッドは、ラマダン(九月)にヒラー山の洞窟で瞑想していた折にその声を耳にした「神」に仕えるために、富も社会的地位もためらうことなく犠牲にしなかったら、名誉と尊敬を受けるメッカの一市民として暮らし、死んだことであろう。毎年モハメッドはヒラー山(爾来ジェベル・ヌール〔『光の山』と呼ばれる〕の岩がちの荒涼たる斜面をよじ登り、ひとりここで「神」に、アダムの純粋な宗教を、宗派の争いで人類が失ったあの霊的教義を改めて啓示していただきたい、と大声で叫ぶのだった。夫の身の健康を害しつつある禁欲の修行を心配してハディージャは、時には疲労の重なる不寝の行を共にし、女性特有の直感で夫の魂の陣痛を感ずるのだった。

モハメッドの夜の天国旅行（ドッソンの『オスマントルコ名場面集』より）
『コーラン』第十七章に，モハメッドがある夜のことメッカの神殿からエルサレムの神殿へ運ばれたと書かれているが，この不思議な旅の詳細は述べられていない。『ミシカーツ・ル・マサビー』にはモハメッドがたった一夜のうちに七天を通って幾重ものヴェールに包まれた「神」の氷のように冷たい所へ昇り，続いて自分のベッドへ引き返したと語っている。
モハメッドは天使ガブリエルにより夜中に目を覚まされ，ガブリエルは「予言者」の心臓を取り出してから，その腔をザムザムの聖水で洗い，心臓に信仰と学問を詰めた。稲妻を意味するアルボラクと称する不思議な生物が「予言者」の乗り物として持ってこられた。アルボラクは騾馬の姿と大きさをした白い獣で，頭部は女，尾は孔雀のそれと説明されている。ある説明によれば，モハメッドはアルボラクに乗ってエルサレムへ行ったにすぎず，そこのモリア山でアルボラクから降り，天から垂れ下がる金の梯子の下の踏み子を握りしめ，ガブリエルに伴われて地球と至高天の内面とを分かつ七天球層を通って昇っていったという。各天球の門には族長たちがひとりずつ立っており，モハメッドはさまざまの天球に入る際に挨拶した。第一天の門にはアダム，第二天の門にはヨハネとイエス（姉妹の子たち），第三門にはヨセフ，第四門にはエノク，第五門にはアーロン，第六門にはモーゼ，第七門にはアブラハムが立っていた。族長や預言者の順序については別のものもあり，それによると，イエスは第七天の門にいて，モハメッドはこの地点に到達するやいなや，イエスに対して「神」の座の前にあって自分のために執り成してほしいと求めたという。

遂に彼が四十歳のある夜のこと、マントで身をくるみ、洞窟の床で横になっていたとき、さっと強い光が彼を射した。天なるかたの至福に包まれて完全な平安と悟りの感覚に圧倒され、彼は意識を失った。われに帰ってみると、天使ガブリエルが前に立ち、神秘的な文字が書かれている一枚の絹のショールを示した。この文字からモハメッドは、その後『コーラン』に具体化される根本的教義を獲得した。それからガブリエルははっきりとした驚嘆すべき声で話し、モハメッドが生ける「神」の「予言者」だと告げた。

畏怖の念に駆られ、身を震わせながら、モハメッドはハディージャの許に急いだが、それは、その幻視が彼の軽蔑して止まぬ異教の魔術師たちに仕えるのと同じ悪霊によって生じたものではないかと恐れたからだった。ハディージャは、彼自身の有徳な生活がきっと身を守ってくれるし、悪を恐れるには及びません、と言った。このように元気づけられて「予言者」はガブリエルの再訪を待った。だが、この再訪がなく、彼の魂は非常な絶望感に満ちるところとなり、彼は自殺を企て、まさに断崖絶壁から身を投げようとしたところ、なんと突然ガブリエルが再び現われたのでやっと事なきを得た。ガブリエルは、信者たちが必要とする啓示は、それが必要になったときに授けられようと言って「予言者」を再び元気づけた。

おそらくは孤独な瞑想期間の結果として、モハメッドはわれを失い、気絶もしやすかったようである。『コーラン』のいろいろな章が口述された折、彼は急に意識がなくなり、周囲は冷たいにもかかわらず、全身玉のような汗だったと言われる。しばしばこの発作は予告なしに襲ってきたが、ひどい汗による悪寒を防ぐためによく毛布にくるまって坐ることもあり、また、一見すると意識を失っていると思われるあいだも、少数の腹心の友人たちが記憶にとどめるか、文章にする、いろいろな章句を口述するのだった。晩年、アブー・バクルがモハメッドの鬚に灰白の毛があると言った折には、モハメッドは鬚の先を持ち上げ、それを見てから、その白いのは霊感の期間中に伴う身体の苦痛のせいだと言うのだった。

モハメッドの作とされる著作が、もし癲癇患者の幻覚にすぎないとみなし、その理由から割引されるとしたら、彼を中傷するキリスト教徒は「予言者」の教義と同様に、自分たちが断言して止まぬ教えそのものまでも傷つけないように用心すべきであろう。それというのも、初期の教会の信者、伝道者、聖者たちの多くは異常神経に罹りやすかったことは周知のところだからである。モハメッドの最初の帰依者は妻のハディージャで、彼女の他に直系の家族の者たちが続いたが、それはウィリアム・ミュア卿を感動させ、書き留めさせることになったものだった。

「イスラームの最初の帰依者たちが品行方正な人格の持ち主ばかりでなく、親友や家族の者たちだったことはモハメッドの誠実さを強く確証するものであって、彼らは、モハメッドの私生活をよく知っていたから、いつの世にあっても多かれ少なかれ戸外で偽善ぶる詐欺師の口先だけの言明と家庭での彼の行動とのあいだにあるあの不一致を見抜けなかったとはありえないことである」(『モハメッド伝』を見よ)。

イスラームを認めた最初のひとりはアブー・バクルで、彼はモハメッドの一番親密な、最も忠実な友、事実上彼の他我になった。すばらしい教養人のアブー・バクルは「予言者」の企ての成功に物質面で貢献し、「予言者」がはっきりと望んだ通り、モハメッドの死後は信者たちの指導者になった。アブー・バクルの娘アーイシャがモハメッドの後妻になったので、二人の友愛の絆はなおいっそう固められた。物静かだが熱心に、モハメッドは少数の有力な友人たちのグループのなかで教理を広めた。信者たちの熱意に押され、とうとう行動に出、自らの使命を公言したとき、彼は、すでに、強力で見事に組織された一宗派の指導者になっていた。メッカの市民たちはモハメッドの高まりゆく名声を恐れ、聖都の内で血を流すことはできないという昔ながらの伝統を無視し、「予言者」を暗殺することによってイスラームを根絶することに決めた。この犯行の罪がより均等に配分されるようにと、相異なるグループの者たちが皆連合した。折よくその危険を発見して、モハメッドは友のアリーを床に残して、アブー・バクルと都から逃げ、メッカの市民たちを巧みに巻き、ヤスリブ（後にメジナと呼ばれた）へ先に行っていた信者の本体に合流した。この事件——ヘジラ、つまり「聖遷」と呼ばれる——に、イスラームの年代体系は基づいている。

「ヘジラ」のときから「予言者」の力は着実に増し、やがて第八年モハメッドは事実上無血の勝利の末にメッカに入り、そこを信仰の霊的中心に定めた。彼はメッカの北方に軍旗を立て、都に乗り入れ、神聖なカーバ神殿の周囲を七度巡った後、その境内の三六〇体の偶像を切り倒すようにと命じた。それからカーバ神殿そのものの内に入り、偶像崇拝を連想させるものを一掃し、建物もイスラームの一なる神アッラーへ奉献した。次にモハメッドは自分を滅ぼそうと図った敵全員の大赦を認めた。彼の庇護の下にメッカの力と栄光は増大し、毎年の大いなる巡礼の中心地となり、今日に到るも巡礼の数ヵ月中は砂漠を超えて行列がうねうねと続き、六万人以上を数える。

「ヘジラ」の十年後にモハメッドは告別の巡礼をし、これを最後とメッカの「黒石」に通じる聖道を信者たちの先頭に立って行った。死の予感が強まり、彼はこの巡礼を今後に続く実に多数の全信者の完璧な見本にしたいと願った。

「内なる生命が衰えゆくのを意識して」とワシントン・アーヴィングは書いている、「モハメッドは信仰の聖都でのこの最後の滞在中、信者たちの頭と胸の内に教義を深く刻み込もうと努めた。この目的のために、彼はしきりとカーバの説教壇や野外の駱駝の背から説教した。『わたしの言葉をよく聞きなさい』と彼は言ったものだった、『今年が過ぎると、二度とここでわたしたちが再会できるかどうかは分からないからだ。おお、聴衆の皆さん、わたしはあなたたちと同様にひとりの人間にすぎない。死の天使がいつ現われるかもしれないが、そのお呼び出しには従わなければならない。』」こうして説教している最中に、なんと天が開いたそうで、神の声がして言った。「今日わたしは汝らの宗教を完全なものとし、汝らの上にわたしの恩寵をそそぎ尽した。」これらの言葉が発せられると、信者たちは皆伏し拝み、モハメッドの駱駝でさえも跪いた（『モハメッドとその後継者たち』を見よ）。モハメッドは告別の巡礼を済ませ、メジナへ帰った。

ヘジラの七年後（モハメッド紀元七年）ヘイバルで「予言者」を毒殺しようとの企みがなされた。モハメッドが毒入りの食物を一口食べたとき、肉の味のせいか、それとも信者たちが信じているように、神の執り成しのせいか、そのいずれかによってその悪企みは露見した。だが、すでに食物を少し呑み込んでいたため、彼はその後死ぬまで毒の影響でほとんど絶えず苦しむことになった。モハメッド紀元十一年、最後の病気が彼を襲ったとき、モハメッドは、毒の微妙な影響こそ迫り来る死の間接的な原因であると主張した。最後の病気のなかにあって、ある夜のこと、彼は起きて、メジナの郊外にある墓地を訪れ、自分もまもなくそこの死者たちのひとりに数えられると確信した、と伝えられている。このとき、物質生活を続けるか、それとも「主」の許へ行くか、選ぶようにと言われ、自分は自らの「創造主」に会うほうを選んだ、と彼はお付きの者に話したという。

モハメッドはひどい頭痛と腹痛、また熱に苦しんだが、六月八日恢復したように思われた。信者たちの祈禱にも加わり、中庭に坐って彼らにはっきりとした、力強い声で説教をした。彼が無理に体を使ったのは明らかである。なぜなら、モスクの中庭に通じるアーイシャの家へ入るにも助けてもらう必要があったからである。この家の何も無い床に置かれたざらざらの台の上でイスラームの予言者は、この世での最後の二時間を過ごした。アーイシャは老いた夫が激痛で苦しんでいるのを見て、当時まだ二十歳の女だったが、物心ついてから知っているし、夫というよりも父のように思えたに違いない人の灰白の髪の頭を持ち上げ、最期まで両腕で彼を支えていた。死の迫ったことを感じて、モハメッドは祈った。「おお、主よ、お願いです、死に苦しむわたしめをお助けください。」それからささやくような声で三度繰り返して言った。「ガブリエルよ、私のすぐ近くへ来たまえ」（詳しくはウィリアム・ミュア卿の『モハメッド伝』を調べよ）。『予言者としての英雄』でトマス・カーライルは次のようにモハメッドの最期について書いている。「彼の最後の言葉はお祈りであって、『創造主』の許へと、希望におののきながら、懸命に進み行こうとする心から途切れ途切れに発せられたものだった。」

モハメッドはその死んだ部屋の床下に埋められた。その墓の現状は次のように説明されている。

「フジュラーの上部には緑のドームがあり、そのドームには一連の球から生じる金色の大きな三日月がかかっている。その建物の内にはモハメッドとアブー・バクルとウマルの墓があり、主イエス・キリストの墓に当てる場所も取ってある。キリストは再び地上を訪れて死に、メジナで埋葬されるのだとモハメッド教徒は言う。『予言者』の娘ファティマの墓は建物の別の部分にあると想像されているが、バキーで埋められたと言う人もある。『予言者』の遺体は右の脇腹を下に横を向き、ぴんと背筋を伸ばした格好で、右手の掌でもって頬杖をつき、顔はメッカを向いているそうである。彼のすぐ背後にはアブー・バクルが安置され、その顔はモハメッドの肩を向いており、次にウマルがおり、彼は敬意を表しながらバクルと同じ姿勢でいる。キリスト教徒の史家のあいだでは、モハメッド教徒たちが『予言者』の棺が宙吊りになっていると信じていたとの趣旨の俗説がある。が、これはイスラーム文学にあってまったく何らの根拠もない話であって、ニーブールは、その話は外国人に売られた下手な絵から作り上げられたものに違いないと考えている」（『イスラーム辞典』を見よ）。

モハメッドの性格についてはこの上なくひどい誤解がなされてきた。彼は極めて残酷、好色だという非難を支持する証拠はひとつも無い。それどころか、モハメッドの一生を冷静な研究者がつぶさに吟味すればするほど、彼の本性の美質がいっそう明白になってくる。カーライルの言葉を借りて言えばこうである。

「モハメッド自身は、結局のところ、好色な人ではなかった。この人を俗っぽい淫蕩者で、殊に卑しい快楽、いや、どんな種類の快楽にも耽る人だと考えるとしたら、われわれは大変な誤りを犯すことになろう。家財はこの上なく質素だし、日常の食事も大麦のパンと水だった。時には数ヵ月にわたって炉に一度も火がつかないこともあった。……彼は貧乏で勤勉、暮しも楽でない人で、俗人があくせく働いて目指すものには無頓着だった。……人々は彼のことを『予言者』と呼んだぞ、と仰せられるか。いいですか。彼は人々と向かい合って、ちゃんと立っていたのだ。そこでは別に神秘的な人として祀られるのでもなく、人目につくなかで自分で外套の繕いをし、靴の修繕もし、人々のあいだにあって戦い、忠告し、命令を下したのだから、読者が彼のことを何とお呼びになろうと、彼がどんな類の人だったのか、人々は見て知っていたに違いないのだ。宝冠をかぶる帝王といえども、自分で繕った外套を着たこの人ほどにその命令が守られたためしはなかったのである。」

「予言者」の生涯と、長いあいだ真実だと受け入れられてきた馬鹿馬鹿しい説明とに折合いをつけようという明らかに絶望的な仕事に困惑しながらも、ワシントン・アーヴィングは彼を公正な秤にかけて慎重に考えている。

「彼の成した軍事的勝利も、我利我利亡者的な目的のためと違って、何らの傲りも虚栄心も起こしはしなかった。最高の権力を握っていたときにあっても、不遇の時期と同じ天真爛漫な礼儀作法と体裁を捨てなかった。……彼の身の上のさまざまな面全体に及ぶこの明らかなる心からの敬神とつながる、こうした完全な自己否定こそ、モハメッドの性格を正しく評価する上で困惑の因となるのである。……幼い息子のイブラヒムの臨終に際して彼が顔を寄せるなかに、『神』の心に一切を委ねようとする態度がこの最も激しい苦痛の最中にも見られたし、まもなく自分も『天国』で子に再会するのだという希望こそ、彼の心の慰めだったのである」（『モハメッドとその後継者たち』を見よ）。

アーイシャは「予言者」の死後、彼の習慣について尋ねられると、彼が自分で衣服の繕いをし、靴を直し、彼女の家事を手伝ったと答えるのだった。彼は何にもまして縫うことが好きだったというアーイシャの素朴な告白は、モハメッドが殺生を好む性格だったという西欧の考えとはまるでかけ離れたものなのだ。彼はまた、奴隷たちの訪問を認め、召使いたちと一緒に食事をし、自分も召使いだと公言するのだった。彼はあらゆる悪徳のうちで嘘をつくことを最も嫌った。死ぬ前には奴隷たちを皆解放した。信者たちが出す喜捨や納付金を家族の者が個人的な目的で使うことも決して許さなかった。砂糖菓子が好きだったし、雨水を飲料水に使った。時間は三部に分けた。つまり、第一部は神へ捧げ、第二部は家族に使い、第三部は自分に充てたのである。しかし、その後、自分用の時間は犠牲にして、信者たちの用に当てた。彼は主に白衣を着ていたが、赤や黄、緑の衣も着た。モハメッドは黒いターバンを巻き、黒い旗を持ってメッカに入った。豪華で目立つ衣裳は信仰に厚い者には似合わないと言って、彼はこの上なく質素な衣しか着なかったし、祈禱中に靴も脱がなかった。歯をきれいにしておくことには特に注意し、彼は臨終の際に弱りすぎて口が利けなくなると、爪楊枝が欲しいと身振りで示すのだった。何か忘れ物をするのではないかと思うと、「予言者」は指輪に糸を結わえ付けた。かつては実に見事な金の指輪をはめていたが、信者たちが彼に張り合おうと同じような指輪を付けるようになったのに気づき、信者たちが悪い習慣を身に付けないように自分の指輪を取り外し、捨ててしまった（『モハメッド伝』を見よ）。

モハメッドに対し、最も頻繁に出され、また明らかに最も傷となる非難は、一夫多妻だとの非難である。ハー

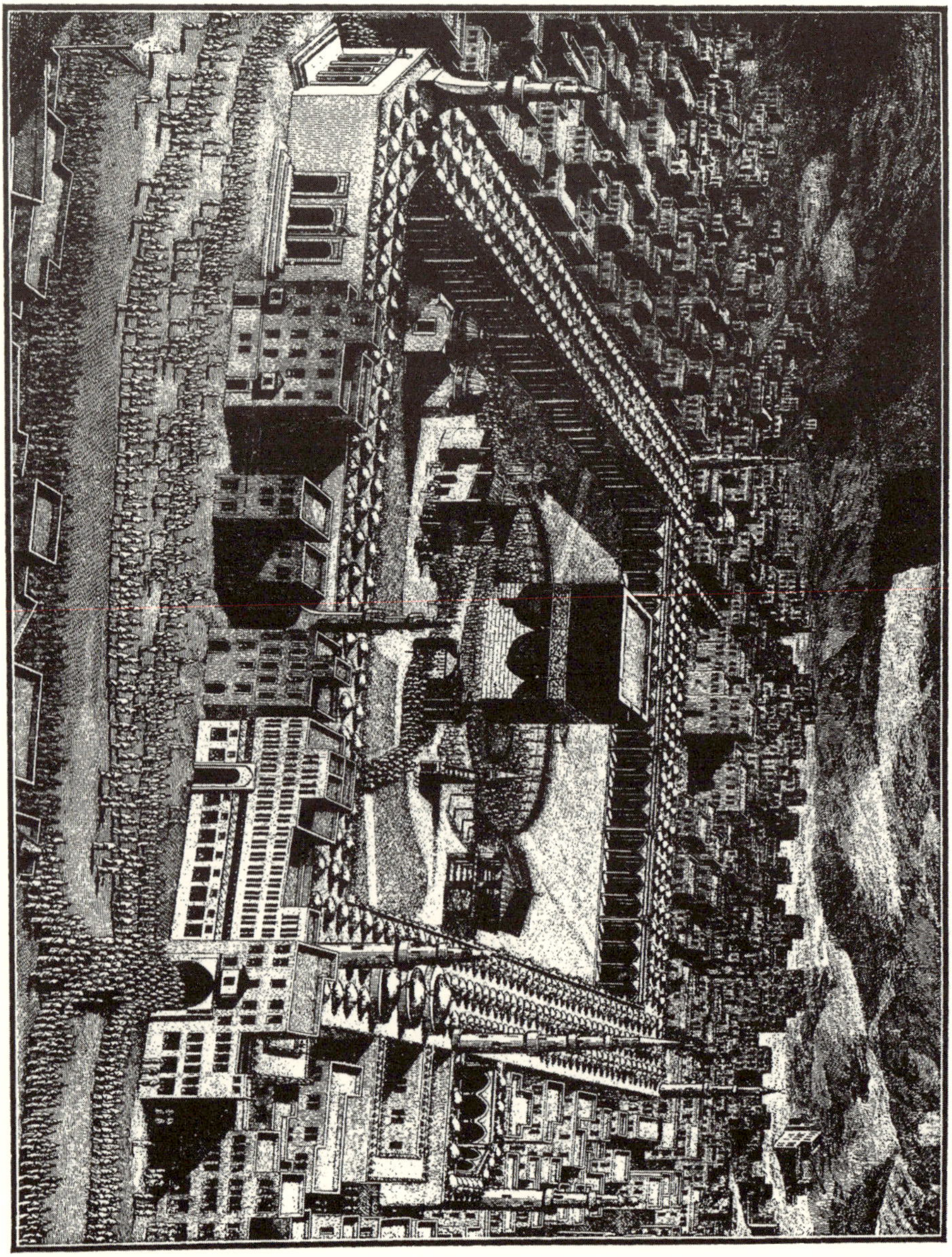

イスラームの聖地カーバ（ドッソンの『オスマントルコ名場面集』のメッカのパノラマの一部）

カーバはメッカのモスクの広大な中庭の中央にある立方体の建物で、イスラーム世界最高の聖地である。「予言者」の信者は一定の祈禱の時刻に一日五回そのほうを向かなければいけない。他のほとんどすべての信仰の信者同様、モハメッド教徒たちも祈禱中は元来「東」を向いていたが、その後の布告によりメッカのほうへ顔を向けるように命じられた。

モハメッドのモスクとして再建される以前のカーバの歴史については、その建物が異教の神殿だったという以外に知られることは少ない。「予言者」がメッカをかち取ったとき、カーバとその周囲の中庭には三六〇体の偶像があったが、それらはモハメッドが現実に聖堂に入らない前に彼によって破壊された。カーバは「旧家」と称されるが、長さ約三十八フィート、高さ三十五フィート、幅三十フィートの不規則な立方体である。四方の壁の長さは各々少し違うが、壁の端の長さは一フット余りである。南東の壁の角の地上に近い所（約五フィート）にアブラハムの神聖かつ神秘的な黒石のエーロライト（石質隕石）がはめ込まれている。この石は天使ガブリエルにより初めてあの族長に授けられたときは、実にぴかぴかと白く輝き、地球上の四方八方から見ることができる程だったが、その後、人間の罪障のために黒くなっていった。この黒石は卵形で、直径約七インチあったが、七世紀に破壊され、今では寄せ集めて銀の枠でしっかりとひとつにしてある。

言伝えによれば、天地創造の二千年前にカーバはまず天国で建立され、そこには今もなおその原形が残っているという。アダムは原初のカーバが占めていた天国の区域の直下の地点にカーバを築き、聖なる五山、シナイ、アル－ユディー、ヒラー、オリヴェット、レバノンから石を選別した。一万の天使がこの建物の守衛として任命された。「洪水」の際にこの聖なる家は破壊されたが、その後アブラハムと子のイシマエルにより再建された（詳細は『イスラーム辞典』を見よ）。カーバの地域が元来は先史時代の石作りの祭壇もしくはストーンヘンジと同様の成形してないモノリスの環状石で占められていたこともありうる。エルサレムの神殿と同様に、カーバはいろいろと有為転変し、現在の建物はキリスト紀元十七世紀より先立つものではない。メッカが紀元930年に略奪されたとき、かの有名な黒石はカルマト人たちのものとなり、二十年余り所有され、王侯の身代金にふさわしい額と交換に結局は返還されたが、その石なるものが本当に元の石だったのか、それとも替玉だったのか、それは未解決の問題である。

カーバの北側にはハガルとイシマエルの墓と想像されている墓があり、扉（地上より約七フィート上にある）近くには、アブラハムがカーバ再建中に立っていたという石がある。さまざまの被いが立方体の建物の上に常に投げかけられてきた。毎年取り換えられる現代の緞帳は金糸の刺繍のある黒い金襴である。古くなった緞帳の小さな切れ端は聖遺物として巡礼者により尊ばれている。

カーバへの立入りは移動のできる階段を使ってなされる。内部は多彩な大理石や銀、金の裏打ちが施されている。建物は一般に窓がないと考えられているけれども、この点は議論のあるところである。屋根へ上がるためには銀板で被った扉を通る。カーバには『聖書』の他に十三のランプがある。建物の周囲の広大な中庭には多数の神聖な物があり、元来は三六〇本の柱から成っていた柱廊が境となっている。その中庭には十九の門が開いており、これはメトン周期の神聖かつ意味のある数、また、ストーンヘンジの内側の環状石の数でもある。カーバの頭上の七つの大尖塔と、建物に関係する聖なる式典のひとつとには、明らかに天体運動を説明しようとして中央のカーバを巡る七本の円環状の道が含まれている。

レムが霊性と一致しがたいと心から信じている人たちは、ダヴィデの「詩篇」やソロモンの「箴言」を同様にして『聖書』の目録から削除する運動に出るべきであろう。イスラームの「予言者」のハーレムなど、イスラエル最高の賢明な王や「最高神」に好意を持たれていたという者が囲ったハーレムに較べれば、取るに足らないものだったのだ。モハメッドが女には魂が無いので、結婚して初めて天国へ行けると教えたという俗説は、「予言者」の生前の言葉と態度からして立証不可能である。モハメッド・ウェッブは一八九三年シカゴで催された「世界宗教会議」で講演した『社会情勢に及ぼしたイスラームの影響』と題する論文で、この非難を説明し、次のようにそれに答えた。

「モハメッドと『コーラン』は女性に魂が無いとし、女性を獣と同じ地位にしたと言われてきましたが、『コーラン』は女性を男性とまったく完全に平等の地位に置いており、『予言者』の教えはある点で女性が男性に優る地位によく置いています。」ウェッブ氏は『コーラン』の第三十三章第三十五節を引用してその立場を正当化している。

「本当に、いずれの性であれモハメッド教徒たる者、いずれの性であれ真の信者たる者、敬虔な男、敬虔な女、正直な男、正直な女、忍耐強い男、忍耐強い女、謙虚な男、謙虚な女、いずれの性であれ喜捨をする者、断食する男、断食する女、貞潔な男、貞潔な女、いずれの性であれよくアッラーを思い出す者——アッラーはその者たち皆にお許しと大いなる報いとを準備くださった。」ここには天国に到達するには、唯一の解決の道は個々人の功績によるしかない問題だと明確に示されている。

その最期の日、モハメッドは愛娘ファティマと叔母サフィヤに告げた。「あなたたちが『主』に受け入れてもらえることになるものを為し遂げなさい。私は本当にどのようにしてもあなたたちを救ってあげられる力を『主』に対して持ってはいないからだ。」「予言者」はいずれの女に対しても、その夫の徳に頼るようにとは忠告しなかったし、また、女の救済が夫の人間らしい脆さの如何によるなどとは決して暗示もしなかったのである。

それとは正反対の考えもいろいろと『コーラン』には出ているが、モハメッドはそれらの矛盾や不一致に何の責任もない。教典は彼の没後二十年余り経つまで編纂されず、その時になってやっと現在の形のものとなったからである。現存の『コーラン』の大部分は、時折、真の霊感の例が光って見える風説の寄せ集めなのである。人間モハメッドについて知られていることからして、こうした比較的高貴な、優秀な箇所こそ「予言者」の真の教義を再現していると想像するのが穏当であって、その他の部分は明らかに書き入れたものであり、誤解から生まれた所もあれば、制圧途上のイスラームの一時的な野心を満足させるように計算されたまったくの改竄の箇所もある。この問題については、ゴッドフリー・ヒギンズが例によって明快に語っている。

「ここには、モハメッドと最初の四人の誠実で熱心な指導者たちの『コーラン』と、制圧途上の――高慢と虚栄心にのぼせ上がった――堂々たるサラセン人の『コーラン』がある。折衷主義哲学者による『コーラン』はアジアの征服者たちに合いそうになかった。彼らの極悪非道な行為を正当化する根拠を見つけるためには、古い『コーラン』に新しいものが接ぎ木されなければならなかったのだ」(『アナカリュプシス』を見よ)。

事物の真相が見抜ける少数の人たちにとって明らかなことは、哲学、宗教、倫理上の偉大なる体系一切の中核を必ず成している、あの秘密の教理をモハメッドも知っていたということである。モハメッドは次の四つの可能な道の一筋を通じて古代の「密儀」の教えを身につけたのかもしれない。(一)見えざる世界の「大学」との直接の接触。(二)キリスト教のネストリウス派の修道士たち。(三)『コーラン』の全章が啓示された期間中によく現われては消えたひとりの神秘的な聖人。(四)偶像崇拝に陥りはしたが、「古代の知恵」の祭儀の秘密を依然として保持していたアラビア既存の退廃的一学派。イスラームの奥義なるものは、「予言者」の誕生の数世紀前にカーバ神殿で行なわれた古代の異教徒の「密儀」に直接基づくものだったということが今後立証されるかもしれない。事実、「イスラームの密儀」に今日具体化されている儀式の多くが異教のアラビアの残存物であることは、一般に認められているところである。

女性の原理的力はイスラームの象徴体系にあって繰り返し強調されている。例えば、ウェヌスの金星に捧げられた金曜日はモハメッド教徒の聖なる日である。緑は「予言者」の色であり、緑の草木を象徴するため、必ず「世界の母」と連想される。そして、イスラームの三日月と新月刀の両者は、月か金星か、そのいずれかの三日月形を表わすものと解釈できよう。

ジェニングズによれば、「メッカの有名な『聖石』カバール、カーバ、カビール、もしくはケビールは、『信者』が心から口づけするものであるが、『魔除け』に他ならない。今日に到るまでそれには三日月形の金星像が彫られているのが見えるそうである。他ならぬこのカーバこそ最初は偶像崇拝的な神殿であって、アラビア人はそのアル‐ウッザ（神にしてイッサ）、つまり、金星のウェヌスを崇拝した」（ケニアリーの『第二の神の使者、エノクの書』を見よ）。

「モハメッド教徒は」とウィリアム・ジョーンズ卿は書いている、「すでに一種の異端的キリスト教徒なのであって、もしロックの推論が正しいとしたら、彼らはキリスト教徒なのだ。なぜなら、彼らは『メシア』の処女懐胎、神性、奇蹟を固く信じているからである。ただ、メシアの『子』としての性格、『神』として『父』と同等だということを断固として否定する点で、彼らは異端の徒である。『父』は一体だとし、『父』の諸々の属性について彼らは世にも敬虔なる考えを持ち、それを口にするのだが、キリスト教の教理はまったくの瀆神だと考え、キリスト教の『聖書』はユダヤ教徒とキリスト教徒の両者によって腐敗堕落していると主張するのである。」

次のくだりは、キリスト教の『福音書』から削除されたものだ、と「予言者」の信者たちにより断言されている。「そしてマリアの『子』イエスは言われた。おおイスラエルの子たちよ、真にわたしこそあなたがたの許に送られた『神』の使いであり、わたしの前で述べられた法を是とし、わたしの後から来る使いについて善き知らせを持ってきたのだ。その使いの名はアーメッド（AHMED）と呼ばれよう。」彼らはさらに主張して、イエスの後から来る助け主にまつわるイエスの預言のある現行の本文中の「助け主」という言葉は「輝ける」と訳されるべきであって、それはモハメッドに直接言及したものだとし、また、五旬節《ペンテコステ》の日に使徒たちの許に降臨した焔の舌は決して約束の助け主を表わすものと解釈できないとする。だが、『福音書』の原本にこうしたいわゆる削除されたモハメッドの言及があったという決定的な証拠を求められると、彼らはキリスト教のもといたる原資料を出してみよと逆に要求を出す。このような文書が発見されるときまで、その問題点は議論を呼ぶ因として残らねばなるまい。

イスラームから受け継いだ文化の遺産を無視するとしたら、それは許しがたい見落しであろう。南ヨーロッパで三日月が十字架を制覇したとき、それは当時並ぶもののなかった文明の先駆となった。『モスク研究』でスタンレー・レイン＝プールは書いている。

「スペインはモハメッド教徒の支配者の下にあって八世紀近くのあいだ全ヨーロッパに文明開化の国たるものの輝ける見本を示すものだった。……美術や文学、科学の繁栄は当時のヨーロッパでは他に較べる所がなかった。フランス、ドイツ、英国の学生たちがムーア人の都だけに滾々と湧き出ている学問の泉の水を飲もうと寄り集まってきた。アンダルシアの医者や博士は学問の先頭に立っていた。女性たちも真剣に学問に専念するように励まされ、女流博士とてコルドヴァの市民のあいだで知られなくもなかった。数学、天文学、植物学、史学、哲学、法学はスペインにあって、そしてスペインにして初めて修得できたのだった。」

『原典双書』は次のようにイスラームの及ぼした影響を要約している。

「イスラームの教義が生んだ結果は非常に過小評価されてきた。モハメッドの死後一世紀にしてそれは小アジア、アフリカ、スペインと、文明世界の半ば以上をキリスト教からもぎ取ってしまい、『暗黒時代』の続くあいだ世界最高の文明を築いたのだ。それはアラブ民族を最高の発展段階にもたらし、一夫多妻制を止めなかったけれども、東洋における女性の地位を向上させ、トルコ人が支配権を握るまでは大方において進歩を奨励したのである。」

同書にあって人類の知識に重要な貢献をしたイスラームの大科学者や哲学者にまじって名をあげられているのは、九世紀に近代化学の基礎を築いたゲルベルもしくはジャヴェル。十世紀に代数理論を紹介したベン・ムーサ。十一世紀に深遠な光学研究をし、凸レンズの拡大する力を発見したアルハーゼン。同じく十一世紀にその医学百科が当時の標準本となったアヴィケンナもしくはイブン・シーナと、大カバリストのアヴィケブロンもしくはイブン・ジェビロルとの二人。

今引用した権威者は話を続けて言っている。「翻ってモハメッド教徒たちの科学を見るに、彼らが化学の最初の基礎を築き、数学と光学の面で重要な進歩を成したことが分かろう。彼らの諸発見もヨーロッパ文明の道程には決してそれほどの影響を与えなかったけれども、これは、ヨーロッパそのものがその発見を理解して利用できる程に啓発されていなかったためだった。酸化しない前より酸化後の鉄のほうが重いというゲルベルの観察は繰り返して行なわれなければならなかった。同様に光学上の研究や、多くの地理上の発見もそうだった。彼らはヴァスコ・ダ・ガマよりとっくの昔にアフリカを周航していた。火薬製造も彼らによって北ヨーロッパへ入ってきた。キリスト教圏のヨーロッパの暗黒時代もモハメッド教徒たちの世界にあっては光明の時代だったことを決して忘れてはならないのである。哲学の分野ではアラブ民族はヨーロッパへ来て発見した新プラトン主義をまず採用したが、研究を進めて徐々にアリストテレスへと戻っていった。」

フェニックスが六百年ごとに再生するという神秘的な謎は何を意味するのか。「世界の密儀」の聖域の奥からかすかにその答えがささやかれる。紀元前六百年に知恵のフェニックス（ピュタゴラスか）が翼をひろげ、犠牲の火に焼かれて人類の祭壇上で死んだ。ナザレにあってこの鳥は自らの灰より再生したが、それもアダムの頭蓋骨の内に根を持つ木の上で死ぬこととなった。紀元六百年、アーメッド（モハメッド）が現われた。再びフェニックスは、今度はヘイバルでの毒のため苦しんだが、炭と化した灰から蘇り、モンゴルの地に翼をひろげ、そこでジンギス汗は十二世紀に知恵による支配権を確立した。ゴビの大砂漠を旋回し、フェニックスは再びその姿を消し、今それはあるピラミッドの奥のガラス棺の内に葬られたままである。その棺には「密儀」の言語に絶した模様が描かれている。ジンギス汗の死後六百年経ち、ナポレオン・ボナパルト――彼は自分のことを運命の人と信じきっていた――は、その遍歴のなかでこの知恵の絶えざる周期的再生にまつわる不思議な伝説を知ったのであろうか。彼は自分の内にフェニックスの翼がひろがっていくのを感じ、世界の希望が自分にあって肉と化したのだと信じたであろうか。彼の軍旗の鷲は、たぶん、フェニックスだったのだろう。こうすると、なぜ彼が自分はキリスト王国を地上に樹立する運命を負わされているのだと信じる気持になったのか、説明できようし、少ししか理解されていないことだが、彼がイスラームの信者たちに友好的だった謎を解く糸口ともなろう。

前頁――ヒバルバの密儀

『ポポル・ヴー』の第二巻における英雄フナープとホバランクが、ヒバルバの密儀の「蝙蝠の家」の試練を受けている様子がここで描かれている。蝙蝠の王カマゾツは突然暗闇から現われ、その大きな剣で自分の領域に踏みこんだ大胆不敵な侵略者に襲いかかっている。人間の獣的本性は時々蝙蝠として描かれるが、それはこの動物のように、霊的あるいは哲学的太陽の光によって盲になり、力を奪われているからである。物質性と無知の夜に存在する人間性のその部分は、物質的な生存法則に従って生きている。吸血鬼の大蝙蝠のように堕落し貪欲な者は、不注意な者に襲いかかり、その餌食となったものの生命物質をむさぼり食うと、ものうげに暗い洞窟に戻り、太陽の光から身を隠す。感覚の世界に住み、救いがたいほど世俗性に身をまかせている者は、絶えず夜のなかに住み、意図するとしないとにかかわらず悪を行なう。光が消え、暗闇が地表に降りると、夜の生物たちが姿を現わす。古代人たちは暗闇を恐れ、すべての気味の悪い音や影が、未知なるものの恐怖を呼び起こした。夜になると、悪鬼、幽霊、食屍鬼たちは人間を苦しめる力を与えられると信じられていた。人間は、昼間は目が見えるために勇気があるが、夜になると目が見えないためにびくびくしている。同様のことが、地上的な生物の話についても言える。物質性の暗い世界は、恐怖、憎悪、強欲、淫欲に支配される。そこでは、感覚の海をあちらこちら大儀そうに浮遊する男女の影、すなわち人間の幽霊がさ迷っている。魂が生命の霊的真理を理解したとき初めて、それはカマゾツが支配する悪鬼の家である地下世界を脱出することができる。「真理」の太陽は、人間がその精神を利己性の暗闇から無私と知恵の光に引き上げるときに、人間の内部に昇り、その世界を照らす。

アメリカ・インディアンの象徴体系

北アメリカ・インディアンは生まれながらの象徴主義者、神秘家、哲学者である。大部分の原始民族と同様に、その魂は自分の周囲に現われる宇宙的な作用と一致していた。マニド神は雲の上の高い席から創造物を支配するばかりでなく、人間の世界に下ってその赤い子どもたちと交わった。地平線の上にかかる灰色の雲は、神々の長いキセルから出た煙であり、神々は石化した木から火を起こし、彗星を炎として使うことができた。アメリカ・インディアンは、森、川、空を無数の超自然の目に見えない存在で満たした。湖の底に住むというインディアンの種族の伝説もあれば、昼間は決して人目に触れないが、夜になると秘密の洞窟から出てきて軽率な旅人を待ち伏せる種族の伝説もある。また人間の体と蝙蝠の翼を持つ蝙蝠インディアンという種族もいて、彼らは暗い森や人の近づけない崖に住み、大枝や岩の突出部から頭を下にしてぶらさがって眠っていた。元素的な生物についてのインディアンの哲学は、明らかに「自然」との緊密な接触から生まれたものであり、「自然」の説明しがたい驚異のためにそのような形而上的な思索が生じたのである。

初期のスカンディナヴィア人と共通して、北アメリカ・インディアンは大地（「偉大な母」）が、上は天圏（「偉大な霊」の住処）によって、下は暗く恐ろしい地下世界（影と地下の天使の住処）によって境界づけられる中間の世界であると考えていた。カルデア人のように、彼らは地表と天の中間領域をさまざまな層に分けており、そのなかにはたとえば雲から成る層、天体の道から成る層などがあった。地下世界も同じように分割されており、ギリシアの体系のように、密儀参入者には「小密儀の家」を意味していた。二つまたはそれ以上の元素のなかで活動することのできる生物は、各種の領域に住む霊のなかだちをする使者と考えられた。死者の住処は遠い場所、たとえば上空、地下、世界の遠い隅、大海にあると推定されていた。時々川が死者の国と生者の国のあいだに流れているが、この点でエジプト、ギリシアそしてキリスト教の神学と似ていた。インディアンにとって四という数は特殊な聖性を持つものであるが、たぶんそれは、「大霊」が四角い枠組でその宇宙を創造したためである。これは、ピュタゴラス主義者がテトラド（四）に対して持っていた敬意を思わせるものである。彼らは四が「創造者」にふさわしい象徴であると考えていた。物質的な肉体を持ちながら死者の国に入った勇敢な英雄の不思議な冒険についての伝説は、確かに北アメリカ・インディアンのあいだに「密儀」の祭式が存在したことを証明している。「密儀」が確立されるところではどこでも、それは死の哲学的な等価物と考えられていた。儀式を通過する者は、物質的な肉体にありながら死後の状況のすべてを経験したからである。儀式の完成とともに、密儀参入者は自由にその物質的な肉体を出たり入ったりする能力を得た。これが、インディアンの「影の国」すなわち「幽霊の世界」における冒険の寓話の哲学的な基礎である。

ハートリ・バー・アレキサンダーは、「全国的に、聖なる『長キセル』はインディアンの祭壇であり、その煙は天への正しい供え物であった」と書いている（『全民族の神話』を見よ）。同書の注で、パイプの儀式についての次のような説明がある。

「儀式の司会者は再び立ち上がると、平和のパイプに煙草をつめて、自分で火をつけた。三服吸うと彼は順番に、第一の煙を天頂に、第二の煙を大地に、第三の煙を『太陽』に向けて吐いた。第一の行為で、彼はこれまで生命を維持してきたことと、この会議に出席することを許されたことについて『大霊』に感謝した。第二の行為で、彼は自分を支えるために『母なる大地』がさまざまの産物を生んでくれたことに感謝した。第三の行為で、彼は決して消えることなく万物に照る光について『太陽』に感謝した。」

インディアンは、赤色粘土岩の石切場から長いいいキセルを作るために赤石を手に入れなければならなかった。遠い昔、その石切場に「大霊」が来て、自らの手で大きなパイプを作ったのち、煙を創造の四隅に向かって吐いた。これが、この最も聖なる儀式の起源である。数十のインディアンの種族は、なかには数千マイルも旅をするものがあったが、この唯一の石切場から聖なる石を得ていた。そこは「大霊」の命令によって、永遠に平和が支配する場所であった。

インディアンは太陽を崇拝することはなく、むしろこの輝く球を、その赤い子どもたちに永遠に生命を放射する「偉大な善霊」の適切な象徴と考える。インディアンの象徴体系において、蛇（特に「大蛇」）は、北米大陸に「密儀」が存在したことを裏付けている。飛ぶ蛇はアトランティスの密儀参入者の徴であり、七つの頭を持つ蛇は、アトランティスの七つの巨大な島（チボラの都市？）と先史時代の秘教哲学の七つの重要な流派を示している。さらにオハイオ州アダムズ郡にある巨大な蛇塚を見るとき、アメリカにおける秘密の教義の存在を疑う者はない。そこでは巨大な蛇が「存在の卵」を吐き出している姿が示されている。アメリカ・インディアンの多くの種族は、再受肉主義者であり、あるものは輪廻説を信じていた。彼らは子どもたちを、前生で彼らが持っていたと思われる名前で呼んだ。親が不注意から誤った名をその子どもに与えると、その誤りが正されるまで子ども

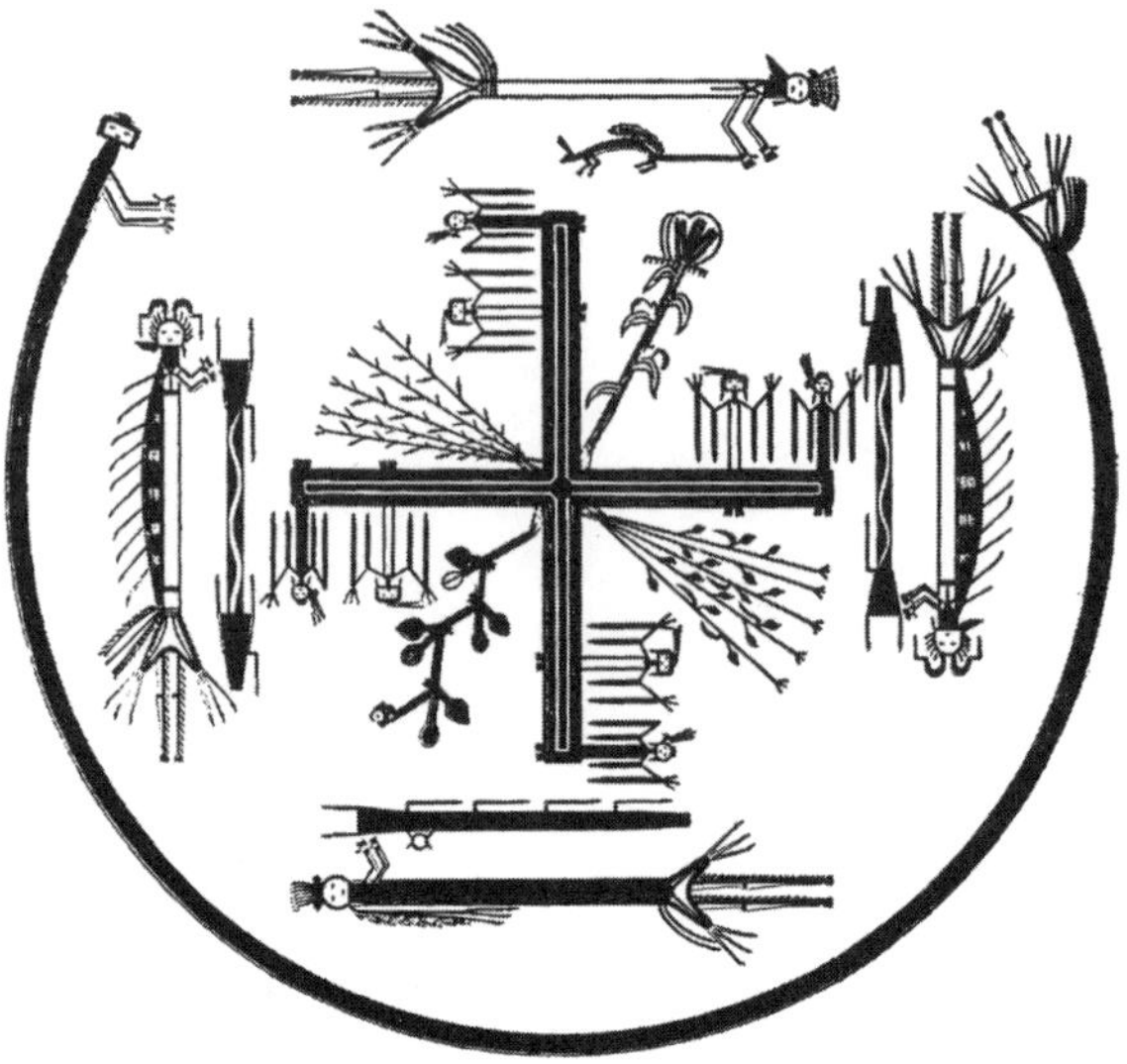

ナバホ族の砂画（ヘイスティーン・クラーの原画より）

ナバホ族の砂画あるいはから仕上げ画は，滑らかな砂の基礎の上に，色とりどりの土顔料をまき散らして作られる。ここに再生したものは，虹の女神に取り巻かれており，ナバホ族の宇宙発生神話からの挿話を描いている。この絵を描いたナバホ族の砂の祭司であるヘイスティーン・クラーによると，ナバホ族は偶像を信じることはなく，そのため神の像を作ることはないが，神の精神的な概念のみを永続化している。神々が動く雲の上に絵を描くように，祭司は砂の上に絵を描き，その絵の目的が果されると，手をさっと動かして消してしまう。彼によると，ズーニー派，ホピ族，ナバホ族は共通の起源を持ち，大地から生まれたあと，三つの種族に分かれた。

ナバホ族は，三千年ほど前，コロラド州のラプラト山と呼ばれる場所に初めて姿を現わした。ナバホ族にとって聖なる四つの山は，ラプラト山，テイラー山，ナバホ山，サンフランシスコ山である。この三つの種族が地下にいたころ，四つの山並も彼らとともに地下にあった。東の山は白，南の山は青，西の山は黄，北の山は黒であった。山が上下するにつれて昼と夜が入れ替った。白い山が上がると，地下では昼であり，黄色い山が上がると夕方，黒い山は夜をもたらし，青い山は夜明けをもたらした。七人の主神がナバホ族に認められていたが，ヘイスティーン・クラーは，インディアンがこの神々を惑星に関係づけていたかどうかについては明言することができなかった。七人の主神のひとりであるバコキディは，薄赤色の髪と灰色の目を持つ白い神であった。彼の父は太陽光線であり，母は昼の光であった。彼は天に昇り，いくつかの天体で彼の生涯はキリストの生涯に似ていた。自分の子を誘拐されたことへの復讐として，魚の神カホトソドは大洪水を生じさせた。滅亡を逃れるために，ズーニー族，ホピ族，ナバホ族は地表へと昇ったのである。

ここに再生した砂画は，病気を治療するために用意された医師シリーズの一部である。治療の儀式の際に患者は，聖なる「小屋」のなかに描かれた絵の上に置かれ，部外者はすべて外に出される。絵の中心にある聖なる卍形は，宗教象徴のなかでたぶん最も普遍的なものであり，世界の四隅を示している。左右にいる二人のせむしの神は，背中の上にある大きな雲のためにそのような外観を持っている。ナバホ族の宗教芸術では，男性の神はつねに円形の頭で，女性の神は四角い頭で示される。

は泣き続けたという話がある。再受肉の信仰は、エスキモー人においても広く行き渡っている。老いたエスキモーが、最近結婚した人の家族に再受肉するために自らの生命を断つことも珍しくない。

「密儀」の参入者に限定されていた知識であるが、アメリカ・インディアンは死者の幽霊と実際の魂の相異を認めていた。プラトン主義者と同様に、彼らもまた原型的な世界の原理を理解し、そこに地上的な領域に現われるすべての形の型が存在するとした。動物を指図する『群霊』あるいは『祖霊』の考えも、彼らが分かち合うものである。インディアンの守護霊信仰は、パラケルススの心に勇気を与えたであろう。一族や種族の全体を守るほどの重要性を獲得すると、守護霊はトーテムと呼ばれた。いくつかの種族では、若者たちが森に入って断食と祈りをし、守護霊が現われるまでそこに滞在するという行事を指示している印象的な儀式がある。その折に現われる生物が何であれ、それは彼らの固有の精霊となり、苦難のときは、彼らはその精霊に訴えるのである。

北アメリカ・インディアンの民話のなかで著名な英雄はハイアワサであり、ルイス・スペンスによるとその名前は、「貝殻の数珠を求める者」を意味している。ハイアワサは、数世紀を経て故ウッドロー・ウィルソンが抱くことになる国際連盟のようなものの夢の先鞭をつけたという栄誉を持っている。スクールクラフトの例にならってロングフェローは、イロコイ族の歴史的なハイアワサと、アルゴンキン族とオジブワ族の神話的な英雄マナボーゾーとを混同していた。イロコイ族の酋長ハイアワサは、多くの不運と失望ののちイロコイ族の五つの大部族を「五部族連盟」に統一することに成功した。戦争を廃止して調停会議に代えるという連盟の本来の目的は、必ずしも十分に成功したとは言えないが、「銀の鎖」の力はイロコイ族に、北アメリカ・インディアンの他のどの同盟によっても達成されなかった結束を与えた。しかしハイアワサは、時代や民族に関係なくすべての偉大な理想主義者が直面するのと同じ抵抗にあった。魔術師たちは、彼に反対して魔術をかけ、ある伝説によると一羽の邪悪な鳥を作った。その鳥は突然空から襲ってくると、彼の目の前で一人娘を引き裂いた。ハイアワサが自分の使命を果してから、自然に動くカヌーに乗って日没の道を去って行ったとき、彼の部族の者たちはこの恩人の真の偉大さを理解し、彼を半神という高い位置にまで祭り上げた。ロングフェローは『ハイアワサの歌』で、この偉大なインディアンの政治家に、魔術と呪術という魅惑的な背景を与えている。それでも象徴と寓意の迷路を通して、密儀参入者ハイアワサの像がかすかに浮かんでくる。彼はインディアンとその哲学の化身そのものであった。

『ポポル・ヴー』

他のいかなる聖典も、『ポポル・ヴー』ほど完全に神秘哲学の大道場における密儀参入の儀式を述べているものはない。インディアンの哲学的優秀性を議論の余地なく証明するには、この本だけで十分である。ジェームズ・モーガン・プライズは次のように書いている。「赤い『太陽の子どもたち』は『唯一神』を信仰してはいない。彼らにとって『唯一神』がまったく非個性的である一方、『唯一神』から流出したすべての力は個性的である。これは、個性的な神と自然の非個性的な活動力という西洋の一般的な考えとは正反対のものである。この二つの信念のうちいずれがより哲学的かを考えて見るとよい。『太陽の子どもたち』は、太陽の使者である『羽を持つ蛇』を崇拝している。それは、メキシコのケツァルコアトル、キチェーのグクマツであり、ペルーではアマルと呼ばれた。このアマルという名からアメリカという言葉が生まれた。アマルカは文字通りに『羽を持つ蛇の国』と訳される。この『平和の神』の祭司たちは、かつてコルディレラス山脈の中心地から南北両アメリカを支配していた。古代宗教に忠実なすべてのインディアンは、今なおその影響下にある。その強力な中心地のひとつはグアテマラにあり、『ポポル・ヴー』と呼ばれる本の作者はその集団に属していた。キチェー族の言葉でグクマツとは、ナウワ語のケツァルコアトルとまったく同じ意味である。ケツァルとは天国の鳥を、コアトルは蛇を意味しており、全体で『天国の鳥の羽毛におおわれた蛇』となる！」

『ポポル・ヴー』は、十七世紀にヒメネス神父に発見された。それはブラシュール・ド・ブルブールによって仏訳され、一八六一年に出版された。完全な唯一の英訳は、ケネス・シルヴァン・グスリのものである。それは『言語』誌の初期の号に連載され、この項目を書く上での基礎資料となった。『ポポル・ヴー』の一部が、極めて有用な注をつけてジェームズ・モーガン・プライズによって英訳されたが、残念なことにその訳は未完であった。『ポポル・ヴー』の第二巻は、主としてキチェー族の密儀参入儀式に捧げられている。これらの儀式は、フリーメーソンの象徴体系と神秘哲学の研究者にとって極めて重要である。というのは、それはアメリカ大陸に確かに、古くまた神的な起源の「密儀」の流派が存在したことを立証するからである。

ルイス・スペンスは、『ポポル・ヴー』を説明しながら、その写本自体の表題を数多く訳出している。「敷物の書」や「共同体の記録」という翻訳を否定して、彼は正確な表題が「文字を書いた葉の集成」であろうと考えている。ポポルは「準備された樹皮」を意味し、ヴーは、「書く」という動詞ウォクに由来する言葉で、「紙」あるいは「本」を意味する。グスリ博士は、ポポル・ヴーという言葉が「議会書」あるいは「聖なる会議の書」を意味すると解釈し、ブラシュール・ド・ブルブールは、それを「聖典」と呼んでいる。ヒメネス神父は、その書物を「民族の書」と呼んでいる。『ルシフェル』の第十五巻に出た『ポポル・ヴー』に関する論文で、ジェームズ・モーガン・プライズは、神秘家の立場からこの問題を取りあげ、この作品を『青いヴェールの書』と呼んでいる。『ポポル・ヴー』のなかで、キリスト教化されたインディアンの編集者が素材の源泉とした古代の記録は、「影の国にある人間存在と、人間がどのようにして光と生命を見たかについての話」と呼ばれている。

手に入る原住民の不十分な記録には、中央アメリカと南アメリカの後期の文明が祭司たちの黒い術によって救いがたいほどに支配されていたという証拠が多く含まれている。磁気を与えられた鏡の凸面体のなかで、インディアンの魔術師たちは元素的な存在の霊を捕え、この忌まわしい装置の奥を凝視しながら、結果的に王権を宗教に従属させた。真理を求める志願者は黒色の服を着て、魔術の複雑な通路を不吉な案内者に導かれて行った。左方の道を通って彼らは、地獄の世界のくすんだ奥部へと下り、そこで石に話す力を与えたり、人々の心を呪文や呪物で巧妙に捕える方法を学んだ。広く行き渡っていた堕落の典型として、人は自らの手で犠牲を捧げ、その血の流れる心臓が祭司の作った石の偶像の凝視する顔の前に上げられるまでは、誰も高次の「密儀」に到達することはできなかった。祭司たちは、人間によって作られたこの悪魔像の真の性質を、彼らが認めているよりはるかに十分に理解していた。中央アメリカのインディアンたちによって実践された血なまぐさく名状しがたい儀式は、古代の太陽の「密儀」という後期アトランティスの堕落の残存物であるのかもしれない。秘密の伝承によると、後期アトランティスの時期に、黒魔術と呪術が秘教学派を支配し、その結果残忍な犠牲の儀式や恐ろしい偶像崇拝が起こり、最終的にアトランティス帝国を破滅させ、さらにアーリア人の宗教世界にまで浸透したのである。

ヒバルバの密儀

ヒバルバの王たちは（と、『ポポル・ヴー』は物語っている）、四羽の梟を使者としてフンフン・アプーとヴクブ・フンフン・アプーに送り、グアテマラの山脈にある要塞の密儀参入の場へ直ちに来るように命じた。ヒバルバの王たちに課せられた試験に失敗し、そのために二人の兄弟は、古代の風習に従って命を落とした。フンフン・アプーとヴクブ・フンフン・アプーは一緒に埋葬されたが、フンフン・アプーの頭は、ヒバルバの恐ろしい「密儀」に通じる道の真中に育つ聖なる瓢箪の木の枝のあいだに置かれた。瓢箪の木は直ちにその実でおおわれ、フンフン・アプーの頭は「見えなくなってしまった。それは瓢箪の木の実と結合したからである」。さてホキクは、ククマキク王の娘であった。彼女は父親から不思議な瓢箪の木のことを聞くと、自分もその実が欲しくなり、ひとりでその木の育つ薄暗い場所に出かけた。ホキクが木の実を取ろうと手を差し伸べると、フンフン・アプーの口から唾液が落ち、彼の頭はホキクに次のように言った。「この唾液と泡は、私があなたに与える子孫である。私の頭はもう話すのを止める。それはもはや肉を持たない死体の頭であるから。」

フンフン・アプーの警告に従って、若い女は自分の家に戻った。彼女の父であるククマキクは、その後彼女が母になろうとしていることを知ると、子どもの父親は誰かと尋ねた。ホキクは、自分が瓢箪の木のフンフン・アプーの頭を見つめているあいだに妊娠したのであり、男性とは交わっていないと答えた。その話を信じようとしないククマキクは、ヒバルバの王たちに唆されて、彼女の心臓を壺に入れるように迫った。処刑者たちに連れて

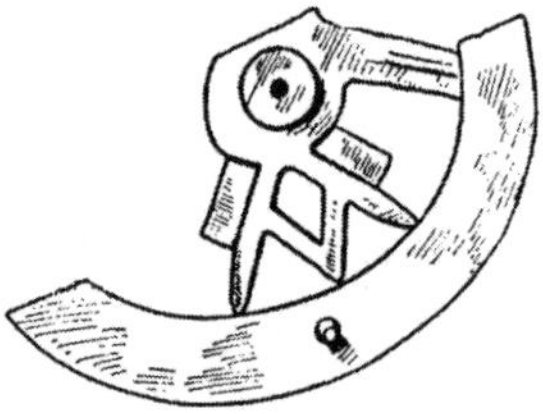

インディアンの陶片
（アリス・パーマー・ヘンダーソンの好意による）
この奇妙な断片は，アリゾナ州のカサグランデの廃墟からそれほど遠くないところにある，初期のインディアンの陶器の壊れ物置場の地下四フィートの地点で発見された。それはフリーメーソンのコンパスと直角定規に極めて似ている点で重要な意味を持つ。インディアンの籠，陶器，毛布はしばしば，特にフリーメーソンと哲学の見地から興味深い装飾図案を持つ。

行かれるとき、ホキクは彼らに自分の命を助けてくれるように願った。彼らは同意して、彼女の心臓の代りに、その樹液が赤く血の濃度を持つ木（ゴムの木）の実を入れておいた。ヒバルバの王たちが、本物と考えられた心臓を祭壇の石炭の上に置いて焼いたとき、彼らはみなそこから立ち上がる芳香に驚いた。自分たちが香りのよい木の実を焼いていることを知らなかったためである。

ホキクは双子の息子を生み、フナープとホバランクと名づけた。彼らの生涯は、フンフン・アプーとヴクブ・フンフン・アプーの死の報復のために捧げられた。年月が過ぎて、二人の少年は成人し、数々の偉業をたてた。特に彼らは、テニスと呼ばれているがホッケーにやや似ているゲームに秀れていた。若者たちの武勇を聞いてヒバルバの王たちは、「われわれを差し置いて大胆に振舞い、（大地をも）揺がせんとするこの若者たちは誰だ。われわれの前で自らを讃美したフンフン・アプーとヴクブ・フンフン・アプーは死んだのではなかったか」と尋ねた。そこでヒバルバの王たちは、七日間の「密儀」でフナープとホバランクをも滅ぼそうとして、この二人の若者を呼びにやった。出発する前に二人の兄弟は祖母に別れを告げ、それぞれが家の真中に一本の棕櫚の木を植え、その木が生きているかぎり自分たちもまた生きていると思ってくれるように言った。「ああ祖母よ、ああ母よ、泣かないでください。あなたがたと残るわれわれの徴であるこの木を見ていてください。」フナープとホバランクは、それぞれサバルカン（火吹き竹）を持って出発した。何日ものあいだ彼らは危険な道を行き、曲がりくねった峡谷や険しい崖を下り、不思議な鳥や沸騰する泉を通り過ぎて、ヒバルバの聖域へと向かって行った。ヒバルバの「密儀」における実際の試練は七つあった。二人の冒険者は、まず予備試験として、泥の川と血の川を渡らなければならなかったが、この難しい仕業をサ、バ、ル、カ、ン、を橋に使うことによって為し遂げた。さらに進んでいくと、彼らは、黒、白、赤、緑の四つの道が出会う地点に着いた。さてフナープとホバランクは、第一の試練がヒバルバの王と、彼らに似た衣服を着けた木製の像を区別し、同時に何の予備知識もないままにそれぞれの王をその名前で呼ぶことであると知った。この知識を得るために、フナープが足から一本の毛を抜くと、それはハ、ンと呼ばれる不思議な昆虫となった。黒い道をぶんぶんと飛んで、ハンはヒバルバの王たちの会議室に入り、入口の近くにいた人の足を刺した。その結果その人物が人形であることが分かった。同じようにして第二の人物も木製であることが分かったが、第三の人物を刺すと直ちに反応があった。集まった十二人の王を代わる代わる刺して、その虫はそれぞれの名前を知った。王たちは不思議な痛みの原因を話しているとき、それぞれの名前で呼びあったからである。このような新奇な方法で望みの知識を手に入れると、虫はフナープとホバランクのもとに戻った。このようにして防備を固めた彼らは、大胆にヒバルバの入口に近づき、集まった十二人の王の前に姿を現わした。

王を讃美するように言われたとき、フナープとホバランクは嘲笑った。彼らに指示された人物が生命のない人形であることを知っていたからである。若い冒険者はそこで、十二人の王の名前を呼んだ。「万歳、フン・カメ、万歳、ヴクブ・カメ、万歳、ヒキリパト、万歳、ククマキク、万歳、アハルプー、万歳、アハルカナ、万歳、カミアバク、万歳、カミアホロム、万歳、キクヒク、万歳、パタン、万歳、キクレ、万歳、キクリホカク。」ヒバルバ人に大きな椅子に坐るように促されたとき、フナープとホバランクはそれを断わった。石は熱せられており、もし坐ったりすると焼け死んでしまうことをよく知っていると、彼らは言った。ヒバルバの王たちは、フナープとホバランクに「影の家」で夜の休息をとるように命じた。こうしてヒバルバの「密儀」の第一段階が終わった。

第二の試練は「影の家」で与えられた。志願者のそれぞれに松の松明と煙草が、一晩中その火を消さないようにして、翌朝焼き尽さないまま返すようにという命令とともに与えられた。試験に失敗すれば死は免れないことを知っていたので、若者たちは松の松明の代りに（それによく似た）羽毛を燃やし、煙草の先端に蛍を置いた。見張りをしていた者たちは、光を見て、フナープとホバランクが罠に掛かったと確信したが、翌朝松明と煙草は焼き尽されず火のついたまま守衛に返された。驚きと恐れの気持でヒバルバの王たちは、まだ残っている松明と煙草を見た。これまで焼き尽されずに返されたことは一度としてなかったからである。

第三の試練はたぶん、「槍の家」と呼ばれる洞窟で行なわれた。ここで何時間ものあいだ若者は、槍で武装した最強のそして最も熟達した戦士の攻撃を防がねばならなかった。フナープとホバランクが槍兵を宥めると、彼らは攻撃を止めた。次に二人は、第二のそして試験の最も難しい部分に注意を向けた。彼らは、神殿を出ることなしに、四つの花瓶に珍しい花を生けなければならなかった。守衛を通り過ぎることができなかったので、二人の若者は蟻の助けを借りた。この小さな虫は神殿の庭に這い出て、花を持ち帰り、二人は朝までに花瓶を花でいっぱいにすることができた。フナープとホバランクが花を十二人の王たちに贈ったとき、驚いた王たちは、その花が彼らの秘密の庭から盗まれたものであることを知った。狼狽したヒバルバの王たちはそこで、どのようにこの大胆な志願者を滅ぼすかについて相談し、彼らのために次の試練を用意した。

第四の試練のため、二人の兄弟は「寒気の家」に入り、そこに一晩中留まらなければならなかった。ヒバルバの王たちは、氷の洞窟の冷気が耐えがたいものであると考えていた。その洞窟は、「凍った北風の住処」と言われている。しかしフナープとホバランクは、松かさで火を起こし、感覚を失わせる冷気から身を守った。その暖かさのために寒さの霊は洞窟を去り、若者たちは死ぬことはなく、世が明けたときも活気に満ちていた。フナープとホバランクが守衛に保護されて「集会の広間」に再び入ってきたとき、ヒバルバの王たちの驚きは前にもまして大きなものであった。

第五の試練も夜の性質を帯びていた。フナープとホバランクが大きな部屋に導かれると、直ちにそこは残忍な虎でいっぱいになった。彼らはここに一晩中留まらなければならなかった。若者たちが骨を虎に投げてやると、虎はその強い顎で粉々に咬みつぶした。「虎の家」のなかを覗いて、ヒバルバの王たちは虎が骨を咬みくだいているのを見ると、「彼もついに（ヒバルバの力を）知り、獣の餌食となった」と互いに話し合った。しかし夜が明けてフナープとホバランクが「虎の家」から無傷で現われると、ヒバルバ人たちは「一体彼らは何者だ」と叫んだ。いかなる人間でも虎の猛威を逃れることができるとは、彼らは決して考えなかったからである。そこでヒバルバの王たちは、二人の兄弟のために新しい試練を用意した。

第六の試練は、「火の家」に日没から日の出まで留まるというものであった。フナープとホバランクは、炉のように整えられた大きな部屋に入った。四方に炎が立ち、空気は息苦しいほどであった。その熱さは大変なものであったので、この部屋に入った者は、ほんのしばらくのあいだでさえ生き残ることはできないほどであった。しかし日の出とともに炉の扉が開かれたとき、フナープとホバランクは炎の猛威によって火傷することなく現われた。二人の若者が彼らを滅ぼすために用意されたすべての試練をどのように切り抜けたかを知ると、ヒバルバのすべての秘密がフナープとホバランクの手に落ちはしないかという恐れに満たされた。そこで彼らは、前のものよりさらに恐ろしい最後の試練を用意し、若者たちがこの決定的な試験に耐ええないことを確信した。

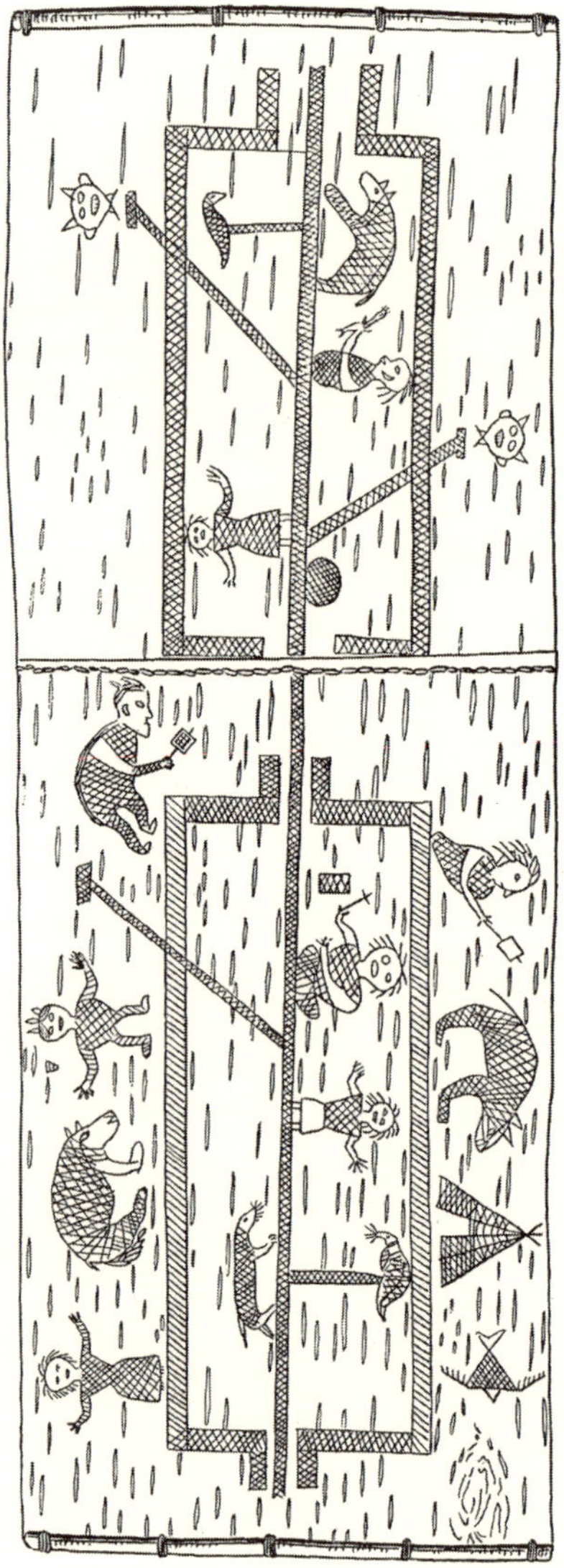

樺の樹皮に描かれたミデヴィウィンの公記録（アリス・パーマー・ヘンダーソンの好意による）

樺の樹皮で作られた巻物は、オジブワ族のミデヴィウィン（大医師会）への密儀参入者が所有する最も聖なるもののひとつである。この巻物について、ガーリック・マレリ大佐は次のように書いている。「秘密結社をよく知る人にとって、ミデヴィウィンの図と好対照をなすのは、フリーメーソン団の架台と呼ばれているものであろう。それはその結社の秘密を外部に漏らすことなく、印刷され、出版され、公開された。それでも、儀式の詳細についての記憶の助けとなる点で、秘教学者には意味深くまた有用である。」

ミデヴィウィンの最も完全で信頼のおける説明は、『民族学局、第七次年次報告』のなかで、W・J・ホフマンにより、次のようになされた。「ミデヴィウィンすなわちミデ（シャーマン）の結社は、不確定数の男女のミデによって構成されている。その会は四つの階級にはっきり分割されているが、第一の階級の上のどの階級も実際にはたんなる繰り返しであるという印象が会員たちに行き渡っている。昇級するときに人が獲得する大きな力は、彼が役目を果している祭司の手にある『薬袋によって狙い撃ちされた』という事実に依存している。……ミデの祭司が樺の樹皮の記録を保管するのは、つねに習慣的なことであり、その記録は、所有者がその資格を持つ階級の平面図を図示するために微妙な刻み目の線が入っていた。そのような記録や図は、聖なるものであり、決して公衆の前に公開されることはない。」

二つの長方形の図は、ミデの集会所の二つの階級を示し、中央の直線は、各階級を通り抜ける霊的な道すなわち「細くまっすぐな道」を示している。中央の道に接する直線は、誘惑を意味し、直線の終りにある顔はマニド（力強い霊）である。アメリカ・インディアンの偉大な権威であるスクールクラフトは、ミデヴィウィンについて次のように述べている。「ミデヴィウィンの結社の目的は、霊的存在の高次の教義、霊的存在の本性と様式、そして人間に及ぼすその影響を教えることである。それは、種族が持つ最高の知識を教える人々の集団である。」

伝説によるとズビー・マニド（善霊）の召使であったマナボーゾー（大きな兎）は、オジブワ族の先祖を見下ろして、彼らが霊的な知識を持っていないと知り、カワウソにミデウィウィンの神秘を教えた。マナボーゾーはミデウィガンを建て、カワウソを密儀に導いて、その体内にミジス（ミデの聖なる象徴である小さな貝殻）を投げ入れた。彼はその動物に不死を与え、「大医師会」の秘密を託した。密儀参入の儀式は、まず熱い風呂に入り、悪霊の影響を克服することから成っていた。密儀参入者はまた、治療術や、（ホフマン氏の論文の第三図から判断すると）人間の肉体の生命中枢のなかを動く力を方向づける知識を教えられた。十字架はミデウィウィンの儀式の重要な象徴であるが、ミデの祭司が自分の宗教を捨ててキリスト教に改宗することを断固として拒否したことは注目に値する。

第七の試練は、「蝙蝠の家」で行なわれた。暗い地下の迷宮に、破壊することを喜ぶ不思議で忌わしい動物が多くいた。巨大な蝙蝠が陰気に廊下を飛び回り、翼を休めて壁の彫刻や天上にぶら下がっていた。ここにはまた「蝙蝠の神」カマゾツがいたが、それは人間の胴体と蝙蝠の翼と頭を持つ恐ろしい怪物であった。カマゾツは大剣を持って暗闇を飛び、恐怖に包まれた部屋を進んでいく不注意な旅人の首を、その剣の一振りで刎ねてしまった。ホバランクは首尾よくこの恐ろしい試験を通過したが、フナープは油断して、カマゾツに首を刎ねられてしまった。

後にフナープは魔術によって生命を回復し、二人の兄弟は、ヒバルバ人が彼らを滅ぼすために行なったすべての試みを失敗させた。しかしフンフン・アプーとヴクブ・フンフン・アプーの殺害に対してさらによく復讐するために、彼らは火葬用の薪の上で焼かれるままになった。粉となった彼らの骨が川のなかに投げ入れられると、それは直ちに人間の形をした二匹の魚となった。後に老いた旅人の姿となり、ヒバルバ人のために踊ったり、不思議な奇跡を行なったりした。ひとりがもうひとりの体をばらばらに切り裂いてから、たったひとつの言葉で彼を蘇らせたり、魔術で家を焼いたのち、直ちにそれを建て直したりした。実際にはフナープとホバランクであったこの二人の踊り手の名声は、ついにヒバルバの十二人の王の注目するところとなり、彼らは二人の奇跡を行なう者に自分たちの前で不思議なわざを演じてくれるように望んだ。フナープとホバランクが王たちの犬を殺して、それを生き返らせたり、王宮を焼いてから直ちにそれを建て直したり、彼らの魔力の他の実例を示したあと、ヒバルバの王は魔術師に、自分を滅ぼしてから生き返らせてくれるように求めた。そこでフナープとホバランクは、ヒバルバの王たちを殺したが、彼らを生き返らせることはしなかった。こうしてフンフン・アプーとヴクブ・フンフン・アプーの殺害に対する復讐がなされた。この英雄たちは後に天に昇り、天上の光となった。

ヒバルバの密儀の鍵

ル・プロンジョンは次のように書いている。「これらの密儀参入儀礼は、エノクが幻のなかで見たと言ったものを鮮やかに思い起こさせはしないだろうか。燃えるように熱く、氷のように冷たい、輝く水晶の家――火の弓、矢筒、火の剣がある場所――さらさら流れる川や火の川を彼が渡らなければならないところ――すべての種類の巨大な獣や鳥のいっぱいいる地の果て――太陽の上に坐る巨大な栄華のひとつが現われる住処など。そして最後に、彼が『善悪を知る木』であると知らされた、大地の真中にあるタマリンドの木は、密儀参入の最初の試練に耐えることができなかったために犠牲となったフンフン・アプーの首が置かれた、道の真中の瓢箪の木に似ていないだろうか。……これらは、聖なる密儀への参入を志願する者が、ヒバルバにおいて通過しなければならない恐ろしい試練であった。それは、エレウシスの密儀あるいはその手本となったエジプトの大なる密儀への参入において、より穏やかな形で見られるものの正確な対応物ではないだろうか。ヒバルバの密儀に志願する者が受け入れられる前に、知っておかなければならないことについての話は、……インドの兄弟マハートマによって実践されたといわれ、『ダニエル書』の数個所にも見られる同じような不思議なわざを思い起こさせる。ダニエルは、カルデア人やマギの密儀に通じており、それはエウブルスによると三つの階級あるいは種類に分けられており、その最高の階級は学者であった」(『マヤ族とキチェー族の聖なる密儀』を見よ)。

『ポポル・ヴー』への序文的な説明のなかで、グスリ博士は、キチェー族のこの聖典と他の偉大な文明の聖典とのあいだに見られる多くの重要な類似点を示している。フナープとホバランクが通過せざるを得なかった試験に、彼は、エジプト人、カルデア人、ギリシア人の「密儀」で採用された次のような黄道十二宮との類似を見出している。

「白羊宮は、泥の川を渡ることに対応する。金牛宮は、血の川を渡ることに対応する。双子宮は、二人の人形の王を見つけることに対応する。巨蟹宮は『暗闇の家』、獅子宮は『槍の家』、処女宮は『寒気の家』(通常、地獄の旅)、天秤宮は『虎の家』(猫のような冷静さ)、天蠍宮は『火の家』に対応する。人馬宮は、神カマゾツが英雄のひとりの首を刎ねた『蝙蝠の家』に対応する。磨羯宮は、絞首台での焼死(二つのフェニックス)、宝瓶宮は、その灰を川にまくことに対応する。双魚宮は、灰が人間の形をしたいをになり、後に人間の形に戻ることに対応する。」

血の川と泥の川をそれぞれ白羊宮と金牛宮に割り当てるほうがより適切であり、古い伝説では川の順序が逆転していたこともあり得ないことではない。グスリ博士の最も驚くべき結論は、ヒバルバと古代アトランティス大陸を同一視しようとする点にあった。彼は、ヒバルバの十二人の王にアトランティス帝国の支配者を見ており、フナープとホバランクの魔術によってこの王たちが滅亡するのは、アトランティスの悲劇的な結末の寓意表現であるとしている。しかし密儀参入者にとって、アトランティスが、起源の神秘を物語る象徴的な比喩にすぎないことは明白である。

主として神秘的な解剖学との関連から、プライズ氏は、『ポポル・ヴー』で述べられたさまざまな象徴を、人間の肉体における意識の秘密の中枢と結びつけている。こうして彼は、弾力のある球に松果腺を、フナープとホバランクに脊柱にそって走る二重の電流を見ている。残念なことにプライズ氏は、密儀参入儀礼を直接扱っている『ポポル・ヴー』の部分を訳出しなかった。彼はヒバルバが、「密儀」の教えによると惑星そのものの体内にあるとされる、影あるいはエーテルの世界であると考えている。『ポポル・ヴー』の第四巻は、立方体の形をした秘密の黒い予言の石を持つ、巨大な白い神殿の建設の話で終わっている。グクマツ（あるいはケツァルコアトル）は、ソロモン王の属性を多く持っており、『ポポル・ヴー』における神殿建設の話は、ソロモンの神殿の話を思い起こさせるが、確かに同じような意味を持つものといえる。ブラシュール・ド・ブルブールは、内部に黒い石を持つ神殿がカーバハと呼ばれていたという事実によって、『ポポル・ヴー』の宗教的類比の研究にまず魅惑された。その名前は、イスラームの聖なる黒石を持つ「神殿」の名カーバに驚くほど似ている。

フナープとホバランクの偉業は人類の創造以前に行なわれたものであるため、それは本質的に霊的な神秘と考えられなければならない。ヒバルバは確かに、カルデアとピュタゴラスの哲学の下位宇宙を意味し、ヒバルバの王たちは下位宇宙の十二人の「支配者」である。中央の二つの人形は、天文学的な「密儀」を俗人が理解できないようにするために挿入された、天の黄道帯の二つの偽りの宮と解釈されるかもしれない。フナープとホバランクは吹き矢の筒で作った橋で川を渡り、ヒバルバの地下王国へと下りていくが、それは人間の霊的本性が、吹き矢あるいは筒になぞらえられる超物質的な通路を通って物質的な肉体へ下りることと微妙な類似を見せている。サバルカンはまた、脊髄とその小さな開口部に内在する力の適切な象徴でもある。二人の若者は、「死神」とともに「生のゲーム」をするように招かれるが、「賢者」によって伝えられた超自然的な力の助けを借りることにより、初めて彼らはこの陰気な神に打ち勝つことができるのである。いくつかの試験は、魂が、創造された宇宙という黄道帯の下の世界を放浪することを示しており、彼らの「死神」に対する勝利は、霊的な浄化の火によって完全に焼き尽される下位の本性からの、霊的で目覚めた意識の上昇を示している。

キチェー族が再生の神秘を解く鍵を持っていたことは、祭司や神に見られる象徴の分析から明らかである。『メキシコ国民文芸の分析』の第二巻には、ケツァルコアトルを示すと一般に考えられる像の頭部が再録されている。彫刻は明らかに東洋的な性質を持ち、頭部の王冠には、数千の花弁の形をした霊的啓示の光線と、解放された脊柱の火の蛇が見える。それがインドのチャクラであることは明らかであり、それは三つのアメリカの宗教芸術にしばしば現われるものである。中央アメリカの彫刻された一本石は、御者とともに二頭の象の頭部で飾られている。そのような動物は先史時代以来西半球には存在したことはなく、その彫刻が遠いアジア大陸との接触の結果であることは明白である。中央アメリカのインディアンの「密儀」には、ヨーロッパで魔法のケープと言われる聖なるマントについての注目すべき教義がある。その栄光は人間の目には致命的であるので、神々は密儀に通じた司祭に現われるとき、このようなマントを着るのである。寓意と寓話も同じように、秘密の教えが包まれるマントである。『ポポル・ヴー』は、そのような何かを隠す魔法のケープであり、その襞の奥深くにはキチェー族の哲学の神がいる。中央アメリカの巨大なピラミッド、神殿、一本石もまた、神々の足になぞらえる。その上の部分は、目に見えない魔法のマントに包まれている。

33
INRI
VIRTUS
JUNXIT MORS
NON
SEPERABIT
DEUS
MEUM
QUE JUS
33°
J.A.KNAPP

前頁——双頭の鷲——至高の象徴

ここには上位の宇宙と下位の宇宙とから成る二重の「神聖帝国」の「頭《かしら》」である至高導師が描かれている。平衡を表わす古代の象徴は、両性具有の体から成り、その上の二つの頭のうち、ひとつは男性、今ひとつは女性で、帝冠をひとついただいている。あらゆる反対物が和解する存在のみが完全であって、この完璧な状態が等価の威厳を有する双頭で表現されるのは適切である。このために双頭の鷲は完全の象徴として保存されている。それというのも、これは「哲学者の石」、魂の究極状態、個人の内にある潜在的可能性が十全に開示されて初めて生ずるあの絶対的、超越的完璧さを表わすからである。哲学的には、「古代のスコット祭式団」の第三十三階級はフリーメーソンの神秘体系の最も奥にある聖域を表わしている。その崇高な階級の象徴である双頭の鷲が、もし言語能力を授けられたら、こう言うだろう。

「悪巧みのない人、一切の情熱を同情に、一切の生来の無知を神々しい知恵に、利己主義を没利己主義に変質させてしまった人、その人にして初めて私をいただくことができよう。なぜなら、私は古老であり、一切の偉大、一切の完全、一切の真理の聖なる象徴だからである。私は地上の選ばれし者たちだけが達成する霊的状態、知的態度、肉体的状態を表わす。私は、再生して『神』の玉座の近くに来た。霊光を得、転生した魂の象徴である。私は門番の象徴である。なぜなら、一方の顔で『創造主』の眩しい顔の表情を見、もうひとつの顔で『主』が造った宇宙の広がりを見るからである。私の強い直感と理性の翼により、人々は天と地の中間地点に昇った。私が内にあって翼を広げる人は人間以上であり、しかも神以下である。だから彼は神‐人である。私は、鉤爪でもって智天使の焔の剣、私が生まれるという奇蹟が起きたあの焔の霊‐火をつかんでいる。私は、あらゆる時代を通してガニュメデスを背負って神々の前へと運ぶ『導師』の象徴である。」

結論

マケドニア国王ピリッポスは、十四歳の息子アレキサンダーに高度の学問分野を最高に伝授してくれる教師を獲得したいと心から願い、王子が大哲学者たちのうちで最も有名、最も学問のある者を師に持つことを望んで、アリストテレスに打診することに決めた。王はギリシアの賢人に次のような手紙を急いで送った。「ピリッポスはアリストテレス殿が御壮健であることを祈っております。私には息子がひとりいることを御承知いただきたい。私は神々に非常に感謝いたしております。息子の誕生のためというよりは、息子が貴殿の世に生まれてきたからです。こう申し上げるのも、息子が貴殿から御教育と訓練を授かり、私たち二人ばかりか、将来、息子が跡を継ぐことになる王国にとっても、相応しいものになってくれることを希望しているからです。」ピリッポスの招請に応じて、アリストテレスは、第一〇八回オリンピアードの四年目にマケドニアへ旅立ち、アレキサンダーの師として八年間逗留した。師に対する若き王子の敬愛の念は、父に対して懐くそれと同じように強いものとなっていった。父は自分に生を授けてくださったが、アリストテレス先生は幸福を授けてくださいました、と王子は言った。

「古代の知恵」の根本原理がアリストテレスによりアレキサンダー大王に授けられ、この哲学者の弟子でいるあいだに、マケドニアの青年は、プラトンの不滅の弟子に具体化されているギリシアの学問の卓抜さを認識するに到った。彼は霊光を得た師によって、哲学界の入口にまで向上させられ、賢者たちの世界――彼の命運から、また彼自身の魂の力の限界から、制覇のならぬ定めであった世界――を垣間見たのだった。

アリストテレスは、暇な折々に、ホメロスの『イリアッド』の編注をし、その出来上がった一巻をアレキサンダーに贈った。若き征服者は、この書物を非常に高く評価し、遠征中はいつもそれを肌身から離さなかった。ダレイオス王を破った際、戦利品のなかに、目もあやな宝石をちりばめた軟膏箱を発見すると、彼はその中味を地上にどさっと捨て、アリストテレスの編纂した『イリアッド』を入れておく値打のある箱をやっと見つけたぞ、と断言した。

アレキサンダーは、アジア遠征中、彼が最も高く評価していた講話のひとつをアリストテレスが本にして公表してしまったと知ったが、それは、若い国王を深く悲しませる出来事だった。そこで、「既知の世界の征服者」アレキサンダーは、「未知の世界の征服者」アリストテレスに、世俗の栄華と権力では不十分だと認める次のような抗議と哀感を込めた手紙を送った。「アレキサンダーは、アリストテレス先生が御壮健であることを祈っております。今まで口頭の御教授による以外は修得できませんでしたあの学問分野を、先生が御出版になったのは間違いです。先生から私が得ましたより深遠な知識が、もし世人の皆に伝えられでもしたら、私は、如何なる面で他人に勝ることになりましょう。私としましては、権力や支配権の及ぶ範囲よりも、むしろ、もっと崇高なる学問分野で、大多数の人類を凌駕したいのです。さようなら。」この驚くべき手紙を受け取っても、アリストテレスの穏かな生活にはさざ波ひとつ立たず、彼は返事を出して、講話そのものは多数の人に伝えはしたが、自分がその講話を話すのを聞いたこともない（霊的理解力に欠ける）人ではその真の意味は理解できません、と答えた。

数年の短い歳月の後に、アレキサンダー大王が生きとし生けるものの道を通って死に、彼の遺体とともに、彼の個性によって築かれた帝国という国体は瓦解した。その一年後、あのより偉大なる世界の密儀についてリュケイオンで何度となく弟子たちと話し合ったアリストテレスも、同じ世界の内へと入っていった。しかし、アリストテレスは、生前、アレキサンダーに優っていたのと同様に、死後も、彼を凌駕した。遺体は無名の墓で朽ち果てたが、この大哲学者は英知の成果によって生き続けたからである。いつの世も彼に感謝のしるしを捧げ、いつの代も彼の定理を熟考し、やがて、アリストテレス――ダンテが彼のことを称して言ったように「知識人たちの師」――は、完全に凌駕せる理性の力により、アレキサンダーが剣でもって制圧しようとした現世の現実の征服者になったのである。

このようにして、人を獲得するためには、その体を虜にするだけでは十分でない――彼の理性の支持を得るのが必要である――こと、人を自由にするためには、枷を打ち砕いて手足から離すだけでは十分でない――人の心が彼の持つ無知の絆から解放されなければいけない――ことが立証される。体力による征服は、常に失敗に終わらねばならない。なぜなら、それは、憎悪と不和を生み、心に拍車をかけて、暴行を加えられた体の仇を討つことになるからである。しかし、人は皆、欲する、欲しないにかかわらず、自分の持ち合わせる以上の高度の美質と効能を有すると認識している、あの英知にこそ従わなければいけないものとなっている。古代のギリシア、エジプト、インドの哲学的文化が、近代世界のそれを凌駕していたことは、万人により、最も凝り固まった近代主義者によっても、認められなければならないことである。ギリシアの美学や主知主義、倫理学の黄金時代に匹敵する時代は、爾来、決してあったためしがない。真の哲学者は、人類のうちで最も高貴な階級に属しており、霊光を得た思想家たちを所有するという恩恵に浴する国民や民族は、確かに幸運であって、その名前は、彼らのゆえに思い出されていくであろう。ピュタゴラスの有名なクロトナの学校では、哲学は人間生活に不可欠のものと考えられた。理性の力が有する気高さを会得しない者は、当然、生きているとは言ってもらえなかった。そんなわけで、会員が、生来の頑迷さのために、自発的に哲学者団体を脱退したり、あるいは、強制的に排除されるときには、墓石がひとつ共同墓地に彼のために立てられた。それというのも、知的、倫理的追求を放棄してしまって、感覚と不正な野心とによる幻影からなる物質界へ再び入ろうとする者は、「実在」界にとっては死せる者と考えられたからである。五感の奴隷と化した状態によって表わされる生活を、ピュタゴラス学派の人たちは、霊的死だと考えたが、彼らは、感覚世界に対する死を、霊的生だと考えたのである。

　哲学は、生きることの尊さと目的とを啓示する点で、生命を授ける。物質偏重は、創造的思考と人を高貴にする美徳との活気を与える衝動に感応すべき人間の魂のあの諸々の力を麻痺させたり、曇らせたりする点で、死を与える。二十世紀にあって人々が生きていく拠り所にしている法則は、遙か遠い古代のこれらの基準に較べて何と劣悪なものであろうか。今日、自己改善の無限の能力を持つ崇高な生物たる人間が、誤れる基準に忠実であろうと努力して、英知の誕生の地を離れて――その結果も識ることなく――大きく渦巻く物の幻影の内に飛び込んでいく。人は、朽ちゆく事物の領域のなかにあって万古不易の力の持主として身を立てようという痛ましいまでに無益な努力に、現世での貴重な寿命をもっぱら充てている。徐々に霊的存在としての生存の記憶が人の客観的な心から消えてゆき、彼は、唯一の現実だと考えるに到った蜜蜂の巣のようにごったがえす産業界に、部分的には目覚めている知力の一切を集中している。「自我」がそびえ立つ高みから、蜉蝣のようにはかない陰鬱な深み

ヨハネと『黙示録』の幻視（ジャン・デュヴェの銅版画より）

ラングルのジャン・デュヴェ（1485年に生まれ，彼の『黙示録』挿画集が一巻本で印刷された1561年の少し後に死亡したと想像される）はルネサンス期のフランス人版画家のうちで最も高齢の，最高の版画家だった。デュヴェはフランス王に仕える金細工師だったということ以外に分かっていることは少ない。『黙示録』銅版画集は，七十歳を過ぎてから作成されたもので，彼の傑作だった。（この世に知られない名匠に関するそれ以上の情報については，1926年5月号の『芸術』誌上のウィリアム・M・イヴィンズ二世の論文を見よ。）ヨハネの顔は実はデュヴェの素顔である。この画にはデュヴェの他の多くのものと同様に，哲学的な象徴表現が豊富にある。

のなかへと、ゆるやかに沈んでいく。獣のレヴェルにまで堕落し、獣のように、「神の計画」についての余りにも不十分すぎる知識から生ずる問題だけをぶつぶつと言っている。この産業と政治と商業の大地獄の身の毛もよだつような騒乱のなかで、人々は自らに加えた苦悩にのたうち、渦巻く霧のなかに手を出して、成功と権力という醜悪な幻影をわしづかみにし、離すまいと一生懸命なのだ。

人は、生の根拠を知らず、生の目的を知らず、死の神秘の彼方に横たわっているものも知らず、世俗の野心という血にまみれた祭壇に、自らの内と外にある美と真と善とを進んで犠牲にしようとしている。哲学の世界——賢者たちが友愛の絆によって暮らしている、あの美しい思想の園——が視界から消えていく。それに代わって、石と鋼鉄、煙と憎悪の帝国が建つ。それは、人間としての可能性を持つ幾百万もの生物が必死になって生きながらえようとし、それと同時に、築き上げた施設そのものを維持しようとして、あわただしく右往左往している世界であって、その施設は、ヒンドゥー教の強大なジャガンナート神像のように、未知の終局に向かってがらがらと音を立てて不可避的に進んでいる。人が天人たちの王国以上に光彩を放つことができるものと軽薄にも信じて築くこの物質界の帝国にあっては、万物が石に変えられてしまう。利得のまばゆいばかりの光に魅了されて、人はメドゥサのような貪欲の顔を見つめ、立ちすくんでいるのである。

この商業時代にあっては、科学は、物質界の知識の分類と、「自然」の一時的な、幻想の部分の探求のみに関わっている。科学上のいわゆる実用的発見も、物質的制約の絆でもっていっそう強く人を金縛りにするだけである。また、宗教も物質主義的になってしまった。信仰の美しさと尊さが、山なす大石造建築や不動産の面積、貸借対照表によって測定されている。あらゆる時代の霊光を得た人たちが生命の「実在」界のなかへと踏み子を頼りに上っていった強大な梯子のように、天と地をつなぐ哲学——その哲学さえ、対立する概念の散文的、異質的な集合体になってしまった。哲学の美しさ、哲学の尊さ、哲学の卓抜さはもはやない。人類の思想の他の分野と同様に、哲学は物質主義――「実用主義」――のものとされ、その活動も、この石と鋼鉄の現代世界の構築に一役を果たすように方向づけられてしまった。

いわゆる知識階級のなかで、「俗賢学派」と称するのが一番ぴったりとする思想家の新階級が現われつつある。この学問の紳士たちは、自分たちこそ地上の知的塩なりとの呆然とするような結論に到達した後、自分たちこそ人と神の両方に関わるあらゆる知識の最終的な審判者だと決めこんでしまった。このグループは、神秘思想家は皆癇癪持ちで、聖者たちも大方がノイローゼだったにちがいない、と断言するのだ。このグループは、「神」は原始時代の迷信が捏造したものであり、宇宙は何ら特定の目的のために意図されておらず、不死は想像力の産物であり、傑出せる個性も諸細胞の偶然の結合にすぎない、と公言してはばからない。ピュタゴラスは「豆の強迫観念」で苦しんでいた。ソクラテスは名うての飲んだくれだった、聖パウロは発作に罹りやすかった、パラケルススは悪名の高い藪医者、カリョストロ伯爵は山師、サン－ジェルマン伯爵は歴史上でもとび抜けたぺてん師だった、と主張される。

世の霊光を得た救済者と賢者たちの高邁な考えが、今世紀の「現実主義」のこうした未発育の、歪曲せる成果と共通して持つものは何か。世界中で、今日の魂の抜けた文化体系によって虐げられている男女が、消え失せし美と啓蒙の時代の再来――「実用的」という言葉の持つ最高の意味でのもの――を求めて大声をあげている。現在の形のいわゆる文明はまさに消えていく時点にあること、冷酷、無情、商業主義、物質的充足は非実用的であって、愛と理想を表現する機会を与えるものだけが真に価値のあるものと、少数の人たちは認識し始めている。全世界が幸福を求めているのだが、どの方向を探したものかを知らない。幸福は魂による英知探求の掉尾を飾るものと、人々は学び取らなければいけない。無限の善と無限の成果との認識を通して初めて、内なる「自我」の平安が確実に得られる。人間は地上の生活を評価の唯一の基準とするけれども、その心には、哲学――あれこれといった特定の哲学的な規準ではなくて、ただただ最も広義の、十全な意味での哲学――に到達しようとしている何ものかがある。

過去の諸々の偉大な哲学体系は蘇らなければいけない。これらにして初めて原因の世界と結果の世界とを二分しているヴェールを引き裂くことができるからである。「密儀」――あの聖なる「知恵の大学」――だけが、人類と呼ばれる霊的な存在の真の宮居である。あのより偉大な、より栄光に満ちた宇宙を、苦闘する人類に啓示できる。近代哲学は、思索を単に知的な過程と考えるに到ったという点で、力を失ってしまった。物質主義的思想は、商業主義そのものと同様に、人生の規準としては絶望的なものである。正しい思考をする力こそ人類の救済となる。あらゆる時代の神話、歴史上の「贖罪者」たちは皆、その力の化身たちだった。隣人よりも少し理性のある人は、隣人よりは少しよい。世の他の人たちよりも高度の理性を働かせる人は、最高の思想家と称せられる。理性を低次元でしか働かせない人は野蛮人とみなされる。だから、相対的な理性の発達は、個々人の進化の度合を計る真のけい引きである。

手短に述べれば、古代哲学の真の目的は、「自然」の比較的ゆるやかな推移を待たずに、理性の発展を促進できる方法を発見することだった。この至高の力の源、この知識の獲得、この内なる神の顕現が、哲学的人生という格言風の記述の奥に隠されている。これが「偉大な業」、「哲学者の石」の神秘を解く鍵である。なぜなら、そのことは、錬金術で言う変質が達成されたことを意味したからである。このように、古代哲学は、まず、ある生活を送ることであり、第二に、それは知的方法だった。哲学的人生を送る者だけが、最高の意味での哲学者になることができる。彼は、人間の送る生なるものを知るに到る。それゆえ、大哲学者とは、三重の――体、精神、霊の――生活がすべて理性に充てられ、完全に理性の浸透を受けている哲学者のことである。

人の体と情と精神との性質は、お互いに対してプラスとマイナスの環境をもたらす。体は精神を直接取り囲んでいるゆえ、調和が取れ、高度に洗練された肉体の内で君臨するあの精神にして初めて合理的思考が可能である。だから、正しい行動、正しい感情、正しい思考は、正しい認識の前提条件であり、哲学的な能力の獲得は、思考を生活と調和させているような人にして初めて可能である。だから、賢者たちは、人はだれでも、まず最高の生活の知識を獲得してしまうときまで、最高の認識の学問を獲得することはできない、と明言している。哲学的な能力は、哲学的人生の自然の所産である。強烈な形而下の存在が形而下の事物の重要性を強調するのとちょうど同じように、あるいは、修道院的な形而上学的禁欲主義が法悦状態の好ましさを確証するのとちょうど同じように、哲学への完全な没頭は、思想家の意識を導いて、全存在の内で最も高揚せる、最も高貴な領域――純粋に哲学的な世界、つまり、理性の世界――に入らせる。

主として一時の活動の極みを達成することに関わる文明にあっては、哲学者とは文化の発展を評価し、導くことのできる平衡的英知を表わしている。哲学的なリズムを一個人の本性の内に確立するには、普通、十五年から二十年が必要である。その全期間中、昔の弟子たちは絶えず最も厳しい鍛錬を受けた。生活の一切の活動が他の関心事から徐々に切り離されて、理性の部分に集中させられた。古代世界には、理性の持ち主たちを作る上で加わってくる、今ひとつ、最も重要な要因、つまり、哲学的な「密儀」への参入があった。これが近代思想家たちの理解をまったく超越しているのである。精神的、霊的に特に適切なことを立証した人は学者団体に入ることを認められ、代々保持されてきたあの奥義を有する伝承の貴重な遺産が彼に啓示された。この哲学的真理の遺産は万世の比類なき宝であって、こうした賢者たちの友愛団体への入会を認められた弟子たちは、各々、この分類された知識のたくわえに個人的に寄与したのである。

世界の唯一の希望は哲学である。近代生活の悲哀の一切が適切な哲学体系を欠いていたために結果しているからである。生の尊さを一部分でも感じる人たちは、現代の諸々の活動にはっきりと看て取れる浅薄さを思い知らずにはいられない。何ぴとも自らの人生哲学を養って初めて成功できる、とは至言だったのである。また、民族や国家も、十全な哲学を編み出し、その哲学と矛盾しない政策に自らの存亡をかけてしまうときまでは、真の偉大さを得ることなどはできない。世界大戦中、いわゆる文明なるものが狂おしい憎悪に駆られ、自ら二分してぶつかり合ったとき、人々は、人間の生命以上ですらある貴重な何ものかを仮借なく破壊した。彼らは、人生を英知に適った方向へと向けることのできる人類の思想のあの諸々の記録を跡かたもなく消滅させてしまったのである。正しくもモハメッドが断言したように、哲学者たちのインキは殉教者たちの血よりも貴重なのだ。値段のつけられないような文書、極めて貴重な業績の記録、地上の選ばれし人たちが幾代にもわたって忍耐強く続けた観察と実験とに基づく知識――それがすべて、ほとんどなんのためらいもなく破壊されたのだった。計り知れないほどに微小な時の一かけらのあいだ、広大な「宇宙」の無限に小さな一点を支配したいという人間の欲望と比較するとき、知識とは何だったのだろうか。真理、美、愛、理想主義、哲学、あるいは宗教とは、一体何だったのか。人はただ、何らかの野心による出来心や衝動を満足させるために、この宇宙を根絶しようとする。数年の短い年月が経てば自分が死んでしまい、獲得した一切のものを新たな闘争の古い口実として子孫へ残していかなければいけないと十分に分かっているにもかかわらずである。

戦争――反駁の余地のない不合理の証拠――は今なお人々の心のなかでくすぶり続けている。人間の利己主義が克服されるときまで、戦争が絶えることはありえない。文明は、多種多様な発明品と破壊活動とで武装して、将来にわたって兄弟殺し的な闘争を続けていくであろう。しかし、人間の心には、非常な恐怖の念――いつかは文明が一大変動の戦いで自滅していくであろうという恐怖の念――が迫りつつある。そうなったら、再建の永遠のドラマが再演されなければならない。理想が絶えたときに死滅した文明の廃墟から、いまだ運命の子宮の内に宿っているある原始人たちが新世界を築かなければならない。あらゆる時代の哲学者たちが、その日に必要な一切のものを先見して、以前になくなったあらゆるものの内で最も真実にして美しいものがこの新世界の組織のなかに組み入れられることを願った。先行する業績の総和が事物の新秩序各々のもといとなるべきことは神の律法である。人類の偉大な哲学の宝庫は守られなければいけない。皮相なものが消滅することは許されてもかまわないが、根本的、本質的なものは、費用を度外視して存続していかなければならないのである。

二種類の根本的な無知がプラトン主義者たちによって認められた。単純な無知と複雑な無知である。単純な無知とは、知識の欠如にすぎず、「第一原因」のあとに存在する全被造物に共通のもので、この第一原因だけが完璧な知識を持っている。単純な無知は常に活動している主体であって、魂を駆りたてて知識の獲得へと前進させる。この乙女のような無知の状態から、知的状態の改善を結果として知ろうという欲望が募る。人間の英知は、部分的には発達しているその諸能力では評価できないいろいろな種類の存在に常に取り囲まれている。この理解されていない客体の領域にこそ、知的刺激が決して力を失うことのない源泉がある。このようにして、未知なるものに関わる問題に合理的に対処する努力から知恵が最後に生まれてくるのである。

結局のところ、「究極因」のみが賢明だと言うことができる。もっと簡単な言葉を使えば、「神」のみが善なのである。ソクラテスは、知識と美徳と有用性とは生来の善性と一致する、と明言した。知識は知るということの一状態、美徳は存在するということの一状態、有用性は行なうということの一状態である。知恵を知的完璧さと同義と考えると、そのような状態が「全なるもの」の内にのみ存在できることは明白である。その「全なるもの」以下のものが十全なる「全て」を有することはできないからである。被造物のいかなる部分といえども完全ではないから、各部分は、全体に達しない程度に応じて不完全である。だから、不完全のあるところには、また、無知も共存しているにちがいないということになる。なぜならば、各部分は、自らの「自我」を知ることはできても、自己以外の部分の「自我」を知ることはできないからである。哲学的に考えれば、人類進化の見地から見た成長とは、異質性から同質性へと進む過程のことである。だから、そのうちには、個々の不完全な部分がばらばらの状態で持つ意識は再び結合されて、「全なるもの」を完全に意識するものとなる。そうなったとき、また、そうなった暁に初めて、全てを知るという状態が絶対的な現実となるのである。

このように、被造物は皆、相対的に無知だが、相対的に賢明でもあり、比較的無に等しいが、比較的全部でもある。顕微鏡は人の意義を、望遠鏡は人の無意義を顕わに示す。永遠に存在する諸々のものを通して、人間は知恵と知性の両方を徐々に増大していく。彼の常に拡がりゆく意識は、それ自身の領域の内へと外界のものをますます多く包含していく。人間は、不完全な現状のなかにあっても、自分が完全になるときまでは決して真に幸福とはなりえず、また、自己完成の助けとなる知的能力一切のうちで、重要性という点では、理性に匹敵するものは他にない、という認識に近づきつつある。霊光を得た心の持ち主のみが、多種多様な迷宮を通って、一体を成す完全な光のなかへ魂を導くことができるし、またそうしなければいけないのである。

知的成長の上で最も有力な要因である単純な無知に加えて、今ひとつ、遙かに危険で巧妙なタイプの無知が存在する。二重の無知、もしくは複雑な無知と呼ばれるこの第二の種類のものは、無知の無知と簡潔に定義されよう。原始時代の野蛮人は、太陽や月、星辰を崇拝し、風に犠牲を捧げ、幼稚な呪物でもって知られざる神々の心を鎮めようとした。彼は理解に余る不可思議な事物で満ちている世界に住んでいたのだ。かつては「せむしの」人々が放浪した所に、今は大都市がたたずむ。人類はもはや自分を原始人や原住民とは考えない。驚異と畏怖の精神は、常識のそれに引き継がれてしまった。今日、人は自らの成果を崇拝し、測り知れない時間と空間を意識の背景へと追いやるか、それとも、それらをまったく無視しているのである。

二十世紀は、文明を呪物と成し、自ら捏造した事に圧倒されている。その神々も自らこしらえたものである。人類は、自分が実はどんなに微小か、どんなに図々しいか、どんなに無知かを忘れてしまった。プトレマイオスは地球が宇宙の中心だと考えたために物笑いにされたが、しかし、地球という惑星が全天球のうちで最も恒久的で重要であるという仮説に、また「渾沌」のなかの蟻の塚のようなこの地球上で起きる歴史的、画期的事件に、星界の座にある神々も魅了されているという仮説に、現代文明は基づいているように思われる。

年々歳々、人々は威風堂々と権力にものを言わせて都市を支配するため、その建設にこつこつと不断に働く――まるで、金の髪紐や千万人の家来のほうが人自身の思想の尊さよりも彼を高め、王笏のきらめきを遙かなる星にも見えるようにさせられるといわんばかりである。このちっぽけな惑星は、空間軌道を巡りながら、約二十億の人間を運ぶが、彼らは住んでいる土の塊のかなたに横たわっている、あの測り知れない存在を忘れ、生きては死んでいく。無限の時間と空間でもって測れば、産業界の有力者や金融界の大物たちが何であろうか。これらの金権政治家たちのひとりが、たとえ地球そのものを支配するまでに立身出世したところで、「宇宙」の塵の一粒の上に坐るけちな専制君主以外の何者だというのか。

哲学は人に「全なるもの」との同族関係を啓示する。哲学は人が大空に点在する諸々の太陽の兄弟であること

Truly Divine which will charm all spectators. Especially the innermost will rightly evoke their WONDER & LOVE
A Mystery assuredly
IV. For if the prayer shall have gone to Inferiors, unless they be Delegates of the First, it shall not be a ministry
VI. To them according to the degree of probation it shall be joyful obedience
II. One maker of all, they shall have the ministries of other powers
I. Be Ye Washed Ye shall be clean
III. To the First, they shall be sacrifice and prayer; to Inferiors they shall be hymns
V. Our offerings shall be acceptable to and for us they shall be reverence and fear
VII. The sacred rites whose mysteries Ye are about to practice shall be open to the worthy and closed against the profane
given O things rightly O to will, to know, to have power and to be
Far hence Remain O Ye Profane!
ALL
IN
ALL

「密儀の家」の入口（クンラートの『知恵の円形演技場』より）

この象徴的な画は「永生」への道を表わすもので、クンラートにより、大体次のように説明されている。「これは真正にして永遠なる唯一の『知恵』の円形演技場の入口――なるほど狭いが、十分に威厳があり、イェホヴァに献げられたもの――である。この入口には図で示されているように、まぎれもなく序の口的な昇り階段がある神秘思想家によって作られている。それは『忠実な息子たちの教理』の神智学、というよりはむしろ哲学の七階段から成っている。階段を昇りつめると、道は、直接霊感によるか、いろいろな中間的手段によるか、そのいずれかによって『父なる神』の道に通じることとなる。入口で輝いている神託による七つの律法によれば、神与の霊感を得ると、人々は入っていく力と、身心両方の眼によって『創造主』の『知恵』と『善』と『力』との本質を、キリスト教的－カバラ的、神的－魔術的、物理的－化学的な方法でもって見、瞑想し、研究する力を持つところとなる。その最終目的は屁理屈をこねて死ぬのではなくて、神智学的に生きること、またこうして生まれた正統哲学者たちが誠実な哲学でもって『主』の業を解説し、この『神』の友たちをこうして祝福した『神』を立派に称讃することである。」上図とその説明文は「賢者の家」の外観並びにそこへ入っていくための道について今までにされた最も注目すべき解説中のひとつとなっている。

〈図中の英文の訳〉

I　汝らは洗われれば清められよう。II　万物の唯一の創り主イェホヴァよ、それらは他の力あるものたちの務めを果たそう。III　「第一者」にはそれらは犠牲と祈禱になろう、「下位の者たち」には讃美歌〔にそれらはなろう〕。IV　それというのも、祈禱は「下位のものたち」の許へ行っても、彼らが「第一者」の代理人でないと、祈禱は役に立たないからだ。V　我らの捧げ物はイェホヴァに喜ばれよう、そして、それらは我らが尊び、恐れるものとなろう。VI　それらにだ――修練の程度に応じて従うことは喜びに満ちあふれよう。VII　汝らがまさにその密儀を実践しようとしている神聖な儀式は、その価値のある者たちには開かれ、冒瀆する者たちには閉じられよう。

以下、入口の周囲の左下より。「観る者全てを魅了する真に『神々しい家』。特にその最も奥の部分は間違いなく観る者の『驚異の念と愛』を喚起しよう」「確実に『神秘の家』」『全てにまさるもの』」「ここから遠くに居残るのだ、おお汝ら『冒瀆する者たち』よ」「イェホヴァには正しくも以下のものが与えられている――御心のあること、知ること、力のあること、そしていまし給うこと。」

を示し、回転する一原子の上にいる納税者から「宇宙」の市民へと人を高める。哲学は、人が（彼の血や骨がその一部を成す）大地に肉体的には縛られているけれども、彼の内には霊力、より神聖な「自我」があり、それによって人は「全なるもの」と調和し、一体になると教える。だから、無知の無知とは、人が、身体の感覚器官の限られた領域外のことは何も知らずに、これ以上もう知ることはない、と傲慢にも断言する、あの自己満足に浸る無知の状態のことなのだ。身体の生命以外の生命を知らない人は無知にすぎない。しかし、身体の生命こそ何よりも重要だと断言して、それを至高の実在としての地位にまで高める人――そんな人は自己の無知を知らないのである。

「無限なるもの」は、もし人が賢明になることを願わなかったならば、人に知力を授けたりはしなかったであろう。もし人を有徳にさせるつもりがなかったならば、人の精神に美徳の種子を蒔きはしなかったであろう。もし人に狭量で、限られた物質生活だけを送らせる予定だったならば、外なる宇宙の測り知れないことを少なくとも一部は把握することのできる知覚や感受性を人に授けたりはしなかったであろう。声を大にして哲学を説く人たちが、すべての人に霊の同志として交わることを、思想の結社に入ることを、「自我」の集会へ出ることを求めている。哲学は、利己主義の虚栄から、無知の悲哀と世俗の絶望から、戯画に等しい野心と残忍な貪欲の手から、憎悪の赤い血の地獄と死せる理想主義の冷たい墓から人を誘い出すのである。

哲学はあらゆる人の先に立って導き、真理を広く、静かに展望させようとする。それというのも、哲学の世界は平和の国であって、この国では各人の魂の内に閉じ込められているあのよりよい美質が表われ出る機会を与えられるからである。ここで人々は草の葉の一枚一枚の驚異を教えられ、枝木や石も各々、発話能力を授けられて、自らの存在の秘密を告げる。生きとし生けるものが皆、輝かしい知性をみなぎらせ、驚嘆すべき、美しい実在物となる。創造界の四隅から力強い歓喜の讃美歌が高まる。なぜなら、この哲学の光明の射すなかに存在の目的が啓示されているからである。「全なるもの」に充満する知恵と善とが人の不完全な英知にも明白に見えてくる。ここでは人類の思慕の情があの親密な交わりを見出すのであって、その交わりは、深い、隠れた鉱脈の貴金属のように、魂の最も深い奥に横たわるあの豊かなる善を引き出してくるのである。

賢者が指示する小道を辿って、真理探求者が最後に知恵の山頂に達して見下ろせば、眼前には生のパノラマが繰り広げられるのが見える。平地の都市は実に小さな斑点にすぎず、四方の地平線は「未知の世界」の灰色の靄で暗い。そのとき初めて、知恵というものは広い視界の内にあり、その知恵は展望の度合いに比例して増すことを魂は悟る。そして、人の思いが天上へと向かい、彼が高められるにつれて、街路は都市の内に、都市は国家の内に、国家は大陸の内に、大陸は地球の内に、地球は空間に、空間は無限の永遠の内に見失われていき、最後には二つのものしか残らなくなる。「自我」と、「神」の善である。

肉体が人と共存し、無思慮な群衆と一緒にいるあいだは、人が実は独自の世界——自らを高めて内なる本性の深みと霊的に交わることを発見した世界——に住んでいるとは考えにくいことである。人は二つの人生を送りえよう。ひとつは子宮から墓までの闘争である。その寿命は人自身が生み出したもの——時間——によって測られる。それこそ無思慮な人生と呼んでよかろう。今ひとつの人生は認識から無限に到るものである。それは知性で始まり、寿命は永遠に続き、永遠という次元で完全なものとされる。これが哲学的人生と称するものである。哲学者たちは生まれるのでもなく、死ぬのでもない。一度不滅なるものの認識を達成してしまえば、彼らは不滅だからである。一度「自我」との交わりを得てしまえば、逝くことのない不滅のもといが内にあることを彼らは悟る。この生きた、振動するもとい——「自我」——の上に、太陽や月、星辰が消滅してしまった後も永続するような文明を彼らは築くのだ。愚者は今日という一日のあいだだけ生きるが、哲学者は永遠に生きるのである。

人の理性的意識は、一度墓石を転がし、墓のなかから出てくると、もう死ぬことはない。この第二の、哲学的誕生には死滅はないからである。これでもって肉体の不滅までが推論されてはならないのであって、むしろ物としての地球が真の世界でないのと同様に、肉体も真の「自我」ではないと哲学者が知ったと推論されるべきなのである。自分と体とが不同である——形姿は滅びなければならないが、生命は滅びない——という認識により、不滅だとの意識を得るのである。これこそ、ソクラテスが言及した不滅だった。「アニュトスとメリトスは、事実、私を処刑することはできようが、私を傷つけることなどできない。」賢者にとっては、物質の存在は生命の大広間の外部屋にすぎない。この控えの間の扉をさっと開いて、霊光を得た人はより偉大なる完全な生活へと移っていく。無知の人は時間と空間に縛られた世界に住んでいる。しかし、「存在」の意味と尊厳とを把握している人たちにとっては、この時間と空間が亡霊や、感覚の幻影――「神性」の持続に対して人の無知が課した独断的な制限――にすぎない。哲学者はこの持続の認識によって生き、感動する。それというのも、彼にとってはこの無限の期間は全達成の時間として「全知の原因」により構想されたものだからである。

人は外見ほどに無意味な生物ではない。肉体が人の真の自我の正しい尺度ではないからだ。目に見えぬ人の本性は、理解力と同様に広大で、思想と同様に測り知れない。精神の指が伸びて、星を握りしめ、霊は他ならぬ「宇宙」の脈打つ生命と交わる。それによって知性の域に達した人は認識の能力を大いに増し、徐々に宇宙のいろいろな構成要素を自らの内に具体化していく。未知なるものは探求者の意識の内にこれから含められていくことになるものにすぎない。哲学は人が正しい認識の感覚を発達させる手助けとなる。なぜなら、哲学は、知識の栄光と十全を啓示するし、また、人が七つの天球の秘密に精通できるあの潜在的な力や能力も開示してくれるからである。

昔の密儀参入者たちは、物質的追求を事とする世界から心霊生活へと弟子たちを呼び入れた。あらゆる時代を通して、「密儀」は「実在」の入り口――本体と現象、「実体」と幻影とのあいだのあの仮説的な点――に立ってきた。「密儀」の門は常に開かれており、広々とした霊の宮居に入っていこうとする人たちは、そうすることが許される。哲学の世界は左右、上下いずれの方向にもない。全空間、全物質に充満している霊妙な原質と同様に、それは到る所にある。それは全存在の最も内なる部分、また最も外なる部分に浸透している。すべての男女にあって、この二つの領域は、非自我とその関係のものから「自我」とそれを現わしたものへと通じる門によってつながっている。神秘思想家においてはこの門とは心臓のことであり、感情を霊化させることにより、あのより高度のレヴェルと連絡を取るが、そのレヴェルは一度感知すると、価値の総体を成すようになる。哲学者においては、理性こそ外界と内界のあいだの門であり、霊光を得た精神が有形と無形とのあいだの深い割れ目に橋を渡す。こうして神性が見る目のある人の内に生まれ、彼は人間たちとの関わりを離れて神々との関わりへと向上していくのである。

「実用的」事物を専らとする現代にあっては人々は「神」の存在すら嘲笑する。善を嘲笑しながら、酔っ払った心で物質偏重の走馬燈的光栄に思いを巡らす。星の彼方へと通じる道を忘れてしまったのである。神与の遺産を受けるようにと人に勧めた古代の偉大なる神秘思想の施設は瓦解してしまい、かつて古の学問の殿堂が縦溝を彫った円柱や磨き上げた大理石の神秘性を高めた所に、今は人間の計画した施設が立っている。文化や美についての理想を公にした白衣の賢者たちも、礼服を集めて、人々の目に見えない所へ去ってしまった。それにもかかわらず、この小さな地球は昔と同じように「摂理の生成者」の放つ日光に浴している。目を大きく見開いた赤子たちが今なお物質的存在にまつわる神秘に直面している。人々は笑っては泣き叫び、愛しては憎むことを続けており、なかにはもっと高貴な世界、もっと充実した人生、もっと完全な認識を依然として夢に見ている人もある。人の心と頭の両者のなかには依然として必滅から不滅に通じる門が開かれている。美徳、愛、理想主義こそは今でも人類を再生させるものである。「神」は被造物を愛し、その運命の先導を続けている。小道は依然として上方の成就の域へとつらなるように進んでいく。人の魂は翼を奪われてしまったわけではない。肉体という衣の下に翼が折りたたまれているだけのことである。哲学とは、常に、土くれという器を割り、魂を習慣と悪用との絆から解放するあの魔術的な力のことである。今もなお、昔と同じように、解放された魂は翼を広げ、その本源にまで飛翔できるのだ。

「密儀」を触れ知らせる人たちが再び話しかけ、すべての人に「光の家」へ来るようにと告げている。物質偏重の大施設は失敗に終わった。人が築いた偽りの文明が寝返りを打ち、フランケンシュタインの作った怪物のように文明の創設者を破壊しつつある。宗教も神学上の空理空論の迷宮の内をあてもなくさまよっている。科学も未知なるものの障壁を力なく叩くばかりである。ただ超越哲学だけがその小道を知っている。ただ霊光を得た理性だけが人の知性部分を上方の光ある所へと運ぶことができる。ただ哲学だけが人に正しく生まれ、正しく生き、正しく死に、完璧な再生を果たす方法を教えることができる。選ばれし人たち——知識と美徳と有用との生活を選んだ人たち——のこの一団のなかに、あらゆる時代の哲学者たちが誘って止まないのは、あなただ。

訳者後書き

最近のホールの写真が彼の講演案内に載っている。左横顔を撮ったもので、黒白による光のコントラストが生きている。髪は撫でられ、耳は比較的大きく、額は高く秀で、鼻筋が通り、手入れの行き届いた口髭を生やし、唇は堅く結んでいる。隙のない、端整で、理知的な顔だ。

特に印象深いのは、長い睫毛の奥の大きな、鋭い目である。それは一見すると冷厳な感じを与えそうだが、よく見ると、深い愛情を秘めているように思われる。やや伏目がちな目でホールは、一体、何を見ているのであろうか。

ホールの目を見ていて、私はふと二人の目を思い浮かべた。漱石とルクレティウスのそれである。

例の猫が「不可思議の太平」に入る年たる明治三十九年の七月三日、漱石は虚子あての書簡で次のように書いている。「世界総体を相手にしてハリツケにでもなつてハリツケの上から下を見て此馬鹿野郎と心のうちで軽蔑して死んで見たい。尤も僕は臆病だから、本当のハリツケは少々恐れ入る。絞罪位な所でいゝなら進んで願ひたい。」漱石の心にわだかまる怒りの混じった現世蔑視の念が募らせる厳しくも夢のような死を遊ぶ気持――それが「形而上」ならぬ眼下の道化たちに独特の目を走らせ、いかにもこの頃の漱石らしい文学空間を作るゆえんになったと言えるのかもしれない。

漱石の磔像に比べると、ルクレティウスは哲学者らしく、はるかに冷静のように思われる。「……何にもまして甘美なことは賢人たちの／教えによって守られた静かな高台にたち、／そこから他の人々を見下ろし、彼らがあちらこちらと／あてもなく生活の道を探しもとめ、／天賦の才を競い、出生の高貴を争い、／また夜を日についで比類なき労苦を重ねて、／権力の極みにのぼり、世界を手にいれようとするのを見ることだ」（岩田義一・藤沢令夫共訳『事物の本性について』第二巻）。

「静かな高台」とは、哲学的な真理を表す象徴的なイメージ以外の何ものでもなかろう。それにしても、そこから見下ろされる人間界は、何とあくせくしていることであろう。しかし、それは現代とても変らぬ人の世の普通の姿である。ルクレティウスのこのくだりを称讃し、引用した上で、本書で何度も言及されているフランシス・ベーコンは、さすがに神と人間を愛する人らしく、次のように付言している。「ただ、いつもこういうながめに、高慢とか誇りとかでなく、憐憫《れんびん》の伴われることが望ましい。たしかに、地上における天国といいうることは、人間の心が、慈愛の中で動き、天の摂理の中に安んじ、真理の両極を軸としてまわるようにさせるということである」（成田成寿訳「真理について」、『随筆集』）。

ベーコンは、人に関わる哲学（歴史と詩と理性による哲学）と、人々の労働と遍歴との安息日や港に喩えられる学たる神に関わる啓示神学とが真理探求の学問と考えた。そして、哲学についての、わずかな、あるいは、表面だけの知識は、人の心を無神論の方へ向かわせるかもしれないが、その知識の中でいっそう進歩すると、心が宗教に戻ってくるようになるのは、真理として確実で、また、経験上からもそうだ、と言っている（『学問の進歩』）。ホールの『象徴哲学大系』は、まさにそうした宗教心のいにしえにおける隠秘的な現れざまを現代のわれわれに伝える橋渡しの役を果たしているといえよう。

ところで、人は物を書くにしろ、読むにしろ、普通、伏目がちに見る。目は活字を追う中で、本という一つの世界の中を遍歴し、結論という目的地に辿りつく。周知のところだが、この行為は、見ることに関わる観念的隠喩たる「世界劇場」（Theatrum Mundi）というトポスを想起させる。それは、一般に、世界（宇宙《コスモス》）という劇場の意味に取られ、その具体例としてよく引用されるのは、シェイクスピアの『お気に召すまま』に出てくる「世界全体がひとつの舞台で、男も女も全て、唯の役者にすぎない」云々というジェイクイーズの台詞である。そこでは観客は結局のところ神となり、そして「主の目は知識ある者を守る」(『箴言』第二十二章第十二節)。ただ、語源的に言えば、テアトルムは「……を見る所」のことだから、「世界劇場」とは世界を見る劇場ということになる。とすれば、「世界」の持つ哲学的な意味は本書に委ねるとして、「見る」主体が神よりは、むしろ人間にあるとも解される点が興味深い。

多分、民衆の哲学者と呼ぶべきホールの本書は、この後者の意味のテアトルム・ムンディと取るのが最も妥当であろう。なぜなら、そこでは、神秘的な「世界」を見た者たちの言葉と象徴が書物という場に具体化されて「静かな高台」を呈しているからである。四十代前半に失明した叙事詩人ミルトンによれば、アダムはイヴと共に「内なる楽園」を心に懐きつつエデンを去るに先立ち、大天使ミカエルにより目の「薄い膜」を取り除いてもらう(『失楽園』第十一巻)。しかし、われわれの膜は人間のレヴェルでも相当に取り除いてもらえるのかもしれない。ホールが雄弁に解説して示した、「光の家」の主《あるじ》たる不可視の神を見ることが許される方法に通じていると信じ、また、それに通じようと願い求める人とその末裔たちの演じた秘教の「神聖ドラマ」は、われわれの曇った、伏目がちの視線を上の大空へ向けさせ、「百万の秘密」を知りながら「ひとつの秘密」を見忘れている現代にあって、人間という存在のあかしの拠り所、われわれの霊のふるさとへの思いを訴えて止まない。

もっとも、本書の細部の点となれば、歴史家の批判を受けるかもしれない。しかし、従来に増す努力が積み重ねられ、歴史(個)と哲学(普遍)とが是々非々で相互に歩み寄り、和解の成立する時があるいは到来するかもしれない。それは不可能だと断じる人もあろうが、そうなって欲しいと私はひたすら願っている。

時々ルーペを使って原著の活字と挿絵を見ながら、本書の訳を進める途上で私の念頭を絶えず去来していたのは「目」であり、その目に映る人間たちの真面目な演戯でもあった。いみじくもプラトンは言っている(岡田正三訳『法律』)。

「人間は、ただ神の遊戯の具になるように、というので創られたのです。これこそが人間の最良の部分ですね。」

昭和五十六年九月

山田耕士

本書との出会いは、八年前に溯る。訳者はサンフランシスコ市にある神秘主義および神秘学関係の文献を専門に扱う書店において初めて本書を入手した。市内の書店や古本屋を覗いてみると、必ず神秘学関係の書物を集めたコーナーが設けられており、当時まだその種の文献が数えるほどしか紹介されていなかった日本の状況と比べると質量ともに目を瞠るものがあった。果たせるかな、その波は数年を経ずして洪水のように日本に押し寄せ、錬金術、魔術、カバラ、占星術に関する書物が店頭に並ぶことになった。マンリー・P・ホールについてはその後二、三の雑誌で紹介する機会があったが、本書のような大部なものの全訳など思いもよらぬことであった。

大沼氏から本書の全訳の計画を知らされたのは三年前の春ごろであった。その夏訳者は渡米する機会があり、ロサンゼルス市にある「哲学探求協会」を訪ね、好運にもホール氏自身と会うことができた。「協会」の心臓部ともいえる図書館にはホール氏が生涯をかけて収集した数万冊の書物が収められており、誰でも自由に利用することができた。ここに収められた書物は、古代の密儀宗教、ヘルメス学、新プラトン主義、カバラ、魔術、薔薇十字思想、フリーメーソン、錬金術など神秘学のほとんどすべての分野にわたるものであり、その大部分が現在では入手の難しい類いのものであった。(本書の「参考文献」に掲載されている文献の大部分はこの図書館に収められており、その内容の豊かさの一端を知ることができる。)本書はこの厖大な文献をもとにして編まれたものであり、ホール氏の文献を凝縮する小型「博物《ムセ》館《イオン》」と言えるであろう。ホール氏は遠来の訳者を、稀覯本を収めた特別の部屋へ案内して下さった。それは、たとえ図書館が消失しても残るように、二重の厚い鉄の扉と壁に囲まれた小さな部屋で、恐らく世界に一冊しかないと思われるヤコブ・ベーメの彩色本、サン‐ジェルマン伯の自筆本、トーマス・テイラーの初版本などが収められていた。そのなかにウィリアム・ブレイクの『ヨブ記イラスト』、『ブレアーの「墓」へのイラスト』のかなり古い版本のあったことが特に訳者の興味を引いた。

『マンリー・P・ホール全集』の第二巻（*Collected Writings of Manly P. Hall*, vol. 2, 1959）には、「ベーメの神秘図像」、「サン‐ジェルマン伯」、「英国プラトニスト、トーマス・テイラー」などの項目と並んで、「ウィリアム・ブレイクの神秘主義」という小論が入っている。ここ二、三十年のあいだに飛躍的な発展を遂げたブレイク学の存在を前にしてはいささか色褪せて見えるのはやむを得ないが、最近のブレイク研究の大きな特徴のひとつがベーメ、パラケルスス、スウェーデンボルグ、トーマス・テイラーなど新プラトン主義、錬金術、カバラを含む神秘学の伝統のなかに位置づけようとするものである（その大きな成果のひとつがキャスリン・レインの『ブレイクと伝統』――一九六八年――であった）ことを考えれば、ブレイクの専門家ではないホール氏のこの小論の発想そのものは意味があったと言えよう。

ホール氏の著作の大きな特徴は、本書の「序文」で彼自身が述べているようにその独創性にあるのではなく、厖大な神秘学の文献を「一次資料」として使用している点にある。この種の文献は入手が大変困難であり、たとえ入手してもその解読には高度の学識と経験が必要である。そのため、神秘学に関する多くの書物はその情報を「二次資料」に依っている（いわゆる「孫引き」）場合が多く、信頼性に欠けている。「一次資料」の正確な解読というホール氏の方法を典型的に示しているのが『薔薇十字の古写本』（Codex Rosae Crucis,1938）である。「DOMA写本」、「ザクセ古写本」などを収録したこの書物の「資料」としての評価の高さは定評があり、しばしば引用されている。例えば、C・G・ユングの『心理学と錬金術』（邦訳、人文書院）第Ⅱ巻二四頁を見られたい。ホール氏によると、同書第Ⅰ巻二六四頁に採録されたミヒェルシュパッハーの『カバラ』からの図版も『薔薇十字の古写本』を原本とするものである。

本書はヨーロッパ精神史における異端の系譜の集大成である。人間の精神に表層と深層の二つの層があることを発見したのは近代心理学の成果であるが、文明にも深層として地下水（あるいは地下茎）のように底流を形成している部分がある。それはいつの時代にあっても優れた哲学者、芸術家、詩人に見出され、その思想的な源泉となってそれぞれの花を咲かせてきた。ひとつの文明の全体像を理解するためには、この底流としての深層部分にも光を当てる必要がある。古代の密儀、ヘルメス学、錬金術、カバラ、魔術、占星術というヨーロッパ精神史の底流を形成した神秘学を一冊の書物に凝縮して見せたのが本書であり、これと対照をなすのがホール氏の『人間——密儀の偉大な象徴』(*Man : The Grand Symbol of the Mysteries*,1947, 邦訳は来年度中に人文書院より刊行が予定されている)である。本書が通時的に神秘学を鳥瞰しているのに対してこれは共時的に「最高の秘密を含む人間」(『コンフェッシオ』)を分析したものであり、読者はこの二冊の書物を読むことにより、「永遠の真理」への旅の第一歩を踏み出すことになるのである。

本書第Ⅰ巻の初校が出たころ訳者のひとりである大沼氏がロンドンのウォーバーグ研究所へ留学され、当初の予定が大きく遅れてしまった。しかしとにもかくにも年内に最終巻を上梓し、『象徴哲学大系』を完結し終えたのは、第Ⅰ巻以来本書を温かく受け入れていただいた読者諸氏の支援の結果であり、この場を借りてお礼を申し上げる。さらにこの翻訳のためにさまざまな御教示をいただいた大学の同僚をはじめとする方々、とりわけ索引作成をはじめさまざまな助力、激励を惜しまれなかった編集部の谷誠二氏に深甚の謝意を表したい。

昭和五十六年九月

吉村正和

全巻総目次

第I巻　古代の密儀

第十三版への序 ……… 山田耕士訳

序 ……… 山田耕士訳

序論 ……… 吉村正和訳

古代密儀と秘密結社——近代フリーメーソンの象徴体系に及ぼした影響 ……… 大沼忠弘訳

古代の教育体系　ケルソスのキリスト教論　正しく生きるに必要な知識　ブリテンとガリアにおけるドルイド教密儀　ミトラスの祭儀　ミトラス教密儀とキリスト教密儀の比較

古代密儀と秘密結社　第二部 ……… 大沼忠弘訳

グノーシス派の密儀　シモン・マグスとバシレイデス　アブラクサス、グノーシス的「神」の観念　アサル・ハピ（セラピス）の密儀　迷宮の象徴　オーディンの密儀

古代密儀と秘密結社　第三部 ……… 大沼忠弘訳

エレウシスの密儀　小密儀　大密儀　オルフェウスの密儀　バッコスの密儀とディオニュソスの密儀

アトランティスと古代の神々 ……… 山田耕士訳

近代科学に照らして見たプラトンのアトランティス　死にゆく神の神話　タムムズ神とイシュタルの儀式　アテュスとアドニスの密儀　サバチウスの儀式　サモトラケのカベイロス神の密儀

トート・ヘルメス・トリスメギストスの生涯と作品 ……… 吉村正和訳

ヘルメスの正体についての仮定　不完全なヘルメスの遺稿『トートの書』　『ポイマンドレス』（『ヘルメスの幻』）　普遍的精神の神秘　世界の七人の支配者

ピラミッドの密儀参入 ……… 山田耕士訳

カリフのアル・マモウンによる大ピラミッド開き　大ピラミッドの通路と部屋　スフィンクスの謎　ピラミッドの密儀　ピラミッドの棺の秘密　隠れたる神の宮居

イシス、世界の乙女 ……… 吉村正和訳

神々の誕生日　オシリスの殺害　ヘルメス的なイシス　イシスの象徴　吟遊詩人《トルバドーレ》　死者のミイラ化

太陽、普遍的な神 ……… 吉村正和訳

太陽の三位一体　キリスト教と太陽　太陽の誕生日　三つの太陽　太陽に住む天使　真夜中の太陽

ゾディアックと十二宮 ……… 大沼忠弘訳

太古の天文学的施設　春分・秋分と夏至・冬至　占星学的大年　テンチュラの円形ゾディアック　黄道十二宮の解釈　世界のホロスコープ

イシスのベンバイン表 ……… 吉村正和訳

大ピラミッドにおけるプラトンの密儀参入　ベンバイン表の歴史　プラトンのイデア論　三つの哲学的黄道帯の相

互関係　三つ組についてのカルデアの哲学　オルフェウスの卵

古代の七不思議 ……… 山田耕士訳

永代ランプ　デルフォイの神託所　ドドナの神託所　トロフォニウスの神託所　密儀参入を得た建築師たち　世界の七不思議

訳者解説 ……… 大沼忠弘

第Ⅱ巻　秘密の博物誌

ピュタゴラスの生涯と哲学 ……… 大沼忠弘訳

ピュタゴラスとクロトナの学園　ピュタゴラスの根本原理　正多面体　ピュタゴラスの象徴的格言　ピュタゴラスの天文学　ケプラーの宇宙論

ピュタゴラスの数学 ……… 大沼忠弘訳

数の理論　文字の数値　言葉の数値を割り出す方法　ピュタゴラスの数論概説　エラトステネスのふるい　一から十までの意味

象徴体系における人間の肉体 ……… 吉村正和訳

哲学的な人体模型　三つの宇宙中心　密儀参入の神殿　象徴体系における手　大なる人間と小なる人間　アントロポスすなわち大霊

ヒラム伝説 ……… 山田耕士訳

ソロモン神殿造営　ヒラム・アビフ殺し　ジャック・ド・モレー殉教　霊火と松果腺　大ヒラムの放浪　クレオパトラのオベリスクとフリーメーソンの符牒

ピュタゴラスの音楽論と色彩論 ……… 大沼忠弘訳

ピュタゴラスと音階　音楽治療　天球の音楽　象徴体系における色彩の利用　分光器の色彩と音階　ゾディアック十二宮と惑星の色彩

魚・虫・獣・爬虫類・鳥　第一部 ……… 山田耕士訳

ヨナと鯨　魚はキリストの象徴　エジプトの神聖甲虫《スカラベ》　ユピテルの蠅　知恵の蛇　聖なる鰐

魚・虫・獣・爬虫類・鳥　第二部 ……… 山田耕士訳

女陰象徴の鳩　自ら復活するフェニックス　アメリカ合衆国国璽　プトレマイオス王朝の猫女神バスト　聖牛アピス　ユニコーン

花・植物・果実・木 ……… 吉村正和訳

男根象徴としての花　蓮の花　スカンディナヴィアの世界木イグドラシル　アカシアの小枝　葡萄の果汁　マンドラゴラの魔力

石・金属・宝石 ……… 山田耕士訳

先史時代の記念碑　律法の石板　聖杯　世界の諸時代　護符の宝石　黄道帯と惑星にかかわる石と宝石

典礼魔法と妖術 ……… 大沼忠弘訳

エジプトの黒い魔法　ヨハネス・ファウストス博士　奥義書のメフィストフェレス　聖霊の招喚　悪魔との契約　ペンタグラムの象徴的意味

四大元素とその住民 ……… 大沼忠弘訳

パラケルススの聖霊論　四大の精の位階　グノーメー、ウンディーネー、サラマンデル、シルフェー　悪魔学　男の夢魔と女の夢魔　吸血鬼伝説

ヘルメスの薬学、化学、治療学 ……… 吉村正和訳

パラケルススの治療法　再生　病気の原因についてのヘルメス理論　植物の薬としての性質　密儀における薬の使用　イスラームの秘密暗殺団

第Ⅲ巻　カバラと薔薇十字団

カバラ、イスラエルの秘密教義……大沼忠弘訳
書かれた律法と書かれざる律法　最初のカバラ文献　ラビ・シメオン・ベン・ヨッカイ　カバラの根本教典　カバラ体系の諸分野　セフェール・イェツィラー

カバラ的宇宙創成論の根本原理……大沼忠弘訳
アイン・ソフと宇宙卵　カバラの四世界論　エゼキエルの幻視に関するカバラ的解釈　ネブガドネザル王の夢に現われた巨大なイメージ　宇宙の「原人」　生命の五十の門

セフィロトの木……大沼忠弘訳
三十二の径　大きな顔と小さな顔　キルヒャーのセフィロトの木　ダートの神秘　セフィロトの木を支える三本の柱　「聖なる名前」の四文字

人類創造のカバラ的解釈……大沼忠弘訳
ゲマトリア、ノタリコン、テムラー、エロヒム　四人のアダム　アダムに関するアラビアの伝承　人類の元型としてのアダム　結婚に関する初期キリスト教会の説

タロット・カードの分析……吉村正和訳
トランプの起源　薔薇十字団の世界輪　タロット象徴体系の問題　数のないカード　二十一枚の大カードの象徴体系　組札

荒野の幕屋……山田耕士訳
エジプト密儀参入者モーゼ　幕屋造り　幕屋の造作　契約の箱　栄光の式服　ウリムとトムミム

薔薇十字団……吉村正和訳
開祖C・R・Cの生涯　ヨハン・ヴァレンティン・アンドレーエ　薔薇十字団の錬金術的教義　薔薇十字の意味　薔薇十字団の神殿　薔薇十字の達人

薔薇十字団の教義と信条……吉村正和訳
『コンフェッシオ・フラテルニタティス』　『憂鬱の解剖』　薔薇十字団の思想とジョン・ヘイドン　賢者の三つの山　哲学的な卵　薔薇十字団の目的

薔薇十字団とカバラの十五の図像……吉村正和訳
シャマイム、霊の海　創造の七日　クリスチャン・ローゼンクロイツの象徴的な墓　元素の世界　新しいエルサレム　自然の偉大な秘密

ベーコンとシェイクスピアと薔薇十字団員……山田耕士訳
薔薇十字団の仮面　ウィリアム・シェイクスピア伝　フランシス・ベーコン卿　折り句形式の署名　意味のある数三十三　哲学的死

象徴哲学の一要素としての暗号……山田耕士訳
秘密のアルファベット　二字暗号　絵文字暗号　口承暗号　数字暗号と音楽暗号　暗号体系

フリーメーソンの象徴体系……山田耕士訳
セツの息子たちの立てた柱　エノクと玉門　ディオニュソス建築師団　ローマの僧団　宇宙の知恵の化身ソロモン　フリーメーソンの貴重な遺産

密儀と密使……山田耕士訳

ホメロスの黄金の鎖　アレキサンドリアの新プラトン主義者ヒュパティア　「神のような」カリョストロ　サン－ジェルマン伯爵　アメリカ国旗の図案　独立宣言

第Ⅳ巻　錬金術

錬金術とその代表的人物 ……………… 大沼忠弘訳
金属の増殖　皇帝レオポルド一世の紋章　パラケルスス・フォン・ホーヘンハイム　ライムンドゥス・ルルス　ニコラ・フラメル　ベルナルドゥス・トレヴィザヌス伯爵

錬金術の理論と実践　第一部 ……… 大沼忠弘訳
錬金術的哲学の起源　アレキサンダー大王と物言う木　自然と技術　錬金術の象徴体系　ソロモンの雅歌　「哲学者」の「金」

錬金術の理論と実践　第二部 ……… 大沼忠弘訳
錬金術の祈り　ヘルメスのエメラルド表　薔薇十字団の導師からの手紙　月の魔法の山　錬金術の公式　賢者の露

化学の結婚 ……………………………… 吉村正和訳
クリスチャン・ローゼンクロイツ結婚式に招かれる　光の乙女　哲学的な異端審問　オリンポスの塔　人造人間　黄金の石の騎士

神秘的キリスト教 ……………………… 吉村正和訳
キリストの生涯と聖エイレナイオス　イエスの本来の名キリスト教徒　エッセネ派　アーサー王説話群　魔術師マーリン

十字架と磔――異教とキリスト教の神秘体系において ……………… 山田耕士訳
黄金伝説　アレキサンドリアの失われし図書館　異教の象徴体系における十字　磔は宇宙の寓話　ケツァルコアトルの磔　受難の釘

黙示録の神秘 …………………………… 山田耕士訳
エペソスの聖都　黙示録の著者　アルファとオメガ　神の子羊　四人の騎手　獣の数

イスラームの信仰 ……………………… 山田耕士訳
モハメッドの生涯　コーランの開示　告別の巡礼　予言者の墓　メッカのカーバ神殿　イスラームの秘密教義

アメリカ・インディアンの象徴体系 …… 吉村正和訳
平和のパイプの儀式　歴史的なハイアワサ　『ポポル・ヴー』　アメリカ・インディアンの魔術　ヒバルバの密儀　ミデウィウィン

結　論 …………………………………… 山田耕士訳

訳者後書き（山田耕士／吉村正和）
全巻総目次／図版総目次
参考文献
索引（事項・人名・書名）

事項索引

1）　I，II……のローマ数字は巻数をあらわし，200，300のアラビア数字は当該頁数をあらわす。（　）は当該頁の図版説明文中にあることを示す。以下，人名索引，書名索引もこれに従う。

2）　小見出し語の〜は，そこに見出し語が入ることをあらわす。

3）　この事項索引の項目には，神名および神話・伝説上の人物等も含まれる。

ア

アイオーン　I　(62), 88-91, 93, 94　II　39　IV　173

アイン・ソフ　III　35-41, (49), 53, 54, 67, (69), 106, 205

アヴェスタ教典　I　78, 83

アーサー王　II　(173)　IV　(137), 149-152

〜伝説（〜物語）　II　199　IV　147, 149, 152

〜の円卓　III　(157)　IV　(137), (142)〔円卓の騎士も参照〕

アサル・ハピの密儀　I　95

アスタルテ　I　103, 143　II　29, 152

アストラル・ライト（星の光）　I　70　II　(213), 263　III　115, 192, 261　IV　44

アダム　II　66, 78, 89, (177), 178, 239　III　12, 13, 43, 45, 54, 60, 61, 66, 70, 72, 85-89, 91, 92, 94-97, 110, 177, 254　IV　33, 155-157

四人の〜　III　86

アダム・カドモン（天上の人間）　III　(34), 43, 54, 62, 63, (266)

アッラー　IV　(198), 200, 205, 212

アテュス（アッティス）　I　103, 148-150　II　165, 179, 183　III　(252)　IV　140, 167

〜の密儀　I　148　IV　148〔フリュギアの密儀も参照〕

アドナイ　I　223　III　65, 78

アドニス　I　103, (132), 146-148, 150, 223　II　183　IV　140, 167

〜の園　I　(132), 147

〜の密儀　I　146, 147　II　13, 180　IV　148

アトラス　I　134-136　II　50, 59　IV　37, 117, 126, 127

アトランティス　I　67, 71, 133-142, (178), 259　II　53, (87), 189, 211, 212, 214　III　129, 268, 291　IV　37, 223, 228, 237

〜の密儀　I　142, (178)　IV　223

アニマ・ムンディ（世界霊魂）　I　96　II　64

アヌビス　I　228　III　112

アピス（聖牛）　I　(22), 96, 97, 100, 217, 226, 250, 255, 273, 274　II　160, 161

アブラカダブラ（呪文）　I　250, 251

アブラクサス（グノーシス派の万能神）　I　(86), 91, 100, 250　II　39

アブラハム　III　13, 18, 31, 202　IV　26, (27), (202), (211)

アフラ・マツダ　I　79, 83, 248　II　(143)　IV　194

アフロディテ　I　143, 240　II　29, 36, 50, 52, 55, 128, 152　IV　183

アポロン　I　124, (127), (139), 223, 227, 229, 275, 284, (290), 297-303　II　11, 12, (15), 36, 50, 52, 128　IV　(123), 167

〜の密儀　II　179

アモン　I　103, 137, 228, 277, 279

アーリマン　Ⅰ 79,(80),82,248　Ⅱ (143)　Ⅲ 122　Ⅳ 194,195
アルケウス（生命物質）　Ⅱ　263,264,266,267
アルテミス　Ⅱ　52　Ⅳ　179,193
アンティクトン（神秘的天体）　Ⅱ　22,28,114
アンドロギュノス（両性人間）　Ⅲ　88,92,93,(181)
アントロポス（超人）　Ⅱ　79　Ⅲ　119
イ
イヴ　Ⅱ　66,178　Ⅲ　54,67,86-88,92,94,110　Ⅳ　155
イェホヴァ　Ⅰ 92,234,297　Ⅱ 38,39,(67),(104),142,182,194,197,198,(210),(258)　Ⅲ　41,65-67,71-73,79,(80),91,115,120,(126),(131)-(133),140,142,143,145,146,172,(179)　Ⅳ　136,137,(257)
～の密儀　Ⅱ　195
～・エロヒム　Ⅲ　42,197,205
イグドラシルの木　Ⅱ (168),175〔世界の木も参照〕
イシス　Ⅰ　76,101,103,111,(202)-(219),228,232,256,(265),269,275,277,281-283,286,288　Ⅱ　29,(34),52,93,106,(129),137,152　Ⅲ　116,127,128,276　Ⅳ　33,45,191
～の密儀　Ⅰ　64,71,148,276,(283)　Ⅱ　13,196
～・オシリス祭儀　Ⅰ　111
イシス表→ベンバイン表
イシュタル　Ⅰ　143,144,146
イスラーム　Ⅰ (187),213　Ⅱ　202　Ⅲ　88,261,263,264,270,278　Ⅳ　22,82,198-201,204-207,211,213-217〔モハメッド教も参照〕
偉大な人間（宇宙人間）　Ⅰ　240　Ⅲ (34),51
インクブス（男性夢魔）とスクブス（女性夢魔）　Ⅱ　255
インドの密教　Ⅱ　139
インドラ　Ⅳ　167
ウ
ヴィシュヌ　Ⅰ　226,(236),242　Ⅱ　66,94,95,(129)　Ⅲ (105)
ヴェーダ　Ⅰ　83　Ⅲ　272
ウェヌス　Ⅰ (139),143,147,204,256,275,294,310　Ⅱ　29,128,140,152,153,200,203,206,207　Ⅲ (245),262　Ⅳ　120,126,127,162,214
宇宙卵（世界卵）　Ⅰ　76,(244),288　Ⅱ　66,(143),175,207　Ⅲ　36-38
ウリムとトムミム　Ⅲ　111,144,145
ウンディーネー（水の精）　Ⅱ (234),236,240,246-248,252,254
エ
エジプト十字→クルックス・アンサータ
エジプトの密儀　Ⅰ　101,123,(156),240　Ⅱ　129,135,137,159,160,172,180　Ⅲ　226　Ⅳ　161
エゼキエル　Ⅰ　194,285　Ⅲ (76),(80),(133),160,182　Ⅳ (160)
～の幻（～の幻視）　Ⅰ (22)　Ⅲ　50,(76),(80),119
エーテル（～体,～圏,～界）　Ⅰ　86,128,171,213,237,276,283,284　Ⅱ　22,24,29,54,55,73,114,122,123,208,235,239-242,246,249,251-255,263,264,266　Ⅲ　20,21,23,166,167,(190),192,195　Ⅳ　188,238
エデンの園　Ⅰ (132),140　Ⅱ　55,66,141,169,178　Ⅲ 45,(76),85,88,95,200　Ⅳ 33,44,155,156,(178)
エノク　Ⅰ　159,165,(169)　Ⅲ　95,127,177,254,256　Ⅳ　37,148,(202),236
エメラルド表（エメラルドの板）　Ⅱ　89,260　Ⅳ　34,35,37,(56),60,65,(100)
エラトステネスのふるい　Ⅱ　44,(46)
エリキサー（不老不死の霊薬）　Ⅰ　143,212　Ⅲ　158,185,286　Ⅳ　30,81,(95)
エレウシスの密儀　Ⅰ (41),64,71,(106),(110)-115,117-121,(127),129,149,307　Ⅱ　13,58,66,151,169,180,275　Ⅳ　128,160,180,(183),236

エロース　II　(148)
エロヒム　II　(30), 56, 75, 76, 121, 143　III　18, 20, 29, 42, 45, 54, 65, 70, 79, 83-85, 91, 197, 205, 206　IV　52
円卓騎士団　IV　(137), 150
円卓の騎士　II　(173)　IV　(142), 151
オ
オアンネス（魚人）　I　141　II　(126), (129)
オイディプス　I　(182)
黄金の石の騎士　IV　109, 126-128
オシリス　I　76, 96, 97, 100, 101, 103, 148, 150, 159, 166, 196, (202), 204-208, (215), 217, (219), 220, 223, 228, 229, 255, 277, 283, 284, 310　II　(34), 56, 89, 93, 95, 106, 131, 137, 150, 160, 161, 179, 180　III　111, 128, (252)　IV　48, 167, 173
〜の密儀　I　103-107, 152
オーディン　I 93, 104, 105, (132), 152, (169), 227　II　150, 163, (168), 176　III　129
〜の密儀　I　103-107, 152
オーラの卵　III　37, 38, (49), 53
オルフェウス　I　122-125, 151, 158, 229, 269, 287, 288　II　55, 91, 141, 204　III　127　IV　48, 140
〜の卵　I　(57), 250, 288
〜の密儀　I　(57), 122
カ
カーバ神殿　I　203　II　202　III　270　IV　(198), 205, (211), 213, 238
カバラ（〜体, 〜主義）　I　91, 278, 282, 287　II　(30), 39, 40, (62), 94, (104), 175, 196　III　11-16, (34), 35, 37, 43, 59, 60, (65), (69), 72, (76), 77, (80), 86, 89, 104, 105, 119, 130, 160, 184, 187, 191, 192, (249), (266)　IV(17), 27, 33, 75, 82, 174, 192, (257)
〜学派　II　89, 198　III　53
〜的記号　III　193
〜的四世界（アツィルト, アッシャー, イェツィラー, ブリアー）　I　284　III　40-47, 50, 51, 67, (69), 70, 86, 120
〜的フリーメーソンの伝説　IV　161
〜伝説　IV (32)
〜の宇宙論体系　III　38
〜の木　II　175　III　60, 67, 70, (117)
〜の密儀　III　13, 73, 269
アラビアの〜　III　246
四世界の〜的図式　III (49)
神秘的な〜の生物　IV　164, 165
薔薇十字的〜体系　III　162
三つの〜的手法（ゲマトリア, ノタリコン, テムラー）　III　78-80, 82, 86, 89, 92
カバリスト（カバラ主義者）　I 261　II　(62), 72, 174, 178, 212　III 13, 16, (34)-42, (46), 47, 50, 51, 53, 60, 63, 66, 69, 79, 83, 103, (131), 151, 214, 268　IV　82, 143, 161, 165, 173, 192, 216
ガブリエル（天使）　II　(218)　III 44, 78, 119　IV　200, (202), 203, 207, (211)
カベイロス神（カベイロイ）　I　149-152　II　58
〜の密儀（サモトラケの密儀）　I　72, 103, 123, 149-152　II　150
キ
キュクロプス　II　79
〜の眼　II　68, 93
キュノケファルス　II　166
キュベレ　I　(66), 148, 150, 151, 274　II 52, 57, 152　IV　193
〜の密儀　I　64　III　108
キラム→ヒラム
ギリシアの密儀　I　126, 241　II　106, 116, 129, 175, 180　III　226
キリスト（イエス・キリスト）　I　43, 87, 93, 94, 150, 152, (222), 230, 234, 235, 242, 256, 302　II　(67), (71), 91, 131, 142, (148), 153, 156, 179, 199, 208, 223, 225, 227, (258)　III　53, 77, 79, (90), (94), 121, (161), 180, 185, 205, (252), (266), 268　IV 22, 44, 110, (118), (132)-134, 136, 144, (154), 168, 169, (171), 175, 179, 207, (224)〔イエス（人名索引）も参照〕
〜降誕　I　(82), (145), 147, 231, 232

～神話　Ⅰ（127）
～の原型　Ⅰ　102　Ⅲ　86
～の象徴　Ⅱ　128,（129）, 132, 162, 164, 177, 183　Ⅳ　185, 187
～の礫　Ⅳ（156）, 163, 173, 174
～のモノグラム（組合せ文字）　Ⅰ　103
～の紋章　Ⅲ（232）
スカンディナヴィアの～　Ⅰ　105
反～（～者）　Ⅲ　203　Ⅳ　166, 192
キリスト教　Ⅰ　42, 43, 50, 52, 65, 80, 88, 93, 102, 105, 121, 122, 140, 141, 152, 204, 208, 224, 229, 230, 232, 252, 256, 262, 297　Ⅱ　77, 78, 90, 128, 132, 141, 152, 162, 170, 177, 192, 255, 261　Ⅲ　14, 83, 85, 141, 144, 146, 149,（150）, 155, 157, 160, 169, 172, 179, 182,（198）, 199, 214-216, 222, 228,（235）,（257）
～グノーシス　Ⅰ　87　Ⅲ（266）
～伝説（～神話, ～寓話）　Ⅰ　146　Ⅱ　94　Ⅳ　179
～神秘主義者　Ⅱ（148）, 164, 200　Ⅲ　167　Ⅳ　192
～的アリストテレス主義　Ⅰ　44
～的プラトン主義　Ⅰ　43
～的フリーメーソン　Ⅳ　151
～的錬金術　Ⅳ（118）
～の三位一体　Ⅰ（54）　Ⅲ　69, 280
～の象徴体系　Ⅰ　149　Ⅲ　226　Ⅳ　181
～の神秘主義　Ⅱ　96
～のネストリウス派　Ⅳ　201, 213
～の密儀　Ⅰ　81, 87　Ⅱ　95　Ⅲ　109　Ⅳ　148, 181
原始～（初期～）　Ⅰ　42, 67, 87, 91, 102, 256　Ⅱ　132, 169, 275　Ⅲ　262　Ⅳ　133, 138-140,（154）, 170
キリスト教会　Ⅰ　94　Ⅱ　171, 192, 254　Ⅳ　136, 146, 181, 185
キリスト教徒　Ⅰ　75, 90, 100, 102, 103,（127）,（145）, 163, 231, 238, 256　Ⅱ（129）, 149, 169, 183, 200　Ⅲ　59, 83, 84, 130, 158,（161）, 184, 279　Ⅳ　71, 135, 140, 158, 162, 164, 181,（198）, 204, 207, 214
グノーシス派の～（神秘主義的～）　Ⅲ 89, 93　Ⅳ　180, 187
初期の～　Ⅰ 161, 220　Ⅱ 128, 165　Ⅳ 157, 193

ク

グノーシス（～主義, ～体系, ～派）　Ⅰ 43, 84,（86）-88, 90-94, 102, 194, 287　Ⅱ 39, 132　Ⅲ 87, 89, 93, 94,（131）, 167,（266）　Ⅳ 134, 143,（154）, 173, 180
～派の密儀　Ⅰ　90, 102
グノーメー（地の精）　Ⅱ（234）, 236, 238, 240-246, 254
クリシュナ　Ⅰ　256　Ⅳ　48, 167-170
クルックス・アンサータ（生命の十字架, エジプト十字）　Ⅰ　82,（208）　Ⅳ（161）-163
クレタの迷宮　Ⅰ（97）, 250
クロノス　Ⅰ（62）,（116）,（202）　Ⅱ　52, 189　Ⅲ　279　Ⅳ　183
クンダリニ　Ⅱ　93　Ⅳ（132）

ケ

契約の箱（ヘブライの）　Ⅱ 179, 196　Ⅲ 131,（133）, 134, 138, 261
ケツァルコアトル　Ⅰ 105, 140, 141, 228　Ⅲ 129　Ⅳ 160, 167, 170-172, 226, 227, 238, 239
ケベスの表　Ⅲ（279）
ケルビム（智天使）　Ⅰ　194, 273, 285　Ⅱ 55　Ⅲ　21, 45, 54, 65,（76）,（80）85, 119, 132,（133）, 137, 138, 268　Ⅳ　47,（187）
ケルベロス（三つ頭の犬）　Ⅰ（99）,（110）　Ⅱ　98
ケレス（女神）　Ⅰ　71, 76,（110）-112, 116, 117, 119, 120,（139）, 204, 210　Ⅱ　18, 52　Ⅳ（183）
賢者の石　Ⅰ　287　Ⅱ（34）,（188）　Ⅲ　132〔哲学者の石も参照〕
ケンタウロス　Ⅰ（41）, 261　Ⅱ　129, 145

コ

業（カルマ）　Ⅱ　268, 269　Ⅳ　193
黄道帯（黄道十二宮）→ゾディアック
光明団（光明会）　Ⅰ　237, 238　Ⅲ　289　Ⅳ

58
サ
サテュロス　Ⅰ（145），207，(304)　Ⅱ　236，242，246　Ⅲ　115　Ⅳ（90）
サトゥルヌス　Ⅰ（62），103，(145)，149，(206)，309　Ⅱ 95，189，190，(193)，203，206，207
サバチウスの密儀　Ⅰ　64，149　Ⅱ　274
サモトラケの密儀→カベイロスの密儀
サラマンデル（火の精）　Ⅱ（234），236，238，240，249，250，252-254　Ⅳ（95）
三位一体（三一）　Ⅰ　225　Ⅱ（34），(71)，98，152，224　Ⅲ　179，(190)，198，203，205　Ⅳ　43，46，57，65，(90)
　エジプトの～　Ⅰ（228）
　キリスト教の～　Ⅰ（54）　Ⅱ　128，185　Ⅲ　69，280
　自然の～　Ⅱ（75），170
　太陽の～　Ⅰ　224
　ヘブライの～　Ⅲ（39），63，65，70
　人間の～の構成　Ⅳ　127
シ
シヴァ　Ⅱ　94，161　Ⅲ　89
四大元素　Ⅱ 189，(119)，(121)，211，(234)-236，238，240，250，253，255　Ⅲ　61，139，(252)，264，(266)　Ⅳ　44，47，48，(85)，(104)，157，165，174，182，188，(194)
シャクティ像　Ⅱ　191
十戒　Ⅱ　195，197　Ⅲ　12，63
小宇宙（小宇宙と大宇宙）　Ⅰ　195，(253)，285　Ⅱ　20，64，(87)，(104)　Ⅲ　119，197，(255)，(266)
シリアの密儀　Ⅱ　176
シルフェー（風の精）　Ⅱ（234），236，238，240，250-254
新プラトン主義（～学派）　Ⅰ　40-42，90 Ⅲ（274），278，280　Ⅳ　19，217
　～者　Ⅰ　24，41，(49)　Ⅲ　85
ス
スカラベ（神聖甲虫）　Ⅰ（156），253　Ⅱ 133-136　Ⅳ（61）
スカンディナヴィアの密儀　Ⅰ（132）〔オーディンの密儀も参照〕
ストーンヘンジ　Ⅰ（77）　Ⅱ 191　Ⅳ（211）
スフィンクス　Ⅰ（182），190-193，209，274 Ⅱ 145，146
ズルヴァン教　Ⅰ（62）
セ
聖堂騎士団　Ⅱ 90，183，(213)　Ⅲ 101，163，167，188，248，264，285，289　Ⅳ　133，160
聖杯（聖餐杯）　Ⅱ　199-201，　Ⅲ　107　Ⅳ（132），148，149，151，152，(154)
　～伝説　Ⅳ　147，148，152
生命の木　Ⅱ　94，176，178，196　Ⅲ（58），(69)，95，202，206　Ⅳ（10），155，156，195
ゼウス　Ⅰ（116），125，128，137，227，254，309　Ⅱ　28，36，50-52，55，58　Ⅲ（10），(131)，(252)，276　Ⅳ　167，183
世界の木　Ⅰ　152　Ⅱ　175〔イグドラシルの木も参照〕
世界の輪（ロータ・ムンディ）　Ⅲ　103，(179)
セフィロト　Ⅰ　273，278，282，284　Ⅱ　178，(218)　Ⅲ　18，19，(39)，40，59-61，63，65-67，69，71
　～の木　Ⅰ　282　Ⅱ　175，198　Ⅲ（10），(58)-60，62，(65)，66，(69)，70，72，121
セラピス　Ⅰ　95-103，228，251，271，274，277，283　Ⅱ（143），(160)，161　Ⅲ　102
　～神殿　Ⅰ　98，102　Ⅱ　161　Ⅲ　102，128　Ⅳ　158，162
　～の密儀　Ⅰ　95，101，103　Ⅲ　102
セラフィム（天使）　Ⅰ　96　Ⅱ　144　Ⅲ　21，31，45，54
善悪を知る木　Ⅱ　176，178，196　Ⅲ　95，202，206　Ⅳ　236
占星術（～学，～師）　Ⅰ　91　Ⅱ（271），272　Ⅲ　16，182，184，187，204　Ⅳ　13，33，126
ソ
ゾディアック（黄道帯，黄道十二宮）　Ⅰ（22），45，(62)，(66)，(80)-82，104，(139)，194，213，217，225，227，230，(244)-250，252-(255)，257-263，273，285，286　Ⅱ　72，73，95，

123, 136, 150, 158, (160), 162, 197, 198, 206, 207, 254 Ⅲ (15), (25), 27, 28, 30, 31, 44, 46, 47, 61, (90), 113, 119, 121, 140, 143, (183), (186), (190), 198, 204, 265 Ⅳ 47, 50, 125, 151, 184, 185, 192, 195, 237-239
ソドの秘教 Ⅲ 78
ゾロアスター（ツァラトゥストラ） Ⅰ 79, 81, 82, 121, 283, 284 Ⅱ 12, 250 Ⅲ 272 Ⅳ 65, 200
～教 Ⅰ 250 Ⅳ 179
ソロモン王 Ⅰ 129, 205, 228 Ⅱ (82), 83, 85, 88, (104), 159, 183, 196, 212 Ⅲ 13, 113, 118, 127, (252), 258, 264, 265, 267-270 Ⅳ 12, (32), 45, 48, 51, 58, 74, 156, 157, 211, 238
～の印 Ⅰ 236, 273 Ⅲ 264
～の神殿 Ⅰ 309 Ⅱ 84, 86, 89, 93, 176, 182, 192, 197, 198 Ⅲ 138, 265, 267, 270
～の指輪 Ⅱ 204
タ
大地母神 Ⅱ (97), 190, 200 Ⅳ 193
太陽神 Ⅰ 67, 75, 77, (80), 82, 83, 93, 143, 190, 207, 215, (222), 227-232, 235, 250, 255, 256, 299 Ⅱ 162, 179, 180, 201, 202 Ⅲ 114 Ⅳ 170
太陽崇拝 Ⅰ 67, 140, 223, 224, (226) Ⅲ 134 Ⅳ 166
太陽人間（太陽人） Ⅰ 229, 230, (244), 308 Ⅱ 161, 162 Ⅳ 170
ダヴィデ Ⅰ 236 Ⅱ 83, 84, 89, 192 Ⅲ 12, 13, 89, 91, 127 Ⅳ 74, 156, 196, 211
タロット（タロット・カード） Ⅰ 164, 271, (272) Ⅱ 21 Ⅲ 60, (100)-116, 118-122 Ⅳ 51
男根象徴 Ⅰ 279 Ⅱ 169, 171, 172 Ⅲ 89, 116, 261 Ⅳ 161
男根崇拝 Ⅰ 261 Ⅱ 171
チ
知識の木（知恵の木） Ⅰ (132) Ⅲ 89, 96 Ⅳ 155〔生命の木も参照〕
チャクラ（輪） Ⅱ (74), 172 Ⅲ (105), 112 Ⅳ 184, 187, 239
ツ
ツァラトゥストラ→ゾロアスター
テ
ディアナ（女神） Ⅰ (139), 253, 275, (298), 308 Ⅱ (97), 159, 165 Ⅲ 258, 262 Ⅳ 179
ディオニュソス Ⅰ 125-(127), 129, 151, 207, 227, 299 Ⅱ 36, 54, 179, 183, 186 Ⅲ 258, 259, 262-264, (266) Ⅳ (123)
～の建築家（～建築師団） Ⅰ 129 Ⅱ 83, 98 Ⅲ 257-261, 263, 264, (266)
哲学者の石（ラピス） Ⅱ 212, 214, 292 Ⅱ (188), 194, 235, (258) Ⅲ 158, 160, 166 Ⅳ (13), (17), 21, 30, (32), 42, 52, 61, 63-65, 70, (83), (84), (91), (93), (94), (101), (104), (106), (118), 165, (242), 250
哲学者の卵 Ⅲ 186 Ⅳ (101)
テトラクテュス Ⅰ 138, 260 Ⅱ (29), (30), 36, 54, 57, 58, (67), 108, 120, 195, 204 Ⅲ (20), 61 Ⅳ 161
テトラグラマトン Ⅰ 273 Ⅱ (67) Ⅲ (20), 31, 72, 82, 120
デーミウルゴス Ⅰ 90, 92, 93, 119, 128, (145), 288 Ⅱ 22, 38, 43, (104), 142, 150, 161, 197 Ⅲ 66, 88, 89, 93, 95-97, 109, 115, (131), (252) Ⅳ 191, 192
テュフォン（エジプトの悪神） Ⅰ (156), 158, 205-208, (211), (215), 228, 240, 273 Ⅱ 36, 91, 95, 131, 134, 136, 137, 144, 145, 151, 165 Ⅲ 112, 115 Ⅳ 48, 187, 191
デルフォイ Ⅰ 298, 299, 301, 303 Ⅱ 11, 78, 141, (193), 274
～の三脚台 Ⅰ (293), (296), 302, 303 Ⅱ 141
～の神託所 Ⅰ (290), 297-299, 302, 303 Ⅱ 141
～の密儀 Ⅰ (290)
天球の音楽 Ⅰ 27 Ⅱ (107), 113, 116
ト
年の卵 Ⅰ 22 Ⅱ 161
トート Ⅰ 150, (156), 159, 160, (162), 172,

205, (208), 277, ２７９　Ⅱ　151, 166〔ヘルメスも参照〕
トート・ヘルメス・トリスメギストス→ヘルメス
ドルイド（～教）　Ⅰ　69-77, 104, 217, 259, 303　Ⅱ　141, 176, 180　Ⅳ　161
～教密儀　Ⅰ　69, 71, 72
ナ
ナーガ（半人半蛇の）　Ⅱ　141
ニ
女陰象徴　Ⅱ　169, 171, 172　Ⅲ（161）
ニンフ（ニンフェー）　Ⅰ　149, 253, 297, (304)　Ⅱ　237, 240　Ⅲ　262　Ⅳ　121
ネ
涅槃　Ⅰ　50, 288
ネブガドネザル王　Ⅰ　310　Ⅱ　89　Ⅲ　51, 63
ネプトゥヌス　Ⅰ　137, (139)　Ⅱ　128, 203, 248　Ⅳ　188
ノ
ノア　Ⅰ　142, 205, 207　Ⅱ　153, (177), 250　Ⅲ　13, 89, (90), 253　Ⅳ（56), 156
～の木　Ⅱ（177）
～の洪水　Ⅳ（10), 36
～の箱舟　Ⅰ（73), 198, 205, 207　Ⅱ　166, 169, (177)　Ⅲ（90）
ハ
バッコス　Ⅰ　76, 97, (113), 125-129, 149-151, 207, 227, 229　Ⅱ　93, 162, 178, 183　Ⅲ　262　Ⅳ　139, 140, 149, 167, 170
～の密儀　Ⅰ　65, 84, 111, 125, (127)-129, 149　Ⅱ　162, 169, 275　Ⅲ　258　Ⅳ　139
ハデス　Ⅰ（110), 112, 114, 116-118, (139), 144, 146, 194　Ⅱ　36, 53, 97, 98
バフォメット（万有神）　Ⅱ　213
バベルの塔　Ⅰ　198, 224　Ⅲ　253
薔薇十字　Ⅱ（148), 238　Ⅲ　150, 160, 162, 167, (183), 223, (236), 284
～思想　Ⅱ（188）　Ⅲ　171, 172, 181, 187, (243)　Ⅳ　110, (118)
～文学　Ⅲ　165, (179), 182
薔薇十字団　Ⅰ　68, 92, 234, 237, 239　Ⅱ　88, (148), 156, 172, (258)　Ⅲ　15, 17, (65), 102, 103, (105), 132, (148)-150, 152, 153, 156-167, 171, (173), 174, (179)-188, (190), 191, 214, 216, 217, 221-223, (225), 227-230, 263　Ⅳ　51, 58, 61, 65, 66, (69), 70, 72, 75, 109, 112, (113), (118), 128, 152, 154
～員　Ⅱ　90, 172, (258)　Ⅲ（65), (135), (148), 149, 156-159, 161-163, 165, 166, (170), 172, 175, 176, 182-185, 211, 214, 216, 223, 227, 285, 289, 293　Ⅳ　80, 82, (118), (132), 160
バラモン（～僧）　Ⅰ　122　Ⅱ　13, 66　Ⅲ　156, 268　Ⅳ　16
～教（～教徒）　Ⅰ　295　Ⅱ　89, (129), 130, 193, 241, 272　Ⅲ　261
バルデル（美神）　Ⅰ　104-107, 150, 227
ハルポクラテス　Ⅰ　217, (255)
パン　Ⅰ　64, (145), 207　Ⅱ　238, 242　Ⅲ　115, 268
ヒ
ヒバルバの密儀　Ⅳ（220), 229, 231, 232, 236
ピュトン（蛇）　Ⅰ（290), 298-300　Ⅱ　141
ピラミッドの密儀　Ⅰ　179, 187, 193
ヒラム（ヒラム・アビフ）　Ⅰ　129, 150, 228　Ⅱ　83, 84, 86, 88-101, 180　Ⅲ（252), 258, 265, 270　Ⅳ（32), 47, 48, 60-62, 65, 127, 140, 161, 173
ヒンドゥー教（～徒）　Ⅰ　142　Ⅱ　93, 94, (104), (129), 145, 173, 203　Ⅲ（58), 88, 184, 289　Ⅳ（154), 164, 169, 192, 248
フ
フェニックス　Ⅱ　129, (148), 150, 151, 153-158　Ⅳ　49, 217, 237
仏教（～徒）　Ⅰ　50, 71, 278　Ⅱ　159　Ⅲ　112, 156　Ⅳ　137, 160, 179
ブッダ　Ⅰ（132), (169)　Ⅱ　95, 128, 159, 176　Ⅳ　167-169, 174
ブラフマン　Ⅰ（54), 96, 118, 223　Ⅱ　94, 174　Ⅳ（10）
プリアポス　Ⅰ　64, (145)　Ⅱ　169, 171, 183

フリーメーソン（〜団） Ⅰ 63, 68, 83, 107, 129, 151, 209, 212, 216, 224, 230, 233, 240, 259, 262, 307 Ⅱ 16, (34), 37, 84, 86, 90-95, 98, 99, 140, 153, 155, 157, 179, 198 Ⅲ 11, 15, (65), 103, 140, 141, 144, 149, 156-158, 160-162, 167, (179), 214, 216, 217, 223, 225, 226, (228), 234, (249), 253, 256, 257, 263-268, 271, 272, 283-285, 289, 293 Ⅳ 13, 47, 48, 50, 60, 80, 127, 136, 140, 142, 161, 164, 195, (230), (234), (242)
〜会議 Ⅰ (8)
〜の握手法 Ⅱ 57
〜の「失われた言葉」 Ⅰ 76, 218 Ⅱ 200, 277 Ⅳ 165
〜のエプロン Ⅱ 54, (87) Ⅳ 173, 187
〜の階級（等級） Ⅱ 89 Ⅲ 60 Ⅳ 38
〜のギルド Ⅲ 259
〜の儀礼 Ⅰ 64, 228 Ⅲ (69)
〜からの思想 Ⅱ 101 Ⅲ (243)
〜の象徴（体系） Ⅰ 159, 228 Ⅱ 92, (148), 156, 158 Ⅲ (105), 121, (229), 230, 253, 254, 263, 269, 271 Ⅳ 227
〜のしるし Ⅱ 99
〜の神殿 Ⅱ 92, (188)
〜の梯子 Ⅰ 83, 250
〜の密儀 Ⅰ 159 Ⅱ 93, 98 Ⅲ 267, 272, 284
〜の鷲 Ⅱ 155, 158
カバラ的〜 Ⅳ 161
古代エジプト・〜 Ⅰ (156)
神秘キリスト教の〜 Ⅱ 90 Ⅳ 151
ヘルメス的〜 Ⅰ 160
フリュギアの密儀 Ⅰ 148 Ⅱ 179 Ⅳ 180, 184, (187)
プルート Ⅰ 96, 98, (99), 112, 113, 117, 118, 123, 137, 150 Ⅱ 180 Ⅲ 261
プレーローマ（充溢） Ⅰ 89, 90, 92 Ⅳ 173
プロトゴノス（原人） Ⅲ 63〔偉大な人間も参照〕
プロメテウス Ⅰ 118, 203 Ⅱ 50, 58 Ⅲ 113, 229 Ⅳ 167

へ

ヘラクレス Ⅰ 81, 182, 197, 226, 227 Ⅱ 18, 54, 95, 159, 191, 256 Ⅲ 230, 262 Ⅳ 167
〜の柱 Ⅰ 133, 140 Ⅲ 117, 229
ペルシアの密儀 Ⅰ 78 Ⅱ 129 Ⅲ 156, 268 Ⅳ 168
ペルセフォネ Ⅰ 71, 72, (110)-114, 116-119, 123, 137, 144, 150, 204 Ⅱ 58, 180
〜の密儀 Ⅰ 148〔エレウシスの密儀も参照〕
ヘルメス（トート・ヘルメス・トリスメギストス） Ⅰ 119, 150, (156)-169, 171-175, 195, (202), 203, (208)-210, 212, 228, (262), 310 Ⅱ 21, 52, 54, 79, 89, (188), 194, 259-261, 263-(265), 268, 271, 273 Ⅲ 112, 119, 128, 159, 160, (190), 254, (266), 269, 272 Ⅳ (10), 11, 34, 35, 37, 50, (56), 60, 65, 80, (96), (99), (100), (102), (108), (118), 183
〜医学 Ⅰ 160 Ⅱ 263, 276
〜学（〜哲学） Ⅰ 34, 91, 166, 209, 270 Ⅱ 133, 150, 235, 261 Ⅲ 15, 150, 163, 164, (243) Ⅳ (10), 12, 16, 34, (49), 53, 80, 82
〜主義者（〜学派） Ⅰ 68, 93, 209, 212, 234 Ⅱ 129, 156, (188), 263, 268, 269 Ⅲ 160, 243 Ⅳ 12, 16, 57, 71, (118), 189
〜術 Ⅲ 159 Ⅳ 82, (95)
〜象徴主義（体系） Ⅰ 203 Ⅱ (148)
〜の石 Ⅱ (188)
〜の結婚 Ⅱ 206 Ⅳ 111, 128, 129
〜の占星術書 Ⅰ 162
〜の杖（カドケウス） Ⅰ (156) Ⅱ 58, 141, 176 Ⅲ 118 Ⅳ 27, (49), 162
〜の花嫁 Ⅳ 116
〜の密儀 Ⅱ 185 Ⅲ 102
〜の文字 Ⅲ 234
〜のランプ Ⅲ 62
〜柱 Ⅱ 194, (201)
〜秘教 Ⅰ 275
〜文書（〜文献, 〜の著作, 〜の聖なる書物） Ⅰ 160, 161, 166, 176 Ⅱ 164 Ⅲ 106

ペンタグラム（五芒星形）　Ⅱ（205），221-224，230，231
ペンバイン表（イシス表）　Ⅰ（263），269，270，272-276，（283），287，288　Ⅲ　106，121
ホ
ポセイドン　Ⅰ　134-138，（178）　Ⅱ　37，57
ボヘミア団　Ⅲ　162
ホムンクルス　Ⅳ　42
ホルス　Ⅰ（208），（215），277，279，282　Ⅱ（34），93，（129），150，203　Ⅳ　167，191
　〜の眼　Ⅱ　93
マ
マギ（ペルシアの）　Ⅰ（62），191，245　Ⅱ　52，118，207　Ⅲ　145，157　Ⅳ（69），184，200，237
幕屋　Ⅱ　179　Ⅲ　72，（126），127，129-134，136-141，144，145，265
　〜の密儀　Ⅲ（126），129
マクロプロソフォス　Ⅱ　64，（104）　Ⅲ　40，66，67，70，143
マニ教（〜徒）　Ⅰ　43　Ⅳ　185
マーメイド（人魚）　Ⅱ　247
マヤ（〜族，〜文明）　Ⅰ　204　Ⅱ　132
マルス　Ⅰ（139），146，310　Ⅱ（87），137，151，165，203，206，207，219　Ⅲ　262
曼荼羅（チベットの）　Ⅳ　160
マンドラゴラ　Ⅱ　183-185
ミ
ミカエル（大天使）　Ⅰ　238　Ⅱ　199，（218）　Ⅲ　12，44，78
ミクロプロソフォス　Ⅱ　64，（104）　Ⅲ　66，67，70
三つの太陽　Ⅰ　233，（234）　Ⅱ　68
ミトラス（ミトラ）　Ⅰ（22），67，78-83，91，100，103，223，229，231，258　Ⅱ（143）　Ⅳ　167，168，170，184
　〜教　Ⅰ（62），67，78，80-83
　〜の祭儀　Ⅰ　67，78，81，84　Ⅳ　128，161
ミネルヴァ　Ⅰ（139），204，295　Ⅲ（245），262
ミノタウロス　Ⅰ（97），101
ム
ムーサ（ムーサイ）　Ⅰ　122　Ⅱ　52-55，57，58，114，（139），253
ムネモシュネ　Ⅰ　305　Ⅱ　51，59，114，275
メ
メヴェレヴィ教団　Ⅲ　270
メルキゼデック　Ⅱ　256　Ⅲ　88，（141）　Ⅳ（32），138，141
メルクリウス　Ⅰ（139），149，159，205，（206），284，310　Ⅱ　144，194，203，206，207　Ⅳ　28，136，149
メンデスの山羊　Ⅱ　150，（213），231
モ
モナド（ピュタゴラス派の）　Ⅰ　28，46，126，138　Ⅱ　18，19，42，43，50-53，55，56，58，64，174　Ⅲ　85
物言う木　Ⅰ　303，304　Ⅳ　35，36
モリア山　Ⅱ　192　Ⅲ　89，256，264，265
ヤ
ヤキンとボアズ（フリーメーソンの）　Ⅰ　216　Ⅱ　182，197，198　Ⅲ　71，108，118
ヤヌス　Ⅰ（54）　Ⅱ　69　Ⅲ　130
ヤーマ（インドの）　Ⅰ　96
ユ
ユダヤ教（〜教徒）　Ⅱ（160），196　Ⅲ　14，60，83，85，130，141，144，184，261　Ⅳ　214
ユダヤ神秘主義　Ⅲ　89
ユダヤの密儀　Ⅲ　91
ユニコーン（一角獣）　Ⅱ　129，130，163-165　Ⅳ（49）
ユノ　Ⅰ（139），204，275　Ⅱ　149，152　Ⅲ（245），262　Ⅳ　188
ユピテル　Ⅰ　72，96，（99），（139），（145），232，275，（298），303，304，309　Ⅱ　140，150，161，175，（193），194，206，207，210，223　Ⅲ　261　Ⅳ　136，167，188
ユピテル・アモン　Ⅰ（22），294，297　Ⅲ　196
ラ
ラー（エジプトの太陽神）　Ⅰ　217，228　Ⅱ　93，135-137，150

ル
ルシフェル　I　234, 235　II　29, 199, 229　III　191-193, 195, 198, 199, 205, 206　IV　44, (178)
レ
レムリア文明　I　259
錬金術　I　209, 212, 214, 235, 238, 239, 287, 295　II　(62), (148), 156, 162, (188), 235, (258), (263)　III　15, 119, 132, (152), 156, 163, 164, 166, (181), (183), 187, 188, (190), 201, 204, 243, 270　IV　(10)-(13), 15-(17), 21-24, 28, 30, 33, 34, 36-42, 44, 47-49, 51-53, 57-(61), 63, 70, 80, 82, (96), (97), (105), (107), (108), 128, (145), 165, 250
～的象徴　I　238　II　(263)　III　(152), 184　IV　34, 43, 45
～的な結婚　IV　110, 127
～の暗号体系　III　(242), 243
～の木　II　(184)　IV　(37)
～のレトルト　III　188　IV　49
～文書　III　(181)　IV 60, 70, 75
キリスト教的な～　IV　(118)
三つの～的な隠喩　III　166
～師　I　160, 238, 239　II　(34), 93, 162, (184), 194, (265)　III　103, 132, 159, 160, 162, 167, 178, 179, 192, 194, 243, 250, 263, 269　IV　(10)-12, 14, 16, 20, 21, 23, 30, 39, 41, 42, 44, 45, (49), 52, 53, 57-59, 75, 82, 83, (92), (95), 128, 160
ロ
ロキ　I　106, 207　II　163
ロゴス　I　80, 91, 92, 235　II　121　III　103, 246, (266)　IV　183, 189, 195
ロンギヌスの槍（聖槍）II 199　IV　(132), 148

人名索引

1）この人名索引の項目には，比較的著名で，かつ全巻にわたって言及される度合の高い人物を掲げた。この中には，重要と思われる若干の研究者も含まれている。ただし，神名や神話・伝説上の人物，また天使名や精霊名などは事項索引に収めた。

2）人名はおおむね姓を掲げ，名を（　）内に示して，フルネームを明らかにした。

3）人名に関連する事項は，小見出しの形で項目中に含めた。

4）数字，小見出し，その他の記号の扱いなどは，事項索引を参照されたい。

ア

アイスキュロス　Ⅲ　258

アヴィケンナ　Ⅰ　43　Ⅳ　19, 216

アヴェロエス　Ⅰ　43

アウグスティヌス　Ⅰ　43, 256, 294　Ⅱ　(129)　Ⅲ　77, 79, 86, (90), 91, 94　Ⅳ　15

アキバ（ラビ）　Ⅲ　13

アグリッパ（ハインリヒ・コルネリウス・）　Ⅱ　204-206　Ⅲ　156, (266)

アスクレピオス　Ⅰ　263　Ⅱ　111　Ⅲ　131

アッシュモール（エリアス・）　Ⅱ　90　Ⅲ　161, (179) 185　Ⅳ　44, (118), (137), 142

アナクサルコス　Ⅰ　28　Ⅲ　257

アプレイウス　Ⅰ　119, 204, 210, 216, 239　Ⅱ　237　Ⅲ　(161), 244, (252)

アポロニウス（テュアナの）　Ⅰ　40, 302　Ⅱ　204, 205, 214, 256　Ⅲ　62　Ⅳ　166

アリストテレス　Ⅰ　24, 27, 28, 35, 37, 43, 44, 280　Ⅱ　30　Ⅳ　(13), 19, 46, (99), 217, 243-245

アルベルトゥス・マグヌス　Ⅰ　43, 232　Ⅳ　12, (13), (85)

アレキサンダー大王　Ⅰ　37, 100　Ⅲ　157　Ⅳ　35, 36, 243-245

アーロン（ユダヤの大祭司）　Ⅱ　(82)

〜の杖　Ⅱ　172, 176

アンドレーエ（ヨハン・ヴァレンティン）　Ⅲ　156, 163, 164, (173), 181　Ⅳ　109

イ

イアンブリコス　Ⅰ　24, 41, 138, 158, 191, (265), 301　Ⅱ　(10), 25, 108, 111, 239

イエス　Ⅰ　43, (82), 93, 106, 147, 229, 233, 256　Ⅱ　12, (67), 89, 128, (129), 132, 165, 176, 179, 226, 269　Ⅲ　(76), 79, 94, (170)　Ⅳ　48, (105), 133-135, 138-144, 146, 147, 149, 151, (154), 157, 158, 175, 196, (198), (202), 215

イエス・キリスト→キリスト〔事項索引〕

インマン（トーマス・）　Ⅰ　256　Ⅱ　128, 140　Ⅲ　(76), 127, 128, 188

ウ

ヴァレンティノス（バシリデス・，バジル・ヴァレンティン）　Ⅰ　94　Ⅲ　(190)　Ⅳ　12, (49)

ウィトルウィウス　Ⅲ　(255), 259-261, (266)

ヴィラール（アベ・ド・）　Ⅱ　241, 243, 250　Ⅲ　165

ウェイト（アーサー・エドワード・）　Ⅰ 275　Ⅱ 86, (234)　Ⅲ 17, 104-106, 111, (148),

155, 160, 167, (179), 267, 289　Ⅳ 147
ウェストコット（ウィリアム・ウィン・）　Ⅰ　270, 272, 273, (283), 291　Ⅱ　51　Ⅲ　17, 26, 53, 104, 105
ウェリング（ゲオルギウス・フォン・）　Ⅱ　88　Ⅲ　191, 192, 194, 199　Ⅳ　43, 44, 52, 72, 75
ヴェルギリウス　Ⅰ（41）, 218, 231, 294　Ⅱ　141, (163)　Ⅲ　244　Ⅳ　62, (178)
ヴォルテール　Ⅰ 52, 151　Ⅲ　288　Ⅳ　146
ウォルポール（ホレス・）　Ⅲ　288
ヴォーン（トーマス・）→フィラレテス
エ
エイレナイオス　Ⅰ　42, 43, 91, 93　Ⅱ　115　Ⅳ　134, 135
エウクレイデス　Ⅱ（34）, 170
エックハルト（マイステル・）　Ⅰ　43
エマーソン（ラルフ・ウォルドー・）　Ⅰ 56　Ⅱ　79
エラスムス　Ⅳ　180
エンペドクレス　Ⅰ　27　Ⅱ　111
オ
オヴィディウス　Ⅰ（127）　Ⅳ　62
オリゲネス　Ⅰ　138　Ⅲ　275
カ
カエサル　Ⅰ　72, 76, (226)　Ⅱ　91, 158　Ⅳ　144, 158, 159
ガードナー（ジェームズ・）　Ⅰ　73, 112, 158, 303　Ⅲ　145
カリョストロ（アレサンドロ・）　Ⅲ　163, 277, 281-285, 289　Ⅳ　12, 249
ガリレオ　Ⅱ　31　Ⅲ　277
カルペパー（ニコラス・）　Ⅱ（271）, 272
ガレヌス　Ⅳ　19
キ
キケロ　Ⅰ　23, 25, 34, 39, 120, 122, 294　Ⅲ　276
キルヒャー（アタナシウス・）　Ⅰ（36）, (145), (247), (262), (265), 270, 271, 274-277, 282, 288, 292, 293, 295　Ⅱ（34）, (160), (181), 206　Ⅲ（15）, 26, 47, 53, (69), 72, (76), 237, (242), 246　Ⅳ（61）, 192
ク
クレメンス（アレキサンドリアの）　Ⅰ　42, 100, 149, 150, 152, 161　Ⅱ　28, 50, 55, 260　Ⅲ　276
クンラート（ヘンリー・）　Ⅱ　133　Ⅳ　12
ケ
ゲーテ（ウォルフガング・フォン・）　Ⅱ　116, (210), 216　Ⅲ　157
コ
コペルニクス　Ⅰ　55　Ⅱ　31, (47)　Ⅲ 201
サ
サヴォナローラ　Ⅲ　277
サン-ジェルマン伯爵　Ⅰ（8）　Ⅲ　163, 167, 277, (283), 285-290　Ⅳ　12, 249
シ
C・R・C（薔薇十字団の開祖）　Ⅲ（148）-151, 153-157, 159, 163, (170), 173-175, 180, 185, 214　Ⅳ　109-117, 119-122, 124-128〔ローゼンクロイツも参照〕
シェイクスピア（ウィリアム・）　Ⅱ　78, 92, 113, 238, 245　Ⅲ（65）, 103, (173), (210)-214, 216-218, 220-（225）, 227-230, (236), 238, 242, 247
ジェニングズ（ハーグレイヴ・）　Ⅰ　248　Ⅱ　90, 197　Ⅲ　89, (90), (157), 165, 188, 191　Ⅳ（132）, (137), 173, 174, 214
ジェブラン（クール・ド・）　Ⅲ　102, 104-107, 116, 117, 119, 120, 284
シメオン・ベン・ヨッカイ　Ⅲ　13, 14
シモン・マグス　Ⅰ　87-（89）, 91
ジャラルディーン　Ⅲ　270
シュタイナー（ルドルフ・）　Ⅳ　182, 184
シューレ（エドアール・）　Ⅰ　165, 166　Ⅱ　15　Ⅲ　102, 104　Ⅳ　141
ショーペンハウアー（アルトゥール・）　Ⅰ　49, 50　Ⅳ（10）
ジョンソン（ベン・）　Ⅲ（210かと, 212, 217
ス
スウェーデンボルグ（エマニュエル・）　Ⅲ（34）

セ
セルヴィウス　I　218, 231
ソ
ソクラテス　I　29 | 34, 120　II　70, 91, 112, 120, 213, 214, 237, 239, 251, 273　III　130, 131, (279)　IV　249, 253, 259
タ
ダンテ　I　114　III　159, 277　IV　(178), 245
テ
ディー（ジョン・）　IV　12
テイラー（トーマス・）　I　35, 65, 112, 117, 122, 137, 269, 288　II　25, 41, (46), 68, 237
デカルト（ルネ・）　I　23, 46, 51　II　93
デューラー（アルブレヒト・）　III　(148)
ト
ド・クインシー（トーマス・）　II　276　III　165, 188
トマス・アクィナス　I　44　IV　(13), 82, (84)
トリスモジン（ソロモン・）　IV　20, 21, 51
トレヴィザヌス（ベルナルドゥス・）　IV 12, 13, (96)
ナ
ナイト（リチャード・ペイン・）　I　103, 203, 247, 253　II 170, 186　III 188　IV 162
ナポレオン（ボナパルト）　I　(226)　II　158, 213, 238　III　284　IV　217
ハ
パイク（アルバート）　I　76, 77, 103, 194, (206), 223, 250　II　37, (87), 89, 95, 179　III　11, 73, 160, 248, 266, 267, 271, 275　IV　12, 162, 165
ハインデル（マックス・）　I　255　III　167
パウロ（聖）　I　63, 148　III　(255), 265, 266　IV　138, 179, 249
バクストロム（シギスムンド・）　I　214　II　88　III　269　IV　14, (56), 60, 61
バシレイデス　I　(86), 90, 91, 94
パスカル（ブレーズ・）　III　52
バッジ（E. A. ウォーリス・）　I 101　II 93, 134
バートン（ロバート・）　III　181, 188, (215)
パラケルスス　I　160, 234, 254　II　(137), 139, 206, 230, 235, 236, (238)-242, 245, 246, 249, 251-253, 255, 256, 260-264, 266, 267, 270, 276　III　152, (179), 214　IV　(10), 12, 16-20, 46, 53, 70, 82, (101), 225, 249
ハルトマン（フランツ・）　I　235, 239　II　239, 262, 276　III　158, 162, 165　IV　15, 51, 53, 174
ヒ
ヒエロニムス（聖）　I　147　II　246　III　(148)　IV　180, 182
ヒギンズ（ゴッドフリー・）　I　(73), 75, 77, 81, 91, 96, (127), (132), 203, 217, 226, 252　II　12, (38), 190　III　156, 160　IV　135, 139, 170, 171, 213
ヒギンズ（フランク・C.）　I　209　II　13, 16　III　161, 269　IV　173
ピコ・デラ・ミランドラ　IV　12
ヒポクラテス　II　260
ピュタゴラス　I　27, 28, 40, 57, 122, 138, 159, (182), 219, 260, 269, (290)　II　(10)-30, (34)-37, 40-43, 50, 52, 53, 57, 58, 105, 107-111, 113, 115, 120, 170, 174, 198, 204, (205)　III　11, (20), 71, 105, (161), (181), 256, 272, 277　IV　12, 44, 47, 141, 167, 170, 217, 238, 246, 249
　～学派（～教団, ～主義）　I　27, 34, 68, 75, 126, 263　II　15-20, 23, 29, 36, 37, 42-44, (46), 48-50, 52, 53, 55, 59, 89, 98, (107), 109-112, 114, 116, (119), 170, 195, 204, (205)　III　61, 85, 103, 109, 214, 246, 260　IV　(10), 160, 161, 189, 222, 246
　～の定理　II　24, (34)
ヒュパティア　III　(274), 277, 278, 280
フ
ファウスト博士（ヨハネス・）　II　(210), 216, 217
フィラレテス（エウゲンウス・, トーマス・ヴォーン）　III　164, 165, 183　IV　12, 64, 65, (69)

フェイディアス　Ⅰ　309
プトレマイオス（クラウディウス・）　Ⅰ　(45), 257　Ⅱ　137　Ⅲ　192, 278　Ⅳ　(178), 255
ブラヴァツキー（H. P.）　Ⅰ　90, 142, 292, 296　Ⅱ　64, 123, 132, 142, 175, 183, 204, 274　Ⅲ　63, 82　Ⅳ　158, 179
フラッド（ロバート・）　Ⅰ　205　Ⅱ　(109), (115), (119), (121), (258)　Ⅲ　(65), 161, 164, (179)　Ⅳ　(123)
プラトン　Ⅰ　24, 30, 33-35, 40, 57, 64, 111, 114, 119, 120, 122, 123, 133-137, (178), 196, 198, 269, 280, 282, 284, 287, 288　Ⅱ　(10), 24, 28, 30, 31, (34), (46), 89, 106, 112, 120, 204, 239, 251, 256, 259　Ⅲ　85, 92, 244, (266), 272, 276　Ⅳ　146, (154), 169, 170, 244
～主義（～学派, ～神学）　Ⅰ　34, 37, 42, 43, (49)　Ⅱ　43　Ⅲ　184, 214, (274), 278　Ⅳ　225, 253
～年　Ⅰ　249
フラメル（ニコラ・）　Ⅳ　12, 25-(27), 29
フランクリン（ベンジャミン・）　Ⅱ　85, (154), 156　Ⅲ　291-293
プリニウス　Ⅱ　112, (153), 155　Ⅲ　256
プルタルコス　Ⅰ　29, 98, 203, 206, 207, (211), 218, 282, 294　Ⅱ　(34), 36, 37, 50, 54, 131, 136, 144, (160), 182
ブルーノ（ジョルダーノ・）　Ⅰ　55　Ⅲ　277
プロクロス　Ⅰ　41, (49), 138, 280, 287　Ⅱ　50, 64, 70　Ⅲ　276
プロティノス　Ⅰ　40　Ⅱ　97
へ
ヘイドン（ジョン・）　Ⅲ　164, 182-185　Ⅳ　12
ベーコン（フランシス・）　Ⅰ　24, 44, 51, 52, 147　Ⅱ　91, 92, 151, 172　Ⅲ　(65), 103, 157, 163, 165, (173), 181, 188, (210), 211, 214-230, 237-240, 242, 247, 248, 277, 289-291　Ⅳ　110
ベーコン（ロジャー・）　Ⅲ　235, 237, 277　Ⅳ　12, 25
ヘシオドス　Ⅰ 27, 128, 287　Ⅱ 111　Ⅳ 62
ペテロ（聖）　Ⅰ　81, 88, (89)　Ⅱ　(71)　Ⅲ　130
ベーメ（ヤコブ・）　Ⅰ　225, 244　Ⅱ　(67), (75)-(77), 79, 237　Ⅳ　(145), 174, (183)
ヘルモント（ヨハニス・バプティステ・フォン・）　Ⅱ　(265)　Ⅳ　12
ヘロドトス　Ⅰ　149, 151, 179, 180　Ⅱ　118, 154, 155, 159, 160
ホ
ポー（エドガー・アラン・）　Ⅲ　248, 249
ホメロス　Ⅰ　27, 122　Ⅱ　19, 111, 127　Ⅲ　244, 276　Ⅳ　61, 62, 244
ポルフュリオス　Ⅰ　41, 81, 119, 121, 138, 219, 288　Ⅱ　50
マ
マイヤー（アイザック・）　Ⅰ　249　Ⅱ　29　Ⅲ　37, 70, 86, (90), (91), 268
マイヤー（ミハエル・）　Ⅲ　164, (179), (183), 187　Ⅳ　12
マクロビウス　Ⅰ　96　Ⅱ　114
マネト　Ⅰ　98, 158, 180　Ⅱ　203
ミ
ミケランジェロ　Ⅲ　84
ミュラー（マックス・）　Ⅰ　69
メ
メスメル（F. アントン）　Ⅱ　262　Ⅲ　286
モ
モーゼ　Ⅰ　142　Ⅱ　12, 94, 142, 194, 195　Ⅲ　12, 13, 53, 73, 77, 78, 127-130, 132, 133, 135, 138, 139, 182　Ⅳ　65, 74, 156, (202)
～五書　Ⅲ　12, 78, 127
～の象徴　Ⅰ　(22)
～の神学　Ⅰ　224
～の杖　Ⅱ　176
～の密儀　Ⅲ　83
～の指輪　Ⅱ　204
～の律法　Ⅳ　143
モハメッド　Ⅰ　(22), 81, 181, 183, (187), 192　Ⅱ　128, 153, 179　Ⅲ　88　Ⅳ　(198)-209,

(211)-213, 215-217, 252
～教（～教徒） I 182, 183, 189, 192 II 196, 200 IV 207, (211), 212, 214-216〔イスラームも参照〕
モレー（ジャック・ド・） II 90 III 277
ヤ
ヤコブ II 192, 202, (258) III 132, 142
～の杖 III 108
ユ
ユスティノス I 42, 231 IV 135, 180
ユダ（イスカリオテの） I 106 II (71), 95, 96, 136 III 113
ヨ
ヨセフス（ユダヤの歴史家） II 83, 183, 204 III 131, (133)-135, 137, 139, 141-143, 254, 269 IV 141
ヨハネ（聖） II (71), 153, 198 III 14, 79 IV 133-135, 179, 180, 184-(187), 189-(191), 193-196, 202, (247)
ヨブ II 113
ラ
ライプニッツ（ゴットフリート・ウィルヘルム・フオン・） I 23, 46 II 42 III 161 IV 41
ル
ルソー（アンリ・） III 288
ルター（マルティン・） III (161) IV 180
ルルス（ランムンドゥス・） IV 12, 21-25, 82, (84)
レ
レヴィ（エリファス・） I 70, 74, 194, 271-274, 308, 309 II 21, (104), 133, 185, 206, (213), 214, (218), (222), 263 III 11, 13, (34), 51, 60, 62, 73, 104, 113, 116, 118, 119, 163, (274)
レプシウス I 180, 181, (186)
ロ
ローゼンクロイツ（クリスチャン・） I 295 III (148), 149, 156, 167, 171, 183, 191, 198 IV 109, 110, (113), 127〔C・R・Cも参照〕
ロングフェロー（ヘンリー・ウォズウォース・） I 115, 160 IV 225, 226
ワ
ワーグナー（リヒアルト・） I 68, 107 II 172, 242

書名索引

1） この書名索引の項目には，本大系中で言及・引用された書物のほとんどを，小冊子・論文の類も含め，出来るかぎり掲げてある。著作者の判明しているものは（ ）内に示した。原綴字を省略したが，別掲の著作者別の「参考文献」を，適宜類推・参照されたい。

2） 表記については事項・人名索引に同じである。

ア

『アエネーイス』（ヴェルギリウス） Ⅰ (41), 218, 231, 294 Ⅱ (163) Ⅲ 244

『悪魔の絵本』（J. K. V. レンセラエル） Ⅲ 101

『アーサー王の死』（テニソン） Ⅳ 151

『アドニの密儀，ソド』（J. フィルミクス） Ⅰ 148

『アトランティス』（I. ドンネリ） Ⅰ 137, 140

『アナカリュプシス』（G. ヒギンズ） Ⅰ 81, (127), (132), 203 Ⅱ 12 Ⅲ 156 Ⅳ 171, 213

『暴かれた薔薇十字』（J. ヘイドン） Ⅲ 182

『アヒマン・レゾン将軍』（D. シッケルズ） Ⅱ 91

『阿片常用者の告白』（ド・クインシー） Ⅱ 276

『アポカリュプス』→『黙示録』

『アラビアン・ナイト』 Ⅲ 88, 269

『あらゆる時代と地域の秘密結社』（C. W. ヘッケソーン） Ⅰ 76 Ⅲ 263

『アルキビアデス（Ⅰ）』 Ⅱ 70, 237

『アルゼの書』 Ⅱ (263)

『暗号記憶法と暗号体系』（グスタヴス・セレヌス） Ⅲ (236), (237), 245

イ

『E・Sの教え』 Ⅱ 124

『異教徒反駁』（エイレナイオス） Ⅱ 115

『異教の偶像崇拝』（G. S. フェイバー） Ⅰ 77

『イシスとオシリス』（プルタルコス） Ⅰ 98, (211) Ⅲ (34), 36, 182

『イシス表』（W. W. ウェストコット） Ⅰ (272), 274, (283)

『イスラエルの秘密教義』 Ⅱ 175

『イスラーム辞典』 Ⅳ 207, (214)

『偉大な学問の道』（A. キルヒャー） Ⅰ (36)

『偉大な導師たち』（E. シューレ） Ⅲ 102

『異端に』（エイレナイオス） Ⅳ 134

『イリアス』（『イリアッド』ホメロス） Ⅱ 19 Ⅲ 244 Ⅳ 244

『インディアンの宗教』（H. ジェニングズ） Ⅱ 90

『インドの古代遺物』（T. モーリス） Ⅰ 71, (77), (226), (228) Ⅱ (143) Ⅲ (71)

『インドの聖典』（L. ジャコリオ） Ⅳ 168

『インドの万神殿』（E. ムーア） Ⅰ 236 Ⅳ 169

『インドのムガール王朝のフリーメーソンのしるし』（A. ゴラム） Ⅱ 99

『隠秘哲学』（H. C. アグリッパ） Ⅱ 205 Ⅲ (266)

ウ

『ウィアトリウム』（M. マイヤー） Ⅲ (183)

『ヴェールを脱いだイシス』（H. P. ブラヴァ

ツキー） Ⅰ 142, 296 Ⅱ 64, 142, 183, 204, 274 Ⅲ 65, 82 Ⅳ 158, 179
『ヴェールを脱いだカバラ』（S. L. M. メイザーズ） Ⅲ 78
『宇宙の音楽（ムシカ・ムンダーナ）』（R. フラッド） Ⅱ （109），（115），（119），（121）
エ
『英国の化学劇場』（E. アッシュモール） Ⅱ 185 Ⅳ 44,（118）
『エジプト神話の分析』（J. C. プリチャード） Ⅰ 219, 288
『エジプトにおけるテンチュラの円形ゾディアック論』（J. コール） Ⅰ 254,（255）
『エジプトのオイディプス』（A. キルヒャー） Ⅰ （145），（247），（262），（265），（268），271, 292 Ⅱ （34） Ⅲ （15），53,（69），237, 246 Ⅳ （61）
『エジプトの神々』（E. A. バッジ） Ⅰ 101
『エジプトの宗教便覧』（A. エルマン） Ⅰ （202）
『エジプトの魔術』（S. S. D. D.） Ⅰ 220, 287
『エジプトの密儀』（E. シューレ） Ⅰ 165
『エチオピア史』（マルケルス） Ⅰ 137
『エノク書』（『エノクすなわちトートの書（タロット）』） Ⅱ 133 Ⅲ 102
『エメラルド表』（ヘルメス作と伝わる） Ⅰ 160 Ⅲ （190） Ⅳ 60, 61
『エレウシスとバッコスの密儀』（T. テイラー） Ⅰ 112
『エレウシスの密儀考』（M. ウーヴァロッフ） Ⅰ 121
オ
『王権神授の魔法の祭祀』（E. レヴィ） Ⅱ 206
『黄金詩篇』（ピュタゴラス作と伝わる） Ⅱ 27
『黄金伝説』（ヤコブス・デ・ウォラギネ） Ⅲ 89 Ⅳ 155
『黄金の驢馬』→『変身物語あるいは黄金の驢馬』
『オカルト科学』（A. E. ウェイト） Ⅱ （234）
『オカルト科学』（E. サルヴェルト） Ⅱ 251, 275
『オカルト哲学』（パラケルスス） Ⅱ 239, 241, 246, 249
『オスマントルコ名場面集』（D. M. ドッソン） Ⅳ （198），（202），（211）
『オデュセイア』（ホメロス） Ⅱ 19 Ⅲ 244
『オベリスクとフリーメーソン』（J. A. バイス） Ⅲ 259
『オルフェウスの神秘的讃歌』（T. テイラー） Ⅰ 122
『音楽史』（E. ノーマン） Ⅱ 113, 116
カ
『怪獣史』（V. アルドロヴァンディ） Ⅱ 130
『化学史』（J. C. ブラウン） Ⅰ 160 Ⅲ （242） Ⅳ 42
『化学の結婚』（『クリスチャン・ローゼンクロイツの化学の結婚』） Ⅲ 149, 156 Ⅳ 109, 110, 113, 127
『化学の集成』（A. ディー） Ⅳ 42
『学問の進歩』（『学問の進歩と熟達』 F. ベーコン） Ⅲ （210），（219），221, 237-240
『過去の信仰』（H. S. レッドグローヴ） Ⅱ （131），164
『数』（W. W. ウェストコット） Ⅱ 51
『ガーター勲位』（E. アッシュモール） Ⅳ （142）
『合衆国国璽史』（G. ハント） Ⅱ 157, 158
『カードの起源と歴史』（W. A. チャトー） Ⅲ （105），120
『カードの歴史』（E. S. テイラー） Ⅲ （117）
『カノン』 Ⅱ 30, 114 Ⅲ （266）
『カバラ』（C. D. ギンズバーク） Ⅲ 13
『カバラ』（I. マイヤー） Ⅰ 249 Ⅱ 29 Ⅲ 37,（90），（91），268
『カバラ』（S. L. M. メイザーズ） Ⅰ 273
『カバラ』（A. フランク） Ⅲ （76）
『カバラの理論と文献』（A. E. ウェイト）

Ⅲ　160
『カバラ魔法の書』（J．ピスター）　Ⅲ　17
『ガバリス伯』（A．ド・ヴィラール）　Ⅲ 165
『神々の予言史』(『神託史』)　Ⅰ　(161), (298), (304), (306)　Ⅱ　(15), 28　Ⅳ　166
『神々の夜』（J．オニール）　Ⅰ　83
『髪盗み』（A．ポープ）　Ⅱ　238　Ⅲ　165
『カリョストロ, 一魔術師の栄光と悲惨』(W. H．トラウブリッジ）　Ⅲ　281
『カリョストロとフリーメーソンのエジプト式典礼』（H．R．エヴァンス）　Ⅲ　282
『カルデア人の創世記物語』（G．スミス）　Ⅱ　137
『カルデア人のゾロアスター神託』　Ⅰ　287
『カルデアの魔術』（F．ルノルマン）　Ⅱ　119
『観照的数論』（T．テイラー）　Ⅱ　41, (46), 49
キ
『消え失せた諸文明の起源もしくは瞥見』（クランター）　Ⅰ　137
『奇体』（P．G．ショット）　Ⅱ　130
『記念碑的キリスト教』（J．P．ランディ）　Ⅰ　(80), 81, 256　Ⅳ　168, 169
『救済者の書』　Ⅰ　94
『旧約・新約聖書物語』（J．＆J．クローベル）　Ⅳ　(186), (190)
『ギリシアの絵入り花瓶研究』（J．クリスティ）　Ⅰ　(113)　Ⅱ　201
『ギリシアのソフィスト, フィロストラトス二兄弟の平板画, 並びにカリスラトスの彫像のイメージまたはタブロー』（B．ド・ビジュネール）　Ⅲ　230
『キリスト教象徴主義の手引き』（W．＆G．オーズリー）　Ⅱ　(71)　Ⅳ　(150)
『規律と教義』（A．パイク）　Ⅰ　77, 103, 194, (206), 223　Ⅱ　95, 179, (188)　Ⅲ　11, 73, 160　Ⅳ　165
『金枝篇』（J．G．フレイザー）　Ⅰ　147, 148
『金属変成の術について』（R．ルルス）　Ⅳ　24
ク
『寓意画』（A．アルチアティ）　Ⅲ　(216)
『寓話』（アエソポス）　Ⅲ　244
『グノーシス派とその遺風』（C．W．キング）　Ⅰ　78, 91, 93, 102　Ⅳ　173
『クリティアス』（プラトン）　Ⅰ　134, 137, (178)
ケ
『形而上学』（アリストテレス）　Ⅰ　24, 35
『ケルトのドルイド教』（G．ヒギンズ）　Ⅰ　77, 91　Ⅱ　(38), 190, 191　Ⅳ　139
『原人の記号と象徴』（A．チャーチワード）　Ⅰ　262
『建築十書』（ウィトルウィウス）　Ⅲ　(255), 259
コ
『黄金虫』（E．A．ポー）　Ⅲ　249
『古人名に体現されている古代信仰』(『古代信仰』T．インマン）　Ⅰ　256　Ⅲ　128　Ⅳ　169
『古代遺物』（モンフォコン）　Ⅰ　(66), (82), (92), (97), 270, 293　Ⅱ　(92), (97), 151, 159
『古代遺物拾遺』（J．ボーモント）　Ⅰ　(296)
『古代ウェールズ地方の医学』（H．S．ウェルカム）　Ⅰ　(73)
『古代エジプト人の風俗と習慣』（J．G．ウィルキンソン）　Ⅰ　101, (162)　Ⅱ　(156)
『古代エッダ歌謡集』（シェレラップ）　Ⅱ　(244)
『古代カルデアの創世記』　Ⅰ　144
『古代芸術と神話の象徴言語』（R．P．ナイト）　Ⅰ　103, 203, 248, 253　Ⅱ　186
『古代拾遺』（Ⅰ．P．コリー）　Ⅱ　(126)
『古代神話の分析』(『古代神話』『神話』J．ブライアント）　Ⅰ　(57), 159, (169)　Ⅱ　153, 181
『古代世界』（C．ド・ジェブラン）　Ⅲ　102
『古代伝記集』（F．バレット）　Ⅰ　158　Ⅳ　(17), (166)
『古代のカレンダーと星座』（E．M．プランケット）　Ⅰ　258

『古代の信仰』（H. S. レッドグローヴ）Ⅱ 24
『古代の神像』（V. カルタリ） Ⅰ（139） Ⅱ（193），（205）
『古代の神話的天文学』（S. A. マッケイ） Ⅰ 250
『古代美術百科事典』（T. D. フォスブローク） Ⅰ 270
『古代フリーメーソン史』（F. C. ヒギンズ） Ⅱ 13, 17 Ⅲ 161 Ⅳ 173
『古代密儀論』（W. ホーン） Ⅰ（54）
『国家篇』（『共和国』プラトン） Ⅰ 123 Ⅱ（34），204, 259
『古典神話』（C. M. ゲイリー） Ⅱ 243
『ゴブラン・ペルソナ博士の宇宙運動論』 Ⅳ 35
『コーラン』 Ⅰ（22） Ⅲ 88 Ⅳ 199, 201-203, 212, 213
『コレクティオ・オペールム』（R. フラッド） Ⅲ（65），（179）
『コンフェッシオ・フラテルニタティス』 Ⅲ 164, 165, 167, 172, 178, 181, 187 Ⅳ 67, 109
サ
『ザノニ』（B. リットン） Ⅱ 238 Ⅲ 163, 165
『サルスティオスの神々と世界観』 Ⅰ 149
『騒ぎのあとの沈黙』（M. マイヤー） Ⅲ 187
『三十の魔法図像』（パラケルスス） Ⅱ（238）
『三倍に偉大なヘルメス』（G. R. S. ミード） Ⅰ 165
シ
『塩，硫黄，水銀の主題に基づく魔術的，カバラ的，神智学的論文集』（G. フォン・ウェリング） Ⅲ 191
『磁石あるいは磁気の術について』（A. キルヒャー） Ⅱ（181）
『死者の書』（エジプトの） Ⅱ 135, 137 Ⅳ 128
『四書』（プトレマイオス） Ⅱ 137
『自然の解釈』（F. ベーコン） Ⅲ 223
『自然の起源』（G. マッセイ） Ⅰ 193
『実践神智学』（J. G. ギヒテル） Ⅱ（75）
『ジプシー』（S. ロバーツ） Ⅲ 101
『シモン・マグス』（G. R. S. ミード） Ⅰ 89
『宗教儀式』（B. ピカート） Ⅱ（129）
『十大宗教』（J. F. クラーク） Ⅰ 74
『象形寓意図の書』（N. フラメル） Ⅳ 26,（27）
『肖像・群像・共同風呂・泉水・甕などの装飾品集』（S. トマサン） Ⅰ（34），（113）
『象徴体系』（A. パイク） Ⅱ 37,（87） Ⅲ 266
『象徴的フリーメーソン辞典』（G. オリヴァー） Ⅰ 228
『象徴の移動』（G. ダルヴィエラ） Ⅳ 163
『女王の首飾り』（A. デュマ） Ⅲ 285
『植物全誌』 Ⅱ（271），273
『シリアとレバノンの秘密宗派』（B. H. スプリンゲット） Ⅳ 136
『新機関』（F. ベーコン） Ⅲ（222），229
『神曲』（ダンテ） Ⅲ 159 Ⅳ（178）
『神聖カバラ』（A. E. ウェイト） Ⅲ 17
『人生の道徳劇場』（ウァエニウス） Ⅲ（279）
『真正の秘密結社』（A. ルノワール） Ⅰ（22），（208），（215）
『新訂ヘルメス博物館』 Ⅱ（184），（263） Ⅲ（186），（190） Ⅳ（23）
『神統記』（ヘシオドス） Ⅰ 287 Ⅳ 62
『新パンテオン』（S. ボイス） Ⅰ 288
『新パンテオン』（W. J. ホート） Ⅰ（49）
『神秘的宇宙史』 Ⅱ 30
『新フリーメーソン百科』（A. E. ウェイト） Ⅳ 147
『新約聖書復元』（J. M. プライズ） Ⅳ 183
『人類――その起源と運命』 Ⅰ 231, 232 Ⅳ 184
ス
『数学の歴史』（D. E. スミス） Ⅱ（46）
『ストロマータ』（アレキサンドリアのクレ

メンス） Ⅰ 161
『頭脳と脊髄の解剖』（H. E. サンティー） Ⅱ 144
『スフィンクス密儀祭司』（A. キルヒャー） Ⅱ（160）
セ
『聖週』（デュ・バルタス） Ⅲ 221, 222
『聖十字架史』（バージョー） Ⅳ（156）
『聖書』 Ⅰ 141, 189, 224, 255, 297 Ⅱ 86, 142, 164, 172, 176,（177）,（195）, 212,（258）, 269 Ⅲ 14,（15）, 60, 78,（80）, 82-84,（126）, 130, 131, 142, 155, 157, 177, 214, 246 Ⅳ 44, 45, 48, 65, 67, 82, 139, 143,（145）,（211）, 214
　『旧約聖書』 Ⅰ 246, 251 Ⅱ 38, 39, 55, 176 Ⅲ 59, 78, 83,（126）, 127, 202, 244, 246 Ⅳ 37, 51,（171）
　『新約聖書』 Ⅰ 87, 256 Ⅱ 38, 77, 176 Ⅲ 59,（76）, 78, 79, 202, 244 Ⅳ 138, 139, 180, 192
『聖書辞典』（カルメット） Ⅱ 136 Ⅲ（133）,（135）
『聖書辞典』（J. ハスティングズ） Ⅲ 84
『聖書の人物たち』（ソリス） Ⅳ（194）
『生殖器崇拝』（H. ジェニングズ） Ⅳ（132）
『性の象徴体系』（E. ゴールドスミス） Ⅱ 137
『世界史』（W. ローリー） Ⅲ（222）,（228）
『世界の信仰』（J. ガードナー） Ⅰ 303 Ⅲ 12, 145
『セフェール・イェツィラー』（『形成の書』） Ⅰ 273 Ⅱ 212 Ⅲ 13, 14, 16-18,（25）, 52, 53, 105
『セフェール・ハ・ゾハール』（『ゾハール』『光輝の書』） Ⅰ 282 Ⅱ 195 Ⅲ（10）, 1 3, 14,（34）, 39, 51, 52, 62, 63, 67,（76）,（80）, 87, 143
　『集会の書』 Ⅲ 142
　『大集会』 Ⅲ 67
『セメイオティカ・ウラニカ』（N. カルペパー） Ⅱ（271）
『全宗教崇拝起源論』（C. F. デュピュイ） Ⅳ 188
『前兆と奇跡の歴史』（リュコステネス） Ⅱ（153）,（247）
『全民族の神話』（H. B. アレキサンダー） Ⅳ 222
『1648, 1649, 1650年のための占星術的予言』（W. リリー） Ⅰ（234）
ソ
『像』（J. ベーメ） Ⅱ（76）,（77）
『ソクラテスの神について』（アプレイウス） Ⅱ 237
『速記法』（J. トリテミウス） Ⅲ 237
『ゾロアスターの哲学と倫理』（A. ワイルダー） Ⅰ 78
『ソロモンの大象徴』（E. レヴィ） Ⅱ（104）
タ
『第二の神の使者, エノクの書』（E. Y. ケニアリー） Ⅱ 133 Ⅳ 36, 214
『大般涅槃経』 Ⅳ 168
『大ピラミッドの一生とわざ』（C. P. スミス） Ⅰ（186）
『大ピラミッドの新解釈』（A. R. パーソンズ） Ⅰ（102） Ⅳ（154）
『太陽に捧げる讃歌』（M. カペラ） Ⅰ 103
『太陽の光輝』（S. トリスモジン） Ⅳ 20
『タルムード』 Ⅱ（82） Ⅲ 136, 269
『男根崇拝論』（H. ジェニングズ） Ⅲ 89
『ダンテの霊界地勢図』（C. A. ディンスモア） Ⅳ（178）
チ
『知恵の円形演技場』（H. クンラート） Ⅳ（257）
『知恵の神殿の入口にて』（F. ハルトマン） Ⅰ 239 Ⅳ 15
『チベット仏教』（L. A. ワッデル） Ⅱ 120
『超越魔法』（E. レヴィ） Ⅱ（104）, 185,（213）, 222 Ⅲ 11, 73, 104, 118
『著名人伝』（P. ジョヴィウス） Ⅳ（13）
テ
『テアイテトス』（プラトン） Ⅱ 120
『ティマエオス』（プラトン） Ⅰ 137 Ⅱ

(34)
『哲学の渦』 Ⅲ (181)
『哲学論考』(S. マグス) Ⅰ 90
『デルヴィッシュ』(J. P. ブラウン) Ⅲ 270
『天使, 惑星, 金属などで飾られた賢者の王冠——薔薇十字団の栄光』(J. ヘイドン) Ⅲ 183
『転身物語』(オヴィディウス) Ⅰ (127) Ⅳ 62
『伝説, 歴史, 芸術における十字架』(W. W. シーモァ) Ⅳ 160
ト
『謄写機』(J. トリテミウス) Ⅲ 237
『動物食の節制』(ポルフュリオス) Ⅰ 219
『トートの書』 Ⅰ 163, 164, (272)
『途方に暮れている人への手引』(モーゼ・マイモニデス) Ⅱ (195)
『トーラ』(『律法の書』) Ⅲ 83, 108, 268 Ⅳ 33
『トランプの歴史の研究』(S. W. シンガー) Ⅲ 101
『トルコの神秘主義と魔術』(L. M. J. ガーネット) Ⅲ 270
ニ
『ニュー・アトランティス』(F. ベーコン) Ⅱ 92 Ⅲ 165, 221, 229, 291
『ニュールンベルク年代記』 Ⅰ (89)
『人間の大気』(W. J. キルナー) Ⅰ 209
『ニンフの洞窟』(ポルフュリオス) Ⅰ 81
ハ
『パイドン』(プラトン) Ⅱ 251
『バビロニアとアッシリア』(L. スペンス) Ⅰ 143
『パラケルスス』(J. M. スティルマン) Ⅱ 261
『パラケルススの生涯』(A. M. ストッダート) Ⅳ 20
『薔薇十字団』(W. ローリー) Ⅲ 217
『薔薇十字団, その儀式と密儀』(H. ジェニングズ) Ⅰ 248 Ⅱ 197 Ⅲ 191 Ⅳ (137), 173
『薔薇十字団とフリーメーソン』(T. ド・クインシー) Ⅲ (179), 188
『薔薇十字団の真の歴史』(A. E. ウェイト) Ⅲ (179)
『薔薇十字団の人々』(H. ジェニングズ) Ⅲ (90)
『薔薇十字団の秘密象徴』(F. ハルトマン) Ⅰ 235 Ⅲ (152), 158, (161), (243) Ⅳ 45
『薔薇十字団目録』(F. L. ガードナー) Ⅲ 183
ヒ
『光と色の原理』(E. D. バビット) Ⅰ (29) Ⅱ 118, 122
『光のなかの光』(E. フィラレテス) Ⅳ 65, 69
『秘伝の封印と柱』(R. シュタイナー) Ⅳ 182
『ピュタゴラスとデルフォイ密儀』(E. シューレ) Ⅱ 15
『ピュタゴラスの生涯』(イアンブリコス) Ⅱ 112
『比喩の宝庫』(R. コードリー) Ⅲ 220
『ヒュパティア』(C. キングズレー) Ⅲ 280
『ピラミッド問題解決』(R. バラード) Ⅰ 192
『ピレブス』(プラトン) Ⅰ 288
『美論』(プロティノス) Ⅱ 97
フ
『ファーマ・フラテルニタティス』 Ⅰ 295 Ⅲ 150, 153-155, 164, 165, 172, 175, 177, 187 Ⅳ 67, 109
『フィロソフィカ・モザイカ』(R. フラッド) Ⅳ (123)
『不可思議の世界』(H. ステファン) Ⅲ 77
『不朽の学問の殿堂』(H. クンラート) Ⅱ 133
『仏教の歴史と教義』(E. アッパン) Ⅰ 257
『不滅のキリスト教』(J. P. ランディ) Ⅱ 177
『プラグマティズム』(W. ジェームズ) Ⅰ

56
『プラトン神学について』（プロクロス） II 70
『プラトン哲学注釈』（プロクロス） I 287
『フランシス・ベーコンの秘密』（W. T. スメドレー） III 217
『プリアポス崇拝についての二つの論文』（R. P. ナイト） II 170
『ブリテン島住民の衣裳』（S. マイリックとC. スミス） I 69
『フリーメーソン憲章』（アンダーソン） II 85 III 293
『フリーメーソン史概説』（R. マッコイ） I 65, 104 II 89
『フリーメーソン小史』（R. F. グールド） II 100
『フリーメーソン新百科事典』（A. E. ウェイト） II 86 III 267
『フリーメーソン団百科』（S. A. マッケイ） I 152
『フリーメーソンのオベリスク』（J. A. ウェイス） I 119
『フリーメーソンの秘密伝統』（A. E. ウェイト） III (148), 156, 289
『フリーメーソン百科事典』（A. G. マッケイ） II 180
『文学のコロンブス』（W. F. C. ウィグストン） III 103
へ
『米国旗』（R. A. キャンベル） III 291
『ヘブライ教会史』 I (99), (206) III (141), (143)
『ペルシア人の不思議な彫刻についての異聞』（J. ガファレル） II 266
『ヘルメス神話辞典』 IV 50
『ヘルメス叢書』（W. スコット編） I 165
『変身物語あるいは黄金の驢馬』（アプレイウス） I 119, 204 III (161), 244
『弁明』（プラトン） II 237
『弁明』（ユスティノス） IV 135
『弁明の書』（J. ベーメ） II (67)
『ヘンリー七世の歴史』（F. ベーコン） II 172
ホ
『ポイマンドレス』 I 159, 160, 165
『ポケット版フリーメーソン必携』 II 84
『星からのメッセージ』（M. & A. F. ハインデル） I 256
『星の神学とフリーメーソンの天文学』（R. H. ブラウン） I 259 II 96
『ボヘミア人のタロット』（パピュス） III 161, 167
『ポポル・ヴー』 I 140, 142 IV (220), 226, 227-229, 237-239
『ボルギアヌス法典』 IV (171), 172
マ
『マグス』（『魔法』,『魔術師』 F. バレット） II 223, 273 III (249)
『幕屋の書』 III 135, 136
『魔術の歴史』（P. クリスチャン） I 191 III 102
『マテーシス』（J. F. マテルヌス） I 263
『魔法科学大全』 II (221), 223, (225)
『魔法儀礼』（E. レヴィ） II (218)
『魔法大全』（パラケルスス） II (137)
『魔法の歴史』（E. レヴィ） I 70, 271, 272, 302 II 21, 264 III (34), 52
『マヤ族とキチェー族の聖なる密儀』（A. ル・プロンジョン） IV 162, 237
『マルガリタ・フィロソフィカ』（スコトゥス） I (253)
ミ
『密儀論』（イアンブリコス） I 301
『密儀論』（P. クリスチャン） I 191
『ミトラの密儀』（F. キュモン） I (62)
メ
『瞑想録』（モンテーニュ） III 244
『メキシコの遺物』（キングスボロ） IV (171)
『メノン』（プラトン） II 120
『メルクリウス, 一名, 敏捷な密使』（J. ウィルキンズ） III 237, 248

モ
『黙示録』(『ヨハネ黙示録』)　I　(22), 216
Ⅱ　39, 153　Ⅲ　13, 14, 79, 104, 108, 198, 203　Ⅳ　47, 151, (154), 179-182, 184, (186), 188, 192, 194, (247)
『モスク研究』(S. レイーノープール)　Ⅳ　215
『モハメッド伝』(W. ミュア)　Ⅳ　204, 207, 209
『モハメッドとその後継者たち』(W. アーヴィング)　Ⅳ　200, 206, 209
ヤ
『薬学の出発』(J. B. フォン・ヘルモント)　Ⅱ　(265)
『宿り木とその哲学』(P. デイヴィドソン)　Ⅱ　(265), 271
ユ
『遺言書』(ヴァレンティノス)　Ⅳ　(49)
『憂鬱の解剖』(R. バートン)　Ⅲ　181, 188, (215)
『ユダヤ教』(G. F. モアー)　Ⅲ　87
『ユダヤ教とキリスト教』(C. H. トイ)　Ⅲ　82
『ユダヤ人アブラハムの書』　Ⅳ　25, (27), 29
『ユダヤ人オイディプス』(W. ドラモンド)　Ⅲ　(76)
『ユダヤ人史』(ヨセフス)　Ⅱ　83
『ユダヤ人の古代文化』(ヨセフス)　Ⅲ　131, 254, 269
『ユダヤ人の戦い』(ヨセフス)　Ⅱ　183
『ユダヤの古代遺物』　Ⅲ　(90)
ヨ
『妖精の出現』(A. C. ドイル)　Ⅱ　(234)
『羊泉の書』　Ⅱ　164
『予言者としての英雄』(T. カーライル)　Ⅳ　207
レ
『霊界の存在者について』(パラケルスス)　Ⅱ　255
『霊的世界の自然法則』(H. ドラモンド)　Ⅱ　236
『歴史の語る古代神話と寓話』(バニエル)　I　288
『歴史の大要』(H. G. ウェルズ)　I　216
『歴史の謎』(A. ラング)　Ⅲ　290
『列国の王のスパイ, サン-ジェルマン伯爵』(C-オークレー)　Ⅲ　287
『錬金術解読』(S. ノートン)　Ⅳ　(37)
『錬金術学者の生涯』　Ⅳ　(13)
『錬金術草稿原版』(S. バクストロム)　Ⅳ　(56)
『錬金術草稿の集大成』(S. バクストロム)　Ⅳ　14, 60
『錬金術的遍歴』(S. トリスモジン)　Ⅳ 21
『錬金術博物館』　Ⅳ　23
ロ
『ローンフォル卿の幻視』(J. R. ローウェル)　Ⅱ　200
ワ
『惑星の変身』(ド・モンテ・スナイデル)　Ⅱ　(276)

参考文献

この参考文献には、本大系全四巻にわたって言及・引用されている文献および本書を編むにあたって著者が参照した書物・論文・写本の類の全てが網羅されている。著作者別のアルファベット順に配列されており、雑纂の類はMISCELLANEOUSとして表末に掲げられている。原書から再録したもので、原書刊行時点（1928年）以降のものは含まれていない。

ADAMS, W. MARSHAM
Book of the Master, The (New York and London, 1898)
House of the Hidden Places, The (London, 1895)
AGRIPPA, HENRY CORNELIUS
De Occulta Philosophia Libritres (—, 1551)
Magische Werke (Berlin, 1916)
Three Books of Occult Philosophy or Magic (Chicago, 1898)
Vanities of the Arts and Sciences, The (Paris?, 1537)
Works of Henry Cornelius Agrippa, The (Lugduni, circa 1531)
ALCIAT, ANDREÆ
Emblemata (Antwerp, 1608) ; do (Paris, 1618)
ALEXANDER, HARTLEY BURR
Mythology of All Races, The (Boston, 1916)
ANDERSON, JAMES
Constitutions of the Free-Masons, The (London, 1723)
ANDREÆ(?), JOHANN VALENTIN
Confessio Fraternitatis (Frankfort, 1615)
Fama Fraternitatis (Frankfort, 1615)
ANDREWS, W. S., and CARUS, PAUL
Magic Squares and Cubes (Chicago, 1908)
ANONYMOUS
A Miscellaneous Metaphysical Essay (London, 1748)
An Enquiry into the Constitution, Discipline, Unity and Worship of the Primitive Church (London, 1713)
A Philosophicall Epitaph in Hierogliphicall Figures (London, 1673)
Book Sealed with Seven Seals, The (Manuscript in German, circa 1750)
Canon, The (London, 1897)
Codex Nuttall. Facsimile of ancient Mexican Codex (Cambridge, 1902)
Complete Book of Magic Science (London,1575). (Copy of British Museum Manuscript)
Freemasons Pocket Companion, The (Glasgow, 1771)
Goetia, the Lesser Key of Solomon (Chicago, —)
Hermetical Triumph, The, To which is added The Ancient War of the Knights (London, 1723)

History of Friar Bacon (London, 1796)
Mysteries of the Rosie Cross (London, 1891)
On Mankind their Origin and Destiny (London, 1872)
Turbae Philosophorum (Vienna, 1750)
AQUINAS, ST. THOMAS
Summa Theologica (London, 1912)
ASHMOLE, ELIAS
Institution, Laws & Ceremonies of the Most Noble Order of the Garter, The (London, 1693)
Theatrum Chemicum Britannicum (London, 1652)
AUBREY, JOHN
Letters Written by Eminent Persons of the Seventeenth and Eighteenth Centuries (London, 1813)
AUDSLEY, W. & G.
Handbook of Christian Symbolism (London, 1865)
AUGUSTINE, ST.
City of God, The (London, 1609?)
Homilies on the Gospel according to St. John (Oxford, 1849)
AVALON, ARTHUR
Serpent Power, The (Madras, 1924)
BABBIT, EDWIN D.
Principles of Light and Color, The (London, 1878)
BACON, SIR FRANCIS
Advancement of Learning, The (London, 1640); do, Latin (Amsterdam, 1694); do, First Edition, two sections (London, 1605)
Essayes or Counsels, Civill and Morall, The (London, 1639)
Historia Regni Henrici Septimi (Amsterdam, 1695)
Historia Vitae et Mortis (Amsterdam, 1663); do, English (London, 1638)
History of the Reign of King Henry the Seventh, The (London, 1641)
History of Winds, The (London, 1671)
Novum Organum Scientiarum (Amsterdam, 1694)
Opuscula Historico-Politica (Amsterdam, 1695)
Resuscitatio, etc. (London, 1661)
Scripta In Naturali et Universali Philosophia (Amsterdam, 1653)
Sermones Fideles (Amsterdam, 1685)
Sylva Sylvarum, and the New Atlantis (London, 1627)
Sylva Sylvarum, Sive Hist. Naturalis, et Nova Atlantis (Amsterdam, 1661)
BACSTROM'S (DR. SIGISMUND) COLLECTION OF
ALCHEMICAL MANUSCRIPTS
18 volumes of manuscript copies from rare alchemical writings, and a number of original manuscripts bound in. At least part are from the original Bacstrom Collection mentioned by A. E. Waite in his "Brotherhood of the Rosy Cross," pages 549-560.
Volume 1
The Great Work of the Lapis Sophorum according to Lambspring's Process.
The Work of the Jewish Rabbi, by Rabbi Issac Calvo of Jerusalem.
The Work with Wolfram, by a Venetian Nobleman.
Three Processes for Obtaining The Tincture, by Baron de Welling.
A Treatise Concerning the Tincture of Antimony, communicated to his friend

Theodore in 1536, by Theophrastus Paracelsus.
Of the Tincture of Antimony, by Roger Bacon. (Printed pages inserted.)
A Process for Obtaining the Tincture from Urine, by an American Clergyman, with remarks by Dr. Bacstrom.
The Process of the American Adept. (Manuscript in German.)
Volume 2
The Work of Philope Ponia for accomplishing the Elixer, copied from Manuscript dated 1587.
The Process of Phillip Pony for accomplishing the Tincture, as practiced by Quercitan's Daughter.
The Work of Neptis, communicated by him to Quercitanus.
The Theory and Practice of the Philosopher's Stone, described by Quercitan's Daughter.
Volume 3
Count Bernardus Trevisan on the Transmutation of Metals.
A Treatise of Bernard Earl of Trevisan of the Philosopher's Stone. Printed copy with note by Dr. Bacstrom.
The Answer of Bernardus Trevisanus to the Epistle of Thomas of Bononia, Physician to King Charles the Eighth. Printed copy with many notes by Dr. Bacstrom.
Volume 4
The Way to Operatethe Elixir, copied from an Original Manuscript without any date or signature.
Some Curious Processes extracted from an old manuscript entitled The Loving Mite, with remarks by Dr. Bacstrom.
The Work with the Butter of Antimony, as communicated verbally to Mr. Hand by a possessor.
Curious practical experiments on some metals.
An Ancient Manuscrit.
Volume 5
A Short Process Indicated, translated from the German.
On a Short Process for Regenerating Metals.
Extracts from Paracelsus.
Remarks on the Work entitled Zoroaster's Cave, and also on Astromagus's Magical Gold.
The Process of Alexis Piemontese.
Alchemical Aphorisms.
Several Ancient Manuscripts.
Volume 6
The Chemist's Key, by Henry Nollius.
Monsr. de la Brie's Process for accomplishing the Tincture, translated from the French.
Remarks on the above, by Dr. Bacstrom.
Another Process for accomplishing the same, copied from a manuscript of Dr. Bacstrom.
Some Thoughts on a Hint Given by Basil Valentine of a Via Sicca Regenerationis Principiorum, by Dr. Bacstrom.
Copy of an Anonymous Letter sent to Mr. Ford, concerning the Lapis Philosophorum.

Process for the Lapis with Nitre and Gold.
Thought on Nynsicht's Letter to Hartman, from the Latin.
Anonymous Letter sent to Dr. Bacstrom in 1788, Original Letter with Envelope.
Volume 7
Fifty-five Letters of Michael Sendivogius to the Rosey-Crucian Society, with a description of their Seal. From old Manuscript.
Volume 8
Remarks on the Fountain of Bernhard, by Albert Beyer.
On the Lapis Philosophorum, copied from a Manuscript.
Extracts from Metallurgia, or the Generation of Metals, translated from the German.
The Process of Leona Constantia, Abbess, from the German work, The Sunflower of the Wise.
Multum in Parvo. From a Latin Manuscript.
Opus Maximum, the Science of Alchemy.
Volume 9
The Archbishop of Roane's Questions on Alchemy answered by William de Cones, copied from a manuscript dated 1216.
The Practice of Philosophers.
Lully's Theory of the Philosophers Fires explained by Ripley.
An Alchemical Dialogue between a Disciple and His Master.
A Process by the aid of which a Woman supported her Family.
The Work of the Great Elixir.
The Science of Alchimy.
Copy of an Act by William and Mary permitting the multiplying of Metals.
An Original ancient Manuscript entitled The Book of Alchemy.
Volume 10
The Processes of Mr. John Yardley of Worcester.
The Work of St. Dunstan.
The Work of Johannes Gier.
Dedication prefixed to the German Edition of Trevisan's Works.
Aphorisms Respecting the Philosophical Metallic Work.
The Philosophical Processes of Charas Stella.
A Process upon Lead.
Letter of Dr. Deppelius concerning the Sophic Tincture.
Curious Anecdote Copied from the French Expedition to Egypt.
The Pontic, or Mercurial Water of the Wise, by Chrysogonus de Puris Urnapolita.
Remarks on Pontanus.
Extract from Metallurgia.
Concordantia Philosophorum.
Explanation of the Allegorical Description of the Principles of the Great Work in D'Espagret's Hermetic Secrets.
A Letter from Dr. Bacstrom.
Another Letter from Dr. Bacstrom.
Volume 11
A Treatise of the Animal Stone, by Samuel Norton.
Fundamental Doctrine concerning the First Root of the Philosopher's Stone, by Frier Vincentius Koffsky.

Gloria Mundi, A Collection of Wisdom from Ancient Philosophers.
A Process, by Baron de Weilling.
A Treatise of Aristotle the Alchemist, to Alexander Magnus, concerning the Stone of the Philosophers.
BACSTROM'S (DR. SIGISMUND) COLLECTION OF ALCHEMICAL MANUSCRIPTS
Volume 11—continued
Extracts from An Ancient Treatise on the Lapis Philosophorum by Ali Puli, translated from the Arabic.
The Philosophical Legacy.
Chrisostomi Ferdinandi de Sabor, Practica Naturae Vera.
Extracts from the Key to the Hermetic Sciences. From the French.
Volume 12
Letters to the Curious, Discovering Secrets of Great Moment, by Joel Langelotus, M.D.
Coelum Philosophorum, or Faithful Directions how to obtain the Hermetical Treasure.
Archidoxorum, seu de Secretis Natura Libri decemitem Manualia, by Paracelsus.
The Canons or Aphorisms of Alexander von Suchten.
Instructions respecting Antimonial Labours for the Sophic Mercury, by von Suchten, M.D.
An Ancient Manuscript concerning Avicene on the First Matter.
Observation collected from the conversation of Dr. Helvetus and the Brassfounder who turned lead into gold.
Remarks on the Second Book of Henry von Batsdorff, called Filum Ariadnes. By Dr. Bacstrom.
Volume 13
The Golden Chain of Homer. (Aurea Cantena Homeri.)
Instructions respecting the Art of Transmuting and Ameliorating the Metals, by William Baron von Shroeder, F.R.S.
Johannis de Monte Raphaim, the forerunner of Autora.
Aphorisms concerning the Universal Salt.
A True Revelation of the Manual Operation for the Universal Medicine, by the Philosopher of Leyden.
Two short manuscripts in the form of notes.
Volume 14
The Hermetical Signification of the Symbols and Attributes of Isis.
Egyptian Hieroglyphics from the most remote Antiquity.
The Hermetical Signification of the Hieroglyphical Symbols cut in stone over the Doors of Notre Dame at Paris.
The Mineral Gluten, by Dorothea Juliana Wallachin, a female Adept.
The Mysteries Contained in Sendibogius, explained, copied from a rare manuscript.
Extracts from Letters supposed to be by Sendivogius, from a rare manuscript.
The Practice of William Blomefeeld of the Noble Science of Alchemy.
Two Ancient Manuscripts.
Volume 15
Chemical Moon-Shine, by a Lover of Truth. From the German.

Philosophical consideration of the Cold Fire.
Experiments by Modestin Fachsen, Director of the Mint at Leipzig.
Particular Processes of David Breuther M.D., written while he was in Prison.
On the Sphaera Saturni by Paracelsus.
Sal Alemburot or Aqua Mercurii of Paracelsus.
The War of the Knights, by John Sternhals Bishop of Bamberg.
The Key of Alchemy, by Samuel Norton, 1577.
Volume 16
The Emerald Table, with notes by Dr. Bacstrom.
The Allegory of King Solomon's Navigations and King Hiram's Ships explained by Dr. Bacstrom.
Processes from John Gottfried Jugels' Experimental Chemistry.
Neuman on the Nature and Difference of Salt-Petre.
Sir Kenelm Digby's Sal Enixum and Abbé Rousseau's Primum Ens Salis.
Extracts from Seventy-Nine Wonders of a Certain Subject.
Extracts from the Concordantia Chymica, by John Joachim Becker.
A Particular Process on Silver from Baron Kunkel von Lowenstern.
The Epistle of Arnoldus de Villa Nove to the King of Naples, and Myriam's Instructions to King Aros.
Schroeder's Hint, respecting the Spirit of Mercury, also the work of Leona Constantia.
Ancient Manusucript.
Another ancient Manuscript.
Volume 17
Alchemy—A select collection of Testimonies respecting the Doctrines and Practices of the ancient Alchemists. In several parts.
Volume 18
Collection of Manuscripts on Magic, the Qabbalah, etc.
BALLARD, ROBERT
Solution of the Pyramid Problem, The (New York, 1883)
BANIER (ABBÉ)
Mythology and Fables of the Ancients, The (London, 1739)
BARCLAY, JOHN
Loves of Polyarchus & Argenis, The (London, 1636)
Satyricon (Hackiana, 1674)
BARRETT, FRANCIS
Magus, The, or Celestial Intelligencer (London, 1801)
BATCHELOR, H. CROUCH
Francis Bacon Wrote Shakespeare (London, 1912)
BAULDWIN, WILLIAM
A Treatise of Moral Philosophy (London, 1651)
BAYLEY, HAROLD
A New Light on the Renaissance (London, 1909)
Lost Language of Symbolism, The (London, 1912)
Shakespeare Symphony, The (London, 1906)
BEAUMONT, JOHN
Gleanings of Antiquities (London, 1724)
BELZONI, G.
Narrative of the Operation and Recent Discoveries in Egypt and Nubia (Lon-

don, 1820)
BENN, ALPHRED WILLIAM
Greek Philosophers, The (London, 1882)
BERGERAC, CYRANO
Comical History of the States and Empires of the World of the Moon, The (London, 1687)
BESANT, MRS. ANNIE (WOOD)
Ancient Wisdom (London, 1922)
A Study in Consciousness (London, 1907)
BLAKE, WILLIAM
Marriage of Heaven and Hell, The (Hand-colored copy from original in British Museum.)
BLAVATSKY, HELENE PETROVNA
Esoteric Instructions of The Theosophical Society, The
Isis Unveiled (New York, 1877)
Secret Doctrine, The (London, 1888)
BLOCH, STELLA
Astronomy for All (London, 1911)
BÖHME, JAKOB
Von der Menschwerdung Jesus Christi (Amsterdam, 1682)
XL Questions Concerning the Soule (London, 1647)
Theosophia Revelata (Hamburg, 1715)
Works of Jacob Behmen, The, The Teutonic Theosopher (London, 1764)
BOND, FREDERICK BLIGH, and LEA, THOMAS SIMCOX
Cabala contained in the Coptic Gnostic Books, The (Oxford, 1917)
BONUS OF RERRARIA
New Pearl of Great Price, The (London, 1894)
BOOTH, WILLIAM STONE
Some Acrostic Signatures of Francis Bacon (Boston, 1909)
BOUTELLE, CLARENCE MILES
Man of Mt. Moriah, The (Chicago, 1898)
BOYLAN, PATRICK
Thoth, the Hermes of Egypt (London, 1922)
BOYSE, SAMUEL
New Pantheon, The (Dublin, 1786)
BREITHAUPT, CHRISTIANUS
Ars Decifratoria sive scientia occultas Scripturas Solvendi et Legendi pre-amissa est disquisition historica de variis modis Occulte Scribendi. (Helmstadii, 1737)
BROWN, JAMES CAMPBELL
A History of Chemistry (Philadelphia, 1920)
BROWN, JOHN P.
Dervishes, The (Philadelphia, 1868)
BROWN, ROBERT HEWITT
Stellar Theology and Masonic Astronomy (New York, 1882)
BROWN II, SANGER
Sex Worship and Symbolism (Boston, 1922)
BRYANT, JACOB
A New System, or, an Analysis of Ancient Mythology (London, 1774)

BUDGE, E. A. WALLIS
Book of the Dead, The (London, 1913)
Gods of the Egyptians, The (London, 1904)
Osiris and the Egyptian Resurrection (London and New York, 1911)
BURTON, ROBERT
Anatomy of Melancholy, The (Oxford, 1628); do (London, 1660)
CALCOTT, WELLINS
A Candid Disquisition of the Principles and Practices of the most Ancient and Honourable Society of Free and Accepted Masons (London, 1769)
CALMET
Dictionary of the Holy Bible, The (London, 1800)
CAMDEN, WILLIAM
Remaines Concerning Britain (London, 1657)
CAMPBELL, ROBERT ALLEN
Our Flag (Chicago, 1890)
CARDANUS, HIERONYMUS
In Cl. Ptolemaei de Astrorum ludiciis (Basil, 1578)
CARLYLE, THOMAS
Hero as Prophet, The (Boston, 1901)
CARTARI, VINCENZO
Le Imagini degli Dei degli Antichi (Venezia, 1609)
Le Imagini degli Dei degli Antichi (Padova, 1626)
CARUS, PAUL
History of the Devil and the Idea of Evil, The (Chicago, 1900)
CASSOU, CHARLES
Religions de la Perse, de la Chaldée et de l'Égypte
CAUSEUS, MICHAEL ANGELUS
Romanum Museum (Rome, 1746)
CAWDRY, ROBERT
Treasurie or Storehouse of Similes, The (London, 1609)
CHARLETON, WALTER
A Ternary of Paradoxes (London, 1650)
CHATTO, WILLIAM ANDREW
Facts and Speculations on the Origin and History of Playing Cards (London, 1848)
CHRISTIAN, P.
Histoire de la Magie (Paris, 1876)
CHRISTIE, JAMES
Disquisitions upon the Painted Greek Vases (London, 1825)
CHURCHWARD, ALBERT
Arcana of Freemasonry, The (London, 1915)
Signs and Symbols of Primordial Man, The (London, 1910)
CLARKE, JAMES FREEMAN
Ten Great Religions (Boston and New York, 1883)
CLARKE, NATALIE RICE
Bacon's Dial in Shakespeare (Cincinnati, 1922)
CLEMENT OF ALEXANDRIA
Writings contained in The Ante-Nicene Fathers (New York, 1926)
COLE, JOHN

A Treatise on the Circular Zodiac of Tentyra (London, 1824)
COLUMNA, FRANCESCO
Hypnerotomachia, ubi humana Omnia non nisi Somnium esse ostendit, atque obiter plurima scitu sane quam digna commemorate (Venice, 1499)
COOK, ARTHUR BERNARD
Zeus, A Study in Ancient Religion (Cambridge, 1925)
CORNFORD, FRANCIS MACDONALD
From Religion to Philosophy (London, 1912)
CORY, ALEXANDER TURNER
Hieroglyphics of Horapollo Nilous, The (London, 1840)
CORY, ISSAC PRESTON
Ancient Fragments (London, 1832)
CRAVEN, J. B.
Doctor Robert Fludd the English Rosicrusian (Kirkwall, 1902)
CROLLI, OSWALD
Basilica Chymica.
CROSS, R. W. JEREMY L.
True Masonic Chart, The, or Hieroglyphic Monitor (New York, 1854)
CULLEN, CHARLES
History of Mexico, The (Philadelphia, 1804)
CUMONT, FRANZ
Astrology and Religion among the Greeks and Romans (New York and London, 1912)
Mysteries of Mithra, The (Chicago, 1910)
CULPEPER,NICHOLAS
Complete Herbal, The (London, 1835)
Semeiotica Uranica (London, —)
CUNINGHAM, GRANVILLE
Bacon's Secret Disclosed in Contemporary Books (London, 1911)
D'ALVIELLA, COUNT GOBLET
Migration of Symbols, The (Westminster, 1894)
DANTE ALIGHIERI
La Divina Commedia (Torino, 1891)
La Vita Nuova (New York, 1901)
DAVIDSON, D., and ALDERSMITH, H.
Great Pyramid, Its Divine Message, The (London, 1925)
DAVIDSON, P.
Mistletoe and Its Philosophy, The (Glasgow, 1892)
DAVIES, EDWARD
Mythology and Rites of the British Druids, The (London, 1809)
DEANE, JOHN BATHURST
Worship of the Serpent, The (London, 1830)
DE BOURBOURG, L'ABBÉ BRASSEUR (Translator)
Popol Vuh (Paris, 1861)
DEE, A.
Chemical Collection, The (London, 1629)
DE MONTE-SNYDERS
Metamorphosis Planerarum
DE QUINCEY, THOMAS

Historico-Critical Inquiry into the Origin of the Rosicrucians and the Freemasons (London, 1886)
DERMOTT, LAU
True Ahiman Rezon, The (New York, 1805)
DE VIGENERE, BLAISE
Les Images ou Tableaux de platte peinture des deux Philostrates sophists Grecs et les statues de Callistarte (Paris, 1637)
DIGBY, SIR KENELM
Of Bodies, and of Mans Soul (London, 1669)
DINSMORE, CHARLES ALLEN
Teachings of Dante, The (Boston and New York, 1910)
D'OHSSON, DE M
Tableau Général de l'Empire Othoman (Paris, 1787)
D'OLIVET, FABRE
Hebrew Tongue Restored, The (New York, 1921)
DONNELLY, IGNATIUS
Atlantis, the Antediluvian World (New York and London, 1882)
Cipher in the Plays and on the Tombstone, The (Minneapolis, 1899)
Great Cryptogram, The (Chicago, New York, and London, 1888)
Ragnarok : The Age of Fire and Gravel (New York, 1886)
DOYLE, SIR ARTHUR CONAN
Coming of the Fairies, The (New York, 1922)
DRUMMOND, HENRY
Natural Law in the Spiritual World (New York, 1883)
DRUMMOND, SIR W.
Œdipus Judaicus, The (London, 1866)
DUMAS, ALEXANDRE
Queen's Necklace, The (Boston, 1890)
Joseph Balsamo (Boston, 1890)
DUNLAP, S. F.
Sod, The Mysteries of Adoni (London, 1861)
DUPUIS, CHARLES FRANÇOIS
Origin of Religious Worship, The (New Orleans, 1872)
DURANT, W. J.
Story of Philosophy, The (New York, 1926)
DURNING-LAWRENCE, SIR EDWIN
Bacon is Shake-Speare (New York, 1910)
Shakespeare Myth, The (London, 1912)
DU RYER, SIEUR
Alcoran of Mahomet, The (London, 1649)
DWIGHT, M. A.
Grecian and Roman Mythology (New York, 849)
ECKARTSHAUSEN, KARL VON
Cloud upon the Sanctuary, The (London, 1919)
EDGAR, JOHN and MORTON
Great Pyramid Passages and Chambers, The (Glasgow, 1923)
EDWARDS, CHILPERIC
Hammurabi Code, The (London, 1921)
ERMAN, ADOLF

A Handbook of Egyptian Religion (London, 1907)
EVANS, HENRY R.
Cagliostro and his Egyptian Rite of Freemasonry (Washington, 1919)
EVERAD, DR. (Translator)
Devine Pymander of Hermes Mercurius Trismegistus, The (London, 1650)
Divine Pymander, The. Bath reprint with introduction by Hargrave Jennings (London, 1884)
FABER, GEORGE STANLEY
Origin of Pagan Idolatry, The (London, 1816)
FABRICIUS, JO. ALBERTUS
Codex Pseudepigraphus Veteris Testamenti (Hamburg, 1772)
FAIRHOLT, W. F.
Gog and Magog, The Giants of Guildhall (London, 1859)
FALCONER, JOHN
Cryptomenysis Patefacta, or the Art of Secret Information disclosed without a Key (London, 1685)
FALLOWS, SAMUEL
Popular and Critical Bible Encyclopaedia, The (Chicago, 1919)
FANCOURT, CHARLES ST. JOHN
History of Yucatan, The (London, 1854)
FARNELL, LEWIS R.
Greece and Babylon (Edinburgh, 1911)
FAXARDO, DON DIEGO SAAVEDRA
Idea de Un Principle Politico Christiano (Amsterdam, 1659)
FELLOWS, JOHN
Mysteries of Freemasonry, The (London, 1877)
FIGULUS, BENEDICTUS
Golden and Blessed Casket of Nature's Marvels, The (London, 1893)
FLAMMEL, NICHOLAS
Hieroglyphical Figures, and Theory and Practise of the Philosophers Stone (London, 1624)
FLUDD, ROBERT
Collectio Operum (Oppenhemi, 1617)
Philosophia Moysaica (Goudae,1638)
Responsum ad Hoplocrisma-Spongum (Goudae, 1638)
FERGUSSON, JAMES
Tree and Serpent Worship (London, 1873)
FOSBROKE, THOMAS DUDLEY
Encyclopaedia of Antiquities (London, 1825)
FRANCK, ADOLPH
Kabbalah, The (New York, 1926)
FRAZER, SIR JAMES GEORGE
Golden Bough, The (London, 1917)
FREUND, ALFRED
Das Bild des Speershüttlersdie Lösung des Shakespeare-Rätsels (Hamburg, 1921)
GAFFAREL, JAMES
Unheard-of Curiosities (London, 1650)
GALLUP, MRS. ELIZABETH WELLS

Bi-literal Cypher of Sir Francis Bacon, The (London, 1900); do (Detroit, 1910)
GARDNER, JAMES
Faiths of the World, The (London, 1858-60)
GARDNER, F.LEIGH
Bibliotheca Rosicruciana (London, 1903)
GARNETT, LUCY M. J.
Mysticism and Magic in Turkey (London, 1912)
GARVER, W. L.
Brother of the Third Degree, The (Chicago, 1894)
GASKELL, G. A.
Dictionary of the Sacred Language of All Scriptures and Myths (London, 1923)
GAYLEY, CHARLES MILLS
Classic Myths, The (New York, 191)
GÉBELIN, M, COURT DE
Monde Primitif, Analysé et Comparé avec le Monde Moderne (Paris, 1776)
GICHTEL, JOHANN GEORG
Theosophia Practica (———, 1736)
GINSBURG, CHRISTIAN D.
Kabbalah, The (London, 1920)
GLAUBER, JOHN RUDOLPH
Works of the Highly Experienced and Famous Chymist (London, 1689)
GODWIN, WILLIAM
Lives of the Necromancers (London, 1834)
GOLDSMITH, ELIZABETH E.
Life Symbols as Related to Sex Symbolism (New York, 1924)
GORHAM, A.
Indian Masons' Marks of the Moghul Dynasty (London, 1911)
GOULD, ROBERT FREKE
A Concise History of Freemasonry (London, 1904)
GREEN, HENRY
Shakespeare and The Emblem Writers (London, 1870)
GREGORY (Saint and Pope)
Morals on the Book of Job (Oxford, 1850)
GRIMM, JACOB
Teutonic Mythology (London, 1882)
GUERBER, H. A.
Myths of Northern Lands (New York, 1895)
HAECKEL, ERNST
Riddle of the Universe, The (New York, 1900)
HALL, FRANCIS
An Explication of the Diall Sett Up in the Kings Garden at London, an. 1669 (Liége, 1673)
HAMILTON, SIR WILLIAM
Lectures on Metaphysics and Logic (Boston, 1865)
HARTMANN, FRANZ
In the Pronaos of the Temple of Wisdom (London, 1890)
Life and Doctrines of Jacob Boehme, The (London, 1891)
Occult Science in Medicine (London, 1893)

Paracelsus and The Substance of His Teachings (London, 1887)
Secret Symbols of The Rosicrucians, The (Boston, 1888)
HASTINGS, JAMES
A Dictionary of the Bible (Edinburgh, 1899)
Encyclopaedia of Religion and Ethics (New York and Edinburgh, 1915)
HAVEN, DR.MARC
Le Maître Inconnu Cagliostro (Paris, 1912)
HEAD, R.
Life and Death of Mother Shipton, The (London, 1687)
HECKETHORN,CHARLES WILLIAM
Secret Societies of All Ages and Countries, The (London, 1897)
HEINDEL, MAX
Freemasonry and Catholicism (Oceanside, 1919)
Rosicrucian Cosmo-Conception, The (Seattle, 1909)
Unpublished manuscripts (Courtesy of Mrs.Heindel)
HEINDEL, MAX and AUGUSTA FOSS
Message of the Stars, The (Mount Ecclesia, 1922)
HELMONT, JOHANNIS BAPTISTAE VON
Ausgang der Artznen-Kunst (Sulzbach, 1683)
HESIOD
Compositions from the Works and Days and Theogony of Hesiod (London, 1817)
HEYDON, JOHN
English Physicians Guide : or a Holy Guide, The (London, 1662)
Wise Mans Crown; or The Glory of the Rosie-Cross, The (London, 1664)
HEYWOOD, THOMAS
Gynaikeion (London, 1624)
Hierarchie of the Blessed Angells, The (London, 1635)
HICKSON, S. A. E.
Prince of Poets, The (London, 1926)
HIEROCLES
Upon the Golden Verses of Pythagoras (London, 1682)
HIGGINS, FRANK C.
Ancient Freemasonry (New York, 1923)
A. U. M., The Lost Word (New York, 1914)
Cross of the Magi, The (New York, 1912)
HIGGINS, GODFREY
Anacalypsis (London, 1836)
Celtic Druids, The (London, 1827)
Horæ Sabgaticæ (New York, 1893)
Mahomet, The Illustrious (London, 1829)
HOISINGTON, H. R.
Oriental Astronomer, The (Jaffina, 1848)
HOMER
Odyssey, The (———, 1525)
HONE, WILLIAM
Ancient Mysteries Described (London,1823)
HORT, W.JILLARD
New Pantheon, The (London, 1829)

HUGHES, THOMAS PATRICK
A Dictionary of Islam (London, 1895)
HUNT, GAILLIARD
History of the Seal of the United States, The (Washington, 1909)
INMAN, THOMAS
Ancient Faiths Embodied in Ancient Names (London, 1872)
Ancient Pagan and Modern Christian Symbolism (New York, 1874)
IRELAND, SAMUEL
Miscellaneous Papers and Legal Instruments under the Han and Seal of William Shakespeare (London, 1796). (Joseph Haslewood's copy containing 25 examples of W. H. Ireland's forgeries mounted with explanatory notes.)
IRENÆUS and JUSTIN MARTYR
Writings contained in The Ante-Nicene Fathers (New York, 1926)
IRVING, WASHINGTON
Mahomet and his Successors (New York, 1854)
JACKSON, SAMUEL MACAULEY (Editor)
New Schaff-Herzog, Encyclopedia of Religious Knowledge, The (London and New York, 1909)
JACOLLIOT, LOUIS
Bible in India, The (New York, —)
JAMES, WILLIAM
Pragmatism (New York, 1909)
JENNINGS, HARGRAVE
Indian Religions, The (London, 1890)
Letters of Hargrave Jennings, The (Bath, 1895)
Live Lights or Dead Lights (London, 1873)
Rosicrucians, Their Rites and Mysteries, The (London, 1887)
JOHNSON, MELVIN M.
Beginnings of Freemasonry in America, The (New York, 1924)
JONES, SIR WILLIAM
Works of Sir William Jones, The (London, 1799)
JOSEPHUS, FLAVIUS
Works of Flavius Josephus, The (Oxford, 1839)
JOVIUS, PAULUS
Vitae Illustrium Virorum (Basil, 1578)
JOWETT, B.
Dialogues of Plato, The (New York, 1905)
KALISCH, ISIDOR
Sepher Yezirah, a Book on Creation (New York, 1877)
KARAKA, DOSABHAI FRAMJI
History of the Parsis (London, 1884)
KEIGHTLEY, THOMAS
Mythology of Ancient Greece and Italy, The (London, 1831)
Secret Societies of the Middle Ages (London, 1887)
KELLY, EDWARD
Alchemical Writings of Edward Kelly, The (London, 1893)
KENEALY, E. Y.
Book of Enoch, The (London, —)
Book of FO, The (London, 1878)

KHUNRATH, HENRICI
Amphitheatrum Sapientiae, etc. (Hanover, 1609)
KILNER, WALTER J.
Human Atmosphere, The (London, 1920)
KING, C. W.
Gnostics and Their Remains, The (London, 1864)
KINGSBOROUGH, LORD
Antiquities of Mexico (London, 1848)
KINGSFORD, ANNA
Astrology Theologized (London, 1886)
Virgin of the World, The (London, 1885)
KINGSLEY, CHARLES
Hypatia (London, 1920)
KIRCHER, ATHANASIUS
Ars Magna Sciendi (Amsterdam, 1669)
Magnes sive de Arte Magnetica Opus Tripartitum (———, 1643)
Œdipus Ægyptiacus (Rome, 1652)
Sphinx Mystagoga (Amsterdam, 1676)
KLAUBER, JOSEPHO and JOANNE
Historiæ Biblicæ Veteris et Novi Testamenti (———, 1640?)
KNIGHT, RICHARD PAYNE
A Discourse on the Worship of Priapus (London, 1894)
Symbolical Language of Ancient Art and Mythology, The (New York, 1876)
KUNOW, AMELIE DEVENTER VON
Francis Bacon, The Last of the Tudors (New York, 1924)
LAERTIUS, DIOGENES
De Vitis, Dogmatibus, etc. (Amstelaedami, 1692)
LANE-POOLE, STANLEY
Studies in a Mosque (London, 1883)
LANG, ANDREW
Historical Mysteries (London, 1905)
LAWRENCE, BASIL E.
Notes on the Authorship of The Shakespeare Plays and Poems (London, 1925)
LENOIR, ALEXANDRE
La Franche-Maconnerie (Paris, 1814)
Nouvel Essai sur la Table Isiaque (Paris, 1809)
LENORMANT, FRANÇOIS
Chaldean Magie : Its Origin and Development (London, 1877)
LE PLONGEON, AUGUSTUS
Queen Moo and The Egyptian Sphinx (New York, 1900)
Sacred Mysteries among the Mayas and the Quiches (New York, 1909)
LEVI, ELIPHAS
Dogme et Rituel de la Haute Magie (Paris, 1894)
History of Magic, The (London, 1922)
Le Livre des Splendeurs (Paris, 1894)
Les Mystères de la Kabbale (Paris, 1920)
Magical Ritual of the Sanctum Regnum, The (London, 1896)
Transcendental Magic (Chicago, 1910)
LEWIS, WILLIAM

A Course of Practical Chemistry (London, 1746)
LILLY, WILLIAM
An Astrological Prediction of the Occurrences in England (London, 1648)
Anima Astrologieae : or a Guide for Astrologers (London, 1676)
Astrology Modestly Treated of in three Books (London, 1647)
Merlin Reviv'd (London, 1615)
LLOYD, JOHN URI
Etidorhpa (Cincinnati, 1896)
LUNDY, JOHN P.
Monumental Christianity (New York, 1876)
LYCOSTHENES, CONRADUS
Prodigiorum ac Ostentorum Chronicon (Basle, 1557)
LYTTON, LORD BULWER
Zanoni (London, 1843)
MAACK, FERDINAND (Editor)
Chymische Hochzeit : Christiani Rosencreutz, Anno 1459 (Berlin, 1913)
MAGGOWAN, KENNETH, and ROSSE, HERMAN
Masks and Demons (New York, 1923)
MACGREGOR-MATHERS, S. L.
Book of the Sacred Magic of Abra-Melin the Mage, The (New York, 1905)
Kabbalah Unveiled, The (New York, 1912)
Key of Solomon the King, The (London, 1889)
MACKENZIE, DONALD
Ancient Man in Britain (London, 1902)
Migration of Symbols, The (New York, 1926)
MACKEY, SAMPSON ARNOLD
Mythological Astronomy of the Ancients Demonstrated, The (Norwich, 1824)
MACOY, ROBERT
General History, Cyclopedia and Dictionary of Freemasonry (New York, 1870)
MAIER, MICHAEL
Scrutinium Chymicum (Frankfort, 1687)
Viatorium (Rothomagi, 1651)
MAIMONIDES, MOSES
Guide for the Perplexed, The (London, 1919)
MALCOLM, J. COOPER
"Tau," The (Brochure, 1901)
MANNHART, W.
Zauberglaube und Geheimwissen (Berlin, 1920)
MARTYN, JOHN
Bucolicks of Virgil, The (London, 1749)
MASSEY, GERALD
A Book of the Beginnings (London, 1881)
Natural Genesis, The (London, 1883)
MATHER, JR., FRANK JEWETT
Portraits of Dante, The (Princeton, 1921)
MAURICE, THOMAS
Indian Antiquities (London, 1800)
McGARTY, LOUIS P.
Great Pyramid Jeezeh, The (San Francisco, 1907)

MEAD, G. R. S.
Apollonius of Tyana (London and Benares, 1901)
Fragments of a Faith Forgotten (London, 1900)
Hymn of the Robe of Glory, The (London, 1908)
Orpheus (London, 1896)
Pistis Sophia (London, 1921)
Simon Magus, An Essay (London, 1892)
Thrice Great Hermes, The (London, 1906)
MERLIN, R.
Origine des Cartes à Jouer (Paris, 1869)
MEYRICK, SAMUEL, and SMITH, CHARLES
Costume of the Original Inhabitants of The British Islands, The (London, 1815)
MILLS, L. H.
A Study in the Five Zarathushtrian Gàthàs (Oxford, 1892)
MINSHEU, JOHN
Minsheu's Guide into the Tongues, with their agreement and consent with one another in nine languages (London, 1626)
MONTFAUCON
Antiquity Explained by Montfaucon (London, 1721)
Montfauconii Antiquitates Graecae et Romanae (Nürnberg, 1757)
MOORE, EDWARD
Hindu Pantheon, The (London, 1810)
MOORE, GEORGE FOOTE
Judaism (Cambridge, 1927)
MORELL, J. D.
An Historical and Critical View of the Speculative Philosophy of Europe in the Nineteenth Century (New York, 1872)
MORLEY, HENRY
Life of Henry Cornelius Agrippa, The (London, 1856)
MORLEY, SYLVANUS GRISWOLD
Inscriptions at Copan (Washington, 1920)
MUIR, SIR WILLIAM
Life of Mohammad, The (Edinburgh, 1912)
MULHALL, MARION McMURROUGH
Beginnings or Glimpses of Vanished Civilizations (London,1911)
MÜLLER, F. MAX
Natural Religion (London, 1889)
MYER, ISSAC
Qabbalah, The Philosophical Writings of Avicebron (Philadelphia, 1888)
Scatabs (New York, 1894)
NAUMANN, EMIL
History of Music, The (London, —)
NAXAGARAS, JOHANN
Concordantia Philosophorum (Breslau, 1712)
NEWBERRY, THOMAS
Tabernacle and the Temple (London, 1887)
NOSTRADAMUS, MICHAEL
True Prophecies of Michael Nostradamus, The (London, 1685)

NOVI, CLAUDIUS DE DOMINICO CELENTANO VALLIS
Rosicrucian, Hermetic and Alchemical Manuscript, written and illustrated in the year 1606 in Naples.
OAKLEY, I. COOPER
Comte de St.-Germain, The (Milan, 1912)
Traces of a Hidden Tradition in Masonry and Mediæval Mysticism (London, 1900)
O'BRIEN, HENRY
Round Towers of Ireland, The (London, 1834)
OLIVER, GEORGE
Signs and Symbols, Twelve Lectures on Freemasonry (New York, 1906)
O'NEILL, JOHN
Night of the Gods, The (London, 1893)
ORR, JAMES (Editor)
International Standard Bible Dictionary, The (Chicago, 1915)
OUVAROFF, M.
Essay on the Mysteries of Eleusis (London, 1817)
OWEN, CHARLES
An Essay Towards a Natural History of Serpents (London, 1742)
OXON, F. H.
Paracelsus, His Aurora, & Treasure of the Philosophers As also The Water-Stone of The Wise Men (London, 165-?)
PALMER, E. H. (Editor)
Qur'ân, The (Oxford, 1880)
PAPUS
Tarot of the Bohemians, The (London, 1919)
PARACELSUS
Complete Writings of Paracelsus of Hohenheim, The (Strasbourg, 1616)
Hermetic and Alchemical Writings of Aureoulus Philippus Theophrastus Bombast of Hohenheim called Paracelsus the Great, The (London, 1894). Edited by Arthur Edward Waite.
PARADIN, CLAUDE
Symbola Heroica (Leiden 1600)
PARSONS, ALBERT ROSS
New Light on the Great Pyramid (New York,1893)
PAYNE, JOHN (Translator)
Book of the Thousand Nights and One Night, The (London, 1884)
Tales from the Arabic (London, 1884)
PECK, HARRY THURSTON
Harper's Dictionary of Classical Literature and Antiquities (New York, 1897)
PEMBERTON, JR., HENRY
Shakespeare and Sir Walter Ralegh (Philadelphia and London, 1914)
PERRY, RALPH BARTON
Present Philosophical Tendensies (New York, 1916)
PERRY, W. J.
Children of the Sun, The (New York, 1923)
PHANEG, G.
Cinquante Merveilleux Secrets d'Alchimie (Paris, 1912)
PHILALETHES, EIRENAEUS

Ripley Reviv'd (London, 1678)
PHILALETHES, EUGENIUS
Anthroposophia Theomagica (London, 1650)
Euphrates, Or the Waters of the East (London, 1655)
Lumen de Lumine : or a New Magicall Light (London, 1651)
Second Wash, The (London, 1651)
PHILO JUDÆUS
Works of, The (London, 1854)
PHILPOT, (MRS.) J. H.
Sacred Tree or The Tree in Religion and Myth, The (London, 1897)
PICART, BERNARD
Religious Ceremonies and Customs of the several Nations of the World (London, 1731)
PIETRO DI ABANO
Gli Elementi Magica (Manuscript on vellum, early 17th century)
PIGNORIUS, LAURENTIUS
Mensæ Isiacæ Expositio (Frankfort, 1608)
PIKE, ALBERT
Albert Pike Centenary Souvenir of His Birth (Washington, 1909) (By several eminent Masons)
Ancient and Accepted Scottish Rite of Freemasonry. The Constitutions and Regulations of 1762. (New York, A. M. 5664)
Ex Corde Locutiones (Washington,1897)
Irano-Aryan Faith and Doctrine (Louisville, 1924)
Letter (The) "Human Genus" of the Pope, Leo XIII, and the Reply for the Ancient and Accepted Scottish Rite of Freemasonry (Charleston, 1884)
Liturgy of the Ancient and Accepted Scottish Rite of Freemasonry (A. M. 5638)
Masonic Symbolism
Morals and Dogma of the Ancient and Accepted Scottish Rite of Freemasonry (Charleston, A. M. 5641)
Sephar H'Debarim (The Book of the Words) (A.M. 5638)
PISTOR, JOHN
Book of the Cabalistick Art (Undated manuscript copy)
PLUNKET, EMMELINE M.
Ancient Calendars and Constellations (London, 1903)
POE, EDGAR ALLAN
Works of Edgar Allan Poe, The (New York, 1904)
PORTA, GIOVANNI BATTISTA DELLA
De Occultis Literarum Notis (Montisbeligardi, 1593)
Magiæ Naturalis, Libri Viginti (Frankfort, 1591)
POTT, (MRS.) HENRY
Francis Bacon and His Secret Society (London, 1891)
POTTENGER, MILTON
Symbolism (Sacramento, 1905)
PRASAD, RAMA
Nature's Finer Forces (London,1911)
PRETON, WILLIAM
Illustrations of Masonry (London, circa 1801)
PRICHARD, J. C.

An Analysis of the Egyptian Mythology (London, 1819)
PRYSE, JAMES MORGAN
Book of the Azure Veil, The ("Lucifer" Magazine, 1894-1895)
Resored New Testament, The (New York, 1916)
PTOLEMY
Ptolemy's Tetrabiblos (London, 1822)
QUARLES, FRANCIS
Emblems, Divine and Moral (London, 1824)
RALEGH, SIR WALTER
History of the World, The (London, 1614)
RAMSAY, CHARLES A.
Tacheographia seu Ars Celeriter & compendiose quaelibet inter perorandum verba, ut ne unum quidem excidat, describendi (Paris, 1683)
RAND, BENJAMIN
Modern Classical Philosophers (Boston and New York, 1908)
RAPHAEL
Astrologer of the Nineteenth Century, The (London, 1825)
REDGROVE, H. STANLEY
Alchemy : Ancient and Modern (London, 1911)
Bygone Beliefs (London, 1920)
RENOUF, SIR P. LE PAGE (Translator)
Egyptian Book of the Dead, The (London, 1904). (Contains many notes in autograph of Gerald Massey.)
RENSSELAER, (MRS.) JOHN KING VAN
Devil's Picture Books, A History of Playing Cards, The (London, 1892)
Prophetical, Educatinal and Playing Cards (Philadelphia, 1912)
RHIND, W. C.
High Priest of Israel, The (London, 1868)
RICHARDSON, J.
Works of Mr. Jonathan Richardson, The (London, 1773)
RICHEPIN, JEAN
Nouvelle Mythologie Illustrée (Paris, 1920)
ROBERTS, SAMUEL
Gypsies, The (London, 1842)
ROBERTSON, JOHN M.
Philosophical Works of Francis Bacon, The (London, 1915)
ROSENROTH, KORR VON
Kabbala Denudata (Francofurti, 1677)
ROSS, ALEXANDER
Mystagogus Poeticus (London, 1648)
SAINT-MARTIN , LOUIS CLAUDE DE
Man : His True Nature and Ministry (London, 1864)
SALMON, WILLIAM
Compleat English Physician, The (London, 1693)
SALVERTE, EUSEBE
Occult Sciences and The Philosophy of Magic, The (London, 1846)
SANDIVOGIUS, MICHEEL
A New Light of Alchymie (London, 1650)
SANTEE, M. D., HARRIS E.

Anatomy of the Brain and Spinal Cord (Philadelphia,1915)
SCHEIBLE, J.
Theoretical and Practical Teaching Concerning the Book of Thot, The (Stuttgart, 1857)
SCHERER, VALENTIN
Dürer, Des Meisters Gemalde Kupferstiche und Holzschnitte (Stuttgart,1908)
SCHOEFFER, IOANNIS
Collectanea Antiquitatum in Urbe atque Agro Moguntino Repertarum (Mainz, 1520)
SCHOOLCRAFT, HENRY R.
Indian Tribes of the United States, The. Edited by Francis S. Drake. (Philadelphia, 1884)
SCHOTTO, GASPARE
Physica Curiosa (Herbipoli, 1697)
SCHURÉ EDOUARD
Great Initiates, The (London,1920)
SCOTT, WALTER
Hermetica (Oxford,1924,1925, and1926)
SEINGALT, JAQUES CASANNOVA DE
Memoirs (Boston, 1903)
SELENUS, GUSTAVUS
Cryptomenytices et Cryptographiæ, Libri IX (Lunaeburg, 1624)
SELER, DR. EDUARD (Elucidated by)
Codex Vaticanus No. 3773 (Berlin and London,1902-1903)
SEPHARIAL
Kabala of Numbers, The (London, 1914)
SEYFFERT, OSKAR
A Dictionary of Classical Antiquities (London, 1904)
SEYMOUR, WILLIAM W.
Cross in Tradition, History and Art, The (New York, 1898)
SHAKESPEARE, WILLIAM
First Collected Edition of the Dramatic Works of William Shakespeare, The (London, 1623)
Second Collected Edition of the Dramatic Works of William Shakespeare, The (London, 1632)
Third Collected Edition of the Dramatic Works of William Shakespeare, The (London, 1663)
Fourth Collected Edition of the Dramatic Works of William Shakespeare, The (London, 1685)
Shakespeare (William) Works (London, 1880-1891). Quarto Facsimiles.
SHAW, CLEMENT B.
Frithiof's Saga (Chicago, 1908)
SIBLY, E.
A Key to Physic, and the Occult Sciences (London, 1787)
A New and Complete Astrology (London, 1785)
SICKELS, DANIEL
General Ahiman Rezon and Freemason's Guide, The (New York, 1920)
SICULUS, DIODORUS
Historia (Paris, 1513)

SIDNEY, SIR PHILIP
Countesse of Pembrokes Arcadia, The (London, 1633)
SINGER, JR., EDGAR A.
Modern Thinkers and Present Problems (New York, 1923)
SINGER, ISIDORE (Editor)
Jewish Encyclopedia, The (New York, 1903)
SINGER, SAMUEL WELLER
Researches into the History of Playing Cards (London, 1816)
SKINNER, J. RALSTON
Notes on the Cabbalah of the Old Testament (From "The Path," N. Y., 1887)
Source of Measures, The (Cincinnati, 1875)
SMEDLEY, WILLIAM T.
Mystery of Francis Bacon, The (London, 1912)
SMITH, DAVID EUGENE
History of Mathematics (Boston, 1925)
SMITH, GEORGE
Chaldean Account of Genesis, The (New York, 1876)
SMITH, ROBERT
Harmonics, or the Philosophy fo Musical Sounds (London, 1759)
SMYTH, C. PIAZZI
Life and Work at the Great Pyramid (Edinburgh, 1867)
Our Inheritance in the Great Pyramid (London, 1874)
SPEED, JOHN
History of Great Britaine, The (London, 1627)
SPENCE, LEWIS
Myths and Legends of Babylonia and Assyria (London, 1916)
Myths of Mexico and Peru, The (New York, 1913)
Myths of the North American Indians (New York, 1914)
SPENSER, EDM.
Faerie Queene (The) : The Shepheards Calendar : Together with other Works (London, 1617)
SPRINGETT,BERNARD H.
Secret Sects of Syria and the Lebanon (London,1922)
SQUIER, E. G.
Serpent Symbol, The (New York, 1851)
STANLEY, THOMAS
History of Philosophy, The (London, 1743); do (London, 1687)
STEFFEN, ALBERT
Hieram und Salomo (Dornach, 1925)
STEINER, DR. RUDOLF
Manuscript lectures on the Rosicrusians
Occult Seals and Columns (London, 1924)
Submerged Continents of Atlantis and Lemuria (Rajput Press, 1911)
Way of Initiation, The (New York, 1910)
STENGEL, GEORG
Emblems (Munich, 1635)
STENRING, KNUT
Book of Formation, The (London, 1923)
STEPHEN, HENRIE

A World of Wonders (London, 1607)
STEPHENS, JOHN L.
Incidents of Travel in Central America (London, 1841)
STILLMAN, JOHN MAXSON
Paracelsus, His Personality and Influence (Chicago, 1920)
STODDART, ANNA M.
Life of Paracelsus, The (Philadelphia, 1911)
SWANWICK, ANNA
Dramas of Æschylus, The (London, 1873)
SWINBURNE, CHARLES
William Blake, A Critical Essay (London, 1868)
SYLVESTER, JOSUAH
Du Bartas, His Divine Weeks and Workes (London, 1641)
TAYLOR, EDWARD S.
History of Playing Cards, The (London, 1865)
TAYLOR, JOHN
Water Poet's Works, The (London, 1630)
TAYLOR, THOMAS
A Dissertation on the Eleusinian and Bacchic Mysteries (Amsterdam, —)
An Answer to Dr. Gilles Supplement (London, 1804)
An Essay on the Beautiful by Plotinus (London, 1917)
Apuleius on the God of Socrates (London, 1822)
Arguments of the Emperor Julian against the Christians (London, 1809)
Cratylus, Phaedo, Parmenides and Timaeus of Plato (London, 1793)
Description of Greece, by Pausanias, The (London, 1794)
Eleusinian and Bacchic Mysteries (New York, 1891)
Five Books of Plotinus (London, 1794)
Fragments of Proclus (London, 1825)
Iamblichus on The Mysteries (London, 1895)
Life of Pythagoras, by Iamblichus (London, 1818)
Metamorphosis, or Golden Ass of Apuleius (London, 1822)
Metaphysics of Aristotle (London, 1801)
Miscellanies in Prose and Verse (London, 1805)
Mystical Hymns of Orpheus (London, 1896)
Ocellus Lucanus on the Nature of the Universe; etc. (London, 1831)
Phaedrus of Plato (London, 1792)
Philosophical and Mathematical Commentaries of Proclus (London, 1788)
Political Fragments of Archytas, Charondas, Zaleucus and others (Chiswick, 1822)
Pythagoric Sentences of Demophilus (London, 1804)
Rhetoric, Poetic, and Nicomachean Ethics of Aristotle (London, 1818)
Sallust on The Gods and the World (London, 1793)
Select Works of Plotinus (London, 1817)
Select Works of Porphyry (London, 1823)
Six Books of Proclus on the Theology of Plato (London, 1816)
Theoretic Arithmetic (London, 1816)
Treatises of Plotinus on Suicide (London, 1834)
Two Orations of the Emperor Julian (London, 1793)
Two Treatises of Proclus (London, 1833)

Works of Plato, The (London, 1804)
TEMPLE, RONALD
Message from the King's Coffer, The (Sausalito, 1920)
THOMAS, WILLIAM, and PAVITT, KATE
Book of Talismans, Amulets and Zodiacal Gems, The (Philadelphia, circa 1914)
THOMASSIN, SIMON
Recueil de Figures, Groupes, Thermes, Fontaines, Vases et autres Ornements (Paris?, circa 1689)
TOY, CARWFORD HOWELL
Judaism and Christianity (Boston, 1902)
TRIMOSIN, SOLOMON
Splendor Solis (Reprint of Manuscript dated 1582, in British Museum)
TRITHEMIUS, JOHN
Liber Octo Quaestionum (Frankfort, 1550)
Steganographiæ nec non Claviculæ Salomonis (Cologne, 1635)
TROWBIDGE, W. R. H.
Cagliostro, the Splendour and Misery of a Master of Magic (New York, 1910)
TULANE UNIVERSITY OF LOUISIANA, THE (Publisher)
Tribes and Temples (New Orleans, 1927)
TURPIN, M.
Histoire de la Vie de Mahomet (Paris, 1773)
ULLAH, MEAMET
History of the Afgans, The (London, 1829)
UPHAM, EDWARD
History and Doctrine of Budhism, The (London, 1829)
VÆNIUS, OTHO
Theatro Moral de la Vida Humana (Amberes, 1733)
VAIL, CHARLES H.
Ancient Mysteries and Modern Masonry, The (New York, 1909)
VALENTINE, BASIL
Last Will and Testament of Basil Valentine, The (London, 1671)
Triumphant Chariot of Antimony, with Annotations of Theodore Kirkringius, M. D., The (London, 1678)
VERSTEGAN, RICHARD
Restitution of Decayed Intelligence, The (London, 1628)
VIBERT, LIONEL
Rare Books of Freemasonry, The (London, 1923)
VILLARS, ABBÉ N. DE MONTFAUCON DE
Comte de Gabalis (Paterson, 1914); do, original in French (Cologne, 1684)
Sub-Mundanes; or, The Elementaries of the Cabala (Bath, 1886)
VITRUVIUS
Cesariano's Edition of Vitruvius (Como, 1521)
Di Lucio Vitruvio Pollione de Architectura Libri Dece (Venice, 1524)
Ten Books on Architecture, The (Cambridge, 1914). Translated by Morris Hicky Morgan.
VOLNEY, M.
Ruins of Empires, The (London, 1792)
WAITE, ARTHUR EDWARD

A New Encyclopaedia of Freemasonry (London, 1921)
Book of Ceremonial Magic, The (London, 1911)
Brotherhood of the Rosy Cross, The (London, 1924)
Doctrine and Literature of the Kabalah (London, 1902)
False Monarchy of Demons, The (Original Manuscript)
Lives of Alchemystical Philosophers (London, 1888)
Occult Sciences, The (London, 1891)
Real History of the Rosicrucians, The (London, 1887)
Secret Doctrine in Israel, The (Boston, 1914)
Secret Tradition in Freemasonry, The (London, 1911)
Works of Thomas Vaughan, The (London, 1919)
WEEMES, JOHN
Observations, Natural and Moral (London, 1636)
WEIDENFIELD, JOHANNES SEGERUS
Secrets of the Adepts, The (London, 1685)
WEISSE, JOHN A.
Obelisk in Freemasonry, The (New York, 1880)
WELLCOME, HENRY S.
Ancient Cymric Medicine (London, 1903)
WELLING, GEORGIUS VON
Salt, Sulphur and Mercury (Frankfort and Leipzig, 1760)
WELIS, H.G.
Outline of History (London, 1920)
WESTCOTT, WILLIAM WYNN
A Recent Spiritual Development (London, 1917)
An Essay upon The Constitution of Man : Spirit, Soul, Body (London, —)
An Introduction to the Study of the Kabalah (London, 1910)
Data of the History of the Rosicrucians (London, 1916)
Hermetic Arcanum (London, 1893)
Isiac Tablet of Cardinal Bembo, The (Bath, 1887)
Magic Roll, The (London, 1903)
Notes on a Curious Certificate and Seal (London, 1906)
Numbers, Their Occult Power and Mystic Virtues (London, 1911)
Origin and History of Astrology, The (London, 1902)
Religion, Philosophy and Occult Science of China, The (London, 1911)
Rosicrucians (The), Past and Present, at Home and Abroad (London, —)
Rosicrucian Thoughts on the Ever-Burning Lamps of the Ancients (London, 1885)
Sepher Yetzirah (London, 1911)
Somnium Scipionis (London, 1894)
Star Lore of the Bible, The (London, 1912)
WESTROPP, HODDER M., and WAKE, C. STANILAND
Ancient Symbol Worship (New York,1875)
WIGSTON, W. F. C.
Columbus of Literature, The (Chicago, 1892)
Francis Bacon versus Phantom Captain Shakespeare (London, 1891)
Hermes Stella (London, 1890)
WILDER, ALEXANDER
Philosophy and Ethics of the Zoroasters (——, 1885)

WILKINSON, J. G.
Manners and Customs of the Ancient Egyptians (London, 1837) First Series; do (London, 1841) Second Series.
WILLIAMS, JOHN
Life and Actions of Alexander the Great, The (London, 1829)
WILLIS, WILLIAM
Shakespeare-Bacon Controversy, The. A Report of the Trial of an Issue in Westminster Hall, 1627. (London, 1903)
WILSON, H. H.
Vishnu Purana, The (London, 1840)
WILSON, JAMES
A Complete Dictionary of Astrology (London, 1819)
WILSON THOMAS
Swastika, The (Washington, 1896)
WINDELBAND, DR. W.
History of Philosophy (London, 1898)
WITHER, GEORGE
A Collection of Emblemes, Ancient and Moderne (London, 1635)
WOLFIUS, HIERONYMUS
Epicteti Enchiridion, item Cebetis Thebani Tabula (Basle, 1561)
WOODWARD, PARKER
Early Life of Lord Bacon, The (London, 1902)
WRIGHT, DUDLEY
Druidism, the Ancient Faith of Britain (London, 1924)
WRIGHT, ROBERT C.
Indian Masonry (Ann Arbor, Michigan, 1907)
WULKER, RICHARD
Geschichte der Englishchen Litteratur (Leipzig und Wien, 1896)
Y-WORTH, W.
Chymicus Rationalis; or, The Fundamental Grounds of the Chymical Art (London, 1692)
MISCELLANEOUS
Anales del Museo Nacional de México (Mexico, 1882)
Annual Report of the Board of Regents of the Smithsonian Institution for the year ending June 30th, 1915. (Washington, 1916)
Ancient Gems (London, —). From Collections of Earl Percy, Hon. C. T. Greville, T. M. Slade.
Biblische Figuren des Alten Testaments ganz kunstlich gerissen durch den weit berühmten Vergilium Solis, Maler und Kunstecher zu Nürunberg.
Catholic Encyclopedia, The (New York, 1909)
Collectanea Chemica (London, 1893). By several authors.
Dictionnaire Mytho-Hermétique (Paris, 1758). By Antoine-Joseph Pernety.
Egyptian Magic (London, 1896). By S. S. D. D.
Encyclopædia, Britannica, The (New York, 1911), E!eventh Edition.
English Hexapla, The (London, 1841). Being six English translations of the New Testament.
Geheime Figuren der Rosenkreuzer (Ultona, 1785)
Hermetic Museum (The), Restored and Enlarged (London, 1893); do (Frankfort, 1678)

History of the Holy Cross, The (London, 1863)
Household Words, A Weekly Journal (New York). Conducted by Charles Dickens.
Koran (The) : commonly called The Alcoran of Mohammed (London,1734). Translated by George Sale from the Arabic.
La Biblis Que Es, Los Sacros Libros del Vieio y Nuevo Testamento (1569). The "Bear Bible," first Protestant Spanish Bible.
Library of Original Sources, The (Milwaukee, 1915)
Margarita Philosophica (Basil, 1508). First Encyclopaedia printed in Europe.
Mosaize Historie der Hebreeuwse Kerke (Amsterdam, 1700)
Nuremberg Chronicle, The (Nuremberg, 1493)
Phenix, The (New York, 1835). By several authors.
Reprints from Ars Quatuor Coronatorum (Margate from 1892 to 1903). By several authors.
Review of Reviews (New York, 1921)
Sacred Books and Early Literature of the East, The (London and New York, 1911). Edited by Prof. Charles F. Horne.
Sammlung der Groessten Geheimnisse Ausserordentlicher Menschen in alter Zeit (Koeln, 1725). By several authors.
Smithsonian Institution, Bureau of Ethnology (Washington, 1904). Bull. 28.
Third Annual Report of the Bureau of Ethnology (Washington, 1884)
Fifth Annual Report of the Bureau of Ethnology (Washington, 1887)
Sixth Annual Report of the Bureau of Ethnology (Washington, 1888)
Eighth Annual Report of the Bureau of Ethnology (Washington, 1891)
Ninth Annual Report of the Bureau of Ethnology (Washington, 1892)
Fourteenth Annual Report of the Bureau of Ethnology (Washington, 1896)
Nineteenth Annual Report of the Bureau of Ethnology (Washington, 1900)
Twenty-First Annual Report of the Bureau of American Ethnology (Washington, 1903)
Twenty-Third Annual Report of the Bureau of American Ethnology (Washington, 1904)
Twenty-Fifth Annual Report of the Bureau of American Ethnology (Washington, 1903-04)
World Almanac and Book of Facts, The (New York, 1925). Edited by Robert Hunt Lyman.

図版総目次

第Ⅰ巻　古代の密儀

トランシルヴァニアのラゴッツィ皇太子
——サン-ジェルマン伯爵　7
世界宗教の群像　21
バビッドの原子　29
プラトン　34
多様性の問題　36
地獄の門におけるアエネーイス　41
プトレマイオスの宇宙構造　45
古典神話の木　49
キリスト教の三位一体　54
オルフェウスの卵　57
獅子頭のクロノスの形をしたミトラ　61
密儀の女性最高神官　66
法衣をまとった大ドルイド　73
ストーンヘンジの平面図　77
牡牛を殺すミトラス　80
ミトラスの誕生　82
アブラクサス、グノーシス派の万能神　85
魔術師シモンの死　89
獅子の顔を持つ光の力　92
象徴的迷宮　97
アレキサンドリアのセラピス　99
オーディンの密儀の九界　106
エレウシス密儀の参入儀礼　109
ペルセフォネの略奪　113
密儀の守護神ケレス　116
バッコス祭儀の行列　127
スカンディナヴィアの父神オーディン　131
ギリシア, ローマ人による宇宙図　139
偉大な神パン　145
テュフォンを踏みつけるヘルメス　155
ヘルメス・メルクリウス・
　トリスメギストス　161
朱鷺の頭をしたトート　162
ヘルメスのギリシア的形態　169
アトランティスの密儀神殿の理想図　177
オイディプスとスフィンクス　182
大ピラミッド縦断面図　186
セイスのイシス　201
天の女王イシス　206
犬の頭を持つ者トート　208
シストラム　211
エジプトのマドンナ　215
地下世界の王オシリス　219
太陽神を腕に抱く天の乙女　221
太陽の獅子　226
エジプトの翼をつけた球　228
三つの太陽　234
太陽の摂政スーリア　236
太陽の顔　242
ゾディアックの卵の内容　243
人体と外的宇宙の相関関係を示す図　247
春分・秋分・夏至・冬至　249
小宇宙　253
テンチュラの円形ゾディアック　255
ヘルメスによる古代ゾディアックの
　神聖文字的図表　262
イシスのベンバイン表　266-267
「ベンバイン表」のためのレヴィの鍵　272
「ベンバイン表」のための
　ウェストコットの鍵　283
デルフォイの神託所伺い　289
デルフォイの三脚台　293
デルフォイの三脚復元　296
ピュトン殺しのアポロン　298
ドドナのユピテル　304
レバディアのトロフォニウス　306

第Ⅱ巻　秘密の博物誌
クロトナのピュタゴラス 9
最初の哲学者ピュタゴラス 15
正多面体 23
数と形の関係 24
テトラクテュス 29
立体と星型 30
エウクレイデスの第四十七定理 33
ギリシア，ヘブライ，サマリア文字の数値表 38
エラトステネスのふるい 46
密儀の手 61
人間の心臓のなかのテトラグラマトン 67
イエス・キリスト、処女マリア、十二人の使徒の肖像で飾られた手 71
内的人間の三重の生命 74-75
人間のなかの神木——後面 76
人間のなかの神木——前面 77
ソロモン王とシェッド族の王 81
象徴的模様のついたフリーメーソンのエプロン 87
密儀の象徴的な手 92
エペソスのディアナ 97
大宇宙と小宇宙 103
天球の音程と調和音 107
宇宙一弦琴の調和音 109
数比と音程を持った宇宙一弦琴 115
四大元素の音楽理論 119
四大元素と調和音程 121
魚人オアンネス 125
ヴィシュヌの最初の化身もしくはマツヤ・アヴァタル 129
マンティコラ 131
エジプト王家の神聖甲虫 135
蠍の護符 137
百合の花 139
蛇形記章 142
宇宙卵を争って取ろうとする善と悪 143
薔薇十字の宝石 147
炎の巣のフェニックス 153
フェニックスか，それとも鷲か？ 154
エジプトのフェニックス 156
アメリカ合衆国国璽の表と裏 157
聖牛アピス 160
アエネーイスとハルピュイアたち 163
イグドラシルの木 167
円卓の騎士の木 173
ノアの木 177
向日葵 181
錬金術の木 184
哲学者の石 187
ユピテルに代わる石を呑み込むサトゥルヌス 193
律法の石板を拝受するモーゼ 195
ヘルメス柱像の例 201
ピュタゴラス学派の認め印つきの指輪 205
メフィストフェレスの招喚 209
メンデスの山羊，バフォメット 213
魔法の剣 218
魔法の円 221
ペンタグラム 222
木星の精霊との契約形式 225
七惑星の星型と惑星守護神の印形と符号 226-227
四大の精を呼び出す魔法使い 233
パラケルススによる火の精 238
伝統的な地の精（グノーメー） 244
人魚（マーメイド） 247
風の精（シルフェー） 252
偉大な作業の達成 257
『アルゼの書』の表紙 263
ヨハニス・バプティステ・フォン・ヘルモント 265
ニコラス・カルペパー 271
化学的音節 276

第Ⅲ巻　カバラと薔薇十字団
「最も古き者」 9
神の七十二の名 15
四文字語（テトラグラマトン） 20
セフェール・イェツィラーによるヘブライ文字 25

『ゾハール』の「偉大な人間」 33
ヘブライの三位一体 39
神の活動の図解 46
四世界のカバラ的図式 48
セフィロトの木 57
四つのセフィロトの木 62
セフィロトの木の配当図 64
後世カバリストのセフィロトの木 68
太陽系の形をしたセフィロト 71
エゼキエルのケルブ 75
エゼキエルの幻視 81
ノアとゾディアックの箱舟 90
タロットの大カードの配列 99
初期のポルトガル・カード 105
マンテーニャ・カード 117
幕屋の中庭 125
上帝 131
ケルビムのいる契約の箱 133
高位の司祭の胸当て 135
栄光の衣 141
司祭の頭飾り 143
薔薇十字団の哲学者 147
金と薔薇の十字架 152
十字架にかけられた薔薇 157
薔薇十字団の薔薇 161
ヨハン・ヴァレンティン・
アンドレーエの家紋 164
開祖C・R・Cの墓を開く 169
ヨハン・ヴァレンティン・アンドレーエ 173
自然の運動に関する象徴図 179
錬金術的な両性人間 181
薔薇十字の表紙 183
元素世界 186
薔薇十字団と錬金術の公式 189
フォン・ウェリングの図像（Ⅰ～XV）
193-206
シェイクスピアの肖像画の上に
ベーコンの肖像画を置いてみたもの 209
明暗二様からなる二つのAを表わす飾り 213
バートンの『憂鬱の解剖』の扉 215
ベーコンのサイン 216
ヴェルラム男爵・セント・オールバンス子爵，
フランシス・ベーコン 219
暗号による飾り 222
ドルーシャウトの
シェイクスピアの肖像画 224
ウォーター・ローリー卿の『世界史』の
有名な初版本の扉 228
わが主イエス・キリストの紋章 231
有名な暗号表題紙 236
二字アルファベット 238
二字書式の一例 239
二字暗号を解く鍵 240
近代の車輪暗号，もしくは円盤暗号 241
錬金術の暗号体系 242
錬金術の暗号体系 243
暗号による神々と自然との正義の描写 245
カバラと魔法の文字 249
エルサレムのロッジの三人の大師匠たち 251
大宇宙の神秘 255
小宇宙の神秘 266
ヒュパティアの殉教 273
ケベスの表 279
「神のような」カリョストロ 283

第Ⅳ巻　錬金術

再生実験をするパラケルスス 9
アルベルトゥス・マグヌス 13
パラケルスス 17
伝ジョン・クレマー著の
錬金術的論文の扉頁 23
ユダヤ人アブラハムの象徴 27
鋳物の海 31
ヘルメスの聖なる木の葉 37
中世の錬金術象徴体系 49
ヘルメスのエメラルド表 55
エジプト人による錬金術への鍵 61
霊界の魔法の山 69
クラウディウス・デ・ドミニコ・セレンターノ・ヴァリス・ノヴィのヘルメスと錬金術の図（第一葉～第二十六葉） 83-108
クリスチャン・ローゼンクロイツの

『化学の結婚』1616年版の表紙 113
偉大な哲学的秘密を解く鍵 118
光と闇の二要素から創造された宇宙 123
ペルスヴァルと聖杯 131
アーサー王の円卓 137
ガーター勲章の聖ジョージ像と首飾り 142
ゲルマンの哲学者ヤコブ・ベーメ 145
象徴体系における後光と光輪 150
薔薇十字団の礫像 153
聖十字架史 156
タウ形の十字架 160
クルックス・アンサータ 161
背にクルックス・アンサータの見える
イースター島の像 162
テュアナのアポロニウス 166
ケツァルコアトルの磔 171
空間での磔 174
ダンテの『神曲』の鍵 177
神の御座と小羊の御座 183
『黙示録』の密儀の劇的挿話 186
ヨハネの新エルサレム幻視 190
『黙示録』の四人の騎手 194
カーバ神殿の偶像を一掃するモハメッド 197
モハメッドの夜の天国旅行 202
イスラームの聖地カーバ 210
ヒバルバの密儀 219
ナバホ族の砂画 224
インディアンの陶片 230
樺の樹皮に描かれたミデウィウィンの
公記録 234
双頭の鷲——至高の象徴 241
ヨハネと『黙示録』の幻視 247
「密儀の家」の入口 257

訳者略歴

大沼忠弘（おおぬま・ただひろ）

1940年埼玉県生れ。東京大学文学部卒。古代哲学専攻。名古屋大学助教授、宗教儀礼研究所所長を経て、現在、イシス学院理事長。

著書に『実践カバラ』（人文書院）、『実践　魔法カバラー入門』（学習研究社）、訳書に『神秘のカバラー』（ダイアン・フォーチュン著、国書刊行会）ほか。

山田耕士（やまだ・こうし、本名　幹郎）

1940年愛知県生れ。名古屋大学文学部卒。英文学専攻。現在、名古屋大学名誉教授。

著書に『レトリック用語小辞典』（編、名古屋大学生協）『女性・ことば・ドラマ——英米文学からのアプローチ』（共著、彩流社）、訳書に『イギリス道徳劇集』（共訳、リーベル出版）ほか。

吉村正和（よしむら・まさかず）

1947年愛知県生れ。東京大学文学部卒。ヨーロッパ文化史専攻。現在、名古屋大学名誉教授。

著書に『フリーメイソン』（講談社）、『フリーメイソンと錬金術』（人文書院）、『心霊の文化史』（河出書房新社）、訳書に『薔薇十字団』（マッキントッシュ著、筑摩書房）ほか。

ISBN978-4-409-03086-8 C0010

新版象徴哲学大系Ⅳ 錬金術

一九八一年一〇月三〇日 初版第一刷発行
二〇一五年 二 月二五日 新版第一刷発行

著 者 マンリー・P・ホール
訳 者 大沼忠弘
山田耕士
吉村正和
発行者 渡辺博史
発行所 人文書院
京都市伏見区竹田西内畑町九
電話 〇七五（六〇三）一三四四 振替〇一〇〇〇-八-一一〇三
印刷・製本 モリモト印刷株式会社

落丁・乱丁本は小社送料負担にてお取り替えいたします

http://www.jimbunshoin.co.jp